江苏水文化与水韵江苏建设
——理论研讨会论文集

JIANGSU SHUIWENHUA YU SHUIYUN JIANGSU JIANSHE LILUN YANTAOHUI LUNWENJI

江苏省水利厅
江苏省炎黄文化研究会　编
江苏省水利信息中心

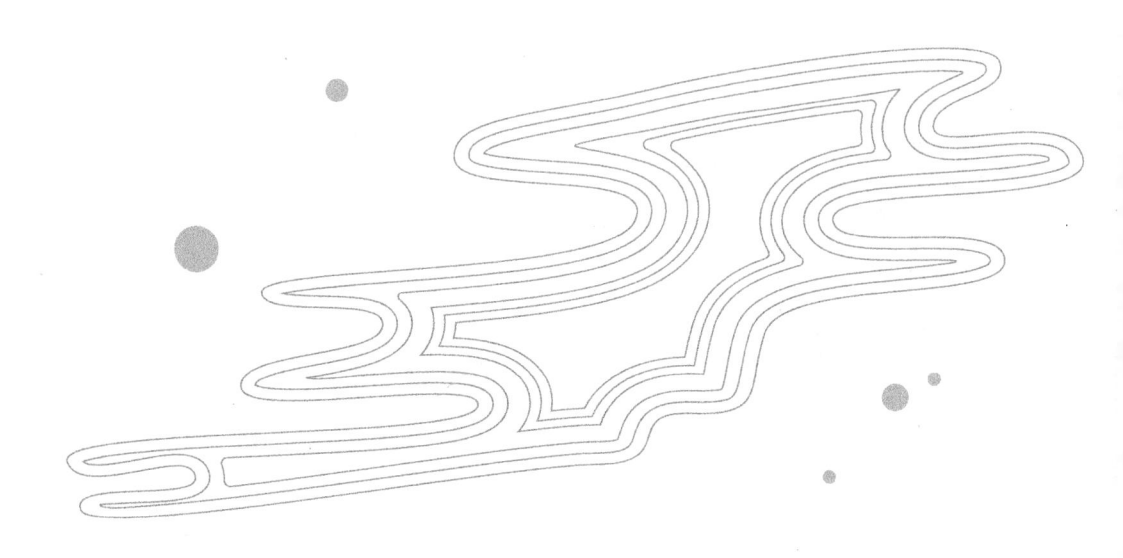

河海大学出版社
HOHAI UNIVERSITY PRESS
·南京·

图书在版编目(CIP)数据

江苏水文化与水韵江苏建设：理论研讨会论文集／江苏省水利厅，江苏省炎黄文化研究会，江苏省水利信息中心编. ——南京：河海大学出版社，2021.9
 ISBN 978-7-5630-7188-3

Ⅰ.①江… Ⅱ.①江…②江…③江… Ⅲ.①水—文化发展—文集—江苏 Ⅳ.①K928.4－53

中国版本图书馆CIP数据核字(2021)第187035号

书　　名	江苏水文化与水韵江苏建设——理论研讨会论文集
书　　号	ISBN 978-7-5630-7188-3
责任编辑	彭志诚
特约编辑	黎　红
特约校对	薛艳萍
装帧设计	槿容轩　徐娟娟
出版发行	河海大学出版社
地　　址	南京市西康路1号(邮编：210098)
网　　址	http://www.hhup.com
电　　话	(025)83737852(总编室)　(025)83722833(营销部)
经　　销	江苏省新华发行集团有限公司
排　　版	南京布克文化发展有限公司
印　　刷	江苏凤凰数码印务有限公司
开　　本	718毫米×1000毫米　1/16
印　　张	27.25
字　　数	420千字
版　　次	2021年9月第1版
印　　次	2021年9月第1次印刷
定　　价	98.00元

编辑委员会

顾　　问：兰保景　沙人麟
主　　任：陈宝田
副 主 任：陈　杰
委　　员：（按姓氏笔画排序）
　　　　　丁泽生　王庆元　王思明　朱海生
　　　　　吉玉高　吴　镕　吴卿凤　陈书录
　　　　　周顺生　周素明　周毅之　胡发贵
　　　　　胡有清　胡阿祥　黄玉生　韩　杰
　　　　　谢　波

主　　编：周毅之
编辑组成员：（按姓氏笔画排序）
　　　　　朱　汶　吉玉高　束有春　邹宏仪
　　　　　汪启文　陆连芬　吴卿凤　易如霞
　　　　　周毅之　贲道红　姚吟月　黄玉生
　　　　　常浩如　程　瀛　楼　锋

序言

以水韵江苏之美绘就美丽中国的现实样本

在我们国家,江苏是唯一全面拥有大江、大河、大湖、大海的省份。江苏依水而生,缘水而兴,因水而美。水的风采、水的韵味,是江苏画卷的基础底色。江苏的历史,是不断创造独特水文化的历史;江苏的当今,这是水韵文化大放异彩的时代。实现沿江、沿河、沿湖、沿海的高质量发展,以水韵江苏之美绘就美丽江苏的现实画卷,是江苏一道时代的"必答题"。

纵论从关注大运河"流动的文化"到南水北调工程,从视察南通沿江生态绿色廊道到希望扬州让大运河成为人民的致富河、幸福河,习近平总书记一直十分关心江苏的水情、水利和水文化。他在2020年11月考察江苏时,要求江苏要"着力在改革创新、推动高质量发展上争当表率,在服务全国构建新发展格局上争做示范,在率先实现社会主义现代化上走在前列"。他还特别关注江苏水利事业的高质量发展和水文化的高水平建设,强调要建设"人与自然和谐共生的现代化"。总书记的殷殷嘱托,是要求依水而居、缘水而兴、因水而美的江苏以"人与自然和谐共生的现代化"建设成果,为我们国家的现代化、为美丽中国绘就现实样本。我们应牢记总书记的嘱托,忠实践行总书记的要求,努力用"水韵江苏"之美支撑美丽江苏建设,把江苏建设成美丽中国的示范省份。从这个意义上看,"江苏水文化和水韵江苏建设"研讨会开得有价值,也有成效。为加强对习近平总书记讲话和指示精神的理解和贯彻落实,更好承担起美丽中国示范省份的建设使命,这一研究和实践仍需继续深化。要增强政治担当意识,创新水文化理念,建树人与自然和谐共生的现代化观念,开拓水韵江苏建设的创造性思路。

开拓水韵江苏建设的创造性思路,首先必须强化迈步在现代化建设新征程上的政治担当意识,要站在全面建设社会主义现代化国家的时代新高度,以习近平总书记对江苏"两争一前"的嘱托为使命,以鲜明的时代意识和更高的政治站位来认识用水韵江苏之美,来绘就美丽江苏画卷的价值和意义,来认识以此为美丽中国建设探路的责任和担当。水环境是江苏自然环境的基础底色。习近平总书记要求"建设人与自然和谐共生的现代化",这在江苏首先是人与水环境的和谐共生。没有水韵江苏之美,就没有真正意义上的现代化江苏之美。以水韵江苏之美彰显现代化江苏之美,是江苏人民的美好愿景,也是为现代化的美丽中国建设的现实样本。实现这一美好愿景,打造这一现实样本,是在新发展阶段以全新标准建设"强富美高"新江苏的发展责任,也是江苏为全国建设人与自然和谐共生的现代化探路的时代责任。我们要以这份责任担当的政治热情和发展智慧,回答好这道时代的必答题。

彰显水韵江苏之美,建设更高水平的美丽江苏,必须坚持贯彻新发展理念,坚持问题导向、系统观念,整体规划,统筹推进。要认真贯彻省委要求,把治水、兴水摆在经济社会发展基础性、战略性、先导性位置,守护江苏河湖安澜。要在治水、兴水中坚持体现水韵江苏的美丽追求,使水工程、水生态在物态空间和意象空间协调统一和优化。既确保每个水工程在技术质量上高标准、严要求,又能在意象空间上美得"有形象、有韵味、有温度、有质感"。要整合各学科的力量,用整体性、系统性的思维,精准优化构思新时代江苏的水文化形象。在对接江苏省发展空间布局规划的基础上,凸显"美丽中国示范省份"的责任,着眼于基本现代化走在前列的要求,以江河湖海为脉络,构思规划江苏为公认的"美丽水花园",从而实现省委的要求:沿江要再现"春江花月夜"美好景象,沿海要串起"面朝大海、春暖花开"的最美海岸线,沿大运河构建江苏美丽中轴,沿太湖唱响"太湖美",沿洪泽湖、高邮湖、骆马湖及沿淮河、古黄河建设江苏"绿心地带"。

彰显水韵江苏之美,要以新时代文明进步的视界,科学把握江苏水文化的精神内涵,升华水韵江苏的精神之美,探索形成具有江苏人自身个性的水哲学,使之成为全省精神文明建设的重要构成部分,成为习近平总书记关注的"社会文明程度高"的新江苏的一个精神文化标识。为此,要贯彻"创造性转化、创新性发展"的方针,充分发掘、整理、传承、弘扬江苏优秀传统水文化,使之成为美丽水韵江苏的一份重要资源。要在诸多世界文明圈的同时代比较中,看清当时诸多的"江苏独有"和"江苏第一",在璀璨的水历史文化中增强中华文化自信,增强江苏人对江苏文化的自豪感和自信心。要遵循习近平总书记关于开展水情教育的要求,讲好江苏水文化的故事,让人们理解水,亲近水,珍爱水,从而更深刻理解"绿水青山就是金山银山"的理念。要加深理解习近平总书记指出的水在中国文化中所具有的"重要象征意义",理解"像水一样涓涓细流、泽被万物"的德行,在水韵江苏建设中形塑江苏人在社会主义新时代的精神文化形象,升华江苏人崇善、仁厚、灵动、智慧、开放、包容等文化品格。美丽中国之美,包含了人与自然和谐共生的物态空间之美和人的文化精神之美。为美丽中国建设探路,塑就水韵江苏的新时代之美,应是江苏在奔向基本现代化新征程上交出的一份优秀的示范答卷。

陈宝田

目录

中国古代水之哲学刍议 …………………………………… 胡发贵 / 1

新时代"千年运河" 国家文旅品牌形象塑造 …………… 秦宗财 / 8

拓展两大空间 提升"水韵江苏"品质 ………………… 董文虎 / 15

浅谈江都水利枢纽的水文化建设 ……………… 颜 蔚 宗金华 / 25

江苏水情教育策论 ………… 吴卿凤 姚吟月 程 瀛 张艺琼 / 30

溯源江苏水文化内涵 ……………………………………… 冯继川 / 37

江苏水文化遗产调查与思考 ………… 张所新 曹 瑛 孔莉莉 / 44

以文化建设引领江苏水文现代化发展 ………… 黄李莉 陈 静 / 50

助力美丽江苏建设提供优质水资源支撑 ……… 范兴业 李 伟 / 56

江苏水文化建设的探索与实践 ………… 程 瀛 曹 瑛 王新儒 / 61

秦淮水文化中的古桥刍议 … 陈大卫 张宛如 康智瑜 张孟凡 / 67

六朝建康青溪故道考 ……………………………………… 王 宏 / 74

古邗沟与六合的关系初探 ………………………………… 蔡明义 / 81

诗情画意中的高淳古丹阳大泽 …………………………… 张永年 / 84

伯渎河与江南农耕文明 …………………………………… 陈振康 / 90

无锡城市与江南运河之缘 ………………………………… 徐道清 / 97

苏北水城　灵动徐州 …………………………………… 郭海林 / 103
大运河的开通与邳州民俗的变化 …………………………… 程荣华 / 112
常州水文化中的水工程形态研究 …… 邵春楼　蒋　晨　曹　琦 / 118
水利助力建设常州文旅休闲明星城的研究 ………………… 沈筱飞 / 125
全域旅游背景下大运河常州段旅游开发研究
　　……………………………………………… 袁崇安　黄　军 / 131
大运河常州段文化景观遗产构成特征及其价值
　　……………………………………………… 王　浩　卢继元 / 138
水孕苏州的文脉传承 ………………………………………… 华以丹 / 145
胥江：历史功能中折射出的社会文化功能 ………………… 张秋萍 / 151
姑苏驿站　运河流淌的宝贵乡愁遗产 ………… 邹　树　何大明 / 158
望虞河精神追记 ……………………………………………… 陈建东 / 165
留住水运文化之根脉　弘扬水韵文化之价值——对南通保护传承水运
遗存、开发建设水韵文化的思考 ………………………… 黄鹤群 / 172
通州运盐河的历史变迁与地域文化传承 ………………… 吴昊翔 / 179
十八里河口大运河文化遗存与保护利用 ………………… 姜　平 / 186
通吕运河在近代南通的地位——以南通大生资本集团为例
　　…………………………………………………………… 张廷栖 / 194
水文化是江海南通的根与魂 ………………………………… 房　健 / 200
南通运河水系的形成及其历史贡献 ………………………… 陈　炅 / 208
连云港水系与古海州历史文化研究
　　………………………… 李　军　嵇　耀　朱丽向　张卫怀 / 216
石梁河水库安全生产标准化建设实践与思考
　　……………………………………… 束德方　姜召伟　聂其玲 / 226
盐河：古海州与大运河的历史关联 ………… 刘凤桂　胡可明 / 233

盐河水韵与城市文明的转换	周清明 / 240
谈古道今说盐河	张锡春 / 247
漕运与沿线城市的繁荣	金志庚 / 251
洪泽湖水文化述要	许兆平 / 257
人民性是江苏水文化的第一属性——以淮河洪泽湖三河闸为例	张友明 曹恒楼 / 264
淮阴与河湖的古今嬗变	葛以政 / 271
从"水利金湖"到"水美金湖"的转变	姜瑞荣 杨登平 / 276
擦亮"安澜"水文化符号	陈凤朝 / 283
河下古镇与水文化	王福林 / 290
盱眙水文化渊源略述	马培荣 / 298
黄河故道淮安段的开发建设与思考	周金晶 石文静 曾曾 于坚 / 307
淮安漕运文化保护与开发现状及对策	于坚 徐清 夏虎成 / 312
盐城串场河与大运河水系不可分割	黄兴港 于海根 井慧 / 319
仪扬河运口通航设施变迁考	杨玉衡 / 324
扬州古运河三湾片区文化景观的成功实践	莫昕 / 330
刘宝楠与刘文淇研究扬州运河水道之成就	张连生 / 337
水与扬州	方亮 / 344
前事不忘,后事之师——对1931年高邮特大洪灾的思考	倪文才 / 350
浅析西津古渡水文化神祇崇拜的社会功能	张轩 张峥嵘 / 356
镇江漕运文化的历史考察	张永刚 / 362

传统优秀水文化在城市发展中的创造性转化——以江苏省泰州市为例
.... 蒋建林 / 368

泰州"街河并行"彰显水城特色的思考 .... 范观澜 / 374

清代兴化圩田的修筑及影响 .... 曹生文 / 380

探索基层水管单位水文化发展路径——以"大美引江"水文化品牌为例
.... 王昕炜 / 387

1949年前沭阳境内的沭河变迁 .... 刘振青 蔡猛 / 394

以"大保护"绘就水韵宿迁——骆马湖生态保护的实践与启示
.... 班业新 / 401

整合成子湖文化资源 走好旅游扶贫新路子
.... 泗阳县文史研究会 / 408

略论骆马湖移民的实践与意义 .... 洪声 / 417

中国古代水之哲学刍议

胡发贵

中国古代文明的农耕性,使其特别亲水,关注和省思水的历史、意义与作用。如《诗经》中的"雨我公田,遂及我私",就揭示了农夫对雨水的期盼;而孟子"天油然作云,沛然下雨,则苗浡然兴之矣"(《孟子·梁惠王上》),则生动描写了万物生长靠雨露的朴素而又深刻的道理。也正是在此漫长的农耕文明实践中,中国古代先哲对水形成了丰富而深刻的认知,并产生了许多著名的论断,其间影响最为久远、也最具代表性的或当属老子的"上善若水,水善利万物而不争"之论。这一论断包含了农耕文明对水的敬畏和感恩,还深深蕴藏了中国哲学幽深低调的特质。

一、水是什么

本原与具材,这是古代先哲对水的众多体认中的基本和概括性的判断。

在抽象的形上的意义上,先哲有认为水是世界的本原:"水者,何也?万物之本原也,诸生之宗室也。"(《管子·水地》)强调水为万物之源,万物依水而生。《郭店楚简》中有《太一生水》篇,也主张水是万物衍生的始基,即"太一"生水,水又助生天、地、神明、阴阳、四时、沧热、燥湿,最终演成"岁",即万物之圆成离不开水,其意也是强调水是构成世界,并推动天地万物变化的根本因素。也有先哲认为水是世界的五种根本因素之一,如《尚书·洪范》所提出的金木水火土"五行":"水曰润下,火曰炎上,木曰曲直,金曰从革,土爰稼穑。润下作咸,炎上作苦,曲直作酸,从革作辛,稼穑作甘。"

在形下的层面,先哲又直视水是客观具体的一种存在,先哲名之为"具材"。《管子·水地》:"水,具材也。"所谓"具材",据其文意,即是说水为宇宙间一种具体而有形的存在,所以有"齐之水""楚之水""越之水""秦之水""齐晋之水""燕之水"和"宋之水"等等特定的水名,它们都是可见可触可感的。正是在此"具材"的意义上,先哲又常以水来比喻生活中普通寻常、却又是不可或缺之物。如孟子就强调如果统治者力行仁政,那么人民就会像拥有"水火"一般的富有,也就会乐于助人:"易其田畴,薄其税敛,民可使富也。食之以时,用之以礼,财不可胜用也。民非水火不生活,昏暮叩人之门户,求水火,无弗与者,至足矣。圣人治天下,使有菽粟如水火。菽粟如水火,而民焉有不仁者乎!"(《孟子·尽心上》)文中"有菽粟如水火",正是形容粮食多的如水火一样。

在人文意义上,先哲从水性中引申出丰富的德性想象。

其一,水的平准和公正性。《说文解字·水部》指出:"水,准也。北方之行,象众水并流,中有微阳之气也。"《白虎通义·五行》则更为明确地揭示,水之德在平均:"水之为言,准也。养物平均,有准则也。"

其二,水的冲决不可堵截性。孟子曾形容说江河之决,是不可能阻堵的,"舜之居深山之中,与木石居,与鹿豕游,其所以异于深山野人者几希。及其闻一善言,见一善行,若决江河,沛然莫之能御也。"(《孟子·尽心上》)孟子还以"水就下"的特性,凸显其不可"御"的决然性:"孟子见梁襄王。出,语人曰:'望之不似人君,就之而不见所畏焉。卒然问曰:"天下恶乎定?"吾对曰:"定于一。""孰能一之?"对曰:"不嗜杀人者能一之。""孰能与之?"对曰:"天下莫不与也。王知夫苗乎?七八月之间旱,则苗槁矣。天油然作云,沛然下雨,则苗浡然兴之矣。其如是,孰能御之?今夫天下之人牧,未有不嗜杀人者也。如有不嗜杀人者,则天下之民皆引领而望之矣!诚如是也,民归之,由水之就下,沛然谁能御之?"(《孟子·梁惠王上》),这种决然性实际上突出了水可疏不可堵之本质。鲧治水之失败,正是忽视了水的就下性,而大禹之成功,恰是深察了水就下沛然不可御,疏则顺水性而可治。《国语·周语上》中所谓

"防民之口，甚于防川，川壅而溃，伤人必多，民亦如之。是故为川者，决之使导；为民者，宣之使言"，也体察出水可顺可导的本质。

其三，水的永远向前性。这借用孟子的话即是"盈科而后进"："徐子曰：'仲尼亟称于水曰："水哉，水哉！"何取于水也？'孟子曰：'源泉混混，不舍昼夜，盈科而后进，放乎四海。有本者如是，是之取尔。苟为无本，七八月之间雨集，沟浍皆盈；其涸也，可立而待也。故声闻过情，君子耻之。'"（《孟子·离娄下》）文中的"科"，即空、虚，水一旦注满坑洼，则必然向前流，且永远不回头。此恰如孔子所叹："子在川上曰：逝者如斯夫！"

其四，"体清以洗物"，水性洁而容污，"孟子曰：'不仁者可与言哉？安其危而利其灾，乐其所以亡者。不仁而可与言，则何亡国败家之有？有孺子歌曰："沧浪之水清兮，可以濯我缨；沧浪之水浊兮，可以濯我足。"孔子曰："小子听之！清斯濯缨，浊斯濯足矣。自取之也。"夫人必自侮，然后人侮之；家必自毁，而后人毁之；国必自伐，而后人伐之。《太甲》曰："天作孽，犹可违；自作孽，不可活。"此之谓也。'"（《孟子·离娄上》）后世晋人李康作《运命论》，仿此而刻画了水的"受浊济物"性："譬如水也，通之斯为川焉，塞之斯为渊焉，升之于云则雨施，沈之于地则土润。体清以洗物，不乱于浊；受浊以济物，不伤于清。是以圣人处穷达如一也。"

最后，水的智慧象征。孔子有"仁者乐山，智者乐水"之说，将水与智者联系在一起，暗示水的流动、变化、向前、平准、去垢等特性，滋养生命，也契合精神成长；《管子·水地》认为人成于水，"人，水也，男女精气合，而水流形"；众所周知，先哲认为人之所以为天地间灵杰，如荀子所解释，正因为人不仅有"有气有生"，而且"有智有义"。所以，水所成的"有智"的人，爱水是必然的，这也是人的本质属性所规定的。

二、水德与"南方之强"

这一美德正是"南方之强"，一种温润的低调哲学。史称"子路问强。子曰：南方之强与，北方之强与？抑而强与？宽柔以教，不报无道，南方之强也，君子居之。衽金革，死而不厌，北方之强也，而强者居之"。

(《中庸》)

"南方之强"到底是何意？据朱熹注解："宽柔以教，谓含容巽顺以诲人之不及也。不报无道，谓横逆之来，直受之而不报也。南方风气柔弱，故以含忍之力胜人为强，君子之道也。"(《四书章句集注·中庸》)显然，所谓"南方之强"，实即如孟子所说的"动心忍性"的坚韧品格，"天将降大任于斯人也，必先苦其心志，劳其筋骨，饿其体肤，空乏其身，行拂乱其所为，所以动心忍性，增益其所不能"(《孟子·告子下》)。这也是一种包容、宽容的博大与高尚的胸襟，所以孔子肯定"南方之强"，是一种优秀的品德，"君子居之"；而好勇斗狠的"北方之强"，缺乏道德之美，故只有"强者居之"。

如果继续追问，南方何以有如此之"强"呢？这当然与南方的自然地理环境密切相关，诚如《礼记》所揭："凡居民材，必因天地寒暖燥湿，广谷大川异制，民生其间者异俗。"水显然是南方最为突出的自然禀赋了。江南水乡泽国，沟壑纵横，南蛮之所以"断发文身"，正是赖水而生的表现。近代著名学者刘师培先生辨析说："北方之地土厚水深，民生其间，多尚实际。南方之地水势浩洋，民生其际，多尚虚无。"(《南北学派不同论》)刘氏所谓的"虚无"，其典型的哲学表现正是老子所创建的"以濡弱谦下为表"的道论。

众所周知，老子重"道"，视之为世界之本，万物之根，"道生一，一生二，二生三，三生万物，万物负阴而抱阳，冲气以为和"。道也是宇宙的主宰，"道常无为而无不为"(《老子》37章)。但在老子那里，"道"又具十分低调的特性，即"道常无为"。如"道"低调而不张扬，"有物混成，先天地生。寂兮寥兮"(《老子》25章)，"道之为物，惟恍惟惚"(《老子》21章)，老子还以"夷""希""微"(《老子》14章)称述之，又以"朴"(《老子》32章)，"静"(《老子》16章)来描述"道"的品质。另外，"道"也是非常谦逊的。它"生而不有，为而不恃，长而不宰"(《老子》10章)，而且"万物恃之而生而不辞，功成不名有，衣养万物而不为主"(《老子》34章)。"道"还是包容的。诸如"孔德之容，唯道是从"(《老子》21章)，"道者，万物之奥"(《老子》62章)等表述，都揭示了"道"无所不包的涵括性。后来庄子更以其"夫道，覆载万物者也，洋洋乎大哉"(《庄子·天地》)的描述,更为生动地揭橥了"道"的覆天盖地的包容性。

老子对"道"的上述诸特性认知,都隐含着水性的体认。可以说,正是从水的生命之源的"衣养"、为而不有的淡漠至朴、旷兮若谷的包容、至柔不争而克坚强等品性,抽象并投射到"道"的理念中,奠基了所谓"南方之强"的哲学思想;而追本探源,或可推论,"道"结蒂于"水",换句话说,中国古代哲学从水中获得了最为幽深的灵感,水也赋予了中国古代哲学至为深切的低调禀赋。

三、谦和礼让的江苏文化品格

江苏地域多水,文化浸染水的柔性。其突出表现就是谦和礼让,太伯三让的奔吴及其后人季札的避让王位,愈发凸显了这一文化禀性。

太伯与季札的谦让,史有明文记载。关于太伯之让,《史记》说:"吴太伯,太伯弟仲雍,皆周太王之子,而王季历之兄也。季历贤,而有圣子昌,太王欲立季历以及昌,于是太伯、仲雍二人乃奔荆蛮,文身断发,示不可用,以避季历。季历果立,是为王季,而昌为文王。太伯之奔荆蛮,自号句吴。荆蛮义之,从而归之千余家,立为吴太伯。"①有些史料将太伯让位于季历解读成"三让",《史记》正义引江熙语称:"太王薨而季历立,一让也。季历薨而文王立,二让也;文王薨而武王立,遂有天下,三让也。"②

史称太伯无子,身后由其弟仲雍继位,传十九世而至寿梦。寿梦有四子:诸樊、馀祭、馀昧、季札。季札最小,但在吴文化的早期发展中,却是一个十分杰出的人物。季札曾代表吴国出使中原诸国,并与当时各国精英有过交流,当时中原大国的一些贤哲,乐于和他交往,也很重视他的意见。出使到齐国时,他对晏婴说:"子速纳邑与政。无邑与政,乃免于难。齐国之政将有所归,未得所归,难未息也。""故晏子因陈桓子以纳政与邑,是以免于栾高之难。"③至郑国,他与子产一见如故,并建言

---

① 司马迁:《史记》卷三十一《吴太伯世家》,中华书局,2003。
② 同①。
③ 同①。

说:"郑之执政侈,难将至矣,政必及子。子为政,慎以礼。不然,郑国将败。"①抵晋国,他对叔向推心置腹地说:"吾子勉之。君侈而多良,大夫皆富,政将在三家。吾子直,必思自免于难。"②鲁襄公二十九年,他出使鲁国,他的好学与博识,赢得鲁人的敬重,史称"(季札)问周乐,尽知其意,鲁人敬焉"③。

季札挂剑更是一则展现其高尚品格和情怀的著名故事,司马迁颇有感慨地写道:"延陵季子之仁心,慕义无穷,见微而知清浊。呜呼,又何其闳览博物君子也。"所谓"闳览博物君子",即是说季札为一位博学而智慧的贤达之士。可能也正因此,他深得其父王寿梦的喜爱,于是又演绎了一出如太伯般让国君之位的逊让故事。史书上说"季札贤,而寿梦欲立之,季札让不可,于是乃立长子诸樊,摄行事当国。"④诸樊继位第一年,将父王的丧事料理完后,谨遵亡父之意,要将王位让给季札。季札不肯接受,吴人强求不止,弄得季札实在没办法,就离开了城里,跑到乡下去种地去了。这样,国人才打消了要他继王位的念头。

诸樊继位13年后辞世,临终前遗嘱将国君位传给弟馀祭,"欲传以次,必致国于季札而止,以称先王寿梦之意,且嘉季札之义,兄弟皆欲致国,令以渐至焉。季札封于延陵,故号曰延陵季子"⑤。馀眛继位4年后亡故,也遗令将国君位传给弟弟季札,但季札还是一如既往的逊让,实在躲不过,就跑得远远的。国人很是无奈地说:"按照先王的遗命,是兄终弟及的,是想依照这个秩序,最终传到季子;当时季札'逃位',我们只得立王馀眛。现在季札又不愿意继位,只得立王馀眛之子僚为吴王。"

从上述的历史叙述看来,季札也至少是三次让出了王位,他和他的先人太伯一样,表现出对权力的淡漠与敬而远之,面对利益的先人后己地主动退让。不论太伯和季札之让的背后原因有多复杂,但他们的让,还确实体现出了对世人趋之若鹜之权力的淡漠,甚至是轻忽,体现出了

---

① 司马迁:《史记》卷三十一《吴太伯世家》,中华书局,2003。
② 同①。
③ 司马迁:《史记》卷三十三《鲁周公世家》,中华书局,2003。
④ 同③。
⑤ 同③。

一种为了整体利益自我克制与自我牺牲的精神,体现出了一种见微知著的智慧,因此他们深得后人的赞许和推崇;尤其是他们的谦让所展现的隐忍谦逊的品格,更被着意强调,被礼赞为"至德"。司马迁赞"延陵季子之仁心,慕义无穷",后人更以为太伯、季札之让国,奠定了东南礼乐文化之基,如东汉吴郡太守麋豹说:"尚端委以治周礼,数年之间,人民殷富,教化大治,东南礼乐实始基焉。"(《泰伯墓碑记》)晋左思则认为太伯、季札开创了吴文化的"克让"之风:"吴之开国也,造自太伯,宣于延陵。盖端委之所彰,高节之所兴。……由克让以立风俗。"(《吴都赋》)元代瞿如忠也有类似的认知,他说:"至德化浇漓为淳朴,息争夺为廉让。"(《常州路重修季子庙记》)

在此历史的表彰和解读中,先圣先贤的"至德",化为江苏文化的特别禀赋,谦让坚韧也成为吴文化的突出的文化符号,它随着吴文化的传承而世代流传。

(作者单位:江苏省社会科学院)

新时代"千年运河"国家文旅品牌形象塑造

秦宗财

一、"千年运河"国家文旅品牌形象

1. "千年运河"文化基因

综合国内外关于文化基因的研究成果，笔者认为，大运河文化基因，就是决定"千年运河"国家文旅品牌系统传承与变化的基本因子、基本要素，包括大运河文化的精神内涵和表现形态，包括理想、信仰、思想、道德规范、价值观念体系和科学文化知识等。

大运河是中国古代创造的一项伟大工程，是世界上距离最长、规模最大的运河，展现出我国劳动人民的伟大智慧和勇气，传承着中华民族的悠久历史和文明，2014年成功列入《世界遗产名录》，是一部书写在华夏大地上的宏伟诗篇。根据文化基因工程的四项基本任务，新时代"千年运河"国家文旅品牌文化基因传承有四个方面，一是在追根溯源的历史求索中寻找"千年运河"国家文旅品牌文化基因，包括从中华传统优秀文化中溯源"千年运河"国家文旅品牌文化基因、从"千年运河"国家的历史发展历程和辉煌业绩中探寻文化基因等。二是从全球史观高度评价"千年运河"国家文旅品牌文化基因。三是在全球化浪潮中力保"千年运河"国家文旅品牌文化民族性，传承文化基因。四是在面向世界、多元文化、综合创新中优化大运河文化基因。

2."千年运河"国家文旅品牌形象

"千年运河"国家文旅品牌形象塑造与传播从本质上来说就是"千年运河"国家文旅品牌文化基因工程的重要内容。借助于各种媒介叙事,展现"千年运河"国家文旅品牌形象,传播"千年运河"国家文旅品牌的精神形态及精神内涵,包括理想、信仰、思想、道德规范、价值观念体系和科学文化知识,让受众认识和了解"千年运河"国家文旅品牌文化,激发受众内心的情感共鸣和文化认同。

"千年运河"国家文旅品牌形象塑造,具体可以表现为物质形态、非物质形态和文化空间形态三个方面,当然这三个方面是互为依托、彼此紧密联系的。物质形态形象塑造,是指文化的物质载体可以是遗址、纪念地、标志性物件等,也可以是传统纸媒、视听觉媒介等。物质载体承载了丰富的运河文化内容、运河思想价值观念等非物质文化精神内容。非物质形态形象塑造包括运河文化口耳相传的各种叙事形式、表演艺术、运河实践、文化仪式、文化活动等。大运河全长近3 200公里,流经8个省市,沟通融汇京津、燕赵、齐鲁、中原、淮扬、吴越等地域文化,以及水利文化、漕运文化、船舶文化、商事文化、饮食文化等文化形态,形成了诗意的人居环境、独特的建筑风格、精湛的手工技艺、众多的名人故事、丰富的民间艺术和民风民俗。水工遗存、运河故道、名城古镇等物质文化遗产超过1 200项,已列入世界文化遗产的河道遗产、水工遗存、附属遗存及相关遗产85处,拥有国家级非物质文化遗产450余项,世界自然遗产1处,世界自然与文化双遗产2处。这里无论是物质的一船一闸、一坞一亭、一碑一刻,还是非物质的文学故事、运河传说、文化艺术等,都会引起中国人民的情感共鸣。文化空间形态,不仅是物理性的地域空间,还包含具有文化意义的"隐喻性空间"[1]。"千年运河"国家的文化空间形象特指的依托"千年运河"国家文化标志性的物质和非物质文化遗产,形成的独具特色的文化标识体系与话语表达体系的公共文化载体。2019年我国提出建设大运河国家文化公园,其依据便是以"千年运河"国家沿线"一系列主题明确、内涵清晰、影响突出的文物

---

[1] 秦宗财,杨郑一:《论文化遗产创造性转化的逻辑与路径》,《中原文化研究》2019年第5期。

和文化资源为主干",生动呈现中华文化的独特创造、价值理念和鲜明特色,做大做强中华文化重要标志。其形象传播的关键是要形成文化空间的文化符号体系与民族话语表达体系。

二、大运河国家文旅品牌形象塑造的多元格局

1. 形象塑造主体及其传播渠道

传播者是传播活动的起点,控制着整个传播活动的进行。通过对大运河文化品牌叙事的网络文本展开分析,在大运河文化品牌故事的传播过程中,主要传播者包括:一是由政府新闻办公室牵头,联合社科联、中外高校、学术期刊、大运河文化带建设研究所专家等举办大运河文化带品牌传播国际性和区域性的论坛、会议,共同探讨推进大运河文化带建设,寻求大运河文化带品牌传播的提升之策。二是通过以文化交流为主题的非营利性公益组织 WCCO(世界运河历史文化城市合作组织),来促进运河城市间的互动交流,共享经济、社会、文化建设的经验,实现运河城市共同发展。三是通过品牌开发,文化旅游行业的经营者在大运河沿线城市打造优质商业生活配套,在大运河文化旅游资源上生产更加多样化的产品,加强更多的软性投入。

2. 文旅品牌形象塑造的内容和路径

大运河文旅品牌形象塑造的内容和路径,其实质就是分析文旅品牌形象塑造主体如何通过"讲"故事和"讲好"故事,促进大运河文旅品牌形象传播。媒介是文旅品牌形象传播的载体。全网所搜集到的有关"大运河文化"和"大运河文化品牌"的关键词共 1 663 494 条报道,囊括了报刊、视频、论坛、博客和客户端等新闻媒介。其中媒体活跃度最高的是微博、微信。微博作为一种社交化媒体,转发简便,易形成病毒式传播,掀起网民对运河城市发展讨论的高潮。而微信主要是以世界运河名城、WCCO、运河网等公众号平台进行传播,实现了新媒体技术驱动下多种媒介样态的融合:除了推送基本的文字图片外,微信公众号还内嵌视频和 H5 页面等多种形态。此外想要了解有关大运河发展的最新动向,还可以通过包括今日头条号、百家号在内的新闻客户端的转载

进行了解。

3. 文旅品牌形象塑造的效果分析

大运河文化品牌叙事传播的受众,主要包括中国境内大运河沿线及世界其他运河城市沿线的居民、旅游者、爱好者等。正如前文所言,以 WCCO 为代表的国际性组织,通过各种活动,加强了中国大运河沿线城市与世界各国运河城市的交流与合作,故而世界各国运河城市的民众也会因此成为中国大运河文化品牌传播的受众。新时期大运河文化带建设是中国为世界文化繁荣发展贡献出的中国智慧、中国方案,大运河文化带建设不同于"一带一路"倡议,应成为中国第一条以文化建设为导向的对外发展战略,带动世界运河城市对运河文化的保护、传承和利用。因千年运河而孕育出一大批运河城市,运河和中国城市的发展便构成了"命运共同体",而以大运河文化品牌传播作为大运河文化建设推广的重要方向,必将和运河城市及地域性文化特色相结合,为运河城市发展带来历史性的机遇,极大增强运河沿线人民对运河文化的认同感和自豪感。

大运河承载着国家形象,是国家形象塑造的精神载体,也是文化传统、民族特性与历史传承的表征,在对外传播中展现出了独特的中华精神,更是世界各国认识中国的窗口。虽然每个国家的运河历史各不相同,但是强烈的文化认同将各国紧紧地连接在一起。近一年来,共有 24 个国家和地区、11 个国际组织、70 多座运河城市参与到运河文化的保护、传承和利用中,致力于运河城市协同发展。将运河文化作为发展的突破口,推动大运河沿线城市文化与旅游融合发展,同时不断激励当代人承担保护运河文脉的职责,在继承前人留下的文化遗产的基础上创新,不断推演出新的运河文化符号和形象。

三、新时代"千年运河"国家文旅品牌形象塑造的媒介策略

1. 新时代"千年运河"国家文旅品牌形象塑造的内容创新

基于新时代受众的需求和消费方式为出发点,"千年运河"国家文旅品牌文化传播形象塑造在内容的选择上,要秉承大运河文化传承的

核心是大运河文化精神的传承的理念,以大运河文化为主题的作品要注重符号与精神的结合,使人们在看过这些作品之后可以在心底油然而生出一种对大运河文化历史精神的敬畏之情,在符号现代化的过程中,要在明晰其历史内涵的基础上注入现代元素,将核心内容与不同时代特点结合起来,展示具有时代鲜明特点的大运河历史,凝聚时代精神,书写符合时代选择的大运河文化符号。一方面将大运河文化元素融入公共文化服务内容中去,借助于当代公共文化服务体系,促进"千年运河"国家文旅品牌形象融入公共文化生活领域,丰富和拓展受众的大运河文化认知渠道,尤其是"千年运河"国家文旅品牌形象通过公共文化服务"输出"能够"活起来",而公共文化服务借助"千年运河"国家文旅品牌形象"输入"可以"用起来",从而达到文化认同、坚定文化自信的效果。另一方面深入挖掘"千年运河"国家文旅品牌的文化价值和优质内容,夯实"千年运河"国家文旅品牌形象的内核,并借助受众喜闻乐见的现代艺术表达,使形象更加生动活泼,更易于被接受。"千年运河"国家文旅品牌文化也要能够创造性转化与创新性发展,按照新时代的特点和要求,对大运河文化中有借鉴价值的内涵和陈旧的表现形式加以改造,赋予其新的时代内涵和表现形式,激活其生命力。创造性转化与创新性发展是一个整体,却又各有侧重、各有所指。大运河文化的创造性转化,是以"中国现实"为尺度,以服务于现实为圭臬,以创造性为特征,对于"千年运河"国家文旅品牌形象的内容设计,不是简单照搬,而必须具有新韵味、新蕴含与新表达。"千年运河"国家文旅品牌文化内容和形象的创新性发展,是以大运河文化基因为基点,提升大运河文化在新时代的传承力、传播力与发展力,这必须要紧扣新时代特征与对美好生活的向往去创新发展。

2. 新时代"千年运河"国家文旅品牌形象塑造的符号编码

形象符号编码要能充分展现"千年运河"国家文旅品牌形象。如前所述,"千年运河"国家文旅品牌形象分为物态(可具体感知、看得见、摸得着的形象)、非物态(不具有具体形象性的精神、意义、价值等)和文化空间(整体形象)三种类型,但是在形象信息符号生产(编码)时,三种类型的信息是融合一体、不可分割的,即符号不仅是物态符号的描述,更要表现出其内在的非物质文化意涵和文化整体与部分的关系,这样信息的符号表达才能更加真实、丰满和全面。这就要求"千年运河"国家文旅品牌形象塑造主体在符号生产时,要充分考虑这三个维度。这对形象塑造主体的素质和能力提出了更高的要求。

同时,形象符号编码还要适应媒介传播的要求。新媒体环境下融合媒介传播趋势不可逆转,对传媒人士提出了更高的要求,只有进行队伍整合,打造高素质的传媒队伍才能创造出符合时代潮流的形象符号。由于现代经济的发展,物质水平不断提高,人们对信息的要求也越来越高,"分众化"趋势明显,提升队伍的整体素质,也应该从分众需求层面出发,熟悉各种现代化传播技术的使用,提高自身针对不同受众的"编码"能力,对"千年运河"国家文旅品牌符号的形式进一步创新,让"千年运河"国家文旅品牌符号适应新媒体语境的传播特点。

3. 新时代"千年运河"国家文旅品牌形象塑造的业态与产品

一切文化内容及其形象都具有时代性。结合时代特征和实践要求,推动"千年运河"国家文旅品牌文化内容与形象融入当下、服务当今。新时代"千年运河"国家文旅品牌形象不仅体现在无形的精神意义"内核",还体现在有形的文化载体——文化产品上,既要有形式,更要接地气,尤其是让年轻受众认识、了解和喜欢大运河文化,获得对精神上的激励和满足。"千年运河"国家文旅品牌形象的塑造与传播,需借助于现代创意思维,运用科技手段去创新和升级"千年运河"国家文旅品牌业态和文化产品。"千年运河"国家文旅品牌产业转型升级的关键,就在于大运河文化与科技的融合发展,借助数字技术手段和商业模式,不断转型升级,将会促进大运河文化重新焕发生机。要实现"千年运河"国家文旅品牌文化业态创新,就是要从根本上转变新的观念,制定新的战略,尝试新的模式,构建新的机制,寻求新的途径,推动"千年运河"国家文旅品牌的产业跨界、业态融合。"千年运河"国家文旅品牌"新业态"主要是指区别于传统、常规文化产业的新业态。科技将促使新兴文化业态成为"千年运河"国家文旅品牌形象传播的利器和重要载体,充分展示和创新文化的内容和形式,创新文化产品与服务方式,提升文化体验,赋予"千年运河"国家文旅品牌产品更强的传播力、感染力和吸引力，从而创造更大价值的过程。不仅会创造更好的经济价值，而且将大运河文化价值观传播到更广泛的受众群体，从而产生更深远的影响力。

4. 新时代"千年运河"国家文旅品牌形象塑造要适应媒介融合趋势

"千年运河"国家文旅品牌形象塑造必须要适应新时代媒介融合趋势，因为形象塑造效果只有借助于媒介传播才能最终实现。形象传播渠道，可以划分为"在场性"传播渠道、"在线性"传播渠道、"实物性"产品渠道。新时代移动互联网的迅猛发展，"在场""在线""实物"三种传播渠道形成了上下游关联、彼此支撑的关系网络。因此，"千年运河"国家文旅品牌形象传播就需要借助于现代的科技手段，丰富"千年运河"国家文旅品牌形象的符号表达形态，拓展其传播渠道，打通不同介质之间的传播通道，构建全方位、多层次、分众化的传播体系。

（作者单位：扬州大学新闻与传媒学院）

拓展两大空间
提升"水韵江苏"品质

董文虎

建设美丽中国是习近平总书记亲自布局的重大举措。"要以江河湖海为脉络优化空间格局,充分彰显'水韵江苏'之美",是省委、省政府对江苏要在美丽中国建设中走在前列提出的新目标、新要求之一。修复水工程物态空间、"文"化水工程意象空间是打造"水韵江苏"品牌的前提和两大核心元素。

关于涉水的几个概念

1. 水与水载体

江河湖海是地球上液态水的载体,正由于有水载体,人类和其他地球生物才有可以使用的水。水与水载体是水的生命共同体。

2. 水载体与水工程

自从舜帝"殛鲧于羽山,以变东夷",将鲧发配到今江苏东海县与山东临沭县交界的羽山,以改变东部的环境面貌开始,江苏的治水已经有四千多年的历史,已将自然的水载体都视为水工程了。

3. "人化"与"化人"

文化包括"人化"与"化人"两方面的成果。按照人类意志对自然的改造简称为"人化",对人类自己的改造简称为"化人"。

4. 文化水工程与"文"化水工程

文化水工程指不仅具有"不垮不漏,流量过够"水工程技术类文化,还具有给人以包括美感、意象、思想内涵等精神类文化的水工程;"文"化水工程是指"文"要化入水工程之中,即将精神类文化融入水工程的行为。

5. 水、水韵与"水韵江苏"

"水韵"之"水",指水＋水工程;"韵"在这里一指和谐而有节奏之音,二指风度、风致、意味、情趣之意。"水韵"者,指水工程蕴含有人水和谐、有美感、有意味,有情趣的文化;"水韵江苏"指江苏多(有韵味的)水;江苏(文化)如(有韵味的)水。

"水韵江苏"是江苏社会经济发展的新需求

1. 水与水工程创造了江苏文明

从原始本能地"缘水而居,不耕不稼",逐步懂得了得水而兴,弃水而废的道理,开始步入农耕时代,出现以"利人"为目的构筑堤坝、开挖河渠等水工程的治水(及管水)等水利活动。这些活动在美国史学家魏特夫的《东方专制主义》一书中称之为"水利文明"。他认为中国"属于这种文明"。由于水利文明的存在,又使这种文明伸展至农业文明、工业文明……乃至整个社会文明。2014年习近平在水安全工作会上指出的"水是万物之母、生存之本、文明之源",是水造就了中华文明,也造就了充满生机和活力的江苏文明。

2. 江苏文明随着社会经济的发展不断提升

人类文明的提升,不仅表现在物质文明的提升上,同样也表现在精神文明的提升上。"水生民,民生文,文生万象",人类通过对自然界和对人类自己的认知,并在改造自然的活动中,逐步形成意识、思维、精神、品格、智慧,逐步形成哲学、美学、文学、艺术、道德、情操等属精神一类的文明。

就对水而言的水利文明来说,从"鲧障洪水"始,直至二十世纪末,四五千年来,人们都是围绕以"水"物质为最基本需求的灌、排、引、航等目标,形成"以水利人"不断进化的"工程水利"思维和治水、管水技术的进步。但是,随着人类社会发展到自然界水体难以承载人类"掠夺式开发"的阶段,北方缺水——黄河断流、城市水荒;南方污水——淮河污染、太湖蓝藻,乃至江苏出现"有河皆污"的现象。人们开始思考"变工程水利为资源水利""资源水利的本质特征——人与自然和谐相处"以及提出了让河流有形(灌、排、引、航等)功能与无形(生态、环境和人文)功能并存的新理念,并提出了必须形成"利水水利"的新思维。最近,省委提出的"水韵江苏",是对提升江苏以"化人"为主的水利文明的最新思考。

3. "水韵江苏"是提升江苏文明对水利功能的新需求

人类对自然利用的进程中"有意识的功利观点来看待事物,往往是先于以审美的观点来看待事物的"。我国古代人民对自然美的认识开始也是以功利为出发点的,例如《说文解字》对"美"字的解释:"美,甘也,从羊,从大。羊在六畜,主给膳也,美与善同义。"先是认为好吃和大的就是美。随着人类社会经济的发展,人类已经开始摆脱直接的物质功利性,而代之较为高级的精神功利性了,对美的认识也就引申到了"美与善同义"。形成了"夫水者,君子比德焉"的对水的认识,在意识形态方面有了质的升华。例如,范仲淹就用"云山苍苍,江水泱泱,先生之风,山高水长"的文字赞美严子陵。形成了人与自然同形、同构的感应交流,这种感应交流,从远古至现代又都客观地存在于能从大自然中得到精神感应的智慧和知识的人群里。

改革开放后,我国生产力得到极大解放,尤其是包括江苏在内的东部地区从温饱迈向小康的发展速度极快,特别是江苏"强富美高"的地域越来越大,旅游、观光、休闲、宜居,已成为人们的一种时尚和经济现象,成为人们追求生活质量的新标识,也成为个人消费的新构成。人们对以水载体为主的环境给予了更大的关注和期望,这就决定了水工程的功能必须外延和拓展到使水更具"风韵"的建设和管理上来。

从物态和意象两大空间提升"水韵江苏"品质

1. 水之缘——利害两重天

中国地势西高东低,江苏处于我国大海之滨,长江、淮河横穿东西,太湖、洪泽湖坐落南北,99 个 1 km² 以上的湖泊星罗棋布。江苏以 10 万 km² 的土地,承受流域上中游 200 万 km² 的河水下泄,五分之四土地处于洪水位以下,成为中西部洪水的走廊,历史上水灾害频频发生、苦难深重,如:

公元 1400 至 1900 年的 500 年间淮河流域水灾就有 350 年,发生大与特大洪水灾害 45 年,江苏受灾就达 44 年。

洪泽湖大堤在公元 1575 至 1855 年的 280 年期间,洪水溃决 140 多次。

1931 年洪水,里下河地区淹没耕地 1 330 万亩,倒塌房屋 213 万间,灾民 350 万人,死亡 7.7 万人,仅高邮北挡军楼一处浮尸就有 2 000 多具。兴化县城东官庄(现属西鲍乡)100 余户仅剩 5 人,其余全部被淹死。

我们也不会忘记 1991 年,"苏北淹了一个粮仓(里下河)、苏南漂走一个钱庄(太湖地区)"的江苏水灾。

经江苏人民 4 000 多年特别是新中国成立 70 多年以来不懈的努力,不仅开挖了纵贯全省的京杭大运河,更挖(或整理)成密如蛛网的乡级以上河道 2 万多条、建成省在册水库 908 座,江河湖海全部筑有达标堤防和设有可调可控的涵闸泵站,现已形成能"顶"住 2020 年"三超"(江淮流域太湖水位超保证、南京段水位超历史极值、梅雨量超历史平均值)的抗洪排涝能力。江苏缘于水之利和人之功,已成为我国经济最为发达的省份之一,可以说江苏得水而兴。

江苏,因是全国唯一拥有大江大河大湖大海的省份而自豪。连清初取江宁、苏州两府的首字而得的省名,都不离开水,"江"祈盼长江安澜,"苏(蘇)"字,由鱼、禾、草组成,寓意鱼米之乡。

江苏不仅为水工程多自豪,更为水之韵味能被千古诗人称颂而出

名,如:

  李白写南京之水:"三山半落青天外,二水中分白鹭洲";
  王维写泰州之水:"海潮喷于乾坤,江城入于泱漭";
  王湾写镇江之水:"潮平两岸阔,风正一帆悬";
  白居易写苏州之水:"天平山上白云泉,云自无心水自闲";
  陈羽写淮安之水:"秋灯点点淮阴市,楚客连樯宿淮水";
  杜牧写扬州之水:"青山隐隐水迢迢,秋尽江南草未凋";
  苏轼写徐州之水:"长洪斗落生跳波,轻舟南下如投梭";
  文天祥写无锡之水:"金山冉冉波涛雨,锡水茫茫草木春";
  元好问写连云港之水:"万里风涛接瀛海,千年豪杰壮山丘";
  陈孚写常州之水:"毗陵城西渔火红,家家夜香烧碧空";
  单一凤写盐城之水:"此地当年浪里眠,于今壅筑万家田";
  管干贞写宿迁之水:"随潮青入海,过雨白连湖";
  张謇写南通之水:"潮痕江岸白,云气海门黄"。

  诗人们还写大运河:"尽道隋亡为此河,至今千里赖通波"(皮日休);写太湖"三万六千顷,千项颇黎色"(皮日休);写扬子江岸:"春风又绿江南岸,明月何时照我还"(王安石);写海陵潮:"春江潮水连海平,海上明月共潮生"(张若虚)……

  在这些著名诗人的眼中,江苏的水美激起了诗人喷涌而出的才思,留下了千古名篇。后人读到他们的诗,就似乎身临其境,感受到这些水的风韵;而在当地,一见到水,也会联想起他们的诗篇。正由于有了这些诗篇,使这些地方的水,犹如注入了灵气,就成了这些地方引以为自豪的风景区了。

  江苏依水而生,自然禀赋为江苏带来了发展契机,水也成为江苏社会发展中最大的文化资源。如何做好江苏水的文章是江苏涉水部门当前的一道必答题。

  2. 复合交融的两类水空间

  江河湖海等水空间格局包括两类:一是水工程的物态空间;二是人们见到水工程后,所产生的意象空间。

  水工程物态空间,包括水载体空间——容纳地表水工程(水载体)

的面积和体量；水生态空间——水生及水陆两栖生物生存空间及通道；水环境空间——处于水上、站在水边的人能产生视觉美的空间。水工程物态空间是有一定边界，不可能无限放大的三维物质空间。

水工程意象空间——包括水工程平面形态文化概念、水工程立体艺术形象、水工程文化内涵及外延、水工程环境综合印象等等。水工程意象空间，是多元素、可变化、无边界的，是不同的人各自吸收和对外交流的信息空间，是一穿越时空，无分省界、国界，可以无限放大的空间。

省委十三届八次全会提出要以江河湖海为脉络优化空间格局，充分彰显"水韵江苏"之美，是站在人水和谐、永续发展的高度，针对美丽江苏建设作出的重要战略部署。因此，提升水工程双重功能的品质成为题中应有之义，必须认真研究如何修复水工程物态空间和拓展水工程意象空间，以充分彰显"水韵江苏"之美。

修复水工程物态空间，让人水和谐相处

1. 江苏仍存在一些人水不够和谐的认识和行为

当今，由于一些地方认识不同，导致还存在人与水不能和谐相处的现象，使得"水韵江苏"的品牌名实尚未完全相符！例如：由于"以粮为纲""城镇化"和江苏人口从1960年的4 200千万上升至现在8 000万等诸因素，加之在2009年前国土部门将水工程用地列为"未利用土地"，鼓励所谓的"复垦"等，造成严重的"与水争地"现象，仅泰州一市近50年来水域面积净减少50.15万亩，里下河蓄滞洪涝的能力仅剩1965年以前的15%；再如，由于长期以来许多城、镇、村庄都是依河而建，在城市化进程中，河湖旁以高层建筑为主的水泥丛林迅速扩张，道路越来越宽，迫使河道越来越窄，城镇河道渠型化、直线化，甚至填河卖地、筑路、建房，不少地方存在河湖平面空间被挤占、环境空间被遮挡的现象；三是，水岸护坡硬质化，城镇地表密封化，河道淤浅，水系不贯通，断头河、死水区在少数地方仍然存在，这些河湖生态空间被阻断，缺少对涉水生物的生态关怀；四是污染，受制于财力等多种因素影响，城镇管网不配套，雨污不分流或治理标准偏低，农村污水防治还存有盲区，一些

不达标废污水入河的现象时有发生,少数河段间或仍会黑臭,与二十世纪六七十年代"随处可挽河水喝"相比,存在较大落差;五是缺美,一些面水工建筑缺少美感,一些河湖景美段滨水岸线被单位、企业、小区所占,百姓难近其旁,公(水)权私有化。

2. 展拓水工程物态空间,做优"水韵江苏"之形

就江苏省而言,整个区域的特色就是水,没有特色的水,何谈"水韵江苏"。江苏不管哪个区域,要想"美得有形态、有韵味、有温度、有质感",首先要让水载体"四有",才谈到其他的整体区域特色。然而,从2020年8月14日《新华日报》所载《美丽江苏建设,空间文章怎么写》一文看,我省权威的规划和生态、水利部门,虽提及"藏粮于技"战略,又提"守好耕地红线",但都未正面触碰修复水域的"还地于水"的问题。

2020年5月,笔者向泰州市河长制领导小组提出《推进泰州市幸福河湖建设思路》,文中对属平原地区单一河道滨水空间的布局做了一番思考,包括:水工程的物态空间,不仅要考虑洪能挡、涝能排、田要灌、人用水、船畅行的水体,还应考虑河湖本身的健康基流、涉水生物的生态基流、激活水体增加自净能力的水循环基流等流量的水断面空间;不仅要给聚蓄的水留足三维空间,还应因地制宜地给水载体、水建筑、水环境、水景观留下有特色、有意境的理想平面空间;不仅要考虑受人为制约的水载体单一空间,还应考虑恢复自然流态线型空间和适应水土保持及滨水绿化、不同人群近水及各类亲水活动所需求的外延空间……因此,为"水韵江苏"搞顶层设计的人必须将包括"还地予水",修复水工程的物态空间规划纳入顶层设计之中。

3. 多部门协同抓好水工程物态空间的规划和管理

抓好规划。要做好这一规划,涉及部门较多,各级的涉水部门(自然规划、水利、住建、农业农村、生态环境等部门)就要认真理解党的十八大报告中提出的要"调控空间结构,给自然留下更多修复空间",要"扩大森林、湖泊、湿地面积",要认真理解习近平总书记2005年提出"绿水青山就是金山银山"和2013指出的"我们要认识到山水林田湖(草)是一个生命共同体"。能不能先给江苏的水工程——河与湖的水域、水岸乃至江岸与海岸搞一个高起点、大手笔的规划?退点地,还点

水;退点建筑,还点生态通道;退点单位公权私化占用的水岸,还给全体人民!规划要做到还河湖水载体以足够的三维空间、让出滨水的人行及绿带平面空间、确保水边视觉意境的立面空间,做到能让水气上岸、进城、蒸腾、舒张,让雨露入地、下渗,形成水自由立体交换无(或少)障碍,让城镇感受水之温润,让人民水视野变得宽阔、自然。规划要做到交通建设可以在房子上划红线,水空间规划也能在近水的房子上划红线,还要做到不仅大江大河要做好空间规划,"小的水系也要规划"好空间。

严控规划空间。规划一经批准,就要严抓管控,具体管控的内容如下:

黄线(指水工程以外,批准可以修建的建筑距河的边界线)内已有违章建筑,一律限期拆除;

黄线内经批准未开工建筑,择地调整、重批;

黄线内经批准的现有建筑物,今后可以小修,但不准大修,如需更新,则安排异地重建;

黄线内,除必须建设的水利工程建筑物,必要的旅游、景观、休闲设施外,一律不再安排其他建筑物;

黄线以内建筑物拆除后的空地,项目推进前先行绿化,项目推进时,按规划用途安排使用。

"功成不必在我、功成必定有我!"有了好的规划和规划管理,才可以为今后逐步实现规划创造条件。

"文"化水工程意象空间　凸显"水韵江苏"之神

1. 水工程应成为彰显和弘扬"水韵江苏"的主要载体

几千年来,特别是新中国建立以来直至改革开放以前,我国的水利工程,虽说是越做越多,越做越好,但讲究的都是"不垮不漏,流量过够",却从未要求越做越美。江苏水工程占江苏国土面积16.9%左右,这些工程虽然可以满足一定防洪排涝的安全要求,但以前从不谈文化内涵和美感,未能同时按景观的要求作思考。进入新时代,高质量发展成为主旋律,要建设"美丽江苏""水韵江苏",对水工程,就应名正言顺地在"文"字上、"美"字上做好做足文章,水工程就必须做到"水下重质量,水上重形象"和"工程重质量,形象重内涵"。涉水的规划者、设计者、施工者、管理者,乃至决策者,就需要了解和运用一些水工程文化学、水工美学的知识,把水工程建设、修复得又好、又美,具有一定的文化内涵。如果江苏能以水网为脉,视水工建筑为珠,串珠成线,连线分片融入"乡愁",建成全域性的文化水工程,建成外显个性艺术,内涵多元文化水工程,何愁"水韵江苏"不提档升级。

2. "文"化水工程——为水工程注入灵魂

刘禹锡在《陋室铭》中说"水不在深,有龙则灵"。什么是"龙"?笔者理解,龙就是水的文化,有文化,水才有灵气。

各级各地涉水部门一是要了解和挖掘自己所管辖的水工程周边的文化资源,要查找相关历史文献,了解当地民俗、民间传说和民间艺术,因地制宜择优纳入水工程的规划设计之中;二是要视各地社会经济发展情况,分期、分批在水工程建设、改造、修复中,认真做到把水工文化工程与水工技术工程同步推进,坚持数年,必能为美丽江苏建设作出令人刮目的贡献。

泰州 2003 年新开挖的凤凰河工程,就是按以上两个方面的要求推进的。凤凰河工程竣工后,经过验收评审,于 2007 年 9 月 4 日被水利部批准为国家水利风景区。此河的建成,无论是泰州社会文化人士还是广大市民,评价都很高。市委原宣传部副部长于国建在《泰州日报》发表文章《抓一把泥,都是文化味》称赞此河。

3. 让文化凸显水工程——使水工程成为"水韵江苏"的品牌

要使文化水工程发挥更大的作用,就得在解读上下功夫。一是文化工程要有题款或题记等;二是撰写文化工程的解读、赏析或评价文章。要通过这些文字、信息,激发和传输给到文化水工程参观、采访、观光、游览、休闲、娱乐、度假、科研以及其他工作的人,让他们共鸣,产生感应。

对有特色的文化水工程,还应在报纸、刊物、广播、电视上强化宣传。在多元产品的市场经济时代,"酒好也怕巷子深",要让旅游市场了解你,要让文化市场容纳你,才会产生更大的效益或效应。即使是纯(人化)自然风景区,也要让更多的人来感受风景,由景达意、由意生情、由情化文。

要组织江苏、国家乃至世界文化界、艺术界、摄影界、影视界的知名人士,来参观考察文化水工程,品味工程的文化内涵和韵味,体验这里的风光,留下他们与水工程相关联的佳作,并用这些人的文化艺术作品来进一步凸显江苏的水韵,让一些精品文化,成为各个水工程永恒的灵魂。

(作者单位:泰州市水利局)

浅谈江都水利枢纽的水文化建设

颜 蔚 宗金华

在江都水利枢纽 50 多年的建管实践中,水文化建设紧跟时代步伐,随着治水活动衍生、发展、沉淀,随着水利传承而丰富底蕴,呈现出集水利工程历史遗迹、重要历史人物事件、特色水利工程建筑风貌、扬州园林地域风情等多形态、多元素于一体的特色。

一、蕴含水文化的特色景观打造

1. 依托水工程骨架,彰显源头特色

江都水利枢纽是南水北调东线源头。自工程建设以来,十分重视水文化建设,经过 50 多年的努力,依托工程水域,物质水文化已具规模。工程景观包括江都抽水站、变电所及集中控制中心、江都东闸、江都西闸、芒稻闸、运盐闸、邵仙闸(洞)、邵仙套闸、邵伯闸、万福闸、太平闸、金湾闸、鱼道等 23 座水工建筑物。生态景观主要有江都水利枢纽植物园,以建筑单元绿化为主体,设置竹景园、喜树园、梅圃、香樟园、水生植物园、药用树木园、乡土树木园等 8 个品种园和银杏观光带、松柏径两条景观大道。人文景观主要有江石溪碑亭、源头纪念碑、园中园、龙川广场、仙女游园、斗野亭、江都水利枢纽陈展馆等 10 多处。配套设施包括迎宾馆、园中园东西园、芒稻茶社、江苏省水利职业技能培训与鉴定基地等。

2. 把握发展机遇,突出景区亮点

以国家级风景区、国家级水情教育基地创建为抓手,以水文化为魂、水景观为形,深入打造淮河归江文化园及"咏源"文化长廊、邵仙廉政文化园、江都水利枢纽陈展馆等景区新景点,配合地方政府打造体育休闲"自在公园",提升核心区主干道花卉种植、草坪喷灌设施;优化旅游标识系统,绘制景区手绘地图;在接待中心客房部公共区域增加节水宣传、科普教育等宣传制品,把水文化发展融入风景区建设、水利管理中去。

3. 提升服务水平,树立水利形象

强化水文化服务管理,强化内容、手段、方式创新,增强对外宣传工作,以世界水周水日、黄金大道参观旺季等契机,通过各类公益行动、摄影书画展、新闻宣传等活动传播人水和谐文化。专业设计打造参观讲解团队,为国内外来宾提供规范和优质服务。先后有120多个国家和地区的国家元首、政府官员、专家学者和社会各界人士来此参观考察,并给予高度评价,平均每年对外接待超过4万人次,充分展示了江苏水利窗口和南水北调东线"源头"的美好形象。

二、工程设计中的建筑美学运用

在建设和加固改造中,实现从单纯注重功能和工程安全向注重功能、效益、质量、美观的综合性体现转变,按照客观规律对水体进行创作,注重水利工程与现代建筑艺术同步发展,赋予其"美"的感染力。

1. 对称几何造型与空间

核心泵站工程由四座大型泵站组成,其平面等分排列于四块近似长方体绿洲之上,呈上下左右轴对称。每一座建筑都采用中轴对称的均衡设计,通过墙体对称开窗布局,在外观形成装饰作用,与内部圆锥体机组的对称线性排布,形成套镶几何组合,具有视觉感丰富的尺度层级。水工建筑与外部园林式栏杆的线性韵律辉映,视觉规整且具有形式庄严感,并通过开窗方式、墙柱关系进退等手段,使泵房顶部规则的几何图形组成韵律设计,丰富建筑造型细部,强化建筑视觉效果。

2. 集结时代元素塑造建筑

泵站主体建筑不仅通过空间和形体、比例和尺度、色彩和质感等设计构成艺术形象,在墙体外观装饰中还保留了时代审美情趣。江都三站兴建于"文革"时期,其泵房西南角矗立"三面红旗",墙体刻有"世界人民大团结万岁""伟大的中国共产党万岁"等红色标语。更新改造坚持"整旧如旧"原则,充分保留雕塑、标语及水刷石、彩色水磨石、红砖以及引桥栏杆顶端的红五星造型,突显时代特征。江都四站加固改造依旧采用具有20世纪70年代建筑特色的斩假石、水磨石、水刷石等,以及回形纹水泥廊架,工程外观尊重历史,具有显著的时代特色。

3. 配套建筑力求异质同构

核心工程区泵站分别坐落于水域绿岛之上,配套工程、办公等设施合理分布其中,总平面设计满足建筑物之间的内在联系,合理划分功能区,保持内部交通的简洁流畅。办公、生活等配套建筑效仿扬州园林布局设计,大量使用总图形态进行递归,利用分形生成建筑群复杂韵律感,如配套设施造型普遍采用黛瓦青砖水乡建筑造型,高度不得超过三层,利用非线性排布,与地域环境、水环境相融合,达到"异质同构"效果。园林中的亭台楼阁相互之间造型相似迭代特征极其明显,建筑在生成方式上注重与扬州地域特征产生呼应,设计更具有机性、更符合当代审美要求。

三、水利景观中的水脉人文保留

1. 万福闸——讲述淮河归江沿革

治淮在历史上经历明代"分淮经运河入江",清代"导淮入江""淮水归海归江"等阶段。错落淮河入江水道上的十座水坝统称"归江十坝"。江都水利枢纽所辖水闸中,万福闸、太平闸、金湾闸是"归江十坝"在当代的功能演变。在万福闸建管过程中注重水文化基因保存,把归江文化融入水利工程建设。"归江史话"长廊以归江十坝和因淮河入江水道演变形成的"七河八岛"为创作主线,万福闸上下游翼墙以治淮为主题,铭刻治淮人物创作《溯淮》《万福怀古》,以十九座现代杰出治淮工程石雕装饰翼墙围栏,让厚重水利史与水工程相交融。

2. 邵伯闸——重现运河古迹风韵

历史上就记载有东晋太元年间谢安筑埭的故事,邵伯埭见证了运河的千年兴衰。邵伯节制闸位于邗沟故道之上,在当代加固改造中,为与邵伯古镇环境融合,闸体采用仿古建筑,与河岸护堤及古街两边清朝"四部尚书"董恂("四部尚书"指董恂曾先后任吏、户、礼、兵四部的尚书)故里、徐家大楼、王氏大楼、四角楼等明清古宅相互呼应。节制闸身侧是始建于宋熙宁二年(1069)的斗野亭,数百年间吸引孙觉、苏轼、苏辙、黄庭坚、秦观、张耒等诸多大家来此观景赋诗。斗野园内保存着清康熙三十八年(1699)黄淮大水,河道总督张鹏翮用于镇水的铁犀,水文化遗存保护完好。

3. 芒稻闸——酝酿漕运文化积淀

嘉靖时,淮水流向长江并无通道,明万历二十四年(1596)"分黄导淮",淮水由芒稻河入江,芒稻闸作为明代淮水入江主要门户而享盛名。清雍正十年(1732),江南河道总督嵇曾筠奏请官辖蟒导河闸(芒稻闸前身),当时芒稻闸有"归江第一尾闾"之名,又因其为江淮漕运之路要隘,清乾隆年间曾发生著名的"漕盐之争"。芒稻闸以此打造文化墙,重现芒稻闸上谕碑之风,铭记治水佳话。同时,以《后汉书·郡国志》记载杜、康两位仙女治水救人传说为主题兴建仙女游园,守护着古老运河的安澜。

四、文化创设中的水利主题展示

1. 创新发展枢纽特色文化

以南水北调东线源头这一特点为内容进行水文化创作。江都一站出水口附近,建有源头广场,内置"源头"巨石,基座刻有同名赋文。"流韵"雕塑与其相望,寓意此为南水北调水上公路起点。"流韵"雕塑具有丰富设计内涵,与江都一站正门两侧"引源、厚泽、卓创、致远"辉映,具有江都水利枢纽工程专属象征意义。江都西闸建有"南水北调第一闸"文化石。与文化石之遥相呼应的是江都东闸《临江都闸怀古》文化墙。为直观展示南水北调东线工程,江都水利枢纽陈展馆以声光电、图文展板等介绍工程前世今生和当代治水成就等。

2. 注重水利人文保护记录

日本侵华万福闸遇难同胞纪念碑屹立于万福闸西首，该碑为纪念抗日战争胜利50周年而建，白色大理石镶嵌书状碑体，记录了"万福血案"始末。"江石溪碑亭"为纪念韩国钧而建，银杏掩映碑亭为典型仿古建筑，抱柱悬挂楹联，以祭英魂。江都水利枢纽科普园与万福闸环境融为一体，分为归江史话、古代水利、闸门启闭、水文观测、科技创新五部分，园内可纵观百年治水史，并以万福—金湾渔道为主题，打造跑鱼公园，传递人与自然、城市与水利和谐统一的理念。

3. 打造生态空间水陆群落

江都水利枢纽植物园在尊重植物自然状态的原则上，依托江都水利枢纽各节点工程，营造大面积绿化带。主题植物园分布其中，形成良好的绿色空间。同时，依据泵站群据点位置，加强河道、河堤人性化设计，河道景观设计充分考虑到观赏者可能到达的角度和位置，因地制宜，把沿岸水文亭、亲水平台、亭台楼榭等布局打造成"流轴景""对岸景"。顺应回归自然水域景观发展主流，110棵树龄50年以上银杏组成的"黄金大道"是生态景观典型代表。此外，以自然形成的苇荡、人工种植的柳岸，丰富了水工程整体的空间造型。

（作者单位：江苏省江都水利工程管理处）

江苏水情教育策论

吴卿凤　姚吟月　程　瀛　张艺琼

水情教育,往往是以政府作为主要实施主体,针对不同的实施对象,运用各种环境政策工具和手段,促使市场、学校和社会开展各种形式的教育实践活动。从水情教育的实践主体来看,政府的实践行动包括面向公众公开信息和开展实践活动以推动水情教育的推广和深入(如图 1 所示);企业的实践行动有接受来自政府的强制和经济手段监督与制裁,承担企业社会责任,自愿的信息公开,对内积极参与和开展水情教育培训活动;学校的水情教育实践,包括基础教育和高等教育体系建设,探讨开发教育课程设置,绿色学校建设与实践,为国家输送水污染治理和水资源科学利用的专业人才和从业者,并发挥监督和政策咨询等作用。本文所讨论的水情教育实践,是指江苏省范围内的政府水情教育实践。

图 1　水情教育的实施机制

一、水情教育现状

近年来,江苏正稳步推进水情教育工作。面向社会公开各类水政策法规等水情教育信息,逐步完善水情教育政策支撑体系,联合推进水情教育科学研究,全力推动水情教育载体平台建设,开展了大量亲水护水宣传教育主题活动。

1. 面向社会公开信息

江苏面向社会公开各类水政策法规。每年编制省水利厅政府信息公开年报,并在网上进行政务信息公开,与水情教育工作相关内容包括:行政权力网上公开运行、公共监管信息公开、热点舆情解读回应。省级层面向社会发布《江苏省水资源公报》《江苏省水土保持公报》《江苏省重点水利工程建设月报》《江苏省主要河湖健康状况报告》等水利专业公报。2010—2012年国家首次开展了全国水利普查,江苏省于2013年向社会公布《江苏省第一次水利普查公报》。2015年,联合省文物局系统开展省域范围内水文化遗产调查,建立全国首个水文化遗产信息管理系统。

2. 完善政策支撑体系

2011年,中央和省委两个1号文件提出,动员全社会力量关心支持水利发展。2015年,水利部、中宣部、教育部、共青团中央共同编制完成了《全国水情教育规划(2015—2020)》并印发。江苏积极贯彻落实,并以此为指导组织编制了《江苏省水情教育规划(2018—2025)》,于2018年7月向全省水利系统发布。目前,全省各设区市也已经或正在编写各自的水情教育规划,并积极推进实施。2018年,水利部、共青团中央、中国科协三部门联合印发《国家水情教育基地管理办法》,目前江苏省级管理办法正在修订中。此外,江苏水情教育相关内容还被列入《江苏省生态河湖行动计划(2017—2020年)》《江苏省大运河河道水系治理管护专项规划》和"十四五"水利发展规划初稿。

3. 联合推进科学研究

江苏重视水情教育科学研究工作,与省级相关部门、高校、科研机构密切联系,形成了推进水情教育的合力。2016年,省水利厅联合南京大学社会学院开展了"江苏水情教育效率评估及提升措施"研究,设计了包含58个具体指标的"江苏水情教育效率评价指标体系";2017年,又开展了"水利科普视域下的江苏水文化研究"课题,均被列入全省水利科技项目。加强横向联系,多次邀请省委宣传部、省教育厅、团省委、省科协等多家部门共同参与水情教育基地调研与座谈,在省级层面上,初步建立了水情教育合作机制,联系掌握了一批水情教育相关专家,为水情教育相关工作的进一步开展打下良好基础。

4. 推进载体平台建设

(1)实施读物工程

江苏高度重视水文化水情教育工作,编纂出版了大量水情教育、水利科普、水利故事等水文化书籍,向社会普及宣传水情知识。出版了《江苏水情读本》,在此基础上,联合省教育厅编写出版《最美不过家乡水——江苏水情学生读本》小学版和初中版,向全省4 020所小学和2 200余所初中免费赠阅6万余本。出版《江苏水文化丛书》,丛书一共两辑六册,第一辑包括《水与诗词》《水利瑰宝》《水利名贤》,第二辑包括《水与诗词》《水与建筑》《水与音乐》,入选了《2018年度江苏省省级现代服务业(新闻出版广播影视)发展专项资金补助项目》,并获评"2018年度江苏苏版好书"。

(2)丰富宣教载体

将水情教育宣传延伸至形式新颖、传播迅捷、受众广泛的新媒体。2017年,省水利厅联合省广播电视总台制作短小精美的江苏水利形象宣传片《水润江苏》。该片在省广播电视总台"荔枝新闻网"、中共江苏省委统战部"我苏网"两大主流网站及其APP上播放,受众超过5 000万人次。该项目获得2018年共青团中央、中央文明办、民政部、水利部等七部委办联合举办的第四届中国青年志愿服务项目大赛宣传教育类银奖。2020年防汛期间,精心设计制作水利人专属"水宝表情包",宣传水情科普,助力防汛抗洪。制作水情教育卡通小视频《淮河洪水去哪啦?》《水宝台风小课堂》《电鱼危害大,河长护生态》等。其中,《淮河洪水去哪啦?》获得第六届江苏省科普公益作品大赛二等奖。此外,还与南京师范大学联合编写并排演以水利建设为主题的话剧《同心河》。

(3)开展基地建设

江苏省充分整合自身资源,利用现有的水利工程、青少年教育基地、科普教育展馆等,全力打造水情教育基地,将其作为开展国情教育、水情教育的重要场所。淮安市清晏园、宿迁市水利遗址公园、江都枢纽、泰州引江河工程等 4 所场馆分别于 2015 年、2016 年和 2018 年被水利部评为国家水情教育基地。其中,省泰州引江河管理处还被教育部评为"全国中小学研学实践基地"。目前,安澜展示园(淮安水利枢纽)、防汛抢险训练场两家基地正在积极申报第四批国家水情教育基地。2017 年,徐州市丁万河顺利入选水利部全国首届十大"最美家乡河"。2018 年,中央和行业媒体记者团在丁万河进行采访调研,进一步扩大了江苏水情教育影响力;2018 年,苏州市七浦塘、镇江市香草河申报第二届"最美家乡河"。全省各地也纷纷开展水情教育基地建设,涵盖面广、内容丰富、类型多样,全省还建有省级节水教育基地 20 多家。

5. 组织教育培训

全省水利系统利用各类平台,进一步培养与提升干部职工自身的水情、水利知识水平。面向行业,每年组织召开全省水情教育工作座谈会,广泛听取各地意见和建议,开办培训班,邀请相关专家进行授课;面向学校,联合省教育厅培训了一批小学教师;面向社区,联合省科学技术协会培训了一批社区科普员,着力打造一支结构合理、知识丰富、专业素质较强的水情教育师资队伍,为推动水情教育"六进"打好人才基础。

6. 开展品牌宣传活动

将水情教育与公益志愿服务活动相结合,连续多年开展节水护水主题教育活动。开展的公益宣传教育项目"'河长在行动'大型主题采访报道活动"和"青春引江,公益力量"志愿服务项目在 2019 年第四届中国青年志愿服务项目大赛中同时斩获银奖。2020 年,第五届中国青年志愿服务项目大赛中江苏申报的参赛项目《寻找大运河江苏记忆》目前已进入八部委终审环节。同时,多元化开展主题科普活动。2017 年,联合水利部宣教中心开展"节水护水、保护河湖,科普宣传进校园"主题活动;同年,联合省科学技术协会,在南京市地铁四号线"科学号"专列设立"水利车厢",通过拉手、看板、移动视频等媒介进行河长制和节水主题宣传。此外,配合河长制等宣传重点,向社区居民派发宣传品,邀请水利专家向社区居民讲授水情知识等,均取得良好效果。省水利厅发文要求全省各设区市组织开展"水利讲堂进校园"活动,各地也积极响应。全省各地积极利用"世界水日""中国水周"等契机,组织开展知识竞赛、有奖答题、知识讲座等各类水情教育活动,进行水情教育宣传,扩大社会影响。

二、水情教育意义

1. 加强水利社会管理和公共服务的需要

加强水情教育工作是落实中央治水兴水战略部署的重要举措。为贯彻落实中央决策部署和省委省政府有关要求,凝聚治水兴水合力,加快构建江苏特色"六大水利"保障体系,促进形成人水和谐的社会秩序,推动经济社会可持续发展,迫切需要广泛开展水情教育。

2. 营造水利发展良好氛围的现实需求

特殊的地理气候、水资源等环境凸显了开展水情教育的迫切性和重要性。江苏洪涝风暴潮灾害频发,工业化、城镇化发展迅速,水环境恶化、水资源短缺日益严重,水利在经济社会发展中占据重要的战略地位。亟待在全省开展具有针对性、形式多样的水情教育,增强公众水忧患意识和节水护水意识,确保水利可持续发展。

3. 信息化时代水利宣传的应有之义

随着信息化时代到来,信息公开程度越来越高,公民参与意识也不断提高。从之前江苏发生的水环境事件可以看出,社会公众对江苏水情已由被动告知转变为主动诉求,期待更深入地了解和掌握江苏水情现状、水生态治理措施与法律规定等。目前水情教育开展存在零碎化、单向化、效果与投入差距较大等诸问题,亟待完整的规划和优化的顶层设计,以便对全省水情教育工作做出总体安排。

三、保障措施

综合水情教育工作开展意义分析,结合江苏现阶段水情教育开展形式和实践成果,总体上看,我省在水情教育的主体和对象、内容和形式、载体和平台等方面都进行了有益探索,但与中央、省委省政府决策部署要求和经济社会发展需求相比,还存在整体统筹不够、基础相对薄弱、能力建设不足等方面的问题。具体表现为推进过程中顶层设计上规划体系尚不完备,实施过程中部门职能定位尚不明确、经费投入不足、人才队伍建设不完备、水情教育的社会性有待加强等问题。下阶段,需要重点在六个方面加以保障改进。

1. 加强组织领导

各级党委和政府站在全局和战略高度,切实提高对水情教育工作重要性的认识。建议各地成立水情教育专门的工作机构或设置专门部门或管理人员,组织落实水情教育的各项方针政策和具体任务。自上而下将水情教育作为各级水利部门服务实施乡村振兴战略的一项重要基础性工作常抓不懈,倒逼基层水利单位领导在思想上重视、在行动上积极推进水情教育工作。

2. 强化部门协作

水情教育工作涉及面广,需要各方面密切协作,整体规划推进。各级水利、宣传、教育部门和共青团组织各负其责,统一规划、指导、协调、规范水情教育工作,广泛调动社会力量,充分激发各类水情教育主体的积极性和主动性,形成水情教育合力,推进水情教育工作开展。积极探索建立部门联席会议机制,建立专家咨询机制,创新组织方式,加强整体协调,跨部门联合推动水情教育各项具体工作,保障水情教育工作的顺利开展。

3. 加大经费投入

加大对水情教育工作的投入力度,将水情教育工作经费纳入年度财政预算予以保障。各级水行政主管部门积极拓宽财政资金投入渠道,努力争取加大各级财政资金投入。充分调动社会力量,积极扩大社会资源投入水情教育的途径,逐步形成多元化的水情教育投入机制。鼓励社会组织设立水情教育公益基金,参与支持水情教育公益项目。

4. 充实人才队伍

高度重视和切实加强水情教育机构能力和人才队伍建设,坚持"全科型"与"专科型"水情教育人才队伍建设并重,把一批热爱水情教育事业、具有一定专业素养和管理能力的人放到水情教育管理岗位上去，为他们创造良好的工作环境和条件，确保人尽其才、才尽其用。加强水情教育师资储备和人才支撑保障。通过聘请专家学者，培训学校骨干师资，招募社会志愿者，选拔培养各类水情教育员、节水辅导员等，储备知识丰富、专业素质较强的水情教育师资力量，形成覆盖面广、结构合理的水情教育人才队伍。

5. 实施监测评估

定期对社会公众开展水情意识状况调查研究，形成公众水情意识报告。加强对各地水情教育信息的统计和整理，对水情教育实施情况进行动态分析。通过数据分析，对水情教育实施情况及效果进行评估，提出对策建议。在规划实施的中期阶段，对规划实施情况开展中期评估，根据评估结果对相关项目进行适度调整，加强分类指导，督促各地持续推进规划实施，全面实现规划目标任务。建立水情教育联络员制度。做好信息报送和典型经验推介，加强水情教育工作的上下联动和沟通协调。

6. 广泛宣传动员

广泛动员各类责任主体发挥自身优势，充分运用各种媒体形态和宣传途径，大力宣传加强水情教育对于夯实构建全省水安全保障体系的社会基础、促进形成人水和谐的社会秩序、推动经济社会可持续发展的重要意义，及时推广报道各地在推进水情教育工作中的有益做法和典型经验。抓好舆论引导，号召全社会关心和支持水情教育事业发展，为水情教育工作开展营造良好的社会环境。

（作者单位：江苏省水利信息中心）

溯源江苏水文化内涵

冯继川

习近平总书记曾在北京召开的 APEC 会议上提道："水在中国文化中具有重要的象征意义。2 000 多年前，老子说'上善若水，水利万物而不争'，意思就是说最高境界的善行就像水一样涓涓细流，泽被万物。"水，在中国历史中始终与民族的传承、人口数量的增加、社会经济的发展息息相关，尤其是水文化，引导甚至决定了中华民族优秀传统文化的发展方向，是我们至今能够屹立于世界东方、逐步实现民族伟大复兴的奠基石之一。

从中华民族源远流长的民族起源开始，江苏便是中华大地上人口密集的富庶之地，是兵家必争之所，包含了"天下九州"中的徐州、扬州。此外，从晋怀帝永嘉年间到南朝刘宋元嘉年间，江苏接纳了全国最多的南迁移民，主要集中在今南京、镇江、常州一带。江苏之所以能够被称为"鱼米之乡"，用广阔的胸怀养育着世世代代生活在这里的人们，最重要的因素即为"水"。江苏跨江滨海，湖泊众多，是全国唯一一个同时拥有江、河、湖、海的省份，地势平坦，长江、淮河两大水系穿省而过，构成了江苏既温婉秀丽又波澜壮阔、既小家碧玉又豪迈万千的文化标签，滋润了中华大地上的这片热土，赋予了极具传承性、延续性、特殊性的水文化。

随着时代的不断发展，水文化在江苏社会经济和地区基础设施建设等方面起到了重要作用。无论是川流不息的长江，还是浩浩荡荡的淮河，无论是烟波浩渺的太湖，还是水天一色的黄海，都在新时代中，赋予了高歌猛进、乘风破浪的江苏更加丰富的文化内涵，让依水而建的江苏、依水而生的江苏人民,在历史与未来的时空交织中把握当下,在东海之滨能够勇立潮头、展现出时代风采。

一、治水——江苏水文化形成的历史动机

作为全国水系最为发达的省份之一,江苏人民自古以来就善于利用大自然恩赐在这片土地上缓缓流淌的水资源,在生活、农业发展、城乡建设、航运、防洪抗旱、文艺创作等方面作出了突出贡献,形成了江苏光辉灿烂的水文化历史。

中华民族的起源和发展离不开"治水"。溯源到治水英雄鲧、禹父子,便是在江淮流域"三江既入、震泽底定",才确保了长江下游的水流畅通,太湖流域的水患得以消除。先秦时期,吴泰伯开伯渎港、伍子胥凿胥河、吴王夫差开邗沟、春申君黄歇治理芙蓉湖等治水名人轶事,为江苏水利发展奠定了基础,极大地改善了农业社会的发展条件,促进了江苏地区的文明发展。汉代以来,江淮地区作为重要的战略缓冲地带,始终都在地缘战争格局中发挥着重要作用。西汉吴王刘濞开茱萸沟;张禹、邓艾等人在江淮地区修筑蒲阳陂、广陵陂、白水陂等人工水库;三国吴王孙权大力修建江南水利设施和运河,奠定了南京的水利基础;广陵太守陈登在淮扬一带开邗沟西道,筑捍淮堰等,为洪泽湖大堤的修建和形成奠定了基础。从隋唐时期开始,隋炀帝杨广在春秋时代已经出现的"邗沟"基础上,大力兴建南北大运河,对未来千年的江苏水利事业发展以及独特的江苏大运河文化事业具有极为重要的奠基作用。在此基础上,于頔、王仲舒、李素、范仲淹、王安石、沈括等人,均在江苏地区的治水过程中发挥了重要作用。当前,江苏地区有形态各异、种类繁多的水文化物质遗产,包括大运河、陂塘、堤坝圩堰、水关涵闸、水文站等,同时还有一系列著名的桥梁、码头、渡口等,都和治水有着十分紧密的联系。

为什么治水会成为江苏水利事业乃至于水文化发展的重要起源?究其原因主要有以下几个方面。

（一）江苏地区人口众多

水是万物起源，一切生命形态的存活与发展都离不开水。在这一背景下，江苏地区依托丰富的水资源养育了众多人口，因此更加需要对水进行治理。治水，意味着可以最大限度地减少自然灾害，最大程度地确保水对人类文明发展的保障力度。通过治水，能够把江苏地域内的水资源控制在良好的秩序下运行，形成特有的治水文化，以水为依托，为江苏南北交融的江淮文化、吴文化发展打好基础。

（二）江苏地区水系发达

得天独厚的丰富水资源，造就了肥沃的土地和良好的生活环境，但是也会产生一定的自然灾害隐患。众所周知，人类的生活必然会对水系本身的自然环境和状态产生一定影响，加上各类气候、自然地理原因，必须要根据水系的自身格局进行治理，满足依水而生的人类文明循迹需求。此时，治水打造出了江苏水文化特征，展现出了江苏人民勤劳、智慧、包容、温婉的良好品质，能够为地区发展保驾护航。

（三）江苏地区格局特殊

作为中国人口最为密集的区域之一，江苏水域面积达到了全省总面积的17%，高居全国第一。如前文所述，巨大的水域面积，必然对人口数量的增长、农业工业的发展、社会经济的推动起到极强的促进作用。所以，几千年来，江苏长期处于中国政治、经济、文化的核心圈层，对中华民族的存续和传承有着十分重要的作用。所以，治水的过程，就是治理社会的过程，就是在不断推进的历史进程中，理清社会发展脉络与稳定社会格局的过程。

二、用水——江苏水文化形成的历史源头

在中华民族几千年的历史中，依托于治水的目标和行动，水文化逐渐形成，继而成为引导地区文化事业乃至人们日常生活准则的标志。俗话说，"水能载舟亦能覆舟"，江苏之所以能够成为经济大省，与水在经济发展、人民群众日常生活中起到的承载作用不无关系。中华人民共和国成立以来，江苏地区延续了传统优势，在丰富的水资源基础上，

强化了水对经济社会发展与人民群众生活的支撑作用。从古至今,江苏人民依水而生、傍水而栖,无论是长江畔还是湖泊旁,都能看到勤劳的江苏人民渔猎、种植、劳作的情景,为更加美好的生活添砖加瓦。

江苏是经济强省,同时又是人口大省、农业大省、工业大省。一切经济活动的开展与推动,始终都离不开水。所以,江苏地区独特水文化形成的历史源头,主要来自以下三个方面。

(一) 农业发展打好了"口粮"基础

从古至今,江苏地区始终是中国最为重要的农业生产基地之一。得益于地处南北气候过渡地带,江苏生态类型丰富,农业生产条件得天独厚,是我国南方最大的粳稻生产省份,也是全国优质弱筋小麦生产优势区。人类生存和社会发展最为重要的基础是什么?"口粮"无疑占据一席之地。根据江苏省农业农村厅 2019 年公布的数据,江苏省全年粮食总产量 3 706.2 万吨,猪牛羊禽肉产量 270.8 万吨,禽蛋产量 213.3 万吨,牛奶总产量 62.4 万吨,水产品总产量 484.8 万吨,收获颇丰。古语有云,"智者乐水,仁者乐山",如果说"靠山吃山"的人们,能够在山间洗礼灵魂获得感悟,那么依水而生的江苏人民,就在长期与水同生共存的自然环境中,获得了生活的智慧。

在中国几千年的发展历程中,农业始终都是第一生产方式,是依托中国丰富的土地资源供人民群众从事生产劳动的平台。"民以食为天",只有填饱老百姓的肚子,解决基本的温饱问题,才能够更好地为社会更高层次的生产奠定基础。正如 2019 年 4 月 16 日,习近平总书记在重庆主持召开解决"两不愁三保障"突出问题座谈会上强调"不愁吃、不愁穿"一样,江苏地区在发达水系的支撑下,农业生产始终保持在全国平均水准以上,保障了人民群众的基本生活需求。由此,江苏人民长期受惠于水的滋养与哺乳,形成了独特的水乡文化,源远流长的水韵精神持续为江苏地区的发展保驾护航,让江苏在奔流不息、阔美雄壮的浪潮中,为中国梦的实现不懈努力。

(二) 工业发展打好了"燃料"基础

中华人民共和国成立以来,江苏地区经济发展水平高,很大程度上是由于工业化体系建设走在了全国范围的前列。70 多年的浩浩荡荡,水乡的人民埋头苦干、低头耕耘,助力江苏工业经济实现了跨越式发展。从1953年至2018年,江苏全部工业增加值年均增长高达12.9%,高于全省地区生产总值(GDP)年均增速3.7个百分点。改革开放以来,江苏工业经济始终位居全国前三名,2018年,江苏全部工业增加值占GDP比重的39%,对GDP增长的贡献率达到39.1%,在全省的经济和社会发展中具有不可替代的支撑和拉动作用,堪称江苏经济发展的"排头兵"。

江苏工业经济之所以能够迅猛发展,同样离不开水。水是万物之源,不仅可以滋养生命的成长,同样可以变废为宝,助力工业生产,属于重要的生产资料之一。水就如同缓缓流动的血液,黏稠且有力,将工业生产的各个环节紧密地连接在一起。例如在工矿企业生产过程中,制造、加工、冷却、净化、空调、洗涤等多个工序均需要水的参与。钢铁厂需要依靠水降温保证生产,造纸厂需要水制作各类纸浆原料的疏解剂、稀释剂、洗涤剂等,发电厂需要冷却用水,更遑论各类食品原料加工、调味品和酒水的生产等,都离不开水。

因此,江苏经济的基础是工业,而工业生产的基础是水。从江苏的江、河、湖、海中流入工业生产体系中的水,为江苏的经济社会发展提供了极大的推动力。这种从"满足温饱到过上小康生活"的经济变化,让江苏人民更加能够体会到水对改变生活的重要性,更加感谢水的馈赠,并用水中蕴含的包容、博爱、温婉,提高生活质量,树立群体形象。近年来,随着国家"长三角区域一体化战略"的稳步实施与"长三角经济示范区"的建立,江苏必然应在先天优势的基础上,强化对水的利用能力,为工业发展的进一步促进与优化添砖加瓦。

(三) 生活发展打好"灵魂"基础

在江苏,天天都能见到水,或是江水,或是湖水,或是海水。对于江苏人民来说,水早已成为生活中密不可分的一环,是一切幸福美好生活的源头。人要吃水、牲畜也要吃水,做饭需要水,洗衣需要水,有关生活的一切,都需要水。行走在江苏,我们能够发现,无论是高楼林立的城市,还是绿水青山的乡村,最不缺的就是水。城市中,人们在水的滋养下,将传统水韵精神融入现代生活中,创造了一个又一个商业奇迹、发展标杆;乡村里,人们在水的哺育中,传承发扬着江苏水文化,把江苏建设得更加美丽富饶。

水在不经意流淌了千百万年的时间里,早已将其厚德载物、坚韧不拔、包容博爱的精神融入了江苏人民的灵魂中。从世世代代生于斯长于斯的江苏人民身上,充分体现了光明磊落、德厚流光、堂堂正正的高尚品格,这一切也为江苏的发展打下了坚实的基础,是江苏能够引领时代的重要抓手。

三、颂水——解析江苏水文化的时代内涵

正如前文所述,江苏水文化起源于治水,发展于用水,对新时代中国特色社会主义道路建设具有极强的引导作用。十八大以来,在以习近平同志为核心的党中央带领下,江苏的水文化建设日益成为社会发展的"催化剂",为形成独特的江苏文化标志持续发力。

(一)"治水用水"的时代内涵

十八大以来,习近平总书记在水生态保护和治理方面做出过多次重要指示,包括"积极发展节水型农业""切实落实防汛抗洪责任制""治水要从改变自然、征服自然转向调整人的行为、纠正人的错误行为"等,对指导新时代江苏水文化内涵的建立与升华起到了重要作用。新时代中,江苏在传统与现代交织的时空中,勇立潮头,充分发挥出了域内水的优势,为经济发展打好了基础。

(二)"绿水青山"的时代内涵

水为江苏的发展作出了重大贡献,作为回报,江苏始终在打造"绿水青山",还生态物种多样性、自然环境丰富性等方面积极主动作为。习近平总书记强调,"绿水青山就是金山银山",对于大自然馈赠的水资源,江苏人民予以了相应的保护和治理机制,杜绝一味索取却不思回报,重点针对农业生产中的技术问题、工业生产中的污染情况、生活用水中的浪费现象,进行了集中解决,体现了江苏人民饮水思源、知恩图报的时代文化内涵。近年来,江苏地区的水资源保护能力得到了极大提升,也为下一步发展打下了更加坚实的基础。

（三）"人水和谐"的时代内涵

习近平总书记强调，"要让水量丰起来、水质好起来、风光美起来"，这也是十八大以来江苏始终要达成的"人水和谐"的最高目标。对于江苏人民来说，水是密不可分的重要推动力，是能够与自然达成和谐共生、共同发展的基石。在新时代中，水不仅仅是一种生活物资，也不仅仅是一种自然风光，而且是承载着江苏人民对美好生活的期盼、托举着江苏地区又好又快发展的希冀，如同一面旗帜，引领着江苏人民奋步前行。水，早已成了江苏的"亲密战友"，在点点滴滴中，融入江苏人民的血肉中，也必将为未来的发展提供更加丰富的时代内涵。

水，是江苏现有发展的根基，也是江苏未来发展的目标。江苏的水文化源远流长，它始终激励着江苏人民为了更加美好的明天不懈努力。百舸争流，奋楫者先，在江苏的江河湖海中，蕴含有丰富文化特质的江苏人民，始终勇立潮头，奋勇前行。

（作者单位：江苏省水利科学研究院）

江苏水文化遗产调查与思考

张所新　曹　瑛　孔莉莉

文化是一个国家和民族的灵魂,是民族凝聚力和创造力的重要源泉,是国家发展和民族振兴的精神支撑。一个民族的文化遗产就是这个民族的文化记忆。水文化,作为以人与水为纽带的一种独特的文化形态,是中华文化的重要组成部分,水文化遗产是中华民族在用水、治水中形成的重要文化遗存。江苏依水而生、因水而兴,水是江苏的灵魂。江苏人民在长期的社会和治水实践中,创造了辉煌灿烂的水文化,形成了独特丰富的水文化遗产。

充分认识水文化遗产调查的重要意义

江苏治水历史悠久,拥有一大批形式多样、内容丰富的水文化遗产,不少已被列入全国重点文物保护单位,省级文物保护单位,市、县级文物保护单位。这些文物古迹、水利工程、治水工具和历史典籍等治水遗存,是珍贵的文化财富,是水利创造力的体现,是水文化传承的载体。加快全省水文化遗产调查,科学保护、传承和利用好水文化遗产,对于弘扬优秀水文化,以先进水文化引领水利事业科学发展、高质量发展具有十分重要的意义。

(一) 开展水文化遗产调查,是加强水生态文明建设的重要内容。党的十九大报告指出,要坚持人与自然和谐共生,树立和践行"绿水青山就是金山银山"的生态理念。水生态文明的核心就是人与自然和谐相处,随着水生态文明实践地不断推进和深入,人与自然和谐相处被赋予物质与精神和谐、现代与历史和谐等新的内涵和外延。水文化遗产是人水关系不断发展的结晶,也是源远流长治水历史的见证。近年来,全省各级水利部门牢固树立"绿水青山就是金山银山"的理念,统筹协调水利建设与生态建设,"河畅、水清、岸绿、景美"的人水和谐新气象不断呈现。从区域生态的角度,重视古代水利工程和水利文化遗产的保护和传承,开始成为水利系统的共识。各地在推进水利现代化建设和开展水利风景区、美丽库区等水生态文明载体建设时,将水文化建设和水文化遗产的挖掘、保护、传承作为基本要件,使底蕴深厚的治水文化与现代雄伟的水利工程交相辉映、相得益彰。

(二)开展水文化遗产调查,是提升水文化建设层次的必要举措。党的十九大报告指出,要加强文物保护利用和文化遗产保护传承,培育新型文化业态。水文化是中华文化和民族精神的重要组成部分,水文化产业是优秀传统文化产业的新业态。多年来,省水利厅始终坚持以优秀水文化为导向,大力开展水文化研究和建设,成立省水利学会水文化与水利史专业委员会,出台了《江苏水文化发展规划》,编纂了《江苏水文化发展战略研究》《江苏水文化丛书》等,积极打造水文化展示馆和水文化微景观等,这些都极大地拓展了水文化的空间、丰富了水文化的内涵。开展水文化遗产调查,能够摸清水文化遗产的时空分布和时间肌理,从而搭建水文化的经络骨架,把握治水文明主脉,使水文化更加具体化生动化,这不仅有利于以文化为纽带传承水文化事业,而且有利于以文化为支点提升水利在社会上的形象,激发和调动广大水利工作者的自豪感和积极性,还有利于以文化聚焦来探索水对人们生产生活的影响和贡献,增强全社会的水患意识和保护理念。

(三)开展水文化遗产调查,是丰富新时代治水实践的重要渠道。习近平总书记指出:"不忘本来,才能开辟未来,善于继承,才能更好创新。"中华民族五千年治水历史积累了丰富的水利遗产,对今天我们发展现代水利具有重要的启迪和借鉴意义。江苏作为全国水利现代化建设唯一试点省份,在新时代治水实践中必然要运用新理念、新手段。水文化遗产中蕴含的先进思想、辩证思维、科学精神,都可以转化为服务水利现代化建设的文化资源,古代水利科学与传统河工技术可以推陈出新、古为今用。从"水利万物而不争"的道家思想，到"忠诚、干净、担当、科学、求实、创新"的新时代水利精神，从"通水渎""安水藏"到"尊重自然规律、系统治理复杂水问题"理念的提出，治水精神和思路一脉相承。在我省发端并在全国推广的河长制，其本质就是首长负责制。溯源而上，早在宋元时期，水阳江流域的相国圩和太湖流域的建昌圩就已开始实行圩长制、圩董制，圩堤管理实行了"圩长"负责制。

扎实推进水文化遗产调查的主要做法

为全面摸清江苏省水文化遗产现状，保护、传承和利用好弥足珍贵的水文化遗产资源，江苏省水利厅和省文物局，从 2015 年 10 月起，在全省范围内联合开展水文化遗产调查工作。这次调查涉及范围广、调查对象时间跨度长、调查任务重、技术要求高、工作难度大，对水利系统而言，是一项全新的、极具挑战性的工作，在全省各级文化文物部门的大力支持配合下，经过近 3 年的努力探索、深入调查和补充完善，顺利完成了调查工作任务，取得了较好的调查成果。

（一）**开展前期调研，明确工作思路**。阻织人员先后赴中国水利水电科学研究院、北京市水务局、中国水利博物馆调研，学习了解水文化遗产调查的经验。省水利厅、省文物局、南京博物院多次进行交流讨论，确立了联合组织水文化遗产调查、依靠考古专业力量开展田野调查的工作思路，确定了水文化遗产的概念类别、调查组织方式和技术标准等关键因素，为调查工作顺利实施奠定了基础。

（二）**健全组织机构，形成工作合力**。省级层面成立了水文化遗产调查领导小组及其办公室。全省 13 个设区市和 9 个水利厅直属水利工程管理处均成立了调查组织机构，负责水文化遗产调查的组织实施。省水利厅、省文物局领导高度重视水文化遗产调查工作，多次听取有关工作汇报，指导工作开展。针对工作中出现的问题，省水利厅、省文物局、南京博物院及时协调沟通，寻找解决方案。各地水利、文化文物部门主动担当、相互理解、相互帮助，克服困难，摸索方法，积极工作，确保了调查工作的顺利进行。

（三）制定调查标准，研发信息系统。认真学习全国第三次不可移动文物普查、第一次可移动文物普查相关技术标准和调查表式，结合水文化遗产特点，制定了江苏省水文化遗产时限范围、分类分级目录、摸底调查表、调查登记表，编制了江苏省水文化遗产认定标准和举例说明。委托省测绘局基础地理信息中心，研制开发了水文化遗产调查数据采集和管理信息系统，既提高了调查登记工作的效率，又为调查成果的查询利用奠定了基础。

（四）落实调查经费，保障工作开展。积极争取省财政部门的支持，三年中在省水利工程维修养护项目经费中安排了水文化遗产调查经费近千万元，用于野外调查、信息系统开发、调查报告编制、市县调查补助等。各地也加强与当地财政部门的沟通协调，争取落实调查配套经费。南京市安排财政资金200多万用于水文化遗产调查，常州、苏州、南通、镇江等市也在年度预算中安排了调查经费。

（五）开展调查试点，摸索积累经验。选择南京市秦淮区、苏州市吴江区、高邮市、省洪泽湖水利工程管理处开展典型试点。经过一年多的努力工作，试点工作圆满完成，成果通过省级专家组的审查验收。工程建筑类遗产数量较全国第三次不可移动文物普查中与水利相关的文物点增加200多个，调查的深度和广度均较第三次不可移动文物普查有所突破。根据试点情况，进一步完善了工作流程和调查技术标准，为在全省范围内全面推开调查工作打下了坚实基础。秦淮区、省洪泽湖管理处的水文化遗产调查研究成果已出版发行。

（六）依托专业力量，保证调查质量。省级层面成立了由省内外水利、文化文物、考古勘探等知名专家组成的专家组，召开多次专家咨询会，对水文化遗产内涵、调查标准和调查表式确定，成果审查和标准完善等进行技术把关。各地有针对性地召开专家咨询会、研讨会、审查会，并通过拜访熟悉水文化历史脉络的老同志和老专家，排查遗产线索。南京、苏州、扬州充分依托南京大学、苏州大学、扬州大学专业力量开展调查，保证了调查工作的规范运行和调查成果的质量。

（七）组织全省培训，提升工作能力。在省江都水利工程管理处举办了两期全省水文化遗产调查培训班，全省水利、文化文物部门、专业调查队伍等260余人参加培训。邀请省文化厅、省文物局、南京博物院、省测绘局地理信息中心和南京大学的专家,就水文化遗产调查工作的组织实施、技术标准、调查方法、调查系统安装操作等方面内容进行专题授课。通过培训,进一步加深了一线调查人员对水文化遗产相关知识和调查方法的理解,提高了实际调查工作能力。

（八）**全面开展调查,取得显著成果**。2017年5月在全省范围内全面开展水文化遗产调查工作。各地水利部门和文化文物部门相互配合、共同推进调查工作。南京博物院组织11个专业调查队赴各地开展水文化遗产的现场调查,调查队员克服天气、环境等不利因素,扎扎实实做好遗产的测量登记工作。调查人员以其渊博深厚的专业知识、严谨执着的专业精神,不放过现场任何一个调查线索,为了一个可能存在的遗产点多次往返进行勘测。经过一年多艰辛的工作,南通、连云港率先完成水文化遗产调查工作,走在全省前列。此次调查共登记各类水文化遗产8 322个,其中工程建筑类5 712个,文献资料类1 628个,非物质文化遗产类982个,调查成果显著。

进一步做好水文化遗产工作的几点建议

由一个省的两个职能厅局联合组织水文化遗产调查,这在全国尚属首次。省文物局的同志认为,此次水文化遗产调查是近年来江苏文化文物部门与相关职能部门合作开展的各类专项调查中,准备最充分、工作最深入、范围最广泛、成果最丰富的一次,在全国的水文化遗产调查中也是领先的。当然,调查工作也还有一些不尽如人意的地方,存在一些薄弱环节。水文化遗产调查只是做好水文化遗产保护、传承和利用的第一步,是基础性的工作,还有大量的工作要做。

（一）**继续深化水文化遗产的挖掘整理**。从调查成果来看,虽然现有工程建筑类水文化遗产的数量较第三次全国不可移动文物普查有比较大的增加,但由于调查内容、标准和范围存在一定的局限性,还有很多宝贵的水文化遗产没有被发现或者被上报,有一些登记的遗产的研究确认还有待深入。另有为数不少的文献资料和非物质文化遗产,因

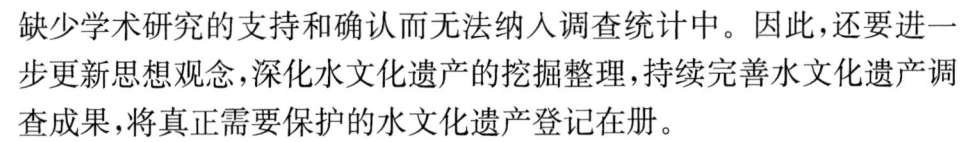

缺少学术研究的支持和确认而无法纳入调查统计中。因此,还要进一步更新思想观念,深化水文化遗产的挖掘整理,持续完善水文化遗产调查成果,将真正需要保护的水文化遗产登记在册。

（二）**抓紧提炼水文化遗产调查的研究成果**。水文化遗产调查是一项基础性的资源调查工作,在对调查资料梳理研究的过程中,要敢于创新、善于创新,充分利用数据分析、地理信息等现代技术手段,开展多部门、多学科和多领域的借鉴交流。要充分研究水文化遗产的特点,借鉴相关行业的经验,加快出台省水文化遗产相关标准规范,编制省水文化遗产名录,分类、分区域出版水文化遗产丛书。要全面梳理江苏水文化遗产的内在联系,揭示其水利和文化价值,提出保护利用建议,为江苏水文化建设和水文化遗产保护、传承和利用提供参考依据。

（三）**探索建立水文化遗产分类管理与协作机制**。水文化遗产类型多样,涉及部门和行业领域差异大,由一个部门进行规划管理和监督难度大,根据这一现实情况,必须建立水文化遗产分类管理与协作机制,统一水文化遗产管理工作。水利部门作为水行政主管部门,对于推动水文化大发展大繁荣,保护、传承和利用好水文化遗产,责无旁贷,应由水利部门牵头抓总,文物、城建、交通等相关部门支持配合,齐抓共管,形成合力,努力开创水文化遗产保护利用的新局面。

（作者单位:江苏省河道管理局）

以文化建设引领江苏水文现代化发展

黄李莉　陈　静

习近平总书记指出,国家民族强盛以文化兴盛为支撑。国家如此,行业更是如此,高质量发展需要文化建设助推引领。2020年,水利部明确"十四五"至未来15年,要全面实现水文现代化,为水利和经济社会发展提供可靠支撑。结合我省实际,江苏水文以"优化站网布局、完善管理体系、提升监管能力、强化文化建设、应急保障有力"为建设目标,着力提升监测监管能力、技术服务能力、行业管理能力和文化引领能力,全力探索推进具有时代特征、江苏特色的水文现代化发展道路。

全面实现水文现代化,一方面要建立起现代水文业务体系,这是硬实力;另一方面要构筑起现代水文管理体系,这是软实力。以文化建设引领江苏水文现代化发展,从根本上强化现代化建设软实力,这是江苏水文发展的"文治"之创。

一、水文文化内涵

水文与文化,以"文"字联袂。水文之"文",记载水的足迹,讲述水的故事,延续千年水文志。文化之"文",是将智慧和创造力的成果,升格为精神世界,以文化人。水之文通过化的过程产生物质和精神财富,从而助推行业发展。水文文化不仅涵盖了水文的历史和成果,也反映了人们内心的精神和修养,可以说,自水文存在的那一刻起,就有了水文文化。想溯源水文的历史,就必须基于文化遗存;想了解当下水文的

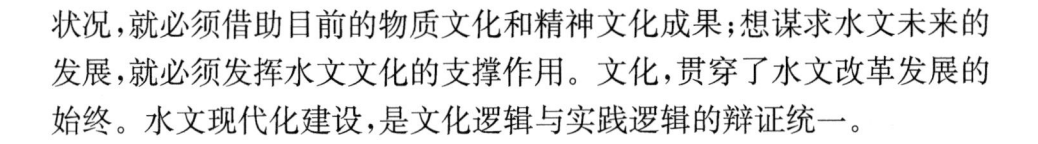

状况,就必须借助目前的物质文化和精神文化成果;想谋求水文未来的发展,就必须发挥水文文化的支撑作用。文化,贯穿了水文改革发展的始终。水文现代化建设,是文化逻辑与实践逻辑的辩证统一。

二、水文现代化进程中的文化引领作用

(一)文化是根本,是滋养水文发展理念的源泉

求木之长者,必固其根本;欲流之远者,必浚其泉源。历史文化积淀是精神命脉,是涵养新时代发展理念的重要源泉。在推进现代化的过程中表现出对历史文化的无知和轻蔑,割断历史文脉来谈发展,是功利且短视的。从历史文化中获得继往开来的智慧和动力,才能更好地助推事业发展。不忘初心、方得始终,体现了深刻的辩证思维和历史思维。

江苏水文提出"以现代发展思维引领水文、以现代先进技术改造水文、以现代管理手段提升水文、以现代服务理念转变水文"的新时代发展理念,以能力建设强基础、以体系建设促发展、以文化建设聚动能,走出一条目标精准、集约高效的现代化发展之路。新理念的提出是基于江苏水文已有的物质文化和精神文化,基于当前存在弱项的客观实际,基于对新形势新要求的学习领会,基于对行业发展形势的认真预判,是尊重历史文化、注重问题导向、坚持系统推进的统一,是不忘初心、创新发展的统一,是坚持辩证唯物主义和历史唯物主义的具体实践。从水文发展积淀的物质文化和精神文化中汲取继续前进的力量,以文化建设集聚事业发展的动能,才能不忘本来、展望未来,推动水文物质文化和精神文化在新时代取得新跨越。

(二)文化是脉络,是优化水文管理体系的依托

水文管理对水文工作的运行和发展,有极为重要的影响。水文管理体制、机构和工作方针则是水文管理的几个重要因素。江苏水文勘测历史悠久,早在三国时期,就在秦淮河流域筑赤山塘,于湖心立磐石,用以观测水位。但在省级水文机构成立以前,水文工作规模有限且极不稳定。1954年,江苏水文工作改为以省为主的管理体制。20世纪

80年代初以来,全省水文站网管理体制恢复省水利厅建制,行政业务由省水文总站统一管理。从此,省管水文体制日趋稳定、完善,机构设置和内部管理也日趋科学、严谨。

江苏水文管理体制、机构设置、工作方针和各项规范制度的演变,与各个历史时期国家政治经济形势特别是水利建设形势的大环境息息相关,受到国家改革发展大文化的引领;与各个历史阶段水文行业能力水平特别是发展理念的小环境息息相关,受到水文物质文化和精神文化的指引。近年来,江苏水文秉持"内强素质、外树形象"的理念,探索推行水文专业化分工、精细化管理、市场化运作、社会化服务的行业管理新模式,这是在准确把握当前水文发展历史方位、顺应新时代新要求的基础上,充分凝聚行业发展共识、激发干部群众精神动能的结果。对内建立水文精细化管理体系,以现代管理手段推动业务、党务、政务等各方面工作规范化、精细化管理;对外深化水文社会化服务体系,以现代服务能力回应涉水事务、经济社会发展和社会公众对水文的新期待新要求。

水文管理体系,在干事创业的实践中形成和完善,是长久以来实践经验的总结、文化理念的积淀和管理智慧的结晶,是水文发展水平和文化程度的综合体现。水文管理体系的优化和创新,受到了文化的浸润,反映了文化理念的要求。以物质为基础、以文化为依托,文化的脉络不仅清晰地体现在水文管理体系形成和发展的全过程,也必将对其再优化、再发展起到"把方向、定基调"的深远影响。

(三)文化是成果,是展现水文行业形象的载体

水利部指出,当前水文工作的主要矛盾是新时代水利和经济社会发展对水文服务的需求与水文基础支撑能力不足之间的矛盾。水文作为江河湖泊水量水质监测与评价的技术部门,不仅要坚守公益性、基础性的立场,还要以可靠的水文产品、奋进的行业精神和深厚的文化底蕴,在支撑行业监管的同时服务社会发展和公众需求,在履行社会责任的同时展现行业形象。

以精准权威的业务成果展现行业形象。围绕保护水资源、改善水生态、优化水环境、确保水安全和各类涉水工作需求,以水量、水质、水

生态第一手的监测数据和科研能力优势,为水旱灾害防御、水资源调度管理、生态流量预警管控、节水目标管理、江河水量分配、水利工程管理提供及时可靠的水文信息服务和分析评价成果,成为水利强监管的有力支撑,为社会和公众提供定制化的水文服务,树立精准、可靠、权威的行业形象。

以兼容并蓄的文化特质展现行业形象。江苏水域面积占比16.9%,居全国各省之首,素有"水乡江苏"之称。水文是古老的行业,江苏境内的百年水文站就有24座。长久以来,水文人坚守在水系边,默默把脉河湖,开展监测、分析、预报等大量的基础工作,被誉为"水利的耳目尖兵"。面对时代要求和社会需求,水文紧扣当前国家重大战略谋划、水利改革重点以及行业发展方向,初步实现了从"进城"到"既进城又下乡"的转变、从"着眼站点"到"点面兼顾提供服务"的转变、"行业单一发展"到"行业与地方共建共享"的转变、从"精耕传统监测"到"传统监测与水体监测并重"的转变。古老的行业,在新时代展示出博大宽厚、兼容并蓄的胸怀,以新理念为导向、以新技术为武装,在助力涉水事务科学决策和经济社会发展的过程中焕发新生。

(四)文化是灵魂,是驱动水文技术革新的力量

历史唯物主义认为,物质生产是社会生活的基础,但上层建筑也可以反作用于经济基础。"技术革新"是硬道理,"文化建设"是驱动力,这两驾马车只有共同发力,才能实现全面推进水文现代化的目标。若是以孤立、片面、静止的眼光去看待问题,就难以取得全面的、系统的发展。

水文要发展,必须扭住技术革新的龙头。以现代先进技术和先进仪器装备破解制约水文发展的技术瓶颈,探索建立与时代发展同步的现代水文业务体系,努力做到监测手段自动化、信息采集立体化、数据处理智能化、服务产品多样化,以技术水平大提升,实现业务能力大发展,以水文物质文化新进展为涉水事务和经济社会发展提供坚实的技术支撑。

水文要发展,必须筑牢文化建设的底盘。如果只注重技术装备的革新,忽视文化的传承和创新,把技术手段的现代化等同于水文发展的现代化,就会陷入以偏概全的泥淖;如果一味地"以技术为尊""唯技术是从",跟在别人后面亦步亦趋,忽视自身的地域特性和文化底蕴,就会失去行业发展的灵魂。

习近平总书记指出,每到重大历史关头,文化都能感国运之变化、立时代之潮头、发时代之先声,为人民和祖国鼓与呼。影响力和感召力,就是蕴含在文化中的力量。没有文化的影响力,就不会有推进技术革新的凝聚力;没有文化的感召力,就不会有奋勇攻坚克难的战斗力。水文文化培育了水文人共同的情感和价值观、共同的理想和精气神,鼓舞着一代代水文人坚定文化自信,以水文为家、以水文为荣;驱动着行业中的每一个人将个人梦想融入行业梦想,做水文事业的守护者、建设者,让个人奋斗与行业发展同频共振。

三、强化水文文化建设的举措

(一)坚定水文文化自信

当前,水文发展面临从"高速度"到"高质量"的转变。越是在这种转型升级、爬坡过坎的艰辛时刻,越是需要凝聚共识、汇聚力量,越是需要坚定文化自信,牢牢把握水文现代化前进方向。要系统梳理水文文化,挖掘和讲好水文故事,传承和弘扬水文精神;要积极打造植根于江苏大地、具有深厚的水文文化根基、得到水文人广泛认同的制度和治理体系;要着力营造重视文化、尊崇文化的发展氛围,举旗帜、聚人心、兴文化、展形象,以文化自信激发水文改革活力,构筑精神家园,凝聚前行动力。

(二)理清文化建设思路

以习近平新时代中国特色社会主义思想为指导,牢固树立和落实新发展理念,坚持系统思维,理清江苏水文文化发展脉络,提炼水文人群独特的精神标识,结合江苏境内长江、太湖、秦淮河、运河、淮河、沂沭泗、里下河等流域片区实际情况,辩证处理全面和重点、共性和特色,因地制宜保护好、传承好、利用好、发扬好水文文化,为水文现代化建设赋能。

（三）打造水文文化名片

发布水文文化系列产品。依托文化产品，强化优秀水文文化的辐射作用。制订水文文化保护"一个制度"，即以制度定规范；出版系统梳理江苏水文文化的"一本书"，即以书册览全貌；演出展现水文发展变迁和水文人昂扬风貌的"一台剧"，即以剧目忆初心；录制面向公众的"一系列科普宣传微视频"，即以视频展风采。

打造水文文化地标。依托特色站点和宣教基地等水文地标，弘扬水文文化应用价值。对百年水文站和特色水文设施进行科学合理的保护性修缮，做到"一站、一岸、一景、一故事"；建设水文文化科技宣传教育基地，通过"开放日""实境课堂""志愿服务"等形式，让本地群众在家门口了解水文科技文化。

构建水生态文明信息枢纽。当前，江苏深入推进美丽江苏建设，自然生态之美和绿色发展之美成为重要一环。作为江苏水利信息化和数据管理部门，为助力水利部门做好美丽江苏"水"文章，要全力打造水生态文明建设"信息枢纽"。一方面，要通过卫星遥感、视频图像采集、水文数据自动采集平台等方式，进一步强化江苏境内河湖及进出主要支流水质、流量状况的感知能力建设，动态实时分段展现河湖水体全要素、多指标信息，生成与发布体检报告与预警信息；另一方面，要进一步加强与气象、环境、航运、海事等部门的深度合作，实现江苏各类水利数据的统筹管理。

（作者单位：江苏省水文水资源勘测局）

助力美丽江苏建设提供优质水资源支撑

范兴业　李　伟

江苏地处长江、淮河流域下游,境内河湖众多、水网密布,水域面积占全省面积的16.9%,是著名的水乡。因水而生、因水而兴、因水而美,可以说水是江苏最大的特色和优势。由于降水时空分布不均,70%以上的降水集中在汛期,过境水资源丰富,本地水资源不足。在经济社会发展中,如何统筹利用、优化配置好水资源,是江苏水资源管理工作的重中之重。近年来,我省坚持以习近平新时代中国特色社会主义思想为指导,全面贯彻"节水优先、空间均衡、系统治理、两手发力"的新时代治水方针,因地制宜、因需施策,着力维护河湖健康生态,保障经济社会发展用水需求,构建了全国领先、独具特色的水资源优化配置格局。

一、美丽江苏目标是水资源管理工作的基准

水是生命之源、生产之要、生态之基。水资源管理工作必须坚持以习近平新时代中国特色社会主义思想为指导,牢固树立绿水青山就是金山银山理念,以优化水资源配置为基础,以改善水生态环境为重点,以供水保障可持续发展为支撑,充分彰显生态之水的优美、发展之水的重要,让"水美江苏"成为美丽江苏建设的重要部分,美得有形态、有韵味、有温度、有质感,成为"强富美高"最直接最可感的展现,成为江苏基本实现社会主义现代化的鲜明底色。

二、开展的主要工作

1. 围绕合理分水目标任务，推进河湖分水

促进水资源持续利用、实现人水和谐，是水资源管理的最终目标。按照"应分尽分、再难也得分"的要求，推进有江苏特色的水量分配工作。一是全力做好跨省江河流域水量分配。2020年相关流域机构组织开展长江干流、滁河、青弋江、水阳江和南四湖、高邮湖等跨省江河流域水量分配，我省同步将水量指标分解至市县行政区。各地全力配合，同步推进各项工作。二是统筹推进跨市河湖水量分配。开展通榆河、淮沭河等跨市河流水量分配方案，统筹协调区域和流域，组织开展全省流域水量与地市行政区水量分配工作的衔接，逐步将地区用水总量指标细化分解至流域和水源，实现区域、流域用水指标相衔接。三是推动跨县开展河湖水量分配工作。各设区市完成至少1条跨县河湖水量分配方案，并批复实施。各地在水量分配工作中，同步开展生态流量（水位）确定工作，同步规划流量（水位）监控设施。落实已批复的河湖水量分配方案的执行，落实水量调度责任，加强重要口门、重点取用水户管控。

2. 围绕水资源刚性约束，坚决管住用水

管住用水是水资源管理的核心内容，也是发挥水资源最大刚性约束的重要手段。一是全面完成取水工程（设施）核查登记整改提升。根据水利部和相关流域机构部署要求，分级组织制定取水工程（设施）核查登记整改提升方案，按要求抓好落实。二是开展"两违三超"专项整治行动。结合取水工程（设施）核查登记整改提升工作，重点针对考核检查发现的、2019年领导干部自然资源离任审计发现的、群众举报和舆论反映的，以及其他原因存在的"两违三超"（违法取水、违规减免水资源费和超许可、超定额、超计划取用水）行为，组织开展专项整治行动，推动水资源规范化管理水平进一步提升。三是严格取水许可全过程管理。规范取水许可申请、审批、验收、发证、延续等全过程。建立取水审批项目动态跟踪机制，及时掌握实施进展，加强事中事后监管。各

地落实放管服改革要求,规范水资源论证报告书技术审查,严把报告书编制质量。四是全面推广取水许可电子证照。按照水利部要求,全面推广应用取水许可电子证照。加强与政务部门对接,加快电子印章制作,实现跨地区、跨部门共享互认,提高行政服务效能。五是积极推进规划水资源论证制度。积极会同相关部门推进规划水资源论证工作,以新建工业园区、重大项目布局为重点,继续开展一批规划水资源论证工作,每个设区市至少完成1个以上规划水资源论证项目,充分体现"四定"要求;对已开展区域水资源论证的地区(园区),积极探索取用水备案制或承诺制,简化审批程序和手续。

3. 围绕打造幸福河湖,加强水资源保护

深入贯彻习近平总书记要求,加快生态河湖建设,打造幸福河湖。一是着力推进生态河湖建设。按照《江苏省生态河湖行动计划》,认真组织开展自评估,针对评估发现的问题和短板加大工作力度,实现"水安全有效保障、水资源永续利用、水环境整洁优美、水生态系统健康、水文化传承弘扬"的建设目标。按照《生态河湖状况评价规范》,各地积极推进河湖生态状况评价工作,定期发布评价报告,选报生态河湖示范样板。二是加快生态流量(水位)确定和管控。针对平原河网水系特点,分片区、分区域开展重点区域、重要河湖生态流量(水位)确定工作。制定确定重点河湖的名录,有计划地分批实施。已确定生态流量(水位)目标的河湖,根据"一河一策"编制生态流量(水位)保障方案,强化水工程调度,加强取用水管控,切实保障生态流量(水位)。三是加强太湖水环境综合治理。认真落实"两个确保"要求,继续抓好蓝藻打捞、湖泛防控、生态清淤等工作。进一步优化蓝藻打捞和湖泛巡查防控方案,加强能力建设。推进太湖应急度夏关键措施的系统化研究;组织编制完成太湖第二轮二期生态清淤总体方案;无锡市加快推进梅梁湖生态清淤试点工程。四是加强水资源监测。水资源监测工作是落实最严格水资源管理制度的重要基础和保障。机构改革后,水利部门依法履行水资源保护规划的编制和实施、水资源监测信息和水资源公报的发布等职责。继续加强集中式饮用水源地、水功能区、入河排污口、地下水、水生态等监测,做好长江入江支流、洪泽湖水资源监测,及时掌握河湖水资源水生态信息。继续优化地下水监测站网布设,充分发挥国家地下水监测工程作用,建立健全地下水监测预警机制。五是继续推进长江"两口一源"规划实施。落实长江大保护要求,指导相关地区实施"两口一源"规划,宝应县、泰兴市完成应急备用水源地建设,相关市县完成剩余的入河排污口整治任务。

4. 围绕水资源可持续利用,强化地下水管理

国家对地下水高度重视,全国地下水管理条例即将出台,相关部委大力推进华北地下水超采治理。我省通过苏锡常禁采、地下水压采等措施,地下水管理保护取得显著成效,但目前局部还存在一些问题。一是严格地下水取水总量和水位双控制度。按照水利部要求,开展地下水管控指标确定工作,按照下发的技术要求,结合实际,进一步完善地下水管控指标。组织开展《江苏省地下水超采区划分方案》修编,重新复核并划定全省地下水超采区。建立地下水监测预警机制,对超总量控制指标、超地下水位禁采红线的,实行预警通报,限制新增取用地下水。二是全面完成地下水压采封井。按照省政府批复的《江苏省地下水压采方案》,相关市县对照封井名录,对剩余的深井逐眼落实措施和责任,排出实施计划和完成时间表,确保按时完成省政府明确的任务要求。三是加强地热水、矿泉水管理。根据《中华人民共和国资源税法》的要求,会同相关部门,出台地热水、矿泉水改征资源税具体的政策。各地严格落实取水许可管理的规定,加强地热水、矿泉水取水计量监控,认真核定取水总量。四是加强地下水长效管理保护。按照水利部印发的《全国地下水利用与保护规划》,要结合我省实际,组织编制《江苏省地下水利用与保护规划》,明确今后一段时期我省地下水管理政策。各地认真落实全省地下水管理要求,同步开展规划编制工作,全面加强地下水管理。

5. 围绕以人为本,严格水源地长效管护

认真履行水源地管理和保护职责,切实提升全省饮用水水源地安全保障水平。一是加强水源地规范管护。组织完成全省城市水源地长效管护年度评估,其中国家重要水源地长效管护评估报告按规定上报水利部,对评估发现问题及时下发各市整改。组织制定《集中式饮用水

水源地管理与保护规范》，指导水源地管理保护。继续加强应急备用水源管理，提高应急保障水平。二是推进新建和应急备用水源地达标建设。推进盱眙县淮河河桥等新建城市水源地、沭阳县沭新河庙头等乡镇区域供水水源地和海安县新通扬运河三里闸等应急备用水源地的达标建设。三是全面完成全省应急备用水源地建设。推进南京市区、江宁、涟水、灌云、徐圩新区、泰兴等饮用水源单一地区应急备用水源地建设。积极配合生态环境部门加强"千吨万人"水源地的监督指导。

三、下一步工作

推动水生态保护和高质量发展，解决水资源和水生态突出问题，落实水利改革发展总基调，对水资源管理工作提出更高要求。做好下一步水资源管理工作，需要继续深入学习贯彻习近平总书记关于治水工作的重要论述，强化水资源监管基础，落实强监管各项措施。一是加快合理分水，建立水资源刚性约束指标体系。统筹生活、生产和生态用水配置，统筹上下游、左右岸、干支流用水需求，强化河湖生态流量管理，加快江河流域水量分配，推进地下水管控指标确定，加快确定各地可用水量，研究推进水资源开发利用分区管理。二是强化管住用水，抑制不合理用水需求。完成取用水管理专项整治行动，摸清取水口数量、合规性和监测计量现状，整治存在的问题。推进水资源监测体系建设，加强水资源监控平台实际应用，增强管住用水的能力。严格水资源论证和取水许可管理，加强水资源管理监督检查，深化水资源管理重点领域改革。三是推进系统治水，加强水生态治理与保护修复。建立地下水水位变化通报机制。深入推进地下水综合治理，实施量水而行以水定需治理。严格落实生态环境保护责任清单。强化地方人民政府主体责任，加强饮用水水源保护。

（作者单位：江苏省水利厅水资源处）

江苏水文化建设的探索与实践

程 瀛 曹 瑛 王新儒

引言

党的十八大以来,习近平总书记多次就保障国家水安全、大运河文化带建设、黄河流域生态保护和高质量发展、推动长江经济带发展等问题发表重要论述,在为大江大河治理保护把脉定向的同时,他多次谈及黄河、长江、大运河的水文化传承保护问题。江苏滨江临海,扼湖控淮,十万平方公里土地上,水面超过六分之一,"水"是江苏最鲜明的自然与人文符号。自古以来,江苏人民通过兴水利、治水害,推动了经济发展和社会进步,也在生动的治水实践中创造了丰富多彩的水文化。深刻学习领会总书记关于水文化的重要论述,有利于把握水文化建设的丰富内涵,系统谋划江苏水文化建设工作,推动江苏水利工作的探索与实践。

1 江苏水文化建设的探索实践

近年来,江苏在加强水文化规划、理论实践以及人才培养等方面进行了有益尝试,积累了一定经验,一批水文化地标工程崛起绽放,水文化建设成果荟萃,以文化为助力推动治水成就可见、可知、可感。

1.1 构建水文化规划体系

2011年,水利部和江苏省人民政府批复的《江苏水利现代化规划

(2011—2020)》中,将水文化建设内容单独设立章节,标志着江苏水文化建设正式成为江苏水利事业重要组成部分。2012年,江苏在全国率先编制出台《江苏水文化发展规划纲要(2012—2020)》,成为指导江苏水利系统开展水文化规划与建设的规范性文件。2017年,江苏省人民政府印发《江苏省生态河湖行动计划(2017-2020年)》,提出大力传承历史水文化,持续创新现代水文化,不断弘扬优秀水文化,充分彰显特色水文化,丰富河湖文化内涵。

1.2 提升水利工程文化品位

江苏在设计、建设水利工程过程中注重融入水文化理念,把治水与人文相渗透,把工程与美学相彰显,成就了具有江苏特色的水利工程,成为当地向外推介的最美水地标。在历史文化底蕴的传承方面,如洪泽湖三河闸工程在除险加固工程中,保留了御碑亭、清代镇水铁牛以及三河闸工程指挥部旧址等历史遗迹和文物。在地域文化与水利工程的结合方面,如淮安水利枢纽立交工程设计建设了两座凸显汉唐风韵的安澜塔,与当地镇淮楼遥相呼应。在彰显时代特征方面,如南京市三汊河河口闸工程,采用"双孔护镜门"的造型设计,为亚洲首创,造型独特,视觉丰富。在创新文化与水利工程结合方面,如苏州段运河堤防加固工程在提升防洪标准、改善环境面貌的同时,叠加了文化旅游、健康休闲、遗产保护等功能,最大程度展现文化底蕴和生态需求。

1.3 加强水文化遗产管理保护

2015年,江苏在全国率先开展省域范围内水文化遗产调查,共计调查登记8322处水文化遗产,调查力度、深度、广度全国罕见。建立了全国首个水文化遗产信息管理系统,出版了《秦淮区水文化遗产调查研究》等6本书籍或图册,完成了1个厅级课题项目,整编了5份水文化遗产成果。省级、国家级、世界级遗产均有突破,高邮灌区入候世界灌溉遗产候选名单。推荐洪泽湖大堤、江都水利枢纽第三抽水站等申报国家水利遗产试点,目前正在积极推动省级水利工程遗产的管理保护。

1.4 开展水文化基础研究

设立江苏水利学会水文化与水利史专业委员会,推动全省水文化理论研究,培养一批水文化爱好者。从2015年开始,每年组织开展10

个水文化类课题和 10 个水利史类课题研究,并将课题成果集结出版。常态化组织开展水文化论坛、培训交流活动,举办了主题为"水脉与城市""大运河水文化""江苏水文化与水韵江苏建设"的学术论坛、理论研讨会等,围绕江苏治水故事,深入交流研讨,实现用文化润泽美、用道德保障美、用生态涵养美。开展志书编修研究,出版了新中国成立以来江苏首部关于江河湖库的专志,收录 300 余条河湖的自然特征、形成演变和治理历程等。成立水文化公司和水利风景区协会,探索建立市场化机制,注册全国首个水文化商标"苏水知道",促进水文化创意产品的研发以及水文化创意活动的策划。

1.5 繁荣水利文学艺术

树立精品意识,引导鼓励文学文艺工作者充分挖掘水文化中的核心思想理念、人文精神,讴歌、记录江苏现当代治水实践,深度普及水利知识。推出《江苏水情读本》,出版《江苏水文化丛书》,填补了全省艺术文化类水题材科学的空白。面向中小学生,推出《最美不过家乡水》系列读本,覆盖全省 4020 所小学、2200 余所初中,赠阅 6 万余本。策划制作《水润江苏》等一批反映江苏省情水情的公益宣传片,各类网络平台下载量超 2000 多万。组织开展江苏水利风景区主题曲征集活动,运用丰富多彩的艺术形式进行当代表达,创作新时代的"长江之歌"。依托南京高校众多,校园话剧力量强大的优势,与高校合作创作编排反映我省水利工作的主题话剧《同心圆》,并进行巡回演出。

1.6 营造水文化宣传氛围

为进一步弘扬优秀治水文化,讲好正能量河湖故事,水利部门联合高校和媒体,2020 年,在全省发起"江苏河湖故事大家讲活动",充分利用新媒体平台,线上线下同步推进,13 个地市、62 条河湖首次集中展示了河湖文化,尽显江苏水文化风采。联合文旅、交通等部门开展"江苏最美水地标"推选活动,通过寻找最能代表江苏地域特征的水工程、水景观、水聚落标识,推选出 40 个兼具工程美、景观美、人文美的水地标,形成江苏鲜明的水文化特色标识,聚合水文化品牌效应。策应大运河文化带建设,推出"寻找大运河江苏记忆"主题活动,一系列关于运河的微图文、微视频以"小"见"大",有效展现了运河水风景魅力,通过活动开展和宣传推广,江苏地区在大运河文化带建设中的城市印象得到加深,大运河同江苏城市关联热度达到新高峰。推出的"最美水利人""十大河湖卫士"等一系列品牌主题活动,不断丰富其内容和形式,通过一系列主题活动树立了水利、水利人良好的社会形象,打响江苏水文化项目品牌和知名度,提高了行业的社会知晓度和关注度。

2 江苏水文化建设中存在问题

总体上看,江苏在水文化建设的主体和对象、内容和形式、载体和平台等方面都进行了有益探索,但与与经济社会发展需求相比,还存在以下问题。

2.1 内涵仍需丰富

水文化建设关注点主要局限于治水管水层面,偏重于水利工程建设领域。对历史人文、水利工程技术、文学艺术、国情水情教育等各个方面中蕴涵的治水精神、美学构思、哲学思辨等的内涵认知不到位、理解不深入、挖掘不充分。

围绕人们用水、节约水的水文化互动较少,主要表现为行业水文化而不是社会水文化。在农村广大地区的水文化建设不够,农村水资源管理、农业节水设施开展不够深入。

2.2 研究尚未成熟

水文化研究尚未成体系,水文献的出版层次还不是很高,权威的水文化专业学术刊物尚缺,水文化的学术成果还不能融入到主流文化学的研究之中。水文化研究的领域、范围、深度以及传播、应用不够,不能满足人民群众日益增长的精神文化需求。

2.3 形式较为单一

总体来看,水文化建设存在内容单薄、形式单调、手段单一的问题,水文化建设活动比较零散化、碎片化,尚未形成有品牌影响力的社会化活动,形式不够丰富,互动性、参与性和实践性欠缺,针对不同群体的差异化、分层次宣介体系尚未形成,社会覆盖面不够广泛,社会影响力不够深远。

2.4 机制尚待完善

在人员机构上,组织机构、人才队伍和激励约束机制尚不健全,目前的情况看可以说各地几乎没有水文化建设专门部门,专职人员就更少。在部门联动上,水文化建设大多数都是水利部门自娱自乐多,与外行业或是其他部门联合开展活动少,多元主体协调不足,社会力量的积极性和主观能动性发挥不够充分。

3 对策建议

3.1 加强组织保障

从物质文化、精神文化、行为文化、制度文化等层面,统筹谋划、科学布局,立足现实、着眼未来,尽早构建起具有水乡江苏特色、操作性强的水文化建设组织体系,为加快推进全省水文化建设打好坚实基础。加强全省水文化建设的统一领导,成立专门的协调议事机构,建立水文化建设目标体系、考核办法、奖惩机制。加强横向协作、纵向联动,密切配合、形成合力,共同推进全省水文化建设纵深开展。

3.2 落实经费保障

江苏是全国经济最发达的地区之一,也是文化最勃兴的区域之一,加强水文化建设既有良好的基础条件和发展优势,更要有敢领全国之先的决心和气魄,建议在水文化建设政策层面有突破,在资金支持上有力度,设立水文化水情教育发展专项资金,提高工程建设文化品位,形成水文化建设的思想自觉、行动自觉。

3.3 培养专业人才

建立不同层次、不同领域的水文化专家队伍,借助"外脑",运用"跨界"智慧推动水文化基础研究和建设提升。把水文化知识纳入全省各级水利部门的各类培训课程中,加大系统内水文化保护、建设、管理及传播领域人才培养的力度,以省内外研究机构、水利高校为依托,研究建立水文化人才培养基地,加强江苏省高校水文化学科建设。建立不同层次、不同领域的水文化咨询专家队伍,吸纳各行业、各部门具有较高学术造诣的专家学者参与水文化建设。

3.4 造浓宣传氛围

以水利风景区、水情教育基地、博物馆、档案馆、展示(览)馆、水文化园区、主题公园等为载体,加强面向社会公众的水文化宣传教育工作力度。以水利工程为依托,以治水文化为主线,鼓励、激励与水相关文化的多元化、多样化发展。拓宽水文化宣传教育渠道,开发研学课堂,积极开展水文化"六进"活动。通过博览会、讲坛、大赛等活动,多渠道创新传播模式,综合利用传统媒体、新媒体等多种传播途径,利用数字技术、网络技术、虚拟现实技术等现代技术手段,推动水文化创新发展。弘扬新时代水利精神,加强水文化传承,探索推进水利系统单位精神文明建设、文化建设和思想政治工作融合发展的工作思路与建设路径。把水文化建设与群众性精神文明创建活动结合起来,更加自觉、主动地弘扬新时代水文化。

4 展望

水文化是推进水利事业改革与发展的软实力。站在新的历史起点上,我们应更加认真地审视和看待水文化对水利发展的重要意义,水文化建设工作应当也必须成为现代水利的重要组成,在更高层面、以更大力度加以推动、落地、见效。

(作者单位:程瀛,江苏省水利信息中心;曹瑛、王新儒,江苏省河道管理局)

秦淮水文化中的古桥刍议

陈大卫　张宛如　康智瑜　张孟凡

"水乃万物之源,诸生之宗始也。"千百年来,人与水共生共存、互融互动,形成了以"水"为载体的文化水脉。江苏在中华民族的水文化形成和发展史上,有着其独特的历史地位和优势特征。就水域地理而言,江苏是唯一拥有同时江河湖海的省份。"水"是江苏最鲜明的自然与人文符号。自古以来,江苏人善于利用大自然最美的恩赐,将水用于饮用、农业、城乡建设、航运、防洪、排涝、手工业、文艺创作等方方面面,创造了光辉灿烂的江苏水文化。

而南京作为江苏省的省会,不仅是江苏省政治经济与文化中心,这座城市自身也在历史上极负盛名,素以悠久的历史、深厚的文化底蕴闻名于世。其中,南京的母亲河秦淮河更是从唐代杜牧的"烟笼寒水月笼沙,夜泊秦淮近酒家"到现代散文家朱自清与俞平伯的《桨声灯影里的秦淮河》,用她独特的水韵滋养了一方水土,催生了流域内城市文化与科教的繁荣,为中国第一历史文化名河。

而在千百年的人与水共生共存中形成的秦淮水文化中,留下了诸多遗存。在诸多秦淮水文化遗存中,桥梁作为满足沿岸群众出行需要、承担了一定社会功能的涉水工程遗存,历史悠久,数量众多,蕴含丰富的水文化内涵。通过研究桥梁对秦淮水文化的传承与发展,可以有效保存秦淮河沿岸的历史文化内涵,汲取和继承秦淮水文化的精华,弘扬优秀传统水文化,更好地服务水生态文明建设。

一、概念界定

1. 秦淮水文化

文化,是以多姿多彩的形态展现在人们面前的,而水文化是以水为特征展现在人们面前的一种文化形态,其特殊性主要表现在是与水有关的文化,是以水和水务活动为载体形成的文化现象,是文化中以水为轴心构成的文化的集合体。从这个意义上讲,我们对"秦淮水文化"可以这样界定:秦淮水文化是千百年来秦淮河沿岸人们在人水和谐的实践过程中积累起来的关于认识水、治理水、利用水、爱护水、欣赏水的物质和精神财富的总和。

2. 秦淮古桥

目前,秦淮河在上坊门以下,除干流以外,还有杨吴城濠、青溪、运渎、明御河、进香河、珍珠河等支流,这些河流均被纳入秦淮河水系,互相沟通。根据江苏省水利厅、文物局联合开展的全省水文化遗产调查,本文的研究载体是秦淮河水系上被列入载体性涉水工程遗存的各类古桥资源,有古代留存至今的桥梁,有古代所建、近现代修复的桥梁,有现代新建沿用旧名的桥梁,为便于研究,在本文一并称之为"秦淮古桥"。

二、秦淮水文化与秦淮古桥的历史发展脉络及主要内涵

1. 秦淮水文化发展脉络(表1)

表1 秦淮水文化发展脉络

发展时期	主要特征	背景	代表成就
先秦时期	治水、用水行为开启了秦淮水文化的发展进程	秦淮河沿岸的先民选择在沿河台地定居	湖熟文化
六朝时期(都城)	对秦淮河水系进行的第一次大规模改造使秦淮水文化的发展迎来了历史上第一个辉煌时期	南京建都史由此开启,秦淮河水系的第一次大规模改造紧接而至;通过开挖运渎、潮沟、青溪构建环绕都城建康的水道网络,开凿破冈渎加强与东部地区的交流,建造二十四航方便沿岸来往	留存至今的水文化遗产主要有青溪、运渎等古河道;二十四航、桃叶渡、汝南湾等水遗迹;秦淮灯会、画舫、青溪小姑的传说等民俗技艺、典故

秦淮水文化中的古桥刍议

续表

发展时期	主要特征	背景	代表成就
隋唐两代	以咏叹六朝繁华、怀古寄情为格调的唐诗成就了秦淮水文化新的文化意象	因朝廷采取的抑制政策，秦淮河沿岸渐趋衰落，却引来无数文人骚客来此凭吊	杜牧《泊秦淮》、李白《长干行》等代表性诗作
五代时期（都城）	对秦淮河水系进行了第二次大规模改造，形成的内外秦淮奠定了此后至今秦淮河下游的水文化景观格局	"断淮筑城"将秦淮河沿岸经济繁盛地区都圈进城内，并开挖"外秦淮"（时称"杨吴城濠"），秦淮河有了内外之别	十里秦淮
宋元时期	持续的治水实践有效促进了秦淮水文化复苏	通过疏浚入江河道、开挖与秦淮河相连通的沿江新河道等措施治理下游地区水患，使得秦淮河沿岸持续繁华	兴建桥梁50余座和众多水文化设施，石拱桥开始大量产生，著名的有长干桥、淮清桥、新桥等，还有以"金陵第一胜概"闻名的赏心亭。此外，据《景定建康志》记载，南宋一代，镇淮桥便被重修了4次
明清时期（明代为都城、陪都）	秦淮河水系功能发挥到了历史巅峰，促成了秦淮水文化在历史上的大发展大繁荣	通过进一步改造城内水系减少水患灾害、开凿胭脂河再次沟通秦淮河与太湖流域，秦淮河水系功能发挥到了历史巅峰	现藏于国家博物馆的《南都繁会景物图卷》真实描绘了明代中期秦淮河沿岸的繁华风貌，见证了这一时期繁荣的秦淮水文化
民国（首都）	秦淮河水中的桨声灯影托起秦淮水文化一段不朽的文化奇观	由于战乱等诸多原因，河水日渐污浊，沿岸建筑多被毁坏，加之水患严重，昔日繁华景象渐不复存在。但是近现代文学家们依然对秦淮河有着不一样的情感	俞平伯、朱自清《桨声灯影里的秦淮河》
新中国成立后	新时期治水让秦淮水文化迎来新历史机遇，进入新发展阶段	在河道综合整治中，结合河段特点、附近景区、老地名等，挖掘历史掌故、名人轶事、诗词歌赋，进行河道文化游园规划，通过文化墙、碑刻、雕塑等方式展示秦淮水文化	打造沿河百姓喜爱的绿色长廊和文化纽带，如十里秦淮风光带、秦淮河水上游览线、外秦淮河国家级水利风景区，再现"流动的河，美丽的河，繁华的河"

2. 秦淮水文化主要内涵

历史悠久 从 5 000 年前先民在秦淮河上中游地区沿河台地繁衍生息,到六朝、南唐、明代、民国出于政治、经济、文化和军事的考量建都南京,秦淮河沿岸作为城市形成和发展的核心区,随着南京城一起兴起、衰落、再次复兴,因河而起的秦淮水文化也连绵不绝,持续至今。

丰富多样 秦淮水文化因河而起、因人而兴。有清溪、运渎、东水关、天生桥、沿河堤防等水利工程;各式桥梁等满足生活需求的涉水工程遗迹;历代治水期间留下的如赏心亭等水文化工程;位列清代"金陵四十八景"的秦淮渔唱、清溪九曲、桃渡临流等水文化景观;秦淮灯会、秦淮画舫等非物质水文化遗产;文人墨客留下的大量描写、歌咏秦淮河的诗歌、散文、书画、戏剧等文化艺术作品,其中仅诗词就达三千余首。可以说,秦淮水文化是一座我们永远探索不完的巨大的文化宝库。

功能显现 其一,孕育功能。秦淮河之于南京,相当于黄浦江之于上海,珠江之于广州,塞纳河之于巴黎,泰晤士河之于伦敦,秦淮河已经成为南京人和南京城的生命符号,也被世世代代的南京人看作是母亲河,由此,与秦淮河紧密相关的秦淮水文化也成为南京重要的历史符号和文化符号,与南京城市的生存和发展结下了不解之缘。其二,教化功能。秦淮水文化作为一种观念形态的文化,对人们的思想观念、道德情操、精神意志、智慧能力等有着潜移默化的影响。其三,激励功能。秦淮水文化为秦淮河沿岸百姓的精神生活提供了美好的文化产品和精神享受,也从精神层面激励人们奋发向上、不断进取。

三、古桥对秦淮水文化传承与发展的重要意义

秦淮河有骨干河道 21 条,流域水网密布,因此无桥不显水,无桥不成市,无桥不成路。自从六朝时期运用黄河上的建桥技术即"杜预河桥法"在宽阔的秦淮河上架设了朱雀大航,千百年来,秦淮河上的各式桥梁作为服务人们通行的载体,早已成为沿河涉水建筑的重要组成部分,在沿岸百姓的社会生活中必不可少。这些桥梁也因其蕴含丰富的历史文化价值、艺术价值、水利科技价值、生态价值等水文化内涵,成为传

承、发展秦淮水文化的重要载体。

1. 传承与发展秦淮水文化的历史性

梳理秦淮水文化发展脉络和古桥历史变迁,我们可以看出,在六朝、南唐、明代等诸个秦淮水文化大发展时期,彼时秦淮河沿岸经济繁荣,社会稳定,百姓生活富足殷实,并且引进了当时最先进的建桥技艺,为建桥奠定了丰厚的精神和物质基础。六朝时期建有著名的二十四航,以木质浮桥为主,构造简单,抗风险能力弱,屡建屡毁,在隋灭陈后就彻底退出历史舞台;隋唐五代时期以梁桥取代浮桥,知名的有长干桥、大中桥、内桥;到了明清时期,重建、兴建桥梁的形式基本为跨径大、易于取材、坚固耐用的石拱桥。数量众多的桥梁沟通了沿岸出行,过河变得轻而易举,交通的便利又反过来刺激了文化的大发展,促进了秦淮水文化持续不断的繁荣。

岁月流转,古迹难寻,不少古桥已在岁月中烟消云散。目前,秦淮河上建于南宋之前的各座桥因为战乱破坏、年久失修、城市发展等各种原因已不复存在,建于南宋时期的长乐桥是现存最早的桥,其余大多数桥在明清时期被重修重建或兴建。及至近现代,有些已经消失的古桥因为蕴藏着深厚的水文化内涵,在原址附近被复建,并仍然沿用旧名,如笪桥、朱雀桥、仙鹤桥。

古桥如璀璨的明珠,在秦淮河灿烂的历史文化长卷上,焕发出夺目的光彩。其丰厚的水文化内涵没有因桥之不存而消亡,而是代代相传、历久弥新。可以说,古桥长在,古桥不老。

2. 传承与发展秦淮水文化的丰富多样性

如前所述,古桥是传承秦淮水文化的重要载体,秦淮水文化的丰富多样性在古桥身上得到淋漓尽致的体现。在文人雅士的笔下,桥里有数不清的故事与记忆,激发了穿越时空的想象,一座桥,能帮你读懂一方水土一方人的文化内涵。限于篇幅,仅举有代表性的几个方面。

传承与发展秦淮水文化中的社会学内容　秦淮河沿岸的古建筑一般为个人或家族私有,唯有桥(私家园林中的桥除外),不管是官修还是私建的,都为社会所公有,这体现了秦淮水文化中的社会学现象。

一是"修桥铺路"是数千年来造福大众的慈善行为,被民众所推崇。

查看史志,秦淮河上修桥建桥的方式大概有3种:①民建,即由一家一姓独立建桥,如平江桥、利涉桥。值得一提的是蒲塘桥,由邑民赵琪于明正德三年(1508)开始,花了5年时间造成,耗尽家里所有资产3 000多两银子。②募捐集资,报经官府支持,协力新建,此种最为常见,如长乐桥、仙惠桥、积善桥、长干桥。③全由官府拨款施工兴建的,如赛虹桥、七桥瓮。

二是桥对秦淮河沿岸的百姓而言,不仅与衣食住行息息相关,还和人际交往、精神文化生活紧密相连。古代桥头往往是集市、社交、乘凉、闲聊、赏景、送别之地,当年的淮清桥、大中桥、长干桥等进出城要道处均建有亭廊,可供宾客饯饮、休憩。古人送别、迎宾除了长亭,就是桥头。久而久之,在普通百姓的词典里,桥是欢乐之所,是伤心之地,在桥上,故友相逢,尽享闲情雅致,充满欢笑与安宁;同样在桥上,人们送别亲人,隔水相望,挥手告别。

传承与发展秦淮水文化中浓郁的地方特色　　从保存较为完好的长乐桥、七桥瓮、玄津桥、仙惠桥、积善桥、浮桥、武定桥等古桥可见,秦淮古桥桥体在当时有着精美的雕饰,地方特色浓郁。有的在桥身两侧各镌刻神态各异的螭首,有的在拱券旁有雕刻精美的龙头桥翼,有的还在桥栏、桥耳等处雕饰有浓郁地方特色的菊花瓣如意图案。

3. 传承与发展秦淮水文化的功能性

传承与发展孕育功能　　秦淮古桥因河而生,又伴河而存。在秦淮母亲河孕育南京城市和文明的漫长历史中,古桥横跨水陆,连接沿岸,极大扩充了秦淮河沿岸人民往来交流的渠道,桥上行人如织,桥下行船往来穿梭,促进了城市的发展和繁荣。直至今日,许多留存下来的古桥仍然是这座城市重要的交通枢纽、不同区域的划分节点,持续承载并延展着秦淮河对这座城市的哺育之情。

传承与发展教化功能　　秦淮水文化是观念形态的文化,同秦淮河房、水巷街道一样,秦淮古桥是水文化的具象载体,对人们产生了潜移默化的影响。桥对秦淮河沿岸的百姓而言,是"水城共生"的见证者,他们默默讲述着科举、雕刻、建筑、书法等传统历史文化,融合着灯会、画舫、集市等独特的地域文化,从小生活在河流沿岸的人们,思想观念、审美行为、道德情操等都受到古桥的潜在影响,流露着不一样的精神和文化特质。

传承与发展激励功能 秦淮古桥经历了历史的沧桑巨变,背后的故事代代传颂,同其他历史故事一起,形成了极具感染力和激励作用的精神力量。例如文源桥原名黄公桥,是后人为纪念明代忠臣黄观所建;铁心桥的名字由来一说是为了纪念民族英雄、建康府通判杨邦乂,另一种说法是来源于舍身"铁心"救主的英雄,尽管故事的真实性无法完全考证,但是人们赋予古桥的意义凝聚着正确的价值观和发展力量,传承了水文化的激励功能。

随着秦淮河沿岸经济的发展和城市建设的扩张,尤其是面对城市交通日益拥挤不堪的现状,秦淮河上的古桥梁与现代城市发展存在着难以两全和此消彼长的矛盾关系。作为连接人与水的重要文化和情感纽带,传承与发展秦淮水文化,必须先解决对现存古桥实施全方位保护的问题。目前,在城市建设过程中,政府通过设立古桥保护名录、编制专项规划、制定保护措施等手段,正逐步加大古桥保护与水文化传承力度。

总之,以古桥的保护和传承为代表,通过政策带动、社会促动、民资驱动的新路子,新时代的水文化将更加富有生命力。保护古桥梁并不仅只是保护其作为建筑物的本身,更是留住水文化的千年文脉,留住其中蕴含丰富的文化渊源,如此才能让秦淮水文化在新时代更加繁荣兴盛。以古桥梁为重要切入点,也会使江苏水文化的传承色彩更加丰富,使江苏水文化得到进一步的发展。

(作者单位:江苏省秦淮河水利工程管理处)

六朝建康青溪故道考

王　宏

　　青溪原为六朝建康城东边的一条自然河流,发源于城东北的钟山,蜿蜒曲折,迤逦向南,最终汇入秦淮河。孙吴赤乌四年(241)冬十一月,吴大帝孙权"诏凿东渠,名青溪,通城北堑潮沟"[1]。青溪由此得名。疏凿后的青溪即为东渠,与城北东西走向的潮沟相连,又通过潮沟西与人工运河运渎相通,最后南流汇入秦淮河。青溪是环绕都城建业的水网系统中的一条重要水道。

　　六朝时期的青溪不仅是护卫建康城的东部屏障,两岸更是京师鼎族聚居之处,邸宅连甍,祠寺相望,人文荟萃。公元10世纪前半叶,杨吴修金陵城为西都,将蜿蜒曲折的青溪裁直,作为金陵城的东护城河[2],而留在金陵城内的部分青溪河道就是所谓的"青溪故道",因失去水源,加之不断人为填塞,形成多处大小池塘,直至近代最终湮塞殆尽。

　　隋唐以降,后人对青溪走向的认识逐渐模糊。两宋建康府城完全继承了南唐金陵城,但当时人只知道青溪西北的入城口和东南的出城口这两个地点[3],城内湮塞的青溪故道已基本无人提及。

　　21世纪初,为配合南京城市基本建设,以南京市博物馆考古部(现南京市考古研究院)为主体,推动了以"寻找六朝建康城"为重点的南京城市考古工作。考古发现的许多六朝建康城遗迹,如道路、建筑、城垣等,都证明了建康城不是正南正北的,城市中轴线大致北偏东25°,呈西

---

[1] 许嵩撰.《建康实录》卷二《太祖下》,张忱石点校,中华书局,1986,第49页。
[2] 《景定建康志》卷一八《山川志二·江湖》,收入《宋元方志丛刊》第二册,中华书局,1990,第1593页。
[3] 同②

南—东北方向倾斜。这种倾斜,与建康城外围的河流走向密切相关,因此,青溪故道的走向研究成为一个重要课题。

一、前人的研究及问题所在

如前文所述,宋人已不太清楚被截留在建康府城内的青溪河道的具体位置与流向。在宋、元、明三代相关的历史文献中,留下的多是时人对青溪的认识,很多内容只是对既有文献的抄录,少见专门探究青溪故道具体空间位置的文字。清代乾嘉学派兴起,考据之风盛行,作为史学研究的一部分,传统地理学也是取得了很大的进展。在这种学术风气的影响下,清代南京地方学者开始关注本地六朝遗迹的地理学考察。他们不仅考证文献,还通过实地踏查,试图把文献中的历史遗迹与当时的城市空间对应起来。陈文述《秣陵集》,陈作霖、陈诒绂父子《运渎桥道小志》和《钟南淮北区域志》即为其中的代表之作。

关于青溪,陈文述在其《青溪怀古》中称:

> 自杨吴城金陵,其水遂分为二:其一自近驻防城内穿城西出,北转至竹桥,合于杨吴城濠之水;其一自内桥至升平桥,与护龙河合,又过四象桥至淮清桥,与淮水合。按:青溪和杨吴城濠之水,其实城濠所借,即青溪也。内桥,古天津桥,内桥下水,青溪与运渎相接处,而非正流青溪,水当自升平桥北南流,出四象桥,则南唐宫城沟渠亦即青溪也。盖古青溪本自浮桥折而南下,经今沐府东门、红花地、吉祥街一带,绕钟山书院之前,南出升平桥而下,为四象桥、淮清桥之水,故近大阳沟一带,往往有桥有水,而书院、钱厂桥其水与护龙河别为两派,此正青溪之旧迹也。自杨溥城金陵,浮桥以下水流断绝,而升平桥水,南唐及宋复借为护龙河,其故道多不可考。今世乃更指鹫峰寺西沟为青溪,则甚非是[①]。

上引清人所及青溪各个节点,升平桥是其中的一个重要节点。升平桥是原南唐宫城东护龙河上的一座桥,可知清人复原的青溪,其西界

---

① 陈文述撰《秣陵集》卷四《青溪怀古》,管军波、欧阳摩点校,南京出版社,2009,第174页。

可达南唐宫城东护龙河,大概在今太平南路西侧约100余米处。然而晚清时期的河渠走向与六朝的青溪之间并无必然联系,因此,这种推论是经不起推敲和检验的。

清人对青溪故道的复原得到了民国以来大多数学者的认可。朱偰在《金陵古迹图考》的《六朝水道考》中,认可清人的观点,称"其言当近乎实际",并进行了长篇转述,绘制了《金陵古水道图》[①]。此后的大多数历史、地理、考古等领域的学者,在他们的六朝建康城研究中都沿袭了这种观点,在他们绘制的六朝建康城复原图上,青溪的南部与护龙河重叠。由于西偏过甚,在他们的复原图中,建康城城垣甚至都是随之弯曲的,如郭黎安《六朝建康》的《南朝萧梁建康城推拟图》等。

21世纪初以来,南京市博物馆考古部在南京城区进行了大量的考古工作,尤其是在台城即六朝建康宫城的空间位置上取得了突破性进展,在今六朝博物馆、利济巷东长发大厦、游府西街小学、邓府巷、南京广播电视大学等工地发现了城墙、城濠遗迹,通过这些新发现,六朝建康城的基本轮廓已逐渐清晰起来,建康城东的青溪,其相对位置也被限定在了可知范围内,即:自竺桥进城后,过毗卢寺,经三条巷北端、常府街东端、复兴巷、文思巷,在今淮清桥一带注入秦淮河。

二、相关历史文献的辨析

与青溪相关的历史文献,唐人许嵩所撰《建康实录》是最重要的一部。书中不仅保留了较多的六朝时期地理志书的内容,更重要的是书中详细记录了青溪七桥的位置及其与建康城门之间的对应关系,以及青溪两岸的人文景观[②],因此研究六朝时期的青溪,《建康实录》无疑是最基础、最应该优先利用的文献。但是,《建康实录》所叙述的景观距离现在太过遥远,书中的大部分参照点,我们只能获得一些相对位置,无法确知其实际位置,因此我们还需要参考部分宋元时期甚至更晚的历

---

① 朱偰《金陵古迹图考》第四章第二节《六朝水道考》及附《金陵古水道图》,中华书局2006年,第88-89页。

② 〔唐〕许嵩撰.《建康实录》卷二《太祖下》,张忱石点校,中华书局,第49-50页。

史文献,通过对一些节点的比对,让早期文献中记载的地点尽可能落实到现在的城市空间中来。

宋代以降的地理志书如《太平寰宇记》《六朝事迹编类》及南宋乾道、庆元、景定三部《建康志》、元代至正《金陵新志》等文献中与青溪相关的记载,也反映出各个时期人们对青溪的认识过程。

成书于北宋太平兴国年间(976—984)的《太平寰宇记》为全国性地志,对各地的叙述不可能详尽,其中对青溪的记载亦停留在对早期文献的罗列上。该书卷九十《江南东道二·升州上元县》青溪条载:

清溪,在县北六里。阔五尺,深八尺,以泄玄武湖水,南入秦淮。

成书于南宋绍兴年间(1131—1162)的《六朝事迹编类》卷五《江河门》青溪条载:

今县东有渠,北接覆舟山,以近后湖。里俗相传此青溪也。其水迤逦西出,至今上水闸相近,皆名青溪。

成书于南宋景定年间的《景定建康志》卷十八《山川志二·江湖》青溪条载:

及杨溥城金陵,青溪始分为二:在城外者自城壕合于淮,今城东竹桥西北接后湖者,青溪遗迹固在;但在城内者,悉皆堙塞,惟上元县治南,迤逦而西,循府治东南出,至府学墙下,皆青溪之旧曲。水通秦淮,而钟山水源久绝矣。《旧志》。

今县东有渠,北接覆舟山,以近后湖。里俗相传,此青溪也。其水迤逦西出,至今上水闸相近,皆名青溪。

《景定建康志》卷十六《疆域志二·桥梁》青溪七桥之走马桥条载:

今城东北有渠,北通玄武湖,南行经散福亭桥、竹桥,抵府城东北角外,西入城壕,里俗呼为"长河",即古青溪。本自今竹桥西南行,五代杨淳于此截溪立城,由是青溪半在城外。其在城中者,岁久堙塞,但城东北隅,迤逦至上元县治东南,上水闸以西一带,青溪遗迹或见或隐,桥亦不详所在。

《景定建康志》中关于青溪故道的记载有三条,第一条注明资料来源是引自《旧志》,《旧志》是南宋乾道年间(1165—1173)修的《乾道建康志》。第二条内容明显与《六朝事迹编类》相同,按其成书时间晚于《六朝事迹编类》,即使不是引自《六朝事迹编类》原文,也应是同一史源。第三条较前两条内容明显丰富,表述更加清晰,是景定年间修志时作者的认识。这些内容也反映了南宋人对青溪故道的认识过程:从最初的首尾两点,即城西北竹桥的入城口和城东上水闸的出城口,增加了一个上元县治东南,使青溪故道有了三个节点可循。

增加的上元县治东南这个节点,源于一次发现。南宋时,有人在上元县治后军营中掘出"湘宫寺"残碑,从而证明了湘宫寺位于南宋上元县治后军营附近[1]。关于湘宫寺,《建康实录》卷二、卷七许嵩注曰:

> 次南有青溪中桥,今湘宫寺门前巷东出度溪。
>
> 东面最南清明门,门三道,对今湘宫寺巷门,东出清溪港桥。

由此我们推断湘宫寺、青溪和建康都城城墙之间的相互位置关系,即湘宫寺位于建康都城清明门外,青溪之西。

此外,两宋上元县治的位置,尤其是南宋上元县治的位置,《舆地纪胜》和《景定建康志》上均有明确记载:

> 《寰宇记》:"光启三年,复置升州,徙县治于凤台山西。"今县治与城东门相近,距行宫一里。
>
> 《寰宇记》云:"国朝迁南唐司会府。"今府治之东、御前后军营是其地。建炎徙今治,在城东隅,距行宫才一里。

由上引可知南宋上元县治在建康府城东门附近,西距行宫仅"一里"许。南宋行宫即为护龙河环绕的南唐宫城,因宋高宗驻跸建康,遂以南唐宫城为行宫。文献及已有的研究成果基本上可以确定南宋行宫空间范围,因此我们也能根据行宫的位置来确定上元县治和湘宫寺的位置。既然湘宫寺在南宋行宫之东"一里"许,那么,湘宫寺东的青溪自然也在南宋行宫之东,且距离还要更远些。

《景定建康志》虽然没有记下这次发现,但其关于青溪故道的第三

---

[1] 至正《金陵新志》卷一一下《祠祀志二》,收入《宋元方志丛刊》第6册,中华书局,1990,第5705页,此条为转引《庆元建康志》。

条描述表明,作者还是充分吸收了此次发现所蕴含的信息,把上元县治作为青溪故道一个重要的参照点。《庆元建康志》原书虽已佚失,但赖至正《金陵新志》的转述,使我们现在仍然能获得这一重要信息。据《景定建康志》所载之《府城之图》,南宋行宫前有一条横贯建康府城东、西门之间的大街,南宋上元县治位于这条大街之北,行宫之东,与文字记录相合。这条大街至今依然是南京城区的东西主干道之一,即今白下路、建邺路一线。此外,南宋行宫东护龙河的具体位置,我们可以在清末绘制的《陆师学堂新测金陵省城全图》中直观地看到,升平桥下南北向的河道就是南唐宫城东护龙河,基本上位于广艺街与太平南路之间。因此可以推断,"距行宫才一里"的南宋上元县治,其位置大致在今白下路以北、长白街以西的南京市第三中学(原南京市第六中学)校园内。

通过对文献资料的梳理和辨析,可以确定青溪故道与南宋行宫之间至少有"一里"以上的距离,青溪故道与南唐宫城(南宋行宫)东护龙河没有重合的可能性,换言之,青溪的最西界不可能到达东护龙河的升平桥一带。

三、考古发现所见的青溪故道

就南京城市史而言,以往的水系研究很多是基于地质钻探资料展开的。地质钻探资料,在诸如长江、秦淮河的河道变迁等宏观问题上解决了很多重大的问题,然而,在历史时期因人类的活动而改变、随城市的发展而变动的河道研究中,地质钻探资料就显得有些力不从心了,考古发掘资料的意义就因此凸显了出来。但如何利用考古发现的遗迹现象来复原已经消失的河道,遗存性质的判断无疑是最关键的一环。

在南京市考古研究院近 20 年来的南京城市考古工作中,发现过数量众多的河道遗迹,有建造考究的砖砌水沟,更多的只是满是淤泥的河沟,每当遇到这样的情况,通常只是判断其为河道或水塘,很少再去做更深入的工作。"在城市考古中,如果对文献资料熟稔到一定程度,哪怕是淤泥,也可以成为我们复原城市遗址的'史料'"。这个建议为南京城市考古工作指明了方向,提出了更高的要求。

根据考古发现及最新的研究成果,六朝建康城台城的位置已基本确定,今六朝博物馆内展示的城墙遗迹和位于利济巷西侧长发大厦下发现的城墙、城濠遗迹,是六朝建康宫城东城墙上的两个节点,建康都城东侧的青溪,自然要在这两个节点连接线的更东,因此,六朝博物馆至长发大厦一线以东,杨吴南唐金陵城东墙之西,就是寻找青溪故道的重点区域。近10年来,尤其是2014年以来,南京市考古研究院在这一区域内的多个地点展开了考古调查和发掘,其中不少地点发现有河道遗迹。

在六朝建康宫城东墙(今六朝博物馆至利济巷一线)以东,杨吴金陵城濠(今龙蟠中路以西的南北向河道)以西的区域内,把发现河道遗迹的地点连成线,这应该就是青溪被杨吴南唐金陵城截入城内的部分,是本文所界定的建康城东侧青溪故道,其大致走向是:自竺桥处西南流进城后,在毗卢寺西、逸仙桥小学一带基本呈东北至西南流走,在钟岚里处南折,从东北方向流入李公祠北部,经荷花池东后,再向东南流去,形成一曲。再南下经城佐营、白下区国税局,流至今秦淮中河(白下路、建邺路一线),再东流至淮清桥入秦淮。青溪东流至秦淮河这一段,亦应为青溪之一曲,也是宋人所熟知的青溪旧迹,即上元县治东南至上水关一段,亦即今秦淮中河的东端部分。秦淮中河在宋代文献中被称作青溪,其得名之由来,一是其水源来自青溪,其二就是这段河道还是借用了青溪的一曲,即青溪东南流入秦淮的一段。

青溪,不只是六朝建康城东边城内、城外的分界线,它的流向也直接影响到了建康城的方位。城因水立,水随城变,通过文献资料和考古资料勾勒出的青溪河道的走向,为六朝建康城竖立了一处新的较为准确的坐标,也为今后南京城市考古工作和南京古代城市变迁研究的深入提供了有益的参考。

(作者单位:南京市考古研究院)

古邗沟与六合的关系初探

蔡明义

古邗沟是指公元前486年春秋时代,吴王夫差为争霸中原而开凿的沟通长江和淮河的人工河。该河是以吴国在古棠邑蜀冈所筑邗城为起点,故称邗沟。

中国古邗沟的出现有一个漫长的孕育形成和演变过程,这个与大禹治水、导淮入江、开凿禹王河及邗国的诞生有关。

大禹生活在4 000年前的夏代,是中国古代治水英雄。他根据山川地理情况,将天下分为九州,疏通九州河流。据《山海经·海内经》《史记·夏本纪》《吕氏春秋》等记载反映:长江以北的大多数河流都留下了大禹治水的痕迹。据卢海鸣博士研究,禹王河是由盱眙、天长经南京六合八百桥后入的江。采自安徽天长、江苏盱眙、高邮等县志而编辑的志书《棠志拾遗》中,具体描述了人工运河的开凿走向:"禹王河(一名古河)自盱眙圣人山下南流经古河堡、马坝,入天长界之铜城镇,又南经杨村西之夏家壩(壩西今有禹王河迹),又南经大河湾草湖(天长城西)、七里寺、十三里湾、福胜塘等处。又西南经清水桥东。(以上今称汊河)与西来之冶河合,转东南,经团山、金牛山西麓,又南经岳阳集、铁牛墩间,去八百桥里许止。其故道又南经新簧巷、横梁店(相传沿河村落今尚有厉家仓、钱家仓等名,为古代屯粮之所),木溪圩、王子庙、猴子铺等,又东南至方山下,至小河口入江。其别派,则由分水岭南经仪征胥浦桥至泗源沟入江……"

禹王河的开通不仅造福了禹王河流域和两岸的人民,还孕育了一个崛起的国家——古邗国,即"干国"。西周时期,迁徙到苏中地区的一批淮夷在古棠邑的蜀冈上建立起一个部落方国——邗国,其时的古棠邑蜀冈为长江北岸界地,南面临江,北有禹王河流域提供水源,适宜聚居。邗国的疆域当包括今江苏高邮、兴化、江都、泰州、姜堰、海安、扬州、邗江、仪征、六合、江浦及安徽的天长、全椒、滁州等地。邗国在春秋时代被吴王寿梦时期的吴国所灭,存在约400年时间。禹王河的开凿,不仅是我国导淮入江的最早历史,也孕育了邗国、邗城及邗沟。

既然禹王河是自北向南穿过古邗国,沿六合方山西麓流向小河口入江的人工河,最初是否就有"邗沟"的别称呢?而方山和横山、奶山之间的天然山洪沟亦称方山河,曲折西行至方山西麓后并入禹王河(《六合县水利志》注)当初是否也称"邗沟"?从历代《方氏家谱》"我祖雷敕封江苏六合方山,邗沟之东方600里"这一记录描写中说明:方山和邗沟之间,无论是历史年代和地理位置都和当年的现状有着惊人的相似之处。如果《方氏家谱》中所称的邗沟是公元前486年之前的,那么,流经六合方山西麓的古禹王河当初很可能就与古邗沟有关联了。

公元前494年,吴王夫差继位第二年,就打败了越国,后立志要跨过长江,挥师北上,争霸中原。公元前486年,吴王夫差在古棠邑国(治所在六合境内)界东的蜀冈筑城凿沟。因此,邗城便可成为吴国的临时都城和军事重镇,同时用它屯军储粮,成为北上争霸的桥头堡和前敌指挥部,并成为连接江南与中原的重要驿站。

吴王夫差对这个城址的选择是经过深思熟虑的。六合古称棠邑,早在公元前571年(周灵王元年)就见诸史籍,是南京的江北门户和屏障,吴头楚尾重镇,襟江控淮,九省通衢,为"水道之战场,舟师之要害",是历来兵家必争之地。春秋时代的棠邑城也是中国历史上最早建立城池的古城之一。吴王夫差决定在古棠邑(六合)界东的蜀冈筑城凿沟,西有古棠邑城抵御楚国的入侵,东临大海可控江淮入海口,南联长江可直达吴国腹地,右有邗沟,左有禹王河,上下进退自如,北上可直接争霸中原,是绝佳的战略要地。

需要指出的是,这次担任修筑邗城、邗沟的设计师和筑城凿沟大军的统帅,应是吴国军事家伍子胥。公元前528年,伍子胥及其兄伍尚受封于棠邑(六合),是棠邑百姓拥戴的"仁孝慈爱的父母官",后因受楚王迫害,在棠邑百姓的帮助下,帮助伍子胥成功出逃投奔吴国。为了帮助吴国实现称霸中原的大业,无论从当时的政治军事形势、山川战略地位,以及伍子胥对"故土"的眷念和对棠邑黎民百姓的感恩之情等综合考量,吴王夫差在古棠邑(六合)界东的蜀冈筑城凿沟的决定都是英明正确的。

周元王三年(前473),吴国灭亡,但吴王夫差筑邗城凿邗沟,挥下开挖大运河的"第一锹",客观上也为当时中国东部地区南北政治、经济、文化交流发挥了巨大的作用,对后来扬州的建城,乃至经济、文化、航运、交通的发展起了重大作用。

最早的邗城位置究竟在何方?这一直是学术界需要解开的谜。扬州学者韦明铧认为,据文献记载,邗城在蜀冈之上。可是蜀冈范围很大,从六合到江都一线都属于蜀冈。邗城究竟在哪里?目前学术界比较通行一种说法是在仪征、六合,因为在仪征、六合的丘陵地区曾发现过春秋时代的瓦片等人类活动的遗迹。但如果人们知道:建邗城时,只有古棠邑(即六合,比邗城早建85年)而没有广陵(即扬州,比邗城晚建167年),也没有舆县(即仪征,比邗城晚建380年)时,那么,邗城建在古棠邑的蜀岗东侧,古邗沟故道从棠邑出发,应是不争的地域空间概念。

(作者单位:南京市历史文化研究会)

诗情画意中的高淳古丹阳大泽

张永年

一、古丹阳大泽的来历

"湖与元气连,风波浩难止。天外贾客归,云间片帆起。龟游莲叶上,鸟宿芦花里。少女棹轻舟,歌声逐流水。"这是唐代著名诗人李白旅居与高淳区相邻的安徽省当涂县时所作的《姑孰十咏·丹阳湖》中所描绘的情景。宋代诗人郭祥正在《丹阳湖》中也写道"湖广际长天,永日微风止。菱歌一舟去,雪阵群鸥起。荷香迷近远,秋色莹表里。试问贺季真,何如镜湖水。"他们不仅描绘了古丹阳湖大泽的空阔,也写出了这个湖泊的生机、活力以及生活在这一带人民的风土人情。据高淳的古县志记载,宋徽宗因读李白这首诗,关注和了解了丹阳大泽,在当时宰相蔡京的建议下,下旨动员周边五县的民工,在将军张抗的带领下围垦了今天高淳区阳江镇的永丰圩。该圩总面积58.89平方公里,圩内耕地面积50 875亩,水域31600亩,这在当时,毫无疑问是一个巨大工程。

1997年,高淳区发现薛城遗址,被提名全国十大考古发现。文物部门考证,此遗址填补了长江中下游南岸西段江、浙、皖三省交会地带新石器时代考古的空白。这一交会地带主要就是古丹阳大泽区域,面积约在3 200平方公里以上,相当于现在四个高淳区行政区域的面积。

2007年前后,高淳区固城镇花山区域发现一处分化岩体上分布了许多石核。根据省地质部门鉴定,这是火山爆发时,岩浆在上升过程中遇冷空气凝成的物体。同样,在花山区域,还发现山体上有漩涡状的青石,也发现山体剖面上有岩石与泥沙沉积物多层叠压的痕迹。这表明,远古时代,高淳曾是火山爆发的活跃区域,该处曾几度在海平面以下,可以肯定的是高淳地区历史上就是一个以水为主的区域,那么古丹阳大泽的产生不难理解。

从地理位置上分析,古丹阳大泽是黄山山脉、茅山山脉、天目山山脉的部分山洪下泻形成的集聚区。迄今,高淳区依然是黄山山脉北坡水流经水阳江的洪水集蓄区,这就是高淳经常需要防汛的主要原因。古代,黄山山脉洪水通过水阳江和青弋江注入丹阳大泽,诗人李白《秋登宣城谢朓北楼》中说:"江城如画里,山晚望晴空。两水夹明镜,双桥落彩虹……"其中,"两水夹明镜"应该是指水阳江、青弋江和古丹阳大泽。由此,才发生他通过古丹阳大泽、经青弋江到达了安徽泾县桃花潭,留下了"桃花潭水深千尺,不及汪伦送我情"的名句和佳话。当时的古丹阳大泽还直抵宣城敬亭山下,宣城地方志载,李白曾七次到敬亭山,在《独坐敬亭山》中,他写道"众鸟高飞尽,孤云独去闲。相看两不厌,只有敬亭山。"这也说明了他对丹阳湖畔敬亭山的好感和推崇。

南宋诗人范成大《花山村舍》:"潦退滩滩露,沙虚岸岸颓。涧声穿竹去,云影过山来。柳菌粘枝住,桑花共叶开。庵庐少来往,门巷湿苍苔。"他形象生动地描绘了居住在湖滨农家富有诗意的田园生活。

二、一泽化三湖,沧海变桑田的成因

高淳区全国第七批重点文保单位薛城遗址的生成年代经文物部门考证距今 5 800 年至 6 300 年之间。在遗址发掘过程中,发现了含有芦苇和水稻的植硅石,并见灶壁红土中嵌有稻壳的痕迹。这证明早在 6 000 年之前,高淳地区的先民就已经掌握了水稻种植的技术,而充裕的食物保障是人类繁衍生存的基本需求,水稻的种植推广应该是古丹阳湖大泽区域围湖造田的有力推手。据史料记载,最早围垦古丹阳大泽的是春秋战国时代的吴王余祭,公元前 541 年,为抵御楚国并发展势力,他在高淳修筑古固城,设地方政权濑渚邑,还组织围垦了今天高淳区砖墙镇的相国圩,圩面积 30.11 平方公里,圩田 4.8 万亩。这也是迄今为止在那个年代可以查到的被围垦最大的圩。高淳的古志书记载："吴筑固城，为濑渚邑，因筑是圩附于城，为吴之沃土。后吴丞相钟有宠于君，因以是圩赐之，故名。"自筑古固城后，高淳成为吴楚争霸的重要战场，也因此给了高淳地方深厚的文化记忆。有无名氏诗："战血淋漓洒固城，子胥当日复陵平。千年雪耻应无恨，何用涛声作怨声。"明代高淳地方名士韩无疾有诗："清和湖上渡，不渡几经秋。藻荇恬阴浪，菰芦夺险流。城墟楚庙在，地僻汉碑留。一抹遥山翠，烟岚望里收。"邢继鲲有诗："湖天一望水汤汤，白骨偶然古战场。若使平陵终楚灭，谁知濑渚是吴疆。英风千载波成岳，剑血三秋树染霜。底事看来浑梦里，漫移小艇问壶浆。"这些诗，都对那一段历史作了点评和记载。自此之后，伴随着洪水带来的泥沙淤结，围垦古丹阳大泽的工作就从来没有停止过。有记载，三国时，吴派大将丁奉围垦了与高淳区水阳江一河之隔的宣州区金宝圩，面积达12万亩。高淳区淳溪街道的太安圩等也是在那时修筑的。有资料显示，宋时，沿湖就有圩上千口，其中当涂县就有472处，高淳现在仍有记载的还有320多处。唐代前后，古丹阳大泽逐渐演变为石臼湖、固城湖和丹阳湖。一个在高淳的北边，一个在高淳的南边，一个在高淳的西边，这就是古丹阳大泽"一泽化三湖"的来历。三湖如三位绝代佳人引来历史上无数文人墨客对它们不吝笔墨地尽情赞美，诗人们将自己的不同心境与湖景一体描绘，让人感慨万千。现将部分摘录如下。

南朝齐宣城太守谢朓《望三湖》：

积水照赪霞，高台望归翼。
平原周远近，连汀见纤直。
葳蕤向春秀，芸黄共秋色。
薄暮伤哉人，婵娟复何极。

元代陶安有诗：

三泽茫茫一碧连，白蘋风起棹歌传。
树头烟浪浮沉日，水底星河上下天。
苇长新沙留雁梦，草腥断碛湿蛟涎。
何当结屋琼瑶窟，买取临堤二顷田。

宋时岳飞的孙子岳珂有《晓过固城湖》诗：
>放船快度固城湖，十幅轻帆日未晡。
>东望金陵千嶂远，南浮银坝万舻趋。
>歌声随地参吴越，沮泽经春畏稂蒲。
>却认棠矶寻钓艇，只怜无影浸康庐。

明代高淳县令顿锐有《固城烟雨》诗：
>暗云寒雨晚冥冥，湖上春阴失远灯。
>浩渺拍堤孤浪白，微茫隔岸数峰青。
>别船渔火遥堪望，何处鸣榔近渐听。
>疑是洞庭秋色里，欲将瑶瑟吊湘灵。

明代夏辑《石臼湖歌》：
>一叶扁舟百里湖，烟波深处想婆娑。
>轻风短棹斜阳外，几曲沧浪自在歌。

刘锡庆有《秋夜泛丹阳湖》有句云：
>此时载月入中流，天空水阔舟逾小。
>波澜以外彻无垠，仿佛佳人来窈窕。

三、由水而生的高淳地域人文和产业

浩渺的古丹阳大泽，给予了高淳水的灵秀，成就了高淳成为鱼米之乡，古高淳志书上，高淳人就自豪地记载和评价"三湖汪洋澎湃，水势常胜于山势，所以人才秀发，家室殷阜，尤乐崇信义。亦地灵有以致之与？"因水也使高淳有了能陶冶人情操的恬静之美，可以说水是高淳生态的灵魂。水不仅为高淳地域发展提供了良好的生态禀赋，高淳人自古以来以水为生，它也深刻影响了高淳的人文。

有史料记载，自北宋苏州知府苏东坡和当时的水利专家宜兴人单锷提出为保护苏锡常免徽宣洪水之苦在高淳境内胥河上筑坝以来，历代就这个问题争议不断。明太祖朱元璋定都南京后，他为使苏浙漕运由胥河经固城湖、石臼湖，再由秦淮河入金陵避开长江风险和减少路程，在谋士建议下决定疏浚胥河。史料记载，共征调民夫 35.9 万人，石匠 4 900 多人,疏浚胥河 13.3 公里,并于公元 1392 年在胥河上建坝设广通镇,建石闸启闭,以定舟楫,并设坝官及税课局、批验盐引所、巡检司等衙门,古镇东坝由此兴盛。

古高淳志书又记载:"丹阳、固城、石臼三湖之滨,民多筑圩成田,地本洼下,国初于广通镇置闸以时启闭泄水,田皆有收。永乐元年(1403),因苏、常水患,改闸为坝,水犹东注,不为田害者,坝不甚高也。至正德七年(1512),又因苏、常人民奏准,(东坝)加高三丈,设以万禁,于是涓滴不泄,湖水汎溢,圩埂崩圮,田成巨浸矣。"据史料记载,当时,高淳沉田 10 万余亩,其中固城湖被淹 60 个圩,石臼湖被淹 14 个圩,丹阳湖被淹 6 个圩。迄今,固城湖、石臼湖枯水季节还能清晰地看到当时的圩堤痕迹。20 世纪 70 年代,高淳区和溧水区以及安徽宣城、当涂等地围垦三湖,高淳区围垦石臼湖 60 平方公里,围垦固城湖 50 平方公里。丹阳湖 134.52 平方公里被安徽宣城和当涂等地全部围垦殆尽,仅留下一条运粮河。南宋田园诗人范成大年轻时在高淳成亲并在这居住了 10 年,他在高淳也留下了大量诗作,其中有一首关于高淳防汛的诗篇:"崩涛裂岸四三年,落日寒烟正渺然。空腹荷锄那办此,人功未至不关天。"这生动地描绘了高淳的水情以及高淳百姓为保家园辛苦劳作。南宋时汛情对高淳的影响就如此,可以想象,明代正德七年后(1512),高淳防汛抗洪的压力有多大。

高淳区作为皖南山区洪水下泄的走廊和蓄水区,使得高淳老百姓世代必须为了生存与水抗争。为保家国,一代代高淳百姓在冬春季节挑土筑圩已成为自觉行为和农时习俗,也锻就了高淳人不怕吃苦、勤劳和与大自然拼搏和抗争的基本人文素养。

为了保证苏、锡、常不受皖南山水威胁,高淳人舍小家为大家,体现出了奉献的淳朴品质。高淳志书记载,自明代正德七年(1512)加高东坝后,40 年时间内,高淳人口从 1502 年的 67 463 人降到 1542 年仅存 8 153 人。一直到 20 世纪 80 年代,高淳人还以"我挡三江水,确保苏锡常"的牺牲精神奋争抗洪,令人感叹。光绪年间,湖北人张裕钊在为《高淳县志》作序中说:"余走四方所至,奇邪巧诈蜂出,不可究殚。外侮内忧,机牙潜伏,有识之士,以为隐忧。呜呼!安得率土之内,民风之懿,皆如斯邑哉!"高淳人这种有大局意识的牺牲精神还体现在淳朴上,南宋时期在固城湖畔发现的国家一级文物"校官之碑"上记载,西汉末年,高淳区域在县令潘乾的治理下,"狱无吁嗟之冤,野无叩匈之结,矜孤颐老,表孝贞节,重义轻利……惟泮宫之教,反失俗之礼,构修学宫,宗懿昭德。"康熙初年,著名诗人、清朝刑部尚书王世祯送其门生李斯佺来高淳任县令时为他赠诗:"县庭临石臼,风俗至今淳。凫雁成墟市,菰蒲杂吏人。花时闲卧阁,鱼舍晓班春。为访诗人宅,柴门满白蘋。"这首诗生动地描写了一个优美、恬静的水乡,并写出了对高淳民风的评价。

高淳人在和自然的抗争中,也形成和体现出了高淳人团结、互助的品格,重点表现在抗洪和筑圩上,众志成城,舍小家为大家,而且还形成了不许在圩堤上栽树,不许在圩堤下运土、建房的规定。

生态环境铸就了高淳人团结、勤劳、拼搏、淳朴的传统人文素养,这也是20世纪80年代开始,高淳人在开展家庭联产承包责任制、温饱问题基本解决后,迅速在水产、水运、建筑上形成产业和优势的重要原因。水运业上我们有连续28年蝉联南京市综合实力百强村第一名的武家嘴村,村支书武继军同志当选了三届全国人大代表。水产业上成功涌现了固城湖螃蟹品牌和全国示范社青松水产专业合作社,理事长邢青松也成为新一届全国人大代表。直到今天,高淳区依赖传统人文精神形成的三大传统产业对高淳农民可支配收入的贡献率依然超过50%。高淳这一方水土深深影响着这一地区的发展,这也是高淳人长期以来为什么致力生态文明建设的重要原因。充满活力,富有朝气和具有良好发展前景的高淳和高淳人一定能在今后为践行习总书记的"两山理论",提供更好的生动样板。

(作者单位:南京古都学会)

伯渎河与江南农耕文明

陈振康

一、伯渎河

被列入《世界遗产名录》的中国大运河，是中国古代劳动人民创造的一项伟大的水利工程。大运河无锡段是大运河的重要组成部分。无锡城区干流段北起无锡吴桥，经西水墩、南门、南至清名桥，长约6公里。南长桥至清名桥长1 500米的运河，是京杭大运河中最精彩的一段，清华大学教授吴良镛赞其是"国内绝无仅有的文化建筑遗产"。

清名桥是这精华段的最佳景点，桥上四望，古街、古弄、古桥、古港、古庙、古窑、古驿馆等众多历史人文景观荟萃集聚。而令人瞩目的是，清名桥是中国大运河的一个重要的节点。大运河经清名桥后向苏州望亭南流；大运河在清名桥又分出了一条重要的支流，就是著名古伯渎河（原名"泰伯渎"），或者也可以说，大运河在清名桥与有3 000多年历史的古伯渎河相汇合。

伯渎河西起清名桥，向东流经江溪、梅村、鸿山至苏州相城区的漕湖，全长25公里。伯渎河属中国大运河系。

据历史文献记载，伯渎河开挖于公元前1 000年前后，是由当年勾吴国君主泰伯（一作"太伯"）带领当地老百姓所开挖。因此伯渎河是中国大运河最早开挖的一段。

二、伯渎河的考古佐证

1. 无锡梅里遗址考古学术研讨成果新发现

2018 年 8 月,由无锡市文化遗产保护和考古研究所配合梅里古镇二期基建进行了考古勘探,发现了无锡梅里遗址。

无锡梅里遗址位于无锡市新吴区梅村街道,面积大约 6 万平方米,主要分布在泰伯庙东、新友路西的伯渎河两岸。至 2019 年 4 月经全面勘探、试掘和两次正式发掘,梅里遗址的考古工作取得了丰富的成果。2019 年 7 月 20 日,无锡市新吴区委宣传部和梅村街道联合组织了无锡梅里遗址考古学术研讨会。来自中国社会科学院考古研究所、江苏省考古研究所、中国科学院南京地理与湖泊研究所、上海博物馆、南京大学、西北大学、河南大学、苏州市考古研究所、镇江博物馆、无锡市文化遗产保护和考古研究所以及江苏省文物局的专家,考察了考古发掘现场,观摩了出土遗物,听取了考古成果汇报。专家们经过充分讨论,形成了一致的意见。2019 年 7 月 20 日,无锡市新吴区委宣传部和梅村街道又联合组织了"无锡梅里遗址考古学术研讨成果新闻发布会"。会上发布了《无锡梅里遗址考古学术研讨会专家意见》。意见指出:

(1)专家们确定了无锡梅里遗址的年代。专家意见认为"无锡梅里遗址是太湖东岸一处重要的商周时期遗址","出土了大量马桥文化风格和西周至春秋时期的遗物"。

(2)专家们又指明了无锡梅里遗址考古学术研讨成果的亮点是"无锡梅里遗址内涵丰富,尤其是包括了典型的周文化因素"。并直指,"古代文献中有诸多有关商周之际'泰伯奔吴''泰伯居梅里'的记载,梅里古镇区域首次发现的以商周时代遗存为主要内涵的梅里遗址正处于这一时代范围内"。

(3)专家们又特别地提到伯渎河,指出首次发现了分布于伯渎河两岸的商周时期的遗存,面积达 6 万平方米以上,经碳 14 年代测定,遗址最早年代距今约 3 500 年,历经西周、春秋至明清时期。

泰伯奔梅里的考古实证,是对泰伯开挖伯渎河有力的支撑。

2. "中国运河第一撬"研讨会

由无锡梅里遗址考古学术研讨成果新发现支撑，无锡市吴文化研究会于 2019 年 12 月 28 日，组织相关专家举办"中国运河第一撬"研讨会，对伯渎河为"中国运河第一撬"课题加以研讨论证。到会的有中国水利史学会、中国先秦史学会、中国科学院南京地理与湖泊研究所、中国社会科学院考古研究所、江苏省文管办、河海大学、江南大学、苏州科技大学、江苏省社科院、江苏省地方志办公室、江苏省考古研究所、苏州市考古研究所、镇江博物馆、扬州市文物考古研究所等全国学会、高校和科研单位的相关专家。无锡本地的相关的吴文化及运河文化专家也参加了研究会。

与会专家们现场考察了泰伯庙、泰伯墓、伯渎河相关水系和考古发掘现场，组织了研讨会，相互交流发言，热烈讨论，取得了一致的共识。专家们签名作了《"中国运河第一撬"研讨会专家意见》，一致认为：

（1）大运河无锡段是大运河的重要组成部分，无锡城区干流段北起无锡吴桥，经西水墩、南门，南至清名桥，长约 6 公里。在清名桥位于南门外的古运河与伯渎港交会处，有一支流，名为伯渎河，也应纳入中国大运河系统。

（2）据（东）汉（桓帝）永兴二年(154)的《泰伯墓碑记》等史料记载，伯渎河是泰伯在 3 000 多年前所开挖的人工运河。它西起清名桥，向东流经江溪、梅村、鸿山至苏州相城区的漕湖，全长 25 公里。

（3）2018 年 8 月，江苏省文物局委托无锡市文化遗产保护和考古研究所在泰伯庙前的伯渎河两岸施工区域进行了考古勘探，首次发现了分布于伯渎河两岸的商周时期的遗存，面积达 6 万平方米以上，经碳十四年代测定，遗址最早年代距今约 3 500 年，历经西周、春秋至明清时期。经过解剖相关遗迹和伯渎河的关系以及根据出土遗物判断：伯渎河属于人工运河，开凿年代应晚于 3 500 年，但商代晚期可能已经开始被利用。

（4）无锡梅里遗址考古成果新发现为关于泰伯奔无锡梅里和泰伯开挖泰伯渎的文献记载提供了有利的学术支撑，从某种意义上可以称伯渎河为"中国运河第一撬"。

要指出的是在《新唐书·地理志》中有记载:"无锡:望南五里有泰伯渎,东连蠡湖,亦元和八年孟简所开。"这里认为泰伯渎为孟简所开。而北宋《太平寰宇记》、南宋《咸淳毗陵志》等历史文献都指出泰伯渎"孟简尝浚导",也就是孟简对泰伯渎是做了疏通开导。这两种观点曾为历史谜团,而这两个历史之谜在这次考古得到了解决:既然承认伯渎河是开凿的,那么必定在河边有堆放挖出的土方,只要考证土方下叠压的年代层就可以确定开凿的年代。考古表明"首次发现了分布于伯渎河两岸的商周时期的遗存,面积达 6 万平方米以上,经碳 14 年代测定,遗址最早年代距今约 3 500 年"。"商周时期的遗存",这清楚地表明泰伯渎为泰伯所开的历史记载和考古发掘的遗存年代吻合,因此伯渎河确由泰伯带领开凿。

历史文献的确实记载,当代考古的科学证实,泰伯开掘泰伯渎确实无疑。

中国大运河的历史年代,传统都以夫差(泰伯第 22 代)公元前 486 年开挖邗沟年代为始,而今已确证泰伯开挖于公元前 1110 年左右的伯渎河,远早于夫差开通的邗沟的年代,因此应该是中国大运河的最早的一段,泰伯开凿了中国大运河的第一撬。历史事实表明,中国大运河应该以泰伯开凿伯渎河为始,时间要向前推进 600 年。

三、伯渎河开创了江南的农耕文明

1. 伯渎河系是农业灌溉的水利工程

大约 4 000 多年前,江南地区是河塘沼泽遍布,水多陆少。当时无锡周围,就梅里一带陆地较多,但也还是河沼密集,浜泾杂布。梅村地区有:秦泾(秦塘泾)、香泾、小茆泾(啸傲泾)、新泾、马夫浜、冶坊浜、金鸡浜等。这样的自然环境,当地的荆蛮人是以渔猎和农耕为生。考古表明,当年吴地已种植水稻,但洪涝干旱不断,生产力水平较低,社会文明同中原有着很大的差距。

泰伯所在的周部落,在中原有丰富的农耕经验,泰伯的南迁带来了中原的文明和先进的技术,以他在中原时积累的农业水利技术和经验,带领吴地人民发展农业生产。泰伯开泾凿渎,兴修水利。在梅里开挖了"一渎九泾"。"一渎"即为泰伯渎(又称太伯渎、伯渎河、伯渎港,也简称伯渎),"九泾"是:龙泾、香泾、洋泾、梅泾(梅村地段)、跨长泾、鸭沙泾、毛家泾、啸傲泾(鸿声境内)、界泾(荡口境内),泾渎的开凿,使之成为伯渎河二侧的多条支河。这些支河将分散的小泾浜再沟通,组成了一个完整的水利排灌系统。

在这个系统中,伯渎河是主干河道,向东贯穿现今江溪、梅村和鸿山地区;向西通向太湖。由伯渎河系的疏流沼泽,一是整理湖荡,形成了大片可以耕种的良田;二是水系具有抗洪排涝、灌溉农田的功能,有力地发展了以梅村为中心的勾吴国的农业生产。泰伯又将当时中原较为先进的耕种、制陶、冶炼等技术引进江南,"数年之间,民人殷富"。

伯渎河系不仅使以梅村为中心的地段的民众受益,还施益于与伯渎河系相关的地区。如:江溪段的伯渎河分支河道(浜)纵横密布,至今仍然在发挥作用的河道(部分)有江溪河、玛桥浜、高阡桥浜、兴隆河、寺前浜等等。

伯渎河系形成了以梅村为中心的周围大片地域四通八达的灌溉、排洪网络,发展了农业生产,改善了当地人民的生活。

2. 伯渎河是古江南重要的水利通道

大运河江南段即江南河,又名漕河,原本是秦代在春秋吴国故渠基础上开凿的人工运河,六朝时为漕河。隋大业六年(610)重浚,定名江南运河。北起京口(今江苏镇江市),东南经丹徒、丹阳、常州、无锡、苏州,绕太湖之东,直达余杭(今浙江杭州市),全长八百多里。唐以后屡经修治,遂演变成今江南运河。

江南运河的开凿历史,追溯于春秋时代,吴国开通了从今江苏到长江的运河,东汉《越绝书》上把这条运河称之为"吴古故水道"。该书卷二《吴地传》记述:"吴古故水道,出平门,上郭池,入渎,出巢湖,上历地,过梅亭,入杨湖,出渔浦,入大江,奏广陵。"此古水道即从苏州的北门起,向西北穿过漕湖,经泰伯渎,再经阳湖北行,入古芙蓉湖,然后由利港入于长江,以达于扬州。

这是一条十分重要的航运通道。吴古故水道是以伯渎河为基础向两侧湖区延伸而成的江南水上航运通道,是最早的"古江南河"。《史记·河渠书》记载:"于吴,则通渠三江、五湖……此渠皆可行舟。"

在此可见,伯渎河的功能已由农田排灌和农业运输为主,上升到了作为区域航运的、名副其实的"运河"功能。伯渎河孕育了吴地的物质文明和精神文明,泰伯为江南的经济文明创立了不可磨灭的盖世功绩。

3. 伯渎河的重要军事功能

有证据表明,最迟在吴王寿梦时期(前620—前561),勾吴国已开挖了吴古故水道。1930年,我国著名学者罗振玉先生曾收集到一件春秋时的青铜器"冉(rǎn)钲"。"冉"即吴王寿梦名,"钲"是中国一种古乐器,用铜做的,形似钟而狭长,有长柄可执,口向上以物击之而鸣,在行军时敲打以指挥军队。"冉钲"上有弥足珍贵的铭文,记载了吴王梦寿时期,寿梦用该"冉钲"指挥吴水军船只,前进巡游于江淮各水系,协调两岸步兵作战,讨伐过巢国、徐国,其兵锋所指曾到达宋国东北的孟渚(今河南商丘市东北)。

吴古故水道完成于吴王夫差期间(前473—前485)。

公元前494年,吴王夫差在伍子胥的谋略下,发精兵与越国争战,在夫椒(今无锡太湖马山一带)打败越国。后吴王夫差以北上争霸为国策,出兵中原,攻鲁伐齐,挥师劲旅,在黄池会盟诸侯,与晋国争盟主之位。《左传》记载:公元前486年夫差建了"邗"城,就是今天扬州城的前身。又开挖了沟通江、淮的"邗沟",成为打通北上的要道。邗沟是后来的隋唐大运河的前身。

由此,吴古故水道就成了吴国北进的重要通道。由吴地出兵,经吴古故水道直达长江边,过江到扬州,顺邗沟,通江、淮,兵锋北方诸侯。

伯渎河作为江南运河的主干道,直到隋炀帝开挖隋唐大运河,对江南运河的苏南段,对吴古故水道,局部裁弯取直、舍远就近。其中从无锡南门外今清名桥一直向南,经今望亭直达苏州,不再从清名桥之南折而向东,经伯渎河,穿漕湖,到达今苏州平门。伯渎河就成了大运河的支流。

四、伯渎河的新生

近代,伯渎河和它的河系支流的运输功能逐渐消失或退化,但仍发挥着泄洪排涝的功能。可是因为种种原因,在一段时期里,伯渎河并未得到应有的重视。

进入新世纪,特别是党的十八大以来,在保护、开发中国大运河工程的带动下,无锡市新吴区党委和政府对伯渎河的整治高度重视,进行了规划、治理和开发。

2014年伯渎港综合整治工程正式启动,工程主要对伯渎河及其主要支流江溪港、旺庄港、张塘河等河道进行了综合整治,整治总长约36.6公里。整个工程于2018年完工。

工程在一定程度上恢复了伯渎港的生态。2019年伯渎河水质实现了稳定达标。工程还进行了一些规模化的河道生态修复工程,如投资3 000万元的荡东片区水生态修复示范工程,对伯渎港入漕湖片区河网水质整体改善起到了一定作用。

伯渎港综合整治,打造成新吴区人文生态发展轴。

2019年8月16日,无锡高新区(新吴区)举行第二批重点建设项目集中开工暨伯渎河重点片区建设启动仪式。重点建设项目其一就是伯渎河生态环境治理项目(65公顷),项目在2020年完成建设。

伯渎河生态环境治理项目(65公顷)以"梦回伯渎,七里画廊"的主题,总体景观上将以风情岛屿、休闲水泽为两大主题,北岸为简洁现代风格的仪式景观,南岸以自然的蜿蜒浮道为主,打造丰富多彩、移步换景的运河滨水景观,形成集休闲、运动、商业、文旅多重功能为一体的综合片区。

古老的历史,浓郁的文化,清澈的河水,美丽的岸景,伯渎河将以无限的新风光,展示在世人面前。

(作者单位:无锡市吴文化研究会)

无锡城市与江南运河之缘

徐道清

无锡是一个典型的江南运河城市。锡城因运而生、因运而兴,运河也因城而变、因城而盛。无锡城市与江南运河相生相伴,有着深厚的不解之缘。

一、江南运河通运,孕育锡城诞生

公元前495年,吴王夫差开挖江南运河,从苏州胥门过望亭,来到无锡。首先同古江南河"泰伯渎"相交,然后继续向北,穿过由惠山东向余脉形成的岗地进入芙蓉湖,在入湖口附近即同古梁溪河相遇,形成了无锡以运河为纵轴,泰伯渎向东,梁溪河向西的古老河网骨架,出现了南北二个河道节点。由于泰伯渎通达吴古都梅里,地域经济社会经600余年的发展,已具有相当水平,因此南节点很早就成了水运交通的枢纽,很多商贾、船户、力夫聚集于此,形成了无锡最早的商业集市。随后无锡和太湖地区的交往日益增多,而梁溪河正是太湖沿岸地区通向无锡,通向运河的主要通道,所以在梁溪河和运河相遇的北节点也相机出现了集市。由于这里交通便捷,地势较高,适合人们居住、活动,人口很快增长,建筑渐兴,逐步形成了集镇。

西汉高祖五年(前202),朝廷调整政区,开始增设无锡县,就在这个人口较为集中的集镇上建起了县邑,成为无锡最早的县城所在地,无锡古城就此诞生。历代无锡县衙的位置也基本上都在今人民桥(西门桥)东,人民路和健康路附近。县衙前面就是锡城古老的东、西大街,这东西二大街是旧时无锡城里最古老、最热闹的古街,它西到梁溪河,东到古运河,是老县城里的东西干道,街上一些古老的商店、住宅和老街风貌是无锡古城的重要遗迹(20世纪末在城市改造建设中已全部拆毁湮没)。南宋咸淳年间的《重修毗陵志》对无锡古城位置的记载:"无锡城在运河西,梁溪东",就是说的这个地方。此时的江南运河在古城邑东侧"傍城而过"。

二、运河航运繁荣,推进锡城扩展

随着运河水运事业的发展,无锡人口增长很快,城厢的范围也逐步扩大。东晋、南北朝时期城厢主要是向南发展,开始有一些名人在此建设私宅大院及庙宇等公共建筑。隋大业年间建造了东大街东端的利津桥(大市桥)等跨运河的桥梁,城镇建设开始向运河以东推进。唐代经济繁荣,水运发达,河东的建筑大量增加。宋代又建设了很多如学宫、税务等文化和行政建筑。唐宋时期城邑向东向南扩展,运河东侧出现了大量民居院落和商业建筑,至此锡城形制基本成型。同时,在城邑南面的运河两侧,民居商街也很快发展,并同泰伯渎集市相接。

在城邑北面,因战国时期黄歇实施了运河穿芙蓉湖段渠化改造和"治无锡湖、立无锡塘"工程,运河两侧形成了圩地,经唐宋二代的建设,也出现了城镇的雏形。由此,无锡城邑初建时,由古城邑东侧流过的运河成了无锡全城的中心河道,使原为"傍城而过"的运河(城在运河西侧),呈现了"穿城而过"的态势(城在运河两侧),运河城内段也因此称为"城中直河"。

三、依托城中运河,构建江南水城

在无锡城邑的发展中,建设者们按照当时的地理环境和经济发展要求,为满足居民生活和交通需要,以运河为主线,在运河的两侧开挖了多条小河小浜,组成了别具一格、特色鲜明的城内河网水系,把无锡城厢建成了一个极为典型、面积2.5平方公里的"龟背形江南水城"。

这个城市水系以运河为界,分为东西二片。西片又分南北二个小环,北环由运河(直河)、留郎河(西里城河北段)和胡桥河组成一个三角形环河,其间在胡桥河以北还有斥渎(西河头)贯通运河,胡桥河南有围绕无锡县治四周一圈的玉带河(由胡桥河、留郎河、州桥河和营河围成)。南环则由运河(直河)、后西溪(水獭河)、西里城河南段和束带河组成一个方形环河,中间还有向西沟通西里城河的一条东西向河浜前西溪,束带河还可向西通西水关接梁溪河。东片由直河(运河)、东里城河和东西向的九条河道河浜组成一个弓形环河,以直河为"弦",东里城河为"弓",则东西向河道犹如九支待发的利箭,故被称作"箭河"(其中三箭河、六箭河可贯通直河和东里城河,其他都通东里城河)。

全城河网呈现了"一弓九箭""玉带""束带"的神奇态势。另在东西里城河上还设置了四个水关门与外界河道沟通(明代建城墙时即建有直河上的南、北二个和束带河上的西水关门,民国13年增开了八箭河口的东水关门),组成了一个城内外引排自如,航运畅通的水系。当时锡城到处可见小桥流水人家、岸边垂柳翠绿、河中船橹吱呀的宁静幽雅、引人入胜的水城美景。

四、城河运河互济,保障航运通顺

城厢的扩展,经济的繁荣,使运河航运更为繁忙,特别是城中直河,平时是城厢河道的主干通道,既有大量的外地过境船只,还要承担城内商铺居民生产生活用船的通行,是城内河网运输的中枢。但如遇到天旱,河水位下降,往往会造成城中直河的拥堵,甚至断航。遇此困境时城内河网则可分散船只,疏通航道。特殊情况还需用城内河网"引水济运",以助通航。据《无锡县志》和《太湖备考》记载:"八年大旱,运河涸,知县焦千之以梁溪水灌而通之。"这里记述了无锡运河水利上的一个重要史实:宋熙宁八年(1075),江淮大旱,运河枯涸,无锡城中直河船泊拥塞,无法通行,无锡知县焦千之采用单锷"取梁溪之水以灌运河"的建议,亲自率领百姓到束带河上的将军堰,架设了42部龙骨水车,从梁溪河中戽水由束带河灌入运河,经过5个昼夜的苦战,运河水位上升,恢

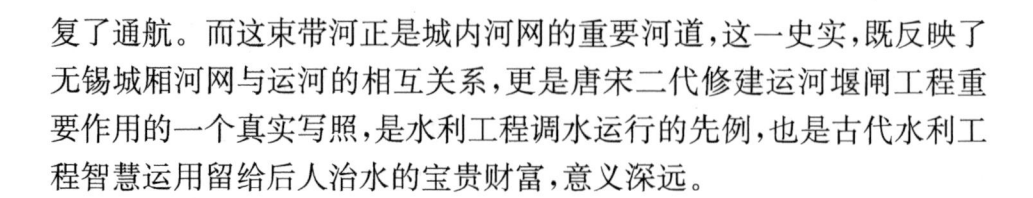

复了通航。而这束带河正是城内河网的重要河道,这一史实,既反映了无锡城厢河网与运河的相互关系,更是唐宋二代修建运河堰闸工程重要作用的一个真实写照,是水利工程调水运行的先例,也是古代水利工程智慧运用留给后人治水的宝贵财富,意义深远。

五、无锡筑城抗倭,运河首次改道

明代嘉靖三十三年(1554),江南运河无锡段因抗倭筑城而发生了重大变迁。当时倭寇入侵江南,而无锡的城墙还是以土墙为主,且已严重坍塌损毁,难以抵御倭寇进犯。无锡人民在知县王其勤的带领下,突击筑城,只用了70天,抢在倭寇直逼无锡城前就修筑起了一座周长18里,高2丈1尺的砖石城墙,并设置了四个城门和三个水关,挡住了倭贼入城。同时他还动员全城百姓,组织义勇兵,奋力守城30多天。最后王其勤抓住机遇,兴奇兵出西水关,在西门永定桥附近,突袭倭寇阵地,击毙了倭寇大头目"四大王",迫使倭寇当夜就全部逃离了无锡,取得了无锡抗倭之战的胜利。

无锡修筑城墙后,由于城中直河南北二端修筑了水关门,使城中直河的航运能力受到限制,不再适合通行较大的船只。因此,无锡段大运河漕运主航道就改由城东羊腰湾的外城河通过,城中直河则仅用于城市的生产、生活运输。这一改道使运河通过无锡由"穿城而过"变为"绕城而过"(城在运河西侧)。之后为提高锡城运河的通过能力,适应漕运事业的发展,明末清初,又逐步整理拓疏了王其勤抗倭筑城时取土拓挖的城西护城河,作为通行驿舟、快船、民船的运河航道,使无锡运河又变为"抱城而过"的形态,呈现了"千里运河,独此一环"的壮美景象。

六、锡城提升发展,运河再次改道

随着无锡城市格局的提升、经济社会的发展加快,对水运需求快速增长,同时为保护城北圩区防汛安全,增强向太湖排水的要求也更为迫切。但城区运河的规模既不能适应,又难以扩大,成为无锡城市发展的瓶颈。

到中华人民共和国成立后,这种情况更为严重,故于1958年就开始实施无锡大运河再次绕过主城区的改道工程,新的运河从黄埠墩西侧向南转弯,在锡山东麓再转向东南,穿过梁溪河,到外下甸桥接上南门外古运河。工程开工后不久,因国民经济调整而停工,直至60年代初期重新开工。1965年按老六级航道标准开通了梁溪河至外下甸桥段新运河,羊腰湾段运河仍然保持正常航行。1976年按老四级航道标准开挖梁溪河以北段,于1983年竣工通航,并继续实施梁溪河以南段运河的扩建工程(水下开挖,不断航),由老六级航道扩建成老四级航道,至1988年完工。

至此无锡大运河改道工程全面完成。从此,京杭运河通过无锡城又呈新的更大规模的"大绕城而过"形态(城在运河东面),大大提高了大运河无锡段的通航和行水能力。

七、运河丰厚底蕴,奠定文化名城

无锡是江南运河诞生地,三千年运河史迹积淀的丰厚历史文化底蕴,奠定了无锡历史文化名城的基础。在无锡城区大运河的变迁中,虽有古老城中直河已于20世纪50年代在城市建设中被填塞破坏的遗憾,但古运河的整体河线仍得以保存、保护。绕城新大运河开通后,原有东西二段运河古道分别改称为老运河和古运河,但新老运河南北二个交界点之间的城区老运河统称古运河。无锡古运河不但拥有千里运河沿线共有的古镇、古村、水乡物产、地方工艺、文艺等特点,更具有最显独特性的三大特征:一是地理形态特征"南河北湖中一环"(即城南有平直的古河道、城北有运河穿湖的古芙蓉湖遗址、中部有环城古运河);二是风貌文化特征"运河绝版'水弄堂',千里运河'独一环',运河穿湖'蓉湖迹'";三是经济行业特征"伯渎河边'古商街',绕城崛起'工商城',浩渺蓉湖'米市兴'"。这些正是无锡古运河在千里运河沿线城市中独一无二的显著特色。

为切实保护运河遗产,1983年无锡市人大代表就提出了保护古运河的提案,市政府颁发了《古运河保护管理办法》;2003年古运河实施了断航管理,避免了古运河沿线在大规模快速度的城市建设中再遭更大破坏;2006年启动了古运河"申遗",开展古运河文化遗存的发掘和修复工作;2007年建立了运东防洪控制工程,地势低洼的古运河沿线文化遗存避免了淹水破坏的危险,并为古运河水质改善和保护提供了有利条件。在无锡城区11公里的古运河上,保存和可发掘的文化遗产众多,如黄埠墩、古塘岸、三里桥、接官亭、西水墩、中国民族工商业博物馆、茂新面粉厂遗址、莲蓉桥(莲蓉闸旧址)、钱丝两业公所、亮坝桥(亮坝旧址)、工运桥(无锡工人运动发生地)、北仓门蚕丝仓库旧址、业勤纱厂遗址、锡山驿、南禅寺、清名桥、伯渎桥以及芙蓉湖赛龙舟、游灯船、火烧黄天荡等古典建筑、民情、传说和革命斗争的历史遗迹遗风,还有着原汁原味的江南"水弄堂"、伯渎古河道,以及梅里古镇、泰伯庙、泰伯墓等众多文物古迹。这些都为历史悠久的无锡城确立"中国历史文化名城"地位,提供了丰厚的基础资源,作出了重要贡献。

　　江南运河无锡段的开通,带来了无锡城的建立和扩展,无锡城市的发展也促进了运河的繁荣和变迁。无锡城区古运河从"傍城"、"穿城"、"绕城"到"抱城",再到新运河"大绕城"的变迁,经历了长达2 100多年的历程(无锡建县到新运河全线通航)。现今的京杭运河(新运河)以她现代化的崭新面貌绕过锡城一路东去,继续承担着中国南北航运干道和江南河网调节中枢的艰巨任务。而古老的城区古运河基本保留着它多次变迁的历史遗痕,承载着无锡深厚的历史底蕴,作为不朽的历史文化遗产永远展示在人们面前!

(作者单位:无锡市水利局)

苏北水城　灵动徐州

郭海林

一、综合治理黄河

故黄河从1855年改道北徙山东之前,在徐州这片古老的土地上流淌了700多年,近代以来黄河曾经的主河道被称为废黄河或黄河故道。它从苏皖交界处的丰县二坝起,经丰县—铜山—徐州市区和睢宁,在徐州总长度累计为234公里,其中穿城而过流经徐州市区的长度约20.7公里。黄河改道后,留下的故道仍是一条灾河,是市区一条主要防洪排涝河道。另外,黄河故道幅员辽阔,但由于频繁改道致使这些地方远离城镇,人口稀少,珍贵的国土资源长期得不到充分利用,亟待开发。

中华人民共和国成立以来,徐州市委、市政府把综合整治故黄河市区段作为市重点工程。遵照"水安全、水环境、水景观、水文化、水经济"五位一体的综合治理理念,以防洪排涝为主,使河面变宽、河床变深、两岸变绿、河水变清,古老的黄河,经过不断治理,重新焕发生命活力。一方面对河床进行疏浚、加宽、复堤、砌石挡水,一方面铺路架桥,河岸广植花草树木,大搞绿化,开始了新的黄河综合治理工程。经过十余年20多次综合治理,疏浚河道、砌石护岸、植树绿化,生态环境大有改观。一个绿树成荫,四季常青,景点相连,景色宜人的开放式带状公园呈现于市民面前。

2012年5月,徐州市"三重一大"重点工程"黄河故道沿线二次综合开发"专题会议召开,围绕行水、蓄水、资源、生态、文化、旅游六大功能,到 2017 年,四年时间,已经将古黄河建成为一个有徐州特色的农业走廊、绿色生态走廊、历史文化走廊、旅游观光走廊。

现在故黄河公园,北起合群桥,南至积水坝,横贯市区庆云、济众、和平等 9 座大桥和中山、淮海、建国等市区 7 条主干道,全长 6 313 米,宽 20 米,花坛 166 个,乔灌木 90 225 株,树种 50 多个,游园道路 8 000 余米,绿化面积 157.6 亩。林带面积 43 亩,每年播种花草 30 多亩。昔日水患频发的黄河故道,而今碧水清波绕系城区,成为徐州市重要的风景旅游带。

现在,徐州市将启动从新城区六堡桥东到 252 省道全长 36 公里的黄河故道景观提升工程。黄河故道示范段景观提升工程,是对西起六堡村东南,东至 252 省道,全长约 36 公里的黄河故道景观带进行"整装升级",打造现代乡村观光带。

选取从六堡村至 252 省道的故黄河景观路为示范段,将对沿线两侧目光所及的村庄、鱼塘、农田、桥梁、水利设施等进行景观提升,并开辟现代农业展示区,展现故黄河景观路沿线的乡野风貌,打造一条从观音机场到徐州市区的特色示范路。

故黄河示范段将结合沿线农田的特色作物和鱼塘的分布,建设渔歌唱晚、映日荷塘、红榴白村和入口广场四大景观节点。示范段北岸将配种小麦,借助地形,形成"麦浪景观";南岸自西向东分别布置油菜花、果树林木、水稻、高粱等,随四季变迁打造南岸不同特色、不同体验的农业景观。

工程实施后,市民可从新城区顺堤河北侧的新安路一路朝东,过新元大道后转入吕梁快速通道,一路前行抵达观音机场东侧的 252 省道,沿岸可欣赏到带有浓郁特色的乡村风景。在黄河故道示范段景观提升工程实施时还计划对六堡村、水口村、店西村、西小庄村、下洪村、王皮楼村、大白村和观音阁村等 8 个沿线村庄进行村容整治。

作为徐州市"三重一大"工程的重点工程,在 3 年前启动了黄河故道二次综合开发。黄河故道在市境内分为两条河道,原主河道称为废黄河,从苏皖交界处的丰县二坝起,流经丰县、铜山、市区和睢宁,继续东流入黄海,全长 173 公里;原黄河分洪道称大沙河,从二坝入境,经丰县、沛县入昭阳湖,全长61公里。总体来说,徐州境内黄河故道总长234公里,沿线区域土地总面积405万亩,总人口154万余人。

中泓贯通、道路畅通、土地整治、农业提升、生态建设、环境整治、文化旅游、扶贫开发,徐州将通过这八项工程的推动,将黄河故道沿线区域打造成特色农业走廊、绿色生态走廊、历史文化走廊、旅游观光走廊,率先走出一条具有徐州特色的黄河故道综合开发新路子。

二、疏通大运河

被誉为"黄金水道"的京杭大运河的中运河段横穿于徐州市境内,它北起山东的台儿庄,南至江苏省淮安市,全程长210公里,于台儿庄东南入邳州市境内,西北横贯东南,经滩上、泇口、运河镇至窑湾镇附近入宿迁。徐州市境内长56.1公里,沿岸有陶沟河、西泇河、不牢河、分洪道、城河、官湖河、六保河、房亭河等支流。

20世纪50年代末开始了徐州京杭大运河的全面治理和恢复工作,60年代初完成了中运河的治理。徐州先后实施了京杭运河徐州段"三改二"、湖西航道八一大桥改建、城区段综合整治等重点工程,1958年,徐州市开挖不牢河,新辟南四湖湖西航道及不牢河河段,使河道经徐州市北郊通过,至大王庙与中运河汇合。大王庙至淮阴段仍循原来河道南下,长163公里。徐州以下河段,经近年分段拓宽,航道一般底宽45~60米,水深3米以上,已可通航500~700吨级以上拖带船队,是徐州煤炭南运主要线路。河段经过拓宽加深,裁弯取直,新建了许多现代化码头和船闸,疏通了大运河航道,实现京杭运河徐州段二级航道的全线贯通。2014年,国务院长江经济带规划中将徐州港列入国家重点建设港口。今天的京杭大运河徐州段是国家水运主通道的重要组成部分。

京杭运河徐州段已全部建成二级航道,可昼夜通行2 000吨级船舶,年运量1.5亿吨,是中国东部电煤、建材等大宗物资的运输动脉——江苏"北煤南运"的90%依靠大运河。不仅如此,大运河徐州段的不牢河、中运河还是国家南水北调东线工程的主要输水通道,昔日向北方输送漕粮的运河，今又承担起向北方供水的重任。

徐州在大运河徐州段疏通的基础上，一方面加强港口建设。徐州内河港口主要依托京杭大运河，是中心城市综合交通运输体系的重要枢纽，在社会经济中起着重要的作用。加快内河港口的建设与发展，规范港口码头的经营行为，提升港口码头专业化、集约化、规模化水平，充分发挥其服务经济社会发展的能力，是目前徐州的重点规划，徐州港更是国家28个内河主要港口之一。徐州港位置优越，京沪、京福、连霍、宁宿徐四条高速公路网贯穿其间，经济腹地宽广，枢纽地位突出。平时主要承担国家西煤东输、北煤南运重任，来自晋、陕、豫、冀、皖、鲁、甘、宁、青、内蒙古等地的煤炭经此中转至江、浙、沪、皖等地，有"京杭运河第一港"的美誉。另一方面，进行船闸改建。20世纪三四十年代，京杭运河苏北段只有两座船闸——邵伯船闸（扬州）和刘老涧船闸（宿迁），前者为国民党政府所建，后者为日本人所建，至20世纪末均已被大型现代化船闸所取代。现在，从扬州至徐州，苏北运河共建有12道船闸，其中徐州有4座。大运河徐州段的关节点船闸的建设，对于航运畅通提供船闸管理保障，船舶过闸的组织管理，过闸费的征收、解缴等，具有重要作用。

（1）蔺家坝船闸

蔺家坝，位于微山湖西南岸边，张谷山与蔺山村之间，距离市区大约10公里左右，是运河徐州段到鲁运河的结合部，上接微山湖湖西航道，下连不牢河航道。蔺家坝旧址始筑于清康熙五十八年（1719）。由蔺家坝节制闸、蔺家坝船闸和长700米的土坝组成。其功能是泄洪、引水灌溉和调节不牢河航运水位，为京杭运河湖西航道一处重要的船闸。

京杭大运河有三个分支，蔺家坝是京杭大运河的主干线，运河上来往船只大都要经过这个船闸，来往船只经过这里进行调度，这是其中一个作用，另一个重要作用，京杭大运河从山东进入江苏以后，运河水位逐渐降低，因此可以调节运河水位。如果没有船闸，运河的水会奔腾南下，船闸的调度使运河上水流相对缓和。

1957年，微山湖大水，冲毁微山湖数10万亩良田，1958年6月至1959年5月，国家投入大量人力、物力、财力在蔺家坝村修建节制闸，又于1988年1月动工兴建蔺家坝船闸,1989年4月竣工通航,彻底贯通了这条南北重要水道。蔺家坝节制闸总宽57.7米,净宽41.4米,共13孔,其中引水9孔,每孔净宽3米;发电3孔,每孔净宽3.7米;排涝1孔,净宽3米。闸底高程28.3米,消力池底高程26.8米。蔺家坝节制闸设计闸上水位35.5米、闸下水位33.9米时,设计泄洪流量500立方米/秒。蔺家坝船闸为二级通航建筑物,设计通航能力2 000吨级。

2000年4月,蔺家坝船闸进行了第一次大修,投资340万元,主要内容包括:闸阀门运转件维修更换及门体防腐处理、液压站更换、启闭机维修、电控系统更换为PLC控制系统、助航设施维修等。蔺家坝船闸每40分钟开合一次,每次可以放行8艘2 000吨货船。该船闸是京杭运河江苏段的"北大门",北经湖西航道抵微山湖,南通京杭运河徐扬段达长江。由于水运成本低、排放少,每天满载煤炭、黄沙、钢材的船只络绎不绝。

(2) 解台船闸

解台船闸位于江苏省徐州市东北郊、京杭运河与徐贾公路的交汇点上,属京杭运河江苏省交通厅苏北航务管理处所辖京杭运河苏北段404公里航道的最北端,是徐州地区重要的水上交通枢纽之一。

解台船闸现有二道现代化大型船闸,其中一号闸始建于1958年,于1962年建成投入使用,年设计通过能力为2 100万吨;二号闸建于1999年12月,于2002年8月建成投入试运行,年设计通过能力为2 500万吨。解台船闸24小时为船员提供优质高效的服务。

(3) 刘山船闸

刘山船闸管理所是京杭运河苏北段上的第九梯级水上交通枢纽(自施桥船闸为起点),坐落在徐州市邳州(县级市)宿羊山镇境内。

刘山船闸现有二道现代化大型船闸,一线闸始建于1958年,1961年建成通航;复线船闸始建于1995年,1997年12月建成通航。两座船闸的设计通过能力均为2 100万吨。

(4) 刘集船闸

徐洪河刘集船闸,位于邳州市西南八路镇,船闸闸址距邳州市区约14公里,是沟通徐洪河和苏北运河航运的枢纽工程,因为位于八路镇刘集村,所以取名刘集船闸。

三、治理奎河

奎河,又称支河,是明代河臣潘季驯于万历十八年(1590)主持开挖的一条排洪河道,至今已有400多年的历史。奎河导源于徐州西南山区的拔剑泉,沿玉带河流经云龙山西麓折而向东,经奎山东麓南下,于安徽省宿县境内入濉河,全长70多公里,流域面积700多平方公里。二十世纪五六十年代,市政府对奎河实施了一系列治理工程,对当年生产建设和人民生活安定起到了重要作用。

1948年12月徐州解放,人民政权建立。1949年,市政府就提出了"治水防灾为主"的城建方针,针对奎河旧貌并发布第5号通告称"奎河为本市排水干河,所有下水道汇流奎河出口,该河已有20多年未彻底修治。河槽淤塞,排泄不畅。市政府决定英士街至袁桥一段,以工代赈疏浚,于4月2日开工"。随即由建设局牵头成立工程委员会,组织500多名民工,对这段河道进行疏浚,共发放以工代赈粮2.73万斤,完成土方1.25万立方米。尽管如此,但终因财力限制,仅作局部低标准治理,所以到1950年夏秋,市区和周边地区仍因奎河泛滥而受灾严重。市区共倒塌房屋2 000多间,市郊受淹农田34万多亩。这次治理奎河的教训在干部群众中反响很大,市协商委员会的一些委员纷纷提出议案,要求省协商委员会进行讨论,并迅速拨款治理奎河,从而引起了省市对治奎工程的重视。

1951年的治奎工程共分三段:第一段为苏堤至铁路桥,共6 130米,挖土15.65万立方米,挖出的淤泥全部运到城郊作为农田肥料,并砌石护岸1 550米,改建部分桥梁。第二段为铁路桥至杨山头,共9 140米,挖土48.9万立方米。第三段为杨山头至口子门,共21 600米,挖土320.4万立方米。

当年流经徐州境内的奎河段,共有大小桥梁25座。这些桥梁有的建于清代,有的建于民国初年,有的属于木质桥梁,普遍桥孔窄、老化损毁严重。因此,改造旧桥梁既是畅通奎河的需要,同时也是方便交通的需要。从 1949 年开始,市政府除联合有关县乡对市区以外的 14 座桥梁进行维修加固外,还拨出专款对市区以内的 11 座桥梁改建 8 座、加固 2 座。坐落在主干道中山路上跨奎河的石拱桥,原建于 1941 年,桥面仅有 4 米宽。1951 年治理奎河时,将桥面加宽到 30 米,比原来扩大了 6 倍多,这在当时是非常引人注目的。因为这座桥是解放初由解放军帮助修建的,所以被命名为"解放桥"。

要解决徐州市区的受淹问题,除畅通奎河河道外,还应设法有效拦蓄上游的山洪,做到水多时可蓄,水少时可调。1958 年 11 月至 1960 年秋,徐州专区和徐州市动员机关干部和学校师生 6 000 多人、城市居民 4 000 多人、驻徐官兵 5 000 人,通过义务劳动的办法,修筑了一条东起云龙山西至韩山长达 4 000 米的拦洪大堤,堤身标高 35.5 米,顶宽 7 米,将南部山区的来水拦蓄起来,形成一座面积为 5.82 平方公里的人工水库,即现在的云龙湖。有关资料显示,到二十世纪八十年代,这条大堤共拦截较大洪水 6 次,其中拦洪最多的一次达 1 159 万立方米,从而有效避免了奎河水的暴涨和泛滥。1967 年至 1974 年,对沿河滞洪桥梁进一步改建扩建;1979 年扩建苏堤闸,由宽 5 米扩至 10.5 米。1980 年打通穿越云龙山的泄洪隧道,并动员机关干部和驻徐部队义务劳动 10.2 万个工日,清除奎河污泥 3.8 万立方米;1982 年至 1983 年,对部分河段进行砌石护坡;1987 年实施清污分流工程;1991 年报请国务院批准,将奎河工程列入国家治淮 19 项骨干工程之一,从 1998 年开始,按年度安排专项资金,实施相应工程。

奎河是淮河流域重要跨省界河流,奎河黄桥断面是国控断面、欣欣路桥断面是省控断面,国家和省每月监测水质,且列入高质量发展考核指标。奎河现仍存在两岸雨污合流、溢流直排入河等问题,水质不能稳定达标。

2019 年 12 月 28 日上午,徐州市区奎河水环境综合整治提升工程正式开工建设,标志着徐州水环境综合治理进入了一个新的阶段。本次治理主要实施奎河片区雨污分流、提标改造奎河污水处理厂和干河综合整治提升三项工程:一是分步实施奎河片区雨污分流工程。计划投资 40 亿元,对奎河污水处理厂服务范围进行雨污分流改造,共 17 个片区、汇水总面积47.31平方公里,主要是新建雨污管网工程、实施合流管涵改造、单位及小区雨污分流、初雨控制和奎河截污管修复新建工程等。本期先行投资5.8亿元实施金山大沟、姚庄大沟2个片区建设,金山大沟片区工程年底前开工,姚庄大沟片区初步设计报告已经完成,待PPP社会资本方确定后实施,将于2021年完成。二是进一步提标改造奎河污水处理厂。计划投资13.97亿元,新建污水处理厂占地93亩,设计规模为20万吨/天,出水水质提升为地表水环境质量标准准Ⅳ类。三是全面推进市区奎河干河综合整治提升工程。计划投资13.2亿元,分上、下两段进行,主要实施河道清淤及整治、雨水口净化、水生态建设、海绵城市建设、景观提升等工程。目前,上段(苏堤路至袁桥闸段)长4公里,正在结合商业内容进行方案优化;下段(袁桥闸至欣欣路桥段)长5.4公里,整治初步设计已经市发改委批复,正式开工建设,将于2021年完成。

四、结语

现在,徐州的森林覆盖率达到31.9%,位居全省第一;市区建成区绿化覆盖率达到42.6%,名列全省前茅。现在,徐州主城区有300亩以上的大型公园、景区、园林近30个,并且全部免费向市民敞开。

徐州城有72座山峦环伺,自2007年以来,徐州先后实施"向荒山进军"的绿色行动计划,累计投入资金5.9亿元,完成大片丘陵山区绿化,经过不懈努力,全市绿化荒山9.2万亩,并在全国开创了"石头缝里种出绿色森林"的成功范例。树种多了,近年来全市降水量保持在1 100毫米左右,接近淮河以南平均水平,国家气候中心专家说"等于将徐州南迁了800里"。

徐州从云龙湖、大龙湖到九龙湖、金龙湖,从九里湖、潘安湖到微山湖、骆马湖,由市中心区向市郊扩散,故黄河穿城而过,京杭大运河绕城而行。奎河经过多年的治理,效果明显。来徐州者无不惊讶于徐州是苏北水城。

徐州现在拥有国家历史文化名城、国家环保模范城市、国家森林城市、国家卫生城市、国家生态园林城市、全国文明城市、中国旅游城市等称号。2016年中国人居环境综合奖首位,并当选为2018年联合国人居奖。当年"一城煤灰半城土",灰、黑、脏、乱的徐州已成为"一城青山半城湖"的新徐州。

(作者单位:徐州两汉文化研究会)

大运河的开通与邳州民俗的变化

程荣华

大运河与民风之变

"百里不同风,千里不同俗。"大运河的开凿与贯通惠及国计民生,在促进运河两岸经济文化发展的同时,也深深地影响着、改变着人们的生存环境与生活方式。

大运河纵贯邳州全境,流程百余里,泽被两岸人民。历史上贫穷后进的邳州,得大运河航运之便与灌溉之利,开创经济文化繁荣昌盛的新局面,跻身全国百强县(市)之列,获得全国科技进步先进市、全国文化先进市等荣誉称号。在民生方面,由于南北经济文化的沟通与融合,影响所及,首先是民风民俗的变化,沿运河而兴起的市镇又当其冲。《邳志补》有一段对于窑湾古镇的描写:"邳宿错壤,绾毂津要,一巨镇也。昔有漕艘停泊,帆樯林立,通阛带阓,百货殷赈,奉使过客之往来,或舟或车,胥宿顿焉。繁富甲两邑,大腹贾辇金而腰玉,倚市之女弹筝踮屣,有扬镇余风。"是时窑湾镇隶属邳宿两邑,清代道光年间的界牌楼迄今犹存,东北两面匾额书写的是"邳宿交界",南面匾额是"宿邳交界"。新中国成立后,行政区划变更,窑湾始入新沂市境。

《邳志补》中的所谓"扬镇余风"就是京杭运河通航由南方带来的文明之风,这是一个值得注意的变化。它显示明代中叶以后,伴随着商品经济在运河流域的发展,民风习尚受到商品经济的影响,处在邳州段大运河前沿的窑湾镇,开始出现有悖于传统淳朴风习的裂变。

窑湾镇兴起于京杭运河迦运河段开通之际,即明神宗万历三十二年(1604)以后。此后至清代数百年间漕艘经此,临河而起的街市,百业俱兴,客商云集,繁富居邳宿两邑之首。腰缠万贯、大腹便便的商贾,或乘舟,或乘车,往来其间,大都在此停宿。奇装异服、涂脂抹粉的美女们,手挥琵琶,拖着绣花鞋,足尖轻轻着地,妖冶多姿,卖弄风骚,街头巷尾充满声色与浪漫的情调。

这是伴随商品经济的发展,农耕时代固有的乡村淳朴之风受到冲击,而必然出现的一种文化现象。清末漕运停止,此后运河失修,航道不畅,窑湾经济发展受到影响,然而社会风俗作为一种非制度、不成文的文化现象,直至民国时期"余风"犹存,有"小上海"之称。

从尚武到重文兴教

《礼记》曰"移风易俗",世变则风移,民风与时移易。这种"移易"不是突变,而是渐变。

北方与南方比较,民风素有尚武与崇文之别。邳州的民风,明嘉靖十六年(1537)、清嘉庆十八年(1813)州志皆曰"劲悍";清咸丰元年(1851)州志则曰"乡村里落犹有先代之遗风",意思是说"劲悍"之风在"乡村里落"犹然存在。其后至民国之初,其间不足百年,民风变化之大,窦氏《邳志补》曰"士渐文雅""尊儒慕学",且谓"旧志所云乡村里落犹有先代之遗风"者,今亦不可复睹矣。自明代嘉靖至此,历经四百余年,邳州民风由"尚武"而趋"崇文",与大运河贯通南北,受南方文化浸润大有关系。更值得注意的是,这一变化始自富有之家。

古训富而后教。《论语·子路篇》中冉有与孔子对话,冉有曰:"既富矣,又何加焉?"孔子曰:"教之。"教之,就是教育他们,就是要兴教办学。江南文教昌盛,原因就是他们富有,经济基础雄厚。是时邳州庄家楼、马家圩(今入新沂市境)、窦家圩、戴家圩,赫赫有名的"四大家族",皆居运河之阳,因运河而崛起,得江南重教尚文风气之先。

庄楼始迁之庄氏,本为妾妇而不堪正室虐待,由牌坊村(今属新河镇)携子出走,滨运河而居。在艰苦的创业阶段,没有放弃儿子的教育,后来两个儿子皆成武举,一个叫庄幹庭(嘉庆癸酉武科),一个叫庄锦庭(嘉庆戊寅武科),时称"大小武举"。庄氏后裔私立小学,一直办到共和国诞生之际。运河乡村师范(今运河高师前身)1934年由黄海之滨迁来运河镇,勘定校址时,庄氏族长庄襄侯召集家族会议:"均以乡村师范培植徐淮两属人才,教育前途,关系至巨,校址所需之地,甘愿如数捐输",富绅庄襄侯、庄鸿勋、庄仲勋(次卿)等共捐地150亩,用作校园、农场、体育场。江苏省教育厅转呈教育部鉴核,国民政府依据《捐资兴学褒奖条例》授予一等奖状。捐输者庄仲勋早年毕业于上海光华大学,庄鸿勋毕业于复旦大学。民国时期庄氏家族秀出一位诗人("七月派"诗人庄涌),一位才女(国民政府立法院委员、国民大会代表庄静),皆为邳人所熟知。

窦氏家族兴起于白马河畔(郇楼),后迁至窦圩(今属邳州城区戴圩街道)。窦家一直设立家塾,创办义学,延请名师课其子弟,山东郯城进士吴步韩、兰陵进士王思衍、邳州贡生黄奋基都曾受聘为窦家塾师多年。吴步韩有《记》曰:临白马溪畔,"则见夫翼然者堂也……俨然者塾师,肃然者塾之子弟也,而桃且灼灼然,李且郁郁然,书声且琅琅然"。窦氏家族有"功名"者甚多,光绪拔贡窦鸿年,曾任湖北襄阳知府,有德政,辞官归里,致力乡村文化建设;其父咸丰举人窦元灏,官刑部直隶司员外郎。窦家藏书之多无计其数,已故运河师范名师余鉴方先生尝言:解放初期,土改后若干年内,戴圩官湖集镇店铺包装用纸,差不多都是来自窦家散失的线装书籍。

戴圩戴氏以耕读传家,尤重子弟课读。清道光年间兴办私塾曰"斋房",光绪末年改建族立高等小学堂。民国十四年(1925)捐地19顷80亩,建立尚志小学,延聘名师任教。国民政府通令嘉奖,称赞捐资者戴王思怙和戴董淑敏"输财兴学,嘉惠童蒙"。国民政府主席蒋中正题赠匾额"懿行可风",教育部颁发捐资办学一等奖状及匾额"郝钟并美"(郝氏与钟氏皆为古代贤媛,因以并称,用为妇德贤淑之典)。尚志小学自创办至共和国建立时,为国家培养人才数以千计,其后深造而成就突出者,如戴仁义(原成都军区参谋长)、戴仁声(大连体育学院教授)、戴增侠(武汉财经学院教授)、戴春洲(武汉大学物理系主任)、戴书训(又名舒兰,台湾著名诗人,世界华文诗人协会常务理事)等等。"尚志小学"更名"戴圩小学",现为邳州市传统名校之一。

邳州重教兴文之风由是渐兴。据史志记载,清末邳州官立学堂一曰邳州高等小学堂,一曰圮上高等小学堂;民间兴办者四十有一,其中高等小学堂三所,高初两等小学堂(完全小学)六所,初等小学堂三十有二,皆分集款公立、个人自捐私立与同姓合捐族立,凡三种类型。民国初年则有邳县第一高等小学校、峄阳高等小学校、土山第二高等小学校、宿羊山第三高等小学校,区乡国民学校(初等)合计百十有三,全县共有高等和初等小学校百十有七所,非周遭兄弟县(市)所可比拟。

"旱改水"带来饮食习俗变化

俗话说:"一方水土养一方人。"饮食习俗与所处地区的自然环境、气候条件有关,也与文化的交流和影响有关。苏北与苏南,自然条件不同,运河两岸饮食习惯也不同。历史上以江淮为界,北方习俗以面食为主,且以杂粮为多;南方则以米为主食。及至共和国诞生若干年后,地处苏北的邳州(县)人民,生活习俗的最大变化,就是主食结构的变化。

回首往昔,邳州运河两岸皆为一年一熟的旱作物,粮食作物有小麦、大豆、高粱、山芋等。长期以来,日常生活皆以杂粮煎饼搭配面食为主食,歉收的年头则以窝窝头菜团子为主食,辅之以山芋和胡萝卜。而今(其实在数十年前),改变为大米、白面并为主食,二者任意选择,山芋和胡萝卜退居主食或辅食以外,用作保健食品。随着主食结构的变化,人民的生活质量和健康水平也得到显著提高。

主食结构的变化源于共和国诞生后大兴水利,大力治理大运河,以大运河水之利,改革农业生产条件,推广"旱改水"。"旱改水"就是在水利兴修的基础上,将旱田改为水田,旱作物改为水稻。

邳县试种水稻在1956年前后,且由靠近县城、地处运河左岸的徐塘乡开始。时任乡文化站长张玉迎同志在《运河两岸话春秋》(邳州文化丛书之六)中记述:1956年4月1日,徐州地区第一座机灌站在邳县运河区徐塘乡开工。机灌站装有25匹马力柴油机五套,配套建筑五十余座,干支渠总计二十余公里。机灌站功力可引运河水灌溉农田二万余亩,为旱田改种水稻创造条件。

1958年后,江苏省人民政府在苏北地区以行政手段推行"旱改水",邳县水源充足,尤其加大推广力度,加强"农业改制工程"建设,兴建沿运圩区,建设机电排灌站,形成沿运灌区的格局。"旱改水"不仅是耕作制度的变化,也是传统种植观念的变革,阻力重重。1965年前后,邳县旱改水面积达到10万亩,又经过10年左右大力推广,全县水稻面积稳定在40万亩左右。苏北变江南,稻麦两熟,"鱼米之乡",由梦想变为现实。

伴随"旱改水"到来的粮食产量大幅度提高,尤其是水稻品种的改良与推广,"千斤田""吨粮田"不断增加,食不果腹的状况彻底改变。大运河带给邳州人民翻天覆地的变化,其福祉远非生活习俗主食结构变化所能概括得了的。

文化交融促进菜肴风味多元化

菜肴烹饪的风味,本来运河流域南北差异很大,北方类型有鲁菜,南方类型有淮扬菜系、江浙菜系,由于受到传统文化的影响,各自形成不同的菜肴风味。邳州属于北方类型,受到鲁菜风味的影响,色与咸味较重。共和国成立以后,随着大运河的整治,运河航运的发展,也给运河沿线饮食文化带来前所未有的融合。特别是在副食方面,由于"旱改水",水面积扩大,水产养殖业也得到发展,副食资源大大增加。鱼虾螃蟹,菱藕荸荠之类,几乎南方所有,本地餐桌尽有。饮食文化亦明显受到南方菜系,尤其是淮扬风味的影响,炖焖烧烤,重用原汁原汤,不重咸,亦不过甜,制作趋于精细。加上西部饮食文化东渐,如今邳州的菜肴风味,东西南北,酸辣咸甜,色香味丰富多彩,饮食习俗呈现多元化。

运河文化是"流动"不息的,运河流域的饮食文化更是如此。举个例子吧,邳州有一道男女老幼皆爱品尝的小吃,叫"锅贴饽饽熬小鱼"。这道富有地方风味的小吃,重要的是选材与火候。沂河边上刚出水的白鳞鱼,农家磨的棒子面,都为上乘食材;柴火不可烧得过猛,温火煎熬，香气四溢，味道鲜美，连鱼骨头都不用吐。无论邳州城里饭店，还是乡村小镇的大排档，甚至农家小院，到处都可享用。我在《中国运河文化史》(山东教育出版社2001年版)中看到，这个小吃却被称作"地道的天津风味小吃"。邳州素有泽国之称，沟渠纵横，食材丰富，这个"土产"小吃怎么跑到天津去了？初看觉得怪异，退一步再想，正如"狗不理包子"落户邳州，南来与北往，皆因"流动"的大运河文化相关。

（作者单位：邳州文化研究会）

常州水文化中的水工程形态研究

邵春楼　蒋　晨　曹　琦

水是生命之源、生产之要、生态之基。人类赋予水以母亲的象征，几乎每条河流都被人类称之为母亲河。水给予人类以食物，构成了交通水运，促进了经济发展，使得社会繁荣昌盛，也形成以水为核心的水文化。

常州，地处长江三角洲中部、江苏省南部，她北枕长江、南衔太湖，京杭大运河穿城而过，区域内河网密布、气候温润、降水充沛，是典型的水乡泽国，也处吴文化的中心地带。

一、引言

人类的现实生活，无非是在物质、精神和制度三大领域、三个层面，也可将文化形态划分为物质文化、精神文化和制度文化。物质文化是直观的文化形态，主要归结为器物文化和经济文化两大类。

水文化是以水为核心的文化，而水工程是治水的成果，因此水工程形态是水文化中最直观的形态，也是最能体现出治水活动和治水成果的物态。

二、常州水工程形态

1. 以淹城为代表的城市工程

城市水利是个古老而年轻的话题。水的存在稳定且可取，形成农灌，促使人口集中，逐步成长为村庄，随着政治上认可，会发展为邑县、州府，甚至都城。水在城市安全、经济发展、环境改善、空间拓展、文化兴盛等方面起着积极作用。而让水发挥这些积极作用的正是水利工程。

常州的淹城，位于太湖、滆湖之间，水陆交通发达。古代，这一带丘墩连绵，而淹城就雄踞于其间。淹城三重城墙均用开挖城河所出之土堆筑而成。子城，即王城，又称紫罗城，在内城中偏北，近似方形。内城亦呈方形，处于外城东北面，外城为一不规则圆形，还有一道外城廓，周长约7里。这恰与《孟子》一书中提到的"三里之城，七里之郭"相符。三城之外各有护城河环抱，互不相通，各城出入口古时没有土坝，两岸过往，全靠船只相渡。

在自然界，由于地势、地转偏向力和河道动力学的原因，天然河道都是弯曲的，而淹城的子城河和内城河的形态如此横平竖直，说明很有可能是人工挖掘而成。因此央视在解读淹城时，认为是比都江堰还古老的水利工程。

淹城，三河三城的结构，附近河浜较多，且多经大河通向长江和太湖，同时又近滆湖，便于蓄水和排水。1934年"甲戌大旱"，常州众多河道干涸，田地龟裂，禾苗枯萎，唯独淹城里的水清澈如常，乡间百姓就靠这里的水度过大旱。

2. 以大运河、孟渎为代表的河道工程

说起常州的河道工程，首推的就是京杭大运河和孟渎。周敬王二十五年、吴夫差元年（前495），吴王夫差兴大量人力财力，将泰伯时代形成的"吴古故水道"进行沟通、疏浚开挖江南河，自今苏州，经望亭、无锡、常州，至奔牛接孟河，于小河口入长江，长170余里，苏州至奔牛河段后成为京杭大运河的重要组成部分，而奔牛至小河口就是苏南运河常州段最早的入江河段，也是孟渎的历史发端。

大运河的开通，使得常州成为运河城市、漕运中心，但苏南运河奔牛至丹阳河段地势高亢，一遇枯水，航船堵塞，交通极为不便，严重影响了漕粮船的通行，对主要依赖东南沿海财赋的朝廷十分不利。同时，武进西北没有通江大河，加上地势高仰，灌溉困难，农作物收获没有保障。

因此孟渎的开通,弥补了枯水期奔牛以西段的不利因素,同时也带来了农灌便利。

因为大运河的通漕,常州也成了"自苏松至两浙七闽数十州,往来南北两京,无不由此途出"的水航漕运中心,"三吴襟带之邦,百越舟车之会"的交通枢纽,进而带来了常州经济与各项社会事业迅猛发展。唐武宗会昌四年(840),升常州为望,成为全国州府十望之一。在宋朝,常州曾成为全国四大城市之一。明朝永乐年间(1403—1424)常州是全国33个较大商埠之一。清朝雍正四年(1726),常州府统领8县,故有"中吴要辅,八邑名都"之称。

3. 以堰闸坝为代表的运河工程

石龙嘴

单锷在《吴中水利书》中引用钱公辅之说:"自春秋时,吴王阖闾用伍子胥之谋伐楚,始创此河,以为漕运,春冬载二百石舟,而东则通太湖,西则入长江,自后相传,未始有废。"这条河,就是《汉书》中所称的"中江"。胥溪河,源出南京市高淳区固城湖,上游连接长江在安徽芜湖的支流水阳江,下游接太湖水系荆溪。

单锷在《吴中水利书》中载:"宜兴所利,非止百渎而已。东则有蠡河,横亘荆溪,东北透湛渎,东南接罨画溪。昔范蠡所凿,与宜兴西蠡运河,皆以昔贤名呼其蠡河。"西蠡河,是常州城的一条古老河道,今主体为武宜运河。目前,常州老大运河与武宜运河丫河口之间河段称为南运河。

由此可见,西蠡河沟通了胥溪河和大运河,由于胥溪河的来水为芜湖和高淳,而大运河的来水为长江潮水,其水位不及胥溪河。胥溪河为了保漕运,曾建有东坝,因此古有"东坝一倒,常州不保"的说法。因此,聪明的常州人,在南运河与大运河垂直交汇处,建有石龙嘴,为一个半月岛,从交汇处伸向大运河中部,这样大运河断面就缩窄,形成了水位壅高,南运河就形成了弯曲水流,交汇处的运河南岸则形成漩涡并水位抬升,对南运河来水进行迟滞,而半月岛侧水位降低,与大运河来水能很好地融合,从而避免了河口水位陡升,确保了泊船安全,也保障着漕运。胥溪河来水的水质很好,保证了城市的水环境。清代洪亮吉在《外家纪闻》中写道:"云溪一曲,自运河及南运河分派入,南运河即西蠡河,上承洮滆诸湖水,故极清驶。"

石龙嘴的建成时间目前无从考证,根据王继宗先生的推断,大运河在西蠡河之前开凿,故怀疑石龙嘴为范蠡所筑。

文成坝

明初洪武二年(1389),常州守御官中山侯汤和开新城壕(今之大运河),这样就形成了大运河、东市河和关河的三河交汇,水流比较集中,流速较快,不利于漕运。明万历九年(1581),常州人在此新筑文成坝,用以调节水位,使河水绕弯东去而成。后用历次疏浚的淤泥累积成小山和错落起伏的高地,成为古舣舟亭的基址,清康熙、乾隆二帝南巡时,在此兴建万寿亭行宫,并修葺舣舟亭。今天成为东坡公园,是一座凝集常州历史文化、富有常州园林特色的公园。

奔牛堰闸

奔牛是宁镇山脉丘陵山区向太湖平原的过渡点,奔牛堰是常州府与润州府交界之处,也是大运河的关键节点。在奔牛这个关键节点上,有大江自镇江来水和大江自孟渎来水交汇。丘陵山区,河水陡升陡降,变幅较大,因此奔牛地域的水利治理关系着整个太湖和三吴地区,也关系着大运河的航运。运河常州府段,自吕城张店铺入境,至望亭堰风波桥出境,为江浙漕船、公私舟楫通行要道。道光年间的《武进阳湖合志》中写道:"上苦水之不足,故置堰于吕城、奔牛,所以蓄其源也。下惧水之过泄,故于望亭置堰,所以节其去也。"

奔牛塘,最早存在于二十四史之一的《南史·卷十四·列传第四》中,刘宋元嘉三十年(453)"孝武入讨……遇劭将华钦、庾遵于曲阿之奔牛塘,大败之"。塘、埭、堰都是挡水的土坝。

至于奔牛堰何时建成,目前各类史志中均没有给出时间,只有宋代著名诗人陆游在《重修奔牛闸记》中分析道:"而京口之东有吕城闸,犹在丹阳境中。又东有奔牛闸,则隶常州武进县。以地势言之,自创为是运河时,是三闸已具矣。"也就是京口、吕城、奔牛三闸是与苏南运河是几乎同时存在的,当然这种猜测有一定的道理。

堰只能挡水,导流冬季枯水季节,通航不畅。宋淳化元年(990)二月,诏废润州之京口、吕城和常州之奔牛、苏州之望亭四堰,"拟复闸也"。与漕运相关的四堰,废堰复闸,便于控制水位。对于堰闸的作用,《宋史·河渠七》记载淳熙九年(1182),知常州章冲奏:"至若望亭堰闸,置于唐之至德,而彻于本朝之嘉祐,至元祐七年复置,未几又毁之。臣谓设此堰闸,有三利焉:阳羡诸溪之水奔趋而下,有以节之,则当潦岁,平江三邑必无下流淫溢之患,一也。自常州至望亭一百三十五里,运河一有所节,则沿河之田,旱岁资以灌溉,二也。每岁冬春之交,重纲及使命往来,多苦浅涸;今启闭以时,足通舟楫,后免车亩灌注之劳,三也。"由此可见,包括奔牛堰在内的运河四堰作用巨大。

但堰闸所设处,是水流最紧要处,通航时也极易损坏。元祐四年(1089),奔牛开始置上下闸,上闸为天井,下闸为天禧。《宋史》记载:"(元符)二年闰九月,润州京口、常州奔牛澳闸毕工。先是,两浙转运判官曾孝蕴献澳闸利害,因命孝蕴提举兴修,仍相度立启闭日限之法。"在干旱季节,堰闸也是争议最大的,宋代著名诗人陆游在《重修奔牛闸记》中:"盖无之,则水不能节,水不能节,则朝溢暮涸,安在其为留运也。苏翰林尝过奔牛,六月无水,有'仰视古堰'之叹。"这里说的是在农历六月干旱无水,只能望堰兴叹。

1959年大运河整治时,天禧桥拆除,奔牛堰也才彻底退出历史舞台。因规划调整,奔牛古堰的功能由新闸和钟楼控制来取代,为了改善太湖水环境,古堰位置正在建设奔牛水利枢纽,确保清水直送太湖。

4. 以孟渎水门为代表的沿江工程

长江潮汐的存在,有利有弊。益处是:高潮期的引水可以保证农灌,低潮期的排水可以控制内河水位;弊端是:夏季风暴潮时潮水沿河道内侵成灾,冬季长江枯水时内河亦无水。因此建设水闸十分必要。

常州沿江三座闸中,孟渎是最早建设的。南唐保大元年(943)修建了孟渎水门。清乾隆三十一年(1766)建成小河闸。到民国二十五年(1936),江苏省建设厅废老闸,在大树下新建孟河闸。前后8次修建相关水闸,才确保了古渠孟渎效益的发挥。

其次是德胜河建闸。宋绍熙元年(1190),常州知府李嘉言浚烈塘河(即德胜河)就置闸。此时是河道疏浚的起点,但何时开凿不得而知,怀疑是利用自然形成的古河道疏浚而成。

澡港河虽然疏浚较早,但建闸较晚。宋庆历二年(1042),晋陵县令浚澡子港(今澡港河),自江口浚之,凡四十里。但直到明洪武七年(1374),常州知府孙用浚澡港河时才建闸。

5. 以芙蓉圩、建昌圩为代表的圩区工程

随着江南人口的增多,人口密度增加,人均田地减少,存在着生存危机,人开始与水争地,古芙蓉湖变成今天的芙蓉圩就是实例。

芙蓉湖围湖造田的历史发端,是《越绝书》中春申君"治以为陂"。到东晋大兴四年(321),"张闿尝泄芙蓉湖水,令入五泻,注于具区,欲以为田,盛冬著赭衣命百姓负土。值天寒凝冱,其功不成"。明宣德年间(1426—1435),江南巡抚周忱开黄田港,浚吴淞江等,围芙蓉湖西部10.8万亩为圩田,合平田7万余亩。"四周堤岸阔一丈八尺、高八尺,内帮子岸高四尺,中间界堤阔一丈二尺、高六尺",中间洼处四周筑抵水岸,一年种一季水稻,名为"不麦圩田",为芙蓉圩。人地矛盾缓解了,温饱问题解决了,但是人水矛盾问题却加剧了,因围湖造田减小了流域调蓄库容,打破了流域的水量平衡,加重水旱灾害的影响,这也是太湖流域明清时期水旱灾害频发的根源之一。

金坛区的建昌圩,成圩年代无考,大致是五代及宋代时的军事屯田,应该已经筑堤开发;元至顺《镇江府志》记载元代之前,圩内已有村庄,应当已经围垦。建昌圩之名始见于清乾隆《镇江府志》:"明景泰六年,巡抚邹来学浚简渎河及与井庄、建昌圩。"经过多年的建设,建昌圩已从解放之初的7.6万亩增长为近9万亩,其中耕地4万多亩,圩堤总长37.3 km。圩区四面环水,一洲浮起,圩内天荒湖由南、北、中三个小湖汇聚而成,三湖相连,处处呈现河畅、水清、岸绿、景美的秀丽景观。

三、结语

历史文化名城常州,因水而生,因水而兴。水工程形态也随着水利治理的深入而逐步丰富,先秦时期治水是开通河道与外界沟通,特定的情况下建设淹城,开城市水利之先河。魏晋之后,随着大运河的南移,漕运要求不断提高,治水的主要着力点在水流变化剧烈区,大江上潮汐变化剧烈,故沿江置闸挡潮或引水;内河两河或三河交汇处,设置岛或坝,用以缩窄河道形成水位壅高,缓冲水流;在丘陵与平原的过渡区,设置堰闸来控制水流,或设上下闸,形成澳闸,保证漕运;由于人地矛盾加剧出现围湖造田,形成了江南圩区,缓解了温饱问题,但也加剧了人水矛盾,导致水旱灾害频发。如此多形式的水利工程,确保了水流平缓,促进水利工程效益的发挥,文成坝处还将淤泥变废为宝,逐渐形成文化景观,成为佳话,丰富了水文化,但围湖造田这样惨痛的教训还是值得后人谨记的。

充沛的水资源滋养着这片土地,精巧的水工程保证着人民安全,丰富的水文化诉说着昨日辉煌。聪明的常州人,生活在此,也奉献在此。今日的常州人,继承着良好治水基因,继续着科学治水思路,创造着精巧治水工程,丰富着水利工程形态,书写着美丽江苏的常州篇章。

(作者单位:常州市城市防洪工程管理处)

水利助力建设常州文旅休闲明星城的研究

沈筱飞

一、常州水利与文旅休闲明星城

1. 水利旅游资源开发的重要意义

自 2001 水利部评选出第一批国家水利风景区,截至 2019 年底,已共计批准设立 800 多家国家级水利风景区。水利部已将水利旅游与供水、发电并列为水利经济的三大内容。挖掘水利旅游资源潜力,建设水利风景区可以从改善生态环境、带动产业发展、促进财政增长、传承水利文化四个方面对常州建设文旅休闲明星城起到积极作用。

2. 常州水利旅游资源情况分析

常州水利旅游资源存在以下特点:一是资源数量众多。常州市地跨长江、太湖两大流域,北枕长江,东滨太湖,腹部环抱洮、滆两湖,境内山地、丘陵、平原、湖泊等地貌景观齐全,河网纵横交错,湖、荡、塘、库星罗棋布,全市现有各类河道 2 729 条,其中骨干河道 43 条,水库 89 座,大小库塘 1.5 万座,湖泊、湖荡 20 多个,主要有太湖、滆湖、洮湖、钱资湖等。这些水利工程、江河湖泊和湿地不仅具有显著的环境功能,还蕴含着丰富的文化、观赏、科普价值。二是资源类型丰富。在 8 大类水利旅游资源中常州仅缺失瀑布这一类型,其他如江河、天然湖泊池沼、河口、泉、水工建筑单体、水工建筑物综合体、水利文化景观 7 类均有存在,且呈现以水工建筑景观资源为主,自然水域旅游资源为辅的特点。三是资源利用充分。截至目前,常州市已经拥有溧阳市天目湖(水库型)、金坛区愚池湾(城市河湖型)、溧阳市南山竹海(水土保持型)、新北区雁荡河(城市河湖型)、青龙潭水利风景区(城市河湖型)5家国家级水利风景区,以及溧阳市塘马水库、前宋水库、长荡湖,武进区宋剑湖、武㴋湖水,天宁区牟家村、查家湾7家省级水利风景区。覆盖全市大中小型水库、河道、重点城市防洪工程,涵盖工程、水库、自然河湖、水土保持、水利综合等五大类型,形成了布局合理、类型齐全、管理科学的水利风景区网络,在数量及质量上位居全省前列。

通过对水利风景资源进行保护性开发,水利风景区建设呈现出景点增多、投入增加、管理增强、影响增大的良好态势,进一步丰富了生态文明建设的内涵。但从全省对比来看,常州水利旅游资源在全省排名列第10位,其中自然水域景观列第11位,水利工程景观列第7位,总体属于旅游资源劣势区,且旅游资源整体呈现以普通级资源为主体、优良级资源比重小的等级结构。总体来说,常州水利资源开发仍有较大潜力。

二、常州水利对文旅休闲明星城的案例分析

常州市现有的国家级和省级水利风景区应通过整合周边资源,实现水利风景区及周边地区可持续发展和综合利用。实现从单一的水利工程建设向工程与风景相结合转变,从单一的规划向与城乡规划、旅游、生态、农业、土地等规划的"多规融合"转变,促进水利风景区建设经济效益、生态效益和社会效益有机统一,对常州水利助力文旅休闲明星城有很强的示范作用。下面从几个案例来谈谈现有景区如何发挥助力作用。

1. 推动生态文明建设

一是保护水资源,改善水环境。水利风景区通过编制专项规划,制定相应的水源地保护、生态环境保护等各种政策和措施,确保了地下水、地表水以及各种景观用水、生活用水等水资源的科学合理利用。如溧阳天目湖水利风景区成立了水源地保护办公室,编制了《天目湖地区生态环境保护规划》,实施了五大类十八项环境保护工程,并在实施过

程中全程跟踪、动态监测,对实施情况进行绩效评估,确保水资源得以科学合理利用,切实维护了天目湖的生态环境。二是改善小气候环境,保护生物多样性。水利风景区对其所在区域小气候环境的温度、湿度、负氧离子含量等具有明显的调节作用。据相关调查统计显示,水利风景区内平均温度比所在区县均温低 0.7℃,既有利于缓解城市的热岛效应,又营造了舒适宜人的游览环境。而景区内遍布的草地、林地和水域所具备的固碳、释氧、吸收有毒气体的能力,也对景区内部及周边区域的空气质量有较大的改善作用。此外,水利风景区在开发建设中注重保护珍稀动植物,其良好的生态环境为生物提供了充足的栖息地,促进了生物多样性,有利于维持景区生态系统的持续稳定和健康发展。例如,常州西太湖水利风景区重点加强栖息地营造及生境改善工程,充分利用重新恢复为近自然的湖滨带湿地,为湿地水禽类提供适宜的栖息地。

2. 促进地方经济发展

一是促进产业发展。建设水利风景区带动了旅游、交通、通讯、建筑、餐饮、商业、住宿、娱乐等十多个产业发展,提升了居民就业率和经济收入,改善了生活质量,增加了幸福指数,为构建和谐社会、促进社会稳定做出了积极贡献。以溧阳市天目湖水利风景区为例,通过水利风景区建设带动了景区内及周边餐饮、住宿设施不断完善。天目湖宾馆始创的天目湖砂锅鱼头获得了"中国名菜"等多项荣誉称号,景区同时注册了天目湖砂锅鱼头品牌,并形成产业链发展。天目湖水利风景区近年建成的天目湖水世界是华东地区唯一临湖、唯一自然山水类景区的水公园,在 2014 年荣获中国旅游总评榜中荣获年度最受欢迎景区。二是改善人居环境。水利风景区是建设人水和谐环境的最佳典范,其内开阔的公园、广场已成为居民亲水乐水、放松身心、锻炼身体、陶冶情操的重要场所。天宁牟家村水利风景区紧紧围绕"小桥流水、河道纵横、轻舟桨影、水城相依"的江南水乡特点,重点突出"寓""游""赏""居"四大主题,并着重打造"游"与"居"的融合,不断提升、打造风景区游乐设施,提供滨水休闲健身、水边长廊棋牌、露天游泳、泛舟、垂钓、骑马等多种既符合村民日常休闲娱乐需求,又对外来游客具有旅游吸引力的游乐活动和场所，2019年吸引游客50多万人次。此外，水利风景区内基础设施和配套服务设施日渐完善，也为当地居民的生活提供了极大的便利。

3. 提升水文化

一是建设水文化景观。围绕弘扬传统水文化主题，坚持"建一处工程，成一处景观"，大力建设水文化景观，美化水工程，丰富景观内容。以青龙潭水利风景区为例，深入挖掘常州本土水文化内涵，建成了常州治水名人馆、电子沙盘陈列室、治水曲廊等科普场所，定期举办水系变迁、治水历史、水利科技、节水知识等为主要内容的水文化宣传活动，促进常州本土水文化传播，从而使水利风景区成为传承水文化、创新水文化的重要场所。二是传承水文化内涵。水利风景区将自然风光、工程景观和人文景观有机结合，其发展不仅是自然观光层面，更是一种文化乃至文明的延续、传承和弘扬。以牟家村水利风景区为例，该景区是常州市唯一一家村级创建水利风景区，牟家村水利风景区紧扣乡土人情，创造性地将道德讲堂搬到村头的戏台上，说事评理、善恶美丑就在耳熟能详的唱段里，并用石刻、漫画、民间"笃老话"等通俗方式建成农村法治文化公园，被评为"国家级民主法治示范村"。

三、常州水利资源助力文旅休闲明星城

常州自古号称"龙城"，龙离不开水，长江、运河、太湖、滆湖、洮湖、天目湖，还有众多河流湖泊，构成了常州多水、亲水的自然环境，因此常州文旅休闲明星城，离不开融合水文化的水利旅游。常州市是环太湖旅游带与长江三角洲地区重要的旅游城市，也是长江黄金旅游轴线和京杭大运河旅游线路上重要的旅游节点，其丰富的水资源构成了龙城文化旅游资源以水为胜的显著特征。古运河文化旅游带、太湖湾旅游度假区、西太湖生态休闲旅游区、长荡湖休闲旅游区、天目湖等水利风景区都是助力文旅休闲明星城的重要水利资源。

按照水生态文明建设要求，遵循"创新、协调、绿色、开放、共享"新发展理念，在注重水利资源开发质量的前提下，进一步扩大水利风景区

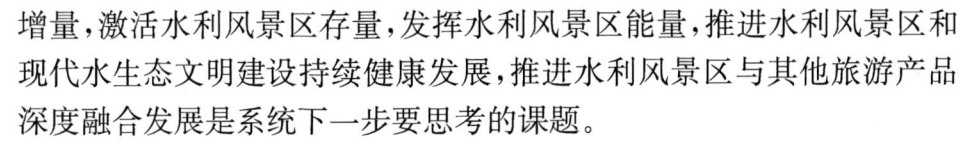

增量,激活水利风景区存量,发挥水利风景区能量,推进水利风景区和现代水生态文明建设持续健康发展,推进水利风景区与其他旅游产品深度融合发展是系统下一步要思考的课题。

1. 提高站位,深化认识

2017年底,水利部《全国水利风景区建设发展规划(2017—2025年)》把水利风景区建设发展提到了人与自然和谐共生、建设美丽中国的高度,以满足人民群众美好生活需要为目标,推进河流湖泊自然和文化资源保护利用,使水利风景区成为各地生态文明和美丽中国建设的示范窗口。这也为水利风景区的发展指明了方向,创造了良好的氛围。我们将统一思想和认识,着力提升水利风景区建设与管理水平,加快推进水利风景区又好又快发展。

2. 规划引领,统筹实施

水利风景区具有一般风景区的属性,所以一般风景区规划的要求,对于水利风景区也适用。我们要把水利风景区建设与管理纳入地方旅游发展总体规划和休闲度假旅游发展规划,与城市总体规划和土地利用、交通运输等规划相协调。另一方面,鉴于水利风景区的特殊性,水利风景区规划应保证满足水生态环境保护的基本要求,水利风景区旅游开发规划的时序安排必须与水利工程建设规划相衔接。对于新建的水利工程设施,在条件允许的情况下,规划、施工的同时就应考虑旅游开发问题,以节省投资,提高设施利用率。

3. 市场运作、多元投入

水利风景区不仅具有鲜明的社会属性和公共产品属性,而且还有其自身的特殊性,水利风景区的建设与管理,以及水利旅游的开展必须在地方政府和水行政主管部门领导下有序进行。水利风景区发展要充分利用市场配置资源的优势,发挥政府与市场两个方面的积极性,逐步建立"政府主导、市场运作、多元投入、社会参与"的水利风景区建设与管理投入机制。

4. 注重宣传,打造品牌

品牌形象在水利风景区建设发展中有着举足轻重的作用。水利风景区主管部门、管理单位应以卓有成效的工作,赢得社会的信任和支持,同时加强与新闻媒体沟通、联系、合作,通过电视、报刊、网络等多种形式宣传展示水利风景区风采,提高水利风景区的社会认知,扩大影响。加强与旅游等部门的合作,争取把水利风景区纳入地方旅游线路,加强与周边景点的联系,实现资源共享、优势互补,地方政府和水利、旅游部门要把水利风景区的宣传和推介工作提高到与其他旅游产品同等重要的地位,按照全方位、多角度、宽领域的要求,利用传统或现代化载体、手段,不断加大景区宣传与推介力度,扩大水利风景区社会影响力。

5. 加强协调,形成合力

由政府主导,打破行政区域界限,整合全市旅游资源,实现旅游市场同开发、旅游产品同体系、旅游环境同整治、旅游服务同网络,着力推进水利风景区与其他旅游产品一体化发展。近年来,常州市委、市政府认真贯彻习近平新时代生态文明思想,积极落实中央、省关于全面推行河湖长制的指示要求,坚持生态优先理念,强化河湖系统治理,以生态河湖行动计划为统领,以打造"五好河道"为抓手,促进河长制从"有名"向"有实"转变。2019年共有22条河道成功创成"五好河道",引领示范作用初显成效。结合全面推行河长制,考虑把水利风景区工作纳入河长制内容,继续探索推行河长制与水利风景区建设发展相互结合、相互倚重、相得益彰的路子。适时成立水利风景区协会,引导水利风景区主动追求生态效益、经济效益和社会效益的统一。

下一步,常州将深入贯彻习近平总书记关于系统治水的重要论述,把治水兴水摆在经济社会发展的基础性、战略性、先导性位置,深入推进生态水利,挖掘旅游资源潜力,加强水利风景区和"五好河道"建设,坚持"大旅游"理念,实施"文化+、旅游+"战略,把脉旅游产业发展趋势,加强文旅休闲内涵研究,做亮河道、湖泊、水库等水利资源特色名片,让游客获得更多体验,助力加快建设近悦远来的文旅休闲明星城。

(作者单位:常州市水利局)

全域旅游背景下大运河常州段旅游开发研究

袁崇安 黄 军

一、常州大运河文化旅游资源概况

（一）常州大运河概况

常州是一座因运河而生，因运河而兴的城市，流淌不息的大运河作为常州的生命之源，承载着常州从亘古到现代的财富与文明，记录着常州的悠久历史与城市变迁。大运河常州段处于大运河江苏段南部，是江南运河的重要组成部分，由大运河主河道和相关水系构成，北枕长江，南滨太湖，西摄滆湖，中有漕河，蓄泄吐纳牵"三吴"之地。大运河主河道由西北向东南横穿整个市区，全长约 44.7 公里，其中被列入世界文化遗产的部分长约 23.4 公里，西起连江桥，东至东方大桥。相关水系包括古孟河约 40 公里，市河（东市河、南市河、西市河、北市河）6.5 公里，关河 6.2 公里，德胜河 21.5 公里，古舜河 22.5 公里，西蠡河 31.9 公里，丹金溧漕河 48 公里，胥溪 42 公里。大运河常州段历史文化遗存丰富，区域发展水平较高，生态环境优美，在国家、省大运河文化带建设中具有重要的战略地位。

（二）常州大运河文化旅游资源的构成

大运河常州段是具有 2 500 多年历史的活态遗产，孕育了灿烂辉煌的运河文化。运河文化作为常州的核心文化，影响着常州各方面文化的发展与成长。以运河文化为源头,派生出工商文化、中医文化、齐梁文化、民俗文化、市镇文化、科举文化与红色文化等类型文化,其中工商文化、中医文化与齐梁文化为主要文化,其他文化包括民俗文化、市镇文化、科举文化、红色文化等。大运河是常州文化传承的真实脉络,沿线文化旅游资源丰富,运河水系沿岸至今分布有青果巷、南市河、三堡街等历史文化街区和地段,另有孟河、奔牛等10余处古村镇;走出了唐荆川、汤贻汾等一大批名人大家;苏东坡14次乘船过常州,乾隆皇帝下江南在常州题诗六首。沿线分布有水利工程遗产、聚落遗产、其他物质文化遗产、非物质文化遗产等共计5类163项。其中有1座中国历史文化名镇、3座中国历史文化名村,全国重点文物保护单位10处、省级文物保护单位45处,联合国教科文组织"人类非物质文化遗产代表作"1项、国家级非物质文化遗产名录项目13项、省级非物质文化遗产名录项目53项,是江苏省大运河沿线历史文化旅游资源密集区之一。

(三)常州大运河文化旅游资源的特点

1. 赋存丰富

常州大运河文化旅游资源赋存十分丰富,且各具特色。大运河老城区段以工商文化、科举文化、民俗文化为主要特色,孟河镇、奔牛镇等周边区域以中医文化、齐梁文化、工商文化、市镇文化等为主,金坛溧阳以红色文化为主要特色,沿运河水系分布的古镇古村以市镇文化、民俗文化为主。

2. 历史文化价值高

有史记载,自隋以来常州成为漕运重要驿站,运河从元朝到新世纪曾三次南迁,形成了现今"依河建城、河随城迁、河城相套"的"三河四城"风貌,历史城区内以水系为轴——"水陆并行、长街沿河、短巷向水",是见证江南历史变迁和文明演进的"活化石"。到了近代,运河又成为民族工商业的摇篮。大运河是常州历史变迁演进的真实见证,是常州经济社会发展的基因符号。常州因河而生,因河而兴。故此,大运河文化旅游资源不同程度地反映了不同时期的历史背景以及历史文化,具有极高的价值。

二、常州大运河文化旅游资源开发的现状

1. 保护与开发有法可依

常州市先后出台了《常州市文物保护办法》《常州市大运河遗产保护办法》《常州市历史文化名城保护条例》等法律法规,对运河文化旅游资源保护与开发提出了明确的规范性规定,为常州世界遗产法治化进程提供了保障。此外,2018年研究制定《中国大运河常州城区段两侧建设管控操作(试行)办法》,对大运河沿线建设活动加强管控,文化遗产的保护修缮与管理也有序推进,大运河河道管护与生态环境治理建设均得到强化,较好地保护了大运河周边整体历史文化风貌。

2. 文化资源体系得到保护和丰富

常州围绕大运河保护利用和文化带建设,建立了"一会、一办、三组"工作机制。"一会"即市大运河文化带建设工作联席会议,"一办"即市大运河文化带建设工作联席会议办公室,"三组"即文化长廊建设组、经济长廊建设组、生态长廊建设组,分别由市委宣传部、市发展改革委、市环境保护局牵头负责。与此同时,常州着手制定《大运河文化带建设工作要点》,明确了顶层设计、遗产保护和文化展示、"文脉整理与研究"工程、环境整治和基础设施建设、高效经济、平台支撑、培训和舆论引导、组织保障等八个方面的重点工作。各级各部门认真贯彻落实学习了习近平总书记关于大运河文化保护传承利用的重要指示批示精神和省委"四个走在前列"工作要求,文物保护、文化传承、城市建设、旅游开发等各项工作得到有效推进。近年来,市文化广电和旅游局对运河沿线的本体部分和文化遗产点进行全面排查,修缮70余个大运河沿线文物点,新建张太雷纪念馆,全面启动寺墩、青城墩、象墩等遗址考古保护,孟河、焦溪等国家历史文化名镇名村的保护修缮等项目,保护和丰富了大运河历史文化资源体系。此外,全力推进近园修缮工程,积极推动意园、夏家大院、文庙大成殿、梅村戏楼、顺庄戏楼、吴氏中丞第等文物修缮保护工程,有序推进南市河历史文化街区"微改造"和江南水乡古镇申遗。目前,建成和开放青果巷历史文化街区一期;同时依托运河

沿线文化旅游资源,建成了苏东坡纪念馆、恽代英纪念馆等一批修缮展示项目;焦溪古镇申遗工作有力推进;戚机厂、运河五号通过省级工业遗产名录认定;围绕大运河主题创作的电影《桂香街》《老中医》等一大批运河主题艺术精品广受好评;"常走大运"、止园视觉展、运河诗会、水地标评选、"塑"说大运河、"画"说大运河等主题活动亮点纷呈。

3. 文旅融合发展基础扎实

依托运河工业遗产,在运河五号建设了大运河记忆馆,该馆集"运河历史""运河遗存""运河风物""运河儿女""运河新姿"等五大板块于一体,成为常州市民学习、研究、传播运河文化的新载体。建设了大运河常州城区段慢行系统,以体现运河历史的文化脉络、彰显江南民居的传统风格以及打造舒适宜人的慢行环境为目标,整合中心城区人文自然、旅游资源、商业休闲等,形成水岸相融、资源相连的滨水休闲系统。在滨河绿地内建设多处历史文化景点,如"常州大运河"介绍景墙、"德安观歌"、"南门书场"、"运河人家"、"周君义渡"、"文成桥"等,展示运河历史故事,绿地内同步建设休息驿站、公厕、休闲场地、文化节点、停车场等。

4. 助推美丽乡村建设效果初显

借助大运河文化品牌影响力,常州打造集旅游、生态、文化于一体,展现"生态优、村庄美、产业特、农民富、集体强、乡风好"的江苏特色田园乡村现实样板。首批试点 5 个村庄项目形成核心区试点示范,第二批试点 2 个村庄项目建设进展顺利,第三批试点 5 个村庄项目已完成试点工作方案和规划设计方案。通过大运河文化旅游资源的开发助推美丽乡村的建设效果已经初显,促进了历史文化、乡村风貌、休闲旅游、民俗风情等的融合。

三、常州大运河文化旅游资源开发的对策

(一)常州大运河文化旅游资源开发的原则

1. 保护与利用相结合的原则

开发大运河文化旅游资源是为了更好地保护大运河文化。在常州

大运河文化旅游资源开发过程中,必须坚持保护与开发利用相结合的原则。一方面要科学合理地利用大运河文化资源,另一方面要在利用中探求大运河文化资源的有效保护,使保护利用走上"保护—利用—保护"的良性循环,从而实现人与自然、经济与社会的和谐发展。

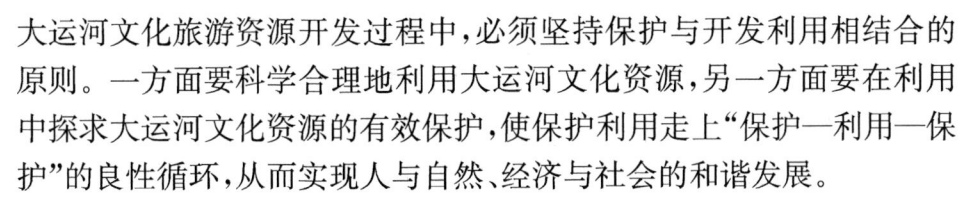

2. 统筹兼顾、齐抓共管原则

在常州大运河文化旅游资源开发过程中,必须坚持树立全市"一盘棋"理念,各级各部门要统筹兼顾,齐抓共管,瞄准"全力塑造高质量旅游明星城市"的目标,形成管理合力,更好地推进大运河文化旅游资源开发工作。

3. 突出地方特色的原则

京杭大运河沿线各地对运河文化都十分重视,纷纷开发运河文化旅游。在常州大运河文化旅游资源开发过程中,为避免陷入同质化的尴尬困境,突出地方特色的原则是打造常州大运河文化旅游竞争力的关键所在。在大运河文化旅游资源开发中必须突出常州当地文化和地方特色,展示常州大运河文化旅游项目的个性和特色,从而对旅游者形成强烈的吸引力。

4. 物质文化遗产和非物质文化遗产并重的原则

千百年来,在大运河常州段沿岸汇聚了丰富多彩的非物质文化遗产。在常州大运河文化旅游资源开发过程中,要从重视"物质要素"开发,向"物质"要素与"非物质"要素兼重的方向发展,可以更好地支撑大运河文化旅游资源开发的内涵建设。

5. 公众参与的原则

大运河文化是祖先留给常州的宝贵财富。在常州大运河文化旅游资源开发过程中,必须坚持公众参与的原则,动员全社会力量共同关注并参与常州大运河文化旅游资源保护与开发工作,形成关心、爱护并参与大运河文化旅游资源保护的社会风尚。

(二)常州大运河文化旅游资源开发的路径

1. 破除行政壁垒,加强部门协同管理

保护开发大运河文化旅游资源,统一的组织领导是关键。常州要在继续发挥常州市大运河文化带建设工作领导小组及其办公室重要作用的前提下，学习借鉴省内外经验做法，明确大运河文化旅游资源开发综合管理部门、专项工作主管部门和相关部门单位的责任，将开发大运河文化旅游资源工作纳入市高质量发展考核指标体系，推动各辖市区建立健全组织体系和工作机制，破除行政壁垒，加强部门协同管理，落实开发运营实体，整合力量抓好大运河文化旅游资源开发规划项目的落实。

2. 加强大运河文化研究，推进研究成果转化

要在建设好大运河文化带建设研究院常州分院的基础上，进一步引进遗产保护、旅游发展、文化创意等高层次人才，加大力量，围绕大运河的重点工作、重要工程、关键节点，以"运河文化"为核心，围绕"名人文化、红色文化、工商文化"三大主题，充分挖掘大运河文化丰富内涵和独特价值，找到常州大运河文化基因的变化规律和特点，提供具有指导性和操作性的应用成果，并积极促进和实现成果转化，为高质量推进大运河文化旅游资源开发工作提供"常州版本"和"常州智慧"，努力打造常州运河文化品牌和城市特色。

3. 丰富旅游产品体系，打造文化旅游品牌

常州非物质文化遗产十分丰富，董永传说、常州吟诵、天宁寺梵呗唱诵、跳幡神、谈庄秧歌灯、锡剧、小热昏、金坛刻纸、乱针绣、留青竹刻、梳篦、常州萝卜干腌制技艺、孟河医派、金坛抬阁、柚山放灯节、诸葛八阵图村落等非物质文化遗产在国内外有着比较大的影响力。在常州大运河文化旅游资源开发过程中，注重让常州大运河物质文化遗产和非物质文化遗产交相辉映，一方面使物质文化遗产的旅游更有观赏价值，另一方面又保护传承附着在物质文化遗产上的非物质文化遗产。可以利用运河沿线青果巷、东坡公园、红梅公园以及"名人名居名巷"等旅游资源，结合城市运河精品段建设，打造大运河滨水文化精品旅游线路，培育城市文化休闲旅游代表性产品。在打造常州特色运河品牌的过程中，要注意充分发挥运河精华段旅游圈层、近郊游圈层、远郊游圈层各自资源优势，运河精华段旅游圈层重点打造"篦梁灯火、文亨穿月""名仕青果""常州龙脉风水命门""东坡遗韵""工业明星"等城市旅游品牌；近郊游圈层大力培育"江南运河明星古镇""孟河医养"等古镇古村旅游

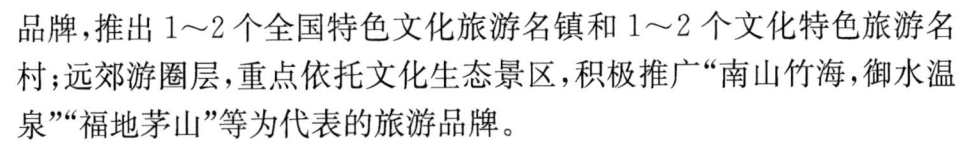

品牌,推出1~2个全国特色文化旅游名镇和1~2个文化特色旅游名村;远郊游圈层,重点依托文化生态景区,积极推广"南山竹海,御水温泉""福地茅山"等为代表的旅游品牌。

4. 创新旅游营销模式,做好旅游品牌推广

旅游形象的建立有赖于系统、高效的形象传播手段。研究制定常州大运河文化旅游营销工作方案,在利用好电视、无线广播、报纸等传统媒体的同时,重视新媒体宣传,采用新闻行动、专题报道、直播访谈、特别节目、口述历史、旅游会展、旅游节庆、旅游专题片、宣传画册、邮册、明信片、书籍、工艺品、专题促销、电视广告、户外广告宣传册等文化宣传产品等多形式、全方位的立体营销模式,开拓更大的市场。谋划设立以大运河文化旅游为主题的重点栏目和版面,进一步深化大运河文化旅游报道工作,积极引导新媒体参与大运河文化旅游传播及普及推广,开拓常州大运河文化旅游更大的市场。在宣传上切实做到人无我有、人有我新、人新我奇,从而助推常州大运河文化旅游品牌的塑造,不仅可以增强常州大运河文化旅游产品的竞争力,还可以提高城市文化品位,提升常州旅游的整体形象。

5. 吸引社会资本参与,提高资金使用绩效

要建设好常州大运河文化旅游发展基金,加快基金落地及实体化运作,健全基金运管制度,为大运河文化旅游资源开发提供专业化、多样化的财政金融支持。其中,要加强与基金契合的社会资本对接,加强项目库建设,储备一批特色鲜明、前景广阔的优势产业项目,引入PPP模式,从建设、产权、定价、机制设计、政策制定、社会认可等多环节、多角度,充分融入对社会资本的激励思想,加大大运河文化旅游资源开发对社会资本的吸引力,减少政府财政和管理的压力,使大运河文化旅游资源开发PPP模式朝着可持续方向发展。在大运河文化旅游资源开发PPP项目运作过程中,要加强政府资金全方位、全覆盖、全过程绩效管理,规范资金使用,提高资金使用整体绩效。

(作者单位:常州城建学院)

大运河常州段文化景观遗产构成特征及其价值

王 浩 卢继元

2014年,中国大运河申遗成功,成为世界文化遗产,大运河在江苏段是最长的,约700公里,沿途历史遗存最多、保存状况最好和利用率最高。大运河常州城区段也是大运河遗产点之一。

文化景观遗产指的是"自然和人类的共同作品",大运河是由劳动人民开凿出来的,体现了人类对大自然的改造。因此大运河不仅属于自然和文化遗产,也具有文化景观遗产的特定属性。

一、大运河常州段文化景观遗产的构成

公元前495年,吴王夫差下令开凿从望亭到常州奔牛、经孟河入长江的春秋古运河,这比中国提交给多哈世界遗产大会申遗文本中记载的时间还要早9年。大运河常州段由奔牛九里入境,至横林古槐滩出境,全长45.8公里,沿途经过奔牛、魏村、孟河、小河、西夏墅、横林余巷等村镇。大运河常州城区段长约23公里,沿岸有天宁寺—舣舟亭历史文化街区、前后北岸历史文化街区、青果巷历史文化街区、运河五号创意街区等,大运河常州段沿岸布满了各种遗址遗迹和非物质文化遗产。

二、大运河常州段文化景观遗产的特征

大运河是世界文化遗产,具有独特的风格。中国不同的朝代都在

开凿和使用大运河,大运河的影响力具有跨越时间的特点;大运河跨越多个地区,在这些地区形成了不同的运河文化和历史遗存,对大运河沿岸的城市和乡村的经济社会文化影响深远。由于大运河的特殊地位和发展变革的独特个性,大运河常州段文化景观遗产呈现以下几个方面的特点。

1. 类型多样化

大运河常州段沿线分布了众多文化景观遗产,这些文化景观遗产有物质形态的,也有非物质形态的,呈现出多样化的特点。物质形态的文化景观遗产又分为不同的类型:有以青果巷历史文化街区、前后北岸历史文化街区为代表的民居建筑,如赵元任故居、周有光宅、赵翼故居等;有以各种跨越运河的桥梁为代表的桥梁建筑,如飞虹桥、文亨桥、万福桥、锁桥等;有以市区大运河沿岸工厂旧址为代表的工业遗产,如大成一厂厂房、求实园、刘国钧楼、恒源畅厂办公楼、老厂房等;有以天宁寺—舣舟亭历史文化街区为代表的宗教建筑,如天宁寺、文笔塔等;有以孟河、奔牛、横林、余巷、小河、魏村等镇村为代表的乡村文化景观遗产,如孟城北街民宅、商行旧址等。非物质形态的文化景观遗产包含传统音乐、传统技艺、传统舞蹈、传统美术、民间文学等。

2. 综合价值重大

大运河常州段是世界文化遗产京杭大运河的重要组成部分,蕴含着劳动人民的辛勤劳动和智慧,体现着中华民族的民族精神和不屈的意志。大运河沿岸的城区和村镇依靠大运河实现了经济上的繁荣,带动了当地的经济发展,具有重要的经济价值。大运河沿岸的建筑风格迥异,体现着南北文化的融合。大运河的非物质文化遗产体现了沿岸劳动人民的生活习惯和民俗文化。

大运河常州段文化景观遗产综合价值重大,物质形态的文化景观遗产中有国家级文保单位瞿秋白故居——天香楼,省级文保单位有17处,分别是戚机厂旧址、唐荆川宅、前北岸明代楠木厅、天宁寺、太平兴国石经幢、管干贞故居、赵元任故居、史良故居、阳湖县城隍庙戏楼、文笔塔、红梅阁、恽鸿仪故居、吕宫府、临清会馆、杨氏家庭戏楼、恒源畅厂办公楼和老厂房、万缘桥等。非物质形态的文化景观遗产中有国家级非物质文化遗产项目3项：常州梳篦、天宁寺梵呗唱诵、常州吟诵，省级非物质文化遗产项目1项：孟河斧劈石盆景。

3. 保护工作难度大

大运河常州段文化景观遗产是一个动态的文化遗产，它包含着物质形态和非物质形态，是在长期历史发展中形成的、不断演变的。因此我们在保护大运河常州段文化景观遗产时不仅要注重保护物质形态的，还要保护非物质形态的，对于过去已经形成的文化景观遗产，要加以重点保护，而对正在形成的一些文化景观，也要给予充分的重视。

大运河文化景观遗产与一般遗产的不同之处在于大运河常州段全长四十多公里，分布在城市和乡村，由于范围过大，无法花费太多的人力和财力来对全市的文化景观进行全面的保护。因此我们需要加强对大运河常州段保护重视的力度。

三、大运河常州段文化景观遗产的价值

1. 历史价值

文化景观遗产是在一定的历史时期和历史条件下形成的历史遗存。大运河常州段见证了常州城市和乡村的历史演变过程，承载着丰富的历史信息，与历史人物、历史事件等密切联系在一起，形成了丰富的历史文化遗产。

大运河常州段最早开凿于春秋时期，经过历朝历代的疏浚和治理，形成了今天的大运河。文化景观遗产的形成年代也各不相同，它们的形成和发展在一定程度上反映着大运河沿岸市区和乡镇的经济繁荣和文化发展，反映着大运河两岸的城市和乡村变迁，集聚着劳动人民的智慧结晶，体现着劳动人民的在历史长河中的作用，具有丰富的历史价值。

青果巷历史文化街区走出了众多国内外知名的人士，这些人都在青果巷留有故居，如赵元任故居、刘国钧故居、周有光故居等。名人故居见证了这些名人的活动轨迹，提供了一些历史事件和人物活动的真实环境，蕴含着当时政治、经济、文化、科技等诸多信息。他们所处的人

文环境和使用过的物品则在不同方面反映了当地的风俗习惯,通过名人故居,可以获知他们所处时代的历史内涵。

2. 文化价值

大运河的开通使南北交流日益频繁,北方中原文化逐渐传入常州,与江南的吴文化相融合,形成了大运河文化。运河文化在传播的过程中形成了众多的非物质文化遗产,它们是在长期的历史发展中形成的,由不同的文化交融在一起,形成的具有鲜明地方特征的地域文化。

这些非物质文化遗产不仅是地域文化的一部分,也是中国传统文化的重要组成部分,是传承中华文化的内容和载体。如常州划龙舟作为富有传统民俗文化特色的传统体育活动,主要是在传统节日、重要时令、祭祀活动期间以划龙舟形式进行表演,一般是配上特定的仪式,来祈求一方平安、风调雨顺。这种表演形式是传承着中华民族几千年的龙文化,通过舞动民间传说的图腾龙来寄托人们对美好生活的向往,带有浓郁的地域文化特征,是在长期历史发展中形成的文化符号。

3. 艺术价值

大运河沿岸的一些古民居、古建筑,它们在其建造过程中就蕴含着丰富的艺术价值。大运河文化景观遗产的艺术价值体现在这些遗产的造型设计、建筑色彩搭配、建筑装饰手法等方面,都反映了特定时代的典型风格。大运河常州段建筑文化景观遗产艺术价值较高,在一定程度上体现了当时精湛的建筑营造技艺水平。

天宁寺、文笔塔、红梅阁等文化景观遗产在选址和营造中体现了"天人合一"的哲学观,这种哲学思想是中国古代传统建筑文化的精髓,最终凝练成中国古代建筑文化的精神内涵。红梅阁造型精巧细致,建筑气势宏伟,具有典型的江南建筑特色,对于研究江南建筑具有重要的艺术价值。

一些文化景观遗产如天宁寺梵呗唱诵、常州吟诵、太平马灯等,是一种出自灵感的艺术创造,通过这些表演艺术,可以获知人的生活方式和艺术特点,一些民俗文化也是文艺创作的源泉,可以为影视剧等现代表演艺术提供素材。手工技艺类文化景观遗产如常州梳篦、孟河斧劈石盆景等,集聚着劳动人民的聪明智慧,他们以其独特的手法,运用精选的材料完成精美的艺术造型,体现了手工艺品精湛绝伦的手工技艺,展现了艺术家的高超艺术造诣。

"上三"集市等习俗是中国传统文化的重要组成部分,体现的是一个地区的经济、社会、文化特征,在传播的过程中也将蕴含的文化内涵与民俗艺术予以充分的展现。

4. 经济价值

大运河文化景观遗产具有非常高的经济价值,全国各地都在利用大运河的文化景观遗产和生态景观资源进行旅游开发,通过文化景观和生态景观来激发人们对审美的需求,让人们在审美过程中得到美好的感受和体验。

大运河文化景观遗产是一种可以进行开发利用的资源,将对它的保护与经济发展结合起来,在保护其真实性和整体性的基础上进行开发,是发挥其经济价值的重要手段。

大运河文化旅游是依托自然资源和人文资源,对自然环境影响较小的旅游发展方式,发展大运河文化旅游可以带来较好的经济收益。目前已经对大运河常州段沿岸的民国时期工业遗产进行了商业开发,依托恒源畅厂和第五毛纺厂改造成的"运河五号"创意街区,取得了较好的经济收益,实现了经济价值。

5. 教育价值

大运河的古建筑遗产蕴含着丰富建筑思想,工匠在建造传统建筑的时候倾注了毕生心血,赋予了一定的精神寄托和思想情感,这些蕴含思想情感和人文精神的传统建筑具有一定的思政教育和情感教育价值,通过媒介将传统道德价值观念传播出去,可以达到潜移默化的教育功能。

常州梳篦、孟河斧劈石盆景等手工艺品具有极大的美学价值,是加强人们艺术教育的重要资源,可以利用这些民俗文化资源开展普及民间手工技艺知识和加强人们实践能力的教育活动,开设传统手工技艺传承的课程,以此提高人们的动手实践能力和创造能力。

大运河民俗文化还是加强人们思想政治教育的重要来源,如流传的德安桥上对山歌是体现运河沿岸劳动人民辛勤劳作的一种民间对唱形式,其中包含的劳动歌是赞扬辛勤劳动的农民,对热爱劳动的传统美德进行了歌颂,传达出劳动人民积极向上的精神面貌。这正与当下国家大力提倡的尊重劳动模范和弘扬劳模精神的宣传主题相符,可以通过它来让人们树立正确的劳动观,弘扬社会主义劳动精神。

6. 生态价值

大运河文化景观遗产具有一定的生态价值,利用其进行生态教育,让受教育者深刻领会大自然的美丽,为了人类更加长久的享受大自然之美,我们要自觉养成保护自然资源和生态系统的意识,树立正确的生态观。教育人们要尊重自然生态规律来进行各种活动,考虑自然生态平衡性,不做破坏自然生态的事情。

大运河文化景观遗产中蕴含的生态文化具有丰富的教育元素。大运河文化景观遗产破坏外显性较强,一旦被破坏就会产生不可逆转的影响,长时间很难恢复到原状,目前人们对生态资源的保护意识相当强烈,因此加强生态观教育是对大运河生态文化资源有效的保护方式。

7. 旅游价值

随着旅游业的快速发展,大运河文化景观遗产的特色文化成为吸引游客的亮点,越来越多地方依靠大运河秀丽风光、人文景观和独具地域特色的民俗文化开发运河文化旅游。通过开发独具地域文化特色的旅游产品,展现运河文化魅力,盘活运河文化资源,从而带动当地旅游业的发展。

大运河文化旅游是当前的热点旅游方式,开发大运河文化旅游资源的同时,也可以将大运河特色民俗文化传播出去,让外界更好地了解大运河的地域文化,在推动旅游经济的同时也为更好地保护与传承民俗文化提供了有力的保障。在对大运河的旅游开发中不仅得以传承传统文化,还作为重要的旅游资源展现其巨大的经济价值。

8. 科技价值

大运河是在历史长河中形成的文化遗产,充分显示了人与自然关系的发展演变过程,反映着劳动人民的辛勤智慧,是连通中国南方和北方经济和文化交流的纽带,积淀了深厚的文化底蕴,在修建时运用了当时先进的灌溉和开凿技术,体现着当时的水利兴修技术,具有重要的科学价值。

大运河文化景观遗产也具有一定的科学价值，一些工业遗产如戚机厂旧址与总成车间、联合剪冲机和道钉锻造机等老机器设备一起，合称"戚机厂旧址"。它体现的是中国近现代民族工业的发展历程，反映了当时生产火车机车的水平。机器、生产流水线、厂房等工业遗址都具有一定的科学价值，可以用来让人们了解机车的生产流程、技术原理等，丰富人们的科学技术知识。

大运河文化景观遗产承载着一定的历史文化，也是居民赖以生存的安身之处，要想保持长远的发展，必须要坚持可持续发展的保护原则。文化景观遗产的保护与当地所处的生态环境密切相关，对文化景观遗产的保护要从单纯的个体保护向生态环境保护延伸，把文化景观遗产周边的生态环境划入重点保护范围。

我们不仅要保护大运河文化景观遗产的物质形态，还要保护大运河文化景观遗产的原生态文化。以可持续发展的原则作为指导，不搞过度开发，遵循自然规律，注意统筹短期利益和长远利益以及经济发展与生态保护之间的关系，避免破坏大运河文化景观遗产及其周边生态环境，实现大运河文化景观遗产保护的可持续发展。

（作者单位：常州城建学院）

水孕苏州的文脉传承

华以丹

苏州古城依水而筑,缘水而兴,因水而美。水是苏州的命脉,水让苏州生辉,水也见证了 2 500 多年来苏州城的变迁。苏州城的历史,从某种意义上可以说,是用水写就的历史,是一部苏州先民理水、治水与用水的历史。

一、精于理水:度地之形,顺水而为

苏州城西的太湖中有座西山岛,岛上三面临湖的甪里洲上有座禹王庙,庙中供奉着大禹像。相传 4 000 多年前,大禹曾在苏州地方治水。后人为了纪念大禹的功绩,也为祈求风调雨顺,在岛上建造了四座禹王庙。甪里洲上的禹王庙是现在太湖中仅存的一座。4 000 年来该庙毁建不断,但香火不绝。史料记载,上古时,苏州"地势倾于东南,而吴之为境居东南最卑处,故宜多水",自古称之为"泽国"。相传,大禹治水,将当时太湖下游的娄江、吴淞江、东江之水引入江海,减少了震泽(即太湖)因水位壅高而造成的危害。"三江既入,震泽底定",吴地先民才得以生息繁衍。

公元前 514 年,当伍子胥为吴王阖闾建造新都城时,苏州地方仍然"险阻润湿,又有江海之害"。水滋润了吴中大地,水也困扰着吴地先民。限于地理障碍,以及当时的生产力水平,最初建成的苏州城,城垣并不是中规中矩的,整座城市的空间意象为不规则的四边形。这是根据周边的河流和地貌,顺水之势,度地之形而规划建设的结果。

吴都大城利用水源巧妙地构筑了八座水陆城门。尤其是那些水城门，分别筑于不同方位，成为水上进出城池的咽喉。从而形成了城内城外两条城河同时环绕，八条水道连通城内外，城内河道纵横交织的格局。《越绝书》记载："平门到蛇门，十里七十五步，陆道广三十三步，水道广二十八步"，按周代一步为六尺，一尺相当于今市尺六寸计算，可以推算出，当时的吴国都城内，有一条长达 5 000 余米，宽达 30 余米的大水道，自南向北，贯穿全城。唐代《史记正义》也记载，公元前 248 年，在春申君经营的苏州城中，河道已经构成了"大（城）内北渎，四纵五横"的形状，形成了河道水脉南北东西交错。这便是"东方水城"最初的雏形。

至迟在唐德宗李适时期(780—805)，苏州就同时具备了古城内外两套较为完整的水系，水道陆衢、河街并行的水城格局基本定型。苏州古城的主干河道，经过千百年调整和完善，从"四纵五横"更形为"三横四直"，而其派生出的支流将近百条。众多的主支河道，经纬交织，纵横有序，形成十分完备、科学的河网水系。古代苏州城的水系，作用是多方面的，同时兼有军事防卫、引流排水、交通运输、火灾消防、调节气候、美化环境等多种功能。

至宋代，平江府城水绕城过，街依水筑。苏州人以河道水系为骨架构筑街巷，营缮城市的意识更为明显。苏州古城几经改朝换代，兴衰嬗变，但城址基本未移，空间格局大体不变，这与网格化的河道水系所起的框架与固定作用不无关联。

历史上，苏州的先人还因势利导，引八条塘河联结八座水门，贯通内外城河。古今比照，今天苏州平门外平门塘，齐门外元和塘，娄门外至和塘，相门外相门塘，葑门外葑门塘，盘门外西塘（胥江），阊门外山塘和金门外上塘，不但能与历史上的八大塘河一一对应，且至今依然汩汩而流，贯通城中水系。

苏州近代，引聚于古城，沟通护城河，并与城内三横四纵水道相连接的外城河道有十四条，分别为城西进水河道六条，城东出水河道八条。其中胥江和运河西段是城西主要进水口，引太湖水源进入内城河道；娄江和运河东段则为主要出水口，向东泄出内城河水。

苏州的先民因地制宜建造城市，充分体现了崇尚自然、顺应自然、利用自然的理念。

二、重于治水：善借水利，趋利避害

历史上苏州就有大禹带领吴地先民治水的传说。从春秋始，吴国就积累了理水筑城的经验，又经过数代、数十代人的努力，成功兴修了太湖流域的水利，合汇贯通了苏州城乡之间的水系。

苏州地势西高东低。根据现代科学测绘，自然落差为5.5米。入唐以来，在前人不断治理水患，营缮水城的基础上，于古城外围修筑起数道防洪堰堤。有一段时期，八座水门曾经全部开启，时有"七堰八门六十坊"之说。完备的水利引排系统，成为古代苏州城乡水环境良性循环的保障。

苏州历史上不乏治水的有功之臣。北宋明道二年（1033），苏州发生大范围的水灾。第二年，范仲淹任苏州知州，他到任的时，"积而未退者犹有二三"，水患还未完全消退，治水便成了范仲淹的第一要务。苏州虽是"膏腴千里，国之仓廪"的富庶地区，但近处太湖，难避特大洪涝。是年天气极端，连降大雨，"湖溢而江壅，横没诸邑"。面对水情，范仲淹"询访年高""深研利病"。他认为"江南旧有圩田，每一圩方数十里，大如城"。如"中有河渠，外有门闸，旱则开闸，引江水之利；涝则闭闸，拒江水之害，旱涝不及，为农美利"。他一边深访民众，一边实地察看，提出了"浚河、设圩、置闸"三者合一的治水方案。浚福山、白茆、许浦等九港，疏导引流，使东南之水入松江，东北之水入长江，最终归之于大海。为避免江潮倒灌，泥沙淤积，范仲淹又在长江出水口设置开启与关闭自如的闸门。福山闸至今留存，人称"范公闸"。常熟迎春门外，后人还设了范公亭，以作纪念。范仲淹采取"以工代赈""民勤而生"的方针，组织起大批民工，既保证了水利建设工程的顺利进行，也赈济了大量饥民。然而，他的治水方案还没来得及全部实施就奉命调离了苏州。但"今岁各平，秋望七八"，成效已经得以显露。为了苏州地方不再有水患的困扰，他上书宰相吕夷简，建议选派往苏州的地方官吏，"宜择精心尽力之吏，不可以寻常资格而授"。范仲淹离任后，他制定的治水规划继续得到实施。之后,历任郡守驻苏后的治水,都参照范仲淹的方略为之。"范公之迹固未远,求其旧缵其功,不亦善哉。"50多年后,文人朱长文在他写的《吴郡图经续记·治水》中,对范文正公的这一功绩赞赏有加。

历代苏州地方官治水有为的,功绩均记录在册。宋代,两浙转运使徐爽,奏请朝廷,置开江营兵1 200人,专修大运河苏州至浙江段驳岸;至和年间平江府调集民众,浚通修筑自娄门至昆山长70里之昆山塘,改名为至和塘,建桥52座,这是苏州向东疏浚的一条主干水道;以县宰李明为主的地方官员,为防水患,筑起自苏州至嘉兴长达100余里的塘路,开辟了苏州通向浙江的水陆要道,号称百里塘路。清代,知府傅椿,组织大量人力,历时50余日疏浚府城内三横四直河,命候选主簿徐扬绘制《姑苏城图》;布政史熊牧、知府任兆炯浚苏州府城河,命盛林基刻作《苏郡城河三横四直图说》,立碑置于城隍庙内;巡抚李鸿章历时三月,整修疏浚计长50里苏州内城河……为苏州治水留下大手笔的地方官员,苏州百姓将世代铭记。

3. 善于用水:水行气运,亨利更随

大运河的起始可以追溯到更早的年代。早在公元前506年,吴王阖闾为伐楚,采纳伍子胥建议,动用大量民工开凿了一条水上通道,即胥溪。胥溪自苏州城古胥门起,一路向西,经横塘、木渎,出胥口、越太湖,过宜兴、溧阳、高淳、穿石臼湖,通向安徽芜湖注入长江,全长约225公里。现在的苏州城,从胥门至胥口进入太湖的胥江,即是古胥溪的起始段,也是苏州历史上最早的人工运河之一。

《越绝书》记载:"吴古故水道,出平门上郭池,入渎,出巢湖,上历地,过梅亭,入杨湖,出渔浦,入大江,奏广陵。"这就是说,春秋战国时,在吴国都城的北边,有水道直达广陵(即今天的扬州)。如今苏州到扬州,直线距离有160公里,可想而知,当年开凿这条水道的工程,是何等浩大和艰巨。《越绝书·吴地传》又载:"百尺渎,奏江,吴以达粮。"百尺渎,又称百尺浦,是吴国都城南面通向古钱塘江的水运通道。顾颉刚先生认为,虽然"古地名不易知",但是,"此数条可见吴越时水利交通工程"。

大运河的开通,使苏州的交通运输、商贸交易由此而发达,且影响了唐宋以来苏州城市的空间格局,尤其是运河南端自西而至,连通城河,使得古代的苏州城市更具发展空间和水城特色,苏州城也从此缘水而兴。今天,列入世界文化遗产的大运河中苏州段就有四条运河故道,即山塘河、上塘河、胥江、环古城河。

今天,如果站在胥江通向太湖的水闸大坝上,仍然可以看到水波浩渺的航道上,运输大驳船头尾相连,东往西来,异常繁忙。昔日的古运河道依然联结着长江三角洲之间的城市群,一如既往地担负着主航道的重任。

史料中的"吴古故水道",许多是江南古运河。苏州的运河故道,经过多次改道,不断修缮和疏浚,在苏州人的精心呵护下,历久弥新,风貌完好,仍然在发挥着巨大的功能作用。在今天的苏州境内,被列为世界历史文化遗产的大运河,西北起自与无锡交界的五七桥,向南环绕苏州古城,东南接至与浙江交界的鸭子坝,全长 96 公里左右,约占江南运河的百分之四十多。《苏州日报》对于今日大运河的功能作用曾有报道:"大运河苏州段每天通过的船只在 6 000 艘以上,约占运河全年通航总量的五分之一,断面货流密度在 8 000 万吨左右,超过长江港口南京和荷兰北海运河港口阿姆斯特丹,是目前中国大运河货流强度最大的航段。大运河,它对经济社会的持续发展,仍在作着积极贡献。"

古代苏州人善于治水理水,精于开发利用,使苏州成了一座"背水得水利交通之便,面水而无浸淹之害"的美丽富饶之城。

水致古代苏州"富甲天下"。尤其是流域性运输水道的开凿,更是"前代经营之迹"的不朽功绩。从春秋时期吴国为运送粮食,在苏州北面开拓漕运水道连通长江,成为我国最早的人工运河,至隋代开凿大运河,苏州成为"黄金口岸",苏州城航道绕城,四通八达。从内城河出发,入胥江,可达太湖;进运河,逆江而上可通内陆各地;循娄江,出浏河口可接海运。明末江南巡抚张国维绘制了《苏州府城内水道总图》,对苏州的水道论说精辟:"吴壤以水据胜,水行则气运,亨利更随,巷陌舟楫通驶,凡载运薪粟,无担负之苦,殷殷富庶有以哉。"苏州历史上唐宋时的昌盛,明清时的繁华,使苏州成为全国工商业的中心,这与古代苏州水上交通航运的发达便利密切相关。

古人云："吴人不可一日无舟楫。"苏州河多，船也多。船的种类有水船、柴船、农船等传统木船，多数长约 8.5 米，宽约 1.9 米，水面高度约 0.6 米，加梢棚高约 1.4 米，苏州古城水巷，适合这些船只穿梭其间。古人有诗："市河到处堪摇橹，街巷通宵不绝人。"水不仅与城市建筑环境融为一体，水与城市居民的生活更是息息相关。陆文夫先生曾对半个多世纪前尚存的水城风情作过追忆："那时候，你站在桥上往河里看，常看见那种卖柴草的船头尾相接……只要你站在后门口的石码头上一声喊，那船便靠过来……那小船慢慢地在河中淌着，从那些水巷里淌过。谁家一声喊，便箭也似地划过去。那些没有水码头的人家便从小楼上用绳系下一个篮筐来，把钱放在篮筐里吊下去，把蔬菜和油盐吊上来……"一番水边人家的白描，却是一座水城曾经的风情。

然而，自清乾隆十一年（1746）后，苏州河道停浚 50 年之久，许多河段淤塞，直至嘉庆二年（1797），河道才得以重浚。此间，苏州城内骨干河道虽然仍保持三横四直格局，但长度锐减至 57 公里左右。民国时期，又有部分河道被填塞，至新中国成立前夕，减至 40 公里。

历史上，水让苏州古城生辉、灵动，水使吴中大地兴盛、富足。今天，水的部分功能作用已退化，水城水乡的形象也今非昔比。随着科学技术的发展和现代人生活方式的改变、生活节奏的加快，人们生产生活依赖水系河道的程度有很大变化，然而，我们绝不能忽视水是生命之源、自然之源，绝不可漠视古代先人们治水理水的功绩和经验，绝不能淡忘对水环境的保护，绝不应忽略对水文化的脉承。

（作者单位：苏州市吴文化研究会）

胥江：历史功能中折射出的社会文化功能

张秋萍

众所周知，大运河是亚洲东部平原上规模宏大的河道工程，是我国古代劳动人民创造的一项伟大的水利建筑，是世界上最长的运河，也是世界上开凿最早、规模最大的运河。一般认为，大运河始建于公元前486年，是年，吴王夫差下令开凿连通长江和淮河之间的人工河，因其途经邗城，故得名"邗沟"。吴邗沟自今扬州市东南的古邗城之下起，城下掘深沟，引长江水北流，向北穿行于武广湖（今武安湖）和陆阳湖（今洋湖）之间，东北入博芝湖，继入射阳湖，最后由射阳湖入今淮安东北的北神堰合淮水。在吴邗沟基础上形成的运河江苏段，是大运河的核心部分，至今仍发挥着重要的运输功能。

运河江苏段的江南部分也由夫差于同时间开凿。据《越绝书·吴地传》："吴古故水道，出平门（即苏州北门），上郭池，入渎，出巢湖，上历地，过梅亭（在今无锡），入杨湖（即阳湖），出渔浦（即利港），入大江，奏广陵（即扬州城）。"也就是说，春秋末期即可行船北上，由苏州城直达淮安而毫无窒碍。这无疑是世界建筑史、水利史和交通史上令人骄傲的经典成就。

春秋时期的吴越故地，水网交错，沼泽遍野，因此，将现有自然河流凿通连贯而形成河道运输系统，当是最为成本低廉又经久实用的基建方式。吴国历代君王都是个中老手。夫差主持建设的南北向跨江运河，约300公里；而在此之前，其父阖闾为了平楚、入越、威齐而开凿的运河东起杭州湾,西至巢湖,贯通了东海、江南水系、太湖水系、长江和淮河流域,长达400公里。我们现以胥口塘为叙述基础,以这条运河的历史功能为逻辑原点,进而研究其于近代衍发的社会功能和文化功能,以突出河道的客观功用在江苏水文化形成过程中的纽带作用。

开凿胥江的历史背景

自寿梦(前620—前561)任吴王开始,春秋吴国进入了信史时代。有学者据出土青铜祭器上的铭文内容考证,认为传说时代的吴国可能在今日苏豫皖交界处,核心区域是邳县西北的泇水流域。吴国在发展中和淮夷等势力融合,并逐步侵蚀越人领地。寿梦登基前后,吴国的疆域已经逐步固定下来,其核心地带,当在今日的安徽马鞍山当涂和江苏南京江宁区之间,首都"姑孰"。吴的直辖领土西至鸠兹(今芜湖)区域,东至镇江、扬州一带。

正在吴国于寿梦领导下逐渐稳定强盛,并因文明进步而进入中原诸国视野的时候,楚国战略决策的改变导致吴国遭受了灭顶之灾。原本楚国孜孜于攻略中原晋国,晋楚间的长期拉锯对经济和贸易破坏巨大。前579年,弭兵之会召开,晋楚停战。虽然协议很快被破坏,但四年后,晋又败楚于鄢陵,后者丧失了继续北进的能力。于是,楚国的阶段性扩张方向,从北上争霸变成了沿着长江东进。当楚国这个有着压倒性优势的敌人把注意力集中到东方时,吴国当然难以应付。前570年吴楚战争爆发,吴国西境要塞鸠兹被攻破,楚军很快摧毁吴都姑孰。

寿梦践位之初,吴国已战略性地向国境东北拓殖。这方今天属于镇江、扬州的土地当时是古越人组成的邗国,自此吴人开始了百余年的对越人的征服。在姑孰被楚军攻破后,寿梦被迫避其锋芒,过江而迁都邗地。因此在中原的史书上,他又被称作"邗王"。此后半世纪,吴国的首都一直在今天的扬州、丹徒、常州之间漂移,显示出该国在楚国强大的压力下步步退入原越人疆域,并渐渐扎根其中。吴王僚在位期间(前526—前515),吴国同楚军僵持于淮南到巢湖一线,都城则固定于今天常州市武进区的雪堰镇。

到吴王阖闾践位，吴国的地缘态势有了空前好转。首先，在之前吴王僚的努力下，吴国的兵力已经可以同楚国相持于淮河流域，如此，处于太湖西北岸的首都便摆脱了被敌军突进消灭的危险；其次，楚国这个"蛮夷"的强大早就令中原诸国极为不安，他们乐见吴国崛起对抗，以战略消耗楚国有生力量，因此明里暗里各国都给予吴国有力支援，著名的兵学大师孙武即齐景公派到吴国的军事顾问；第三，阖闾对于天才般的幕僚伍子胥极为信任，在他和孙武的辅佐下，训练出当时东亚最为强悍的水师和"海军陆战队"；第四，楚国自身内乱不止，楚平王死后，主少国疑，执政腐败，人心溃散。

于是，在伍子胥的主持下，吴国决定进攻楚国，最终目标是覆灭其郢都，以报复吴国三次被楚军燎都的奇耻大辱。伍子胥一方面在今天的苏州规划建设阖闾大城为政治、社会基地，在灵岩山至穹窿山一线建设行政、军事基地；另一方面开凿运河，以作军事运输之通道。

作为军事运输要道的胥江

这里需要说明的是，伍子胥，本名为伍员，"子胥"是封爵——子，是爵位；胥，是封地。吴国，凡首都均命名为"姑苏"，"姑"是发音语助词，"苏"，按照语言学家的研究，词义是"令人满意的地方"。古吴语中，苏、孰、胥、须同音同义，因此姑苏、姑孰、姑胥、姑须，是同一个意思，都是指吴国都城。伍员封地在胥，职责是拱卫京城，因此"伍子胥"的解释就是：那位姓伍的子爵大人现任首都卫戍司令。将太湖流域、长江流域、巢湖流域现有河流连缀打通形成的运河，因修建主持人是伍子胥，当时人即称为"胥水"，而今天，我们则叫作胥江。

胥江的基础功能，是沟通吴国都市圈的两大中心：政治、社会基地阖闾大城，和行政、军事基地灵岩山至穹窿山，因此伍子胥首先开凿了从苏州外城河到胥口太湖口这一条近20公里的运河，后来被称为"胥口塘"。在长度上这条河道无足轻重，却是都市圈的交通命脉。今后2 500年，这条起自胥口，经木渎到横塘同大运河汇水，最后在泰让桥入苏州外城河的胥口塘，一直发挥着极为重要的经济功能、社会功能、文化功能。

楚国源于江汉平原,对长江的水土极为熟谙,因此吴国不敢在长江流域撄其兵锋,转而北上,绕道淮河流域。当然,到淮河首先要过长江,因此,继胥口塘后,伍子胥又在太湖对岸开凿了胥溪河。据参与大运河申遗的苏州文物局专家研究,大运河苏州段的胥江,起自苏州胥门,入太湖,再经宜兴、溧阳、高淳,在安徽芜湖注入长江。全长200多公里的河道中,有胥口、胥湖、胥溪等多条水路,胥溪就是指位于南京高淳区固城镇与定埠镇之间的运河古道。

在芜湖过长江后,运河继续向西北延伸,由今天的鸠江区裕溪口出发,60公里后注入巢湖。这条胥水被写为"须水",三国时期又作"濡须水",后世转音,读作"裕溪",即今天的裕溪河。就这样,阖闾亲自率领吴军主力,和蔡、唐等国附庸军由胥口塘过太湖,由胥溪河跨长江,由裕溪河出巢湖,沿着淮水继续北上,绕过了楚国强大坚固的长江防线,出人意料地从大别山和桐柏山之间的陆路通过,出现在江汉平原东北。随后攻克郢都,完成了地缘政治、军事战略和战术突击的三重胜利,也造就了世界军事史上一大奇迹。

吴国经略太湖流域的基地,尤其是阖闾大城到灵岩山一线,一直是越人故地。为了弹压当地土著的反抗,也为了彻底敉平残存在宁绍平原的越国势力,在灭楚以后,伍子胥又在阖闾大城东南向开凿胥水延伸线,现在称作胥浦塘。这条运河起自苏州城,从今天的上海金山区掠过浙江海盐县,直入杭州湾。不过,后来吴越战争都发生在太湖及太湖沿岸,从胥浦塘出海包抄越军的战略尚未施展,越国就被吴国击败。因此,这条东南向的胥水一直籍籍无名。

胥江的社会功能

目前,胥水(胥江)江苏段仍在发挥交通功能的河道主要有两条:胥溪河和胥口塘。胥溪河指的是胥水的太湖到长江部分,春秋以后仍发挥航运作用的,主要在位于南京高淳区固城镇与定埠镇之间30公里段。南唐以后,海平面降低,长江来水减少,胥溪河道淤浅,不得不增筑水坝来维持航运,到宋代,水位越来越低,尽管又"添置低堰",仍难以航行。元初,下游河道由于年久失修,两岸水土流失,河床不断增高,胥溪河终于淤塞中断。其后七百年间,时断时续,终究没有发挥重要作用,直到1990年才恢复航运功能,成为苏皖之间重要的水运通道。2016年,芜申运河南京段改造工程完成,标志着连接上游长江、水阳江、青弋江和下游太湖的航运正式恢复,古老河道再一次复兴。

专家认为,胥溪河是一条人工开凿的重大水利工程,它沟通太湖与水阳江水系,是有很高的历史、科学、水利、交通、经济、文化等多重价值的水利文化遗产。在胥溪河沿线,有固城遗址等文化遗存的分布,有东坝马灯、龙舟赛、伍子胥传说等非物质文化遗产,也是南京境内非常重要的文化廊道与文化景观。我们应该认真审视胥溪河的文化遗产价值,制订专门规划,加以妥善保护与利用。

同胥溪河相比,胥口塘要短一些,但社会经济作用则重要得多。胥口塘起自太湖,讫止苏州胥门的外城河泰让桥,长约20公里,是连接城区和太湖的重要管道,其最重要的社会经济作用,是作为连接太湖诸岛和外埠的枢纽,使得洞庭商帮有了安全稳定的出行通道。

洞庭商帮,指的是太湖中洞庭东山半岛和西山岛居民作为行商,创立的势力雄浑的商业团体,其知名于史籍是在晚明时期,以贩运松江棉布为主业。在公路不通的旧时代,洞庭山的百姓同外界的沟通只能是舟楫往来。如果以水路来衡量东西山在地图上的位置,会发现两地交通非常便利。据时人冯梦龙研究,东西山正处于以太湖为中心的江南水网枢纽。往东可达长洲、松江、上海,往南可达乌程、南浔、湖州,往西可达宜兴、无锡、江阴,往北可达常州、滆湖、晋陵。如果沿大运河北上,可达淮扬齐鲁;如果溯长江而西,则可游历荆楚三湘。

胥口塘重要性真正地展现,是在19世纪中叶上海开埠以后。洞庭商帮逐渐转型,作为上海租界中洋行和外资银行买办,从事金融和贸易。20年内,尤其是东山行商在上海以同乡、家族、联姻名义守望相助,群策群力,使得被称作"山上人"的东山商人结成近代史上实力最大的金融社团,比如席正甫家族就掌控汇丰银行买办间达60年之久。东山人乡土观念很重,一旦发家,必然回洞庭山起屋造园,其回乡的通路,自上海到苏州经吴淞江（苏州河），自苏州到东山，则必经胥口塘出太湖。

胥江的文化功能

胥口塘出太湖处就是胥口。自胥口沿太湖岸边蜿蜒西去，是香山帮匠人的故地。明代生于吴县香山的北京天安门城楼设计者蒯祥，因其建筑技艺高超而被尊为"香山帮"鼻祖。从匠心独运的苏州古典园林到气势恢宏的北京皇家宫殿，数百年来，香山帮匠人的精湛技艺代代相传。香山帮传统建筑营造技艺已入选第一批国家非物质文化遗产名录，并以"中国木结构营造技艺"之一跻身世界非物质文化遗产。这些能工巧匠离开太湖边的家乡去苏州或全国各地，首先踏上的通道便是胥口塘。胥口塘沿岸遗珠遍地，精美的园林鳞次栉比，这是因为香山帮匠人更方便在河道两岸从事设计和建筑。

比如吴中区木渎镇，其地理位置正好在胥口塘中途，确实也是航船上的旅客打尖稍歇的驿站。该镇由于洞庭商帮的资金投入和香山帮匠人的精湛技艺，形成了一座绝无仅有的园林古镇。苏南的水乡小镇星罗棋布，这固然是常态，但一座小镇有几十处古典园林坐落，则绝无仅有。木渎得天独厚的优势，正来自胥口塘的滋养。香山帮匠人之集大成者姚承祖生平最卓越的两项成就，一是光绪廿八年（1902），重修端园，即后来的严家花园；一是 1935 年，为灵岩山寺建造大雄宝殿。而严家花园和灵岩山寺，都在木渎。

如此雅致密集的园林铺展，在文化风情上吸引了诸多著名知识分子驻足木渎。乾隆年间，遂初园是乾嘉学派的中心，后来成为湖广总督的毕沅在此构筑灵岩山馆，乾隆帝口中的"江南老名士"沈德潜也长期寓居于此。到近代，思想家冯桂芬年老归隐，尚召集一班青年学生编纂《苏州府志》，这些学生中，就有苏州最后一位状元陆润庠、藏书家叶昌炽、蔡元培的座师王颂蔚等。

自西徂东，裕溪河（须水）、胥溪河、胥口塘、胥浦塘（海盐塘），组成了长达 400 公里的胥水（胥江）运河体系，连接了淮河流域、长江流域、

胥江:历史功能中折射出的社会文化功能

太湖流域、大运河水系和杭州湾水系,一直抵达东海。如果说吴王夫差开凿的邗沟是世界史上第一条运河,那么与之同时代或许还要早20年建成的胥江,也值得我们研究和重视。春秋以后,胥江的军事功能显著降低,而社会经济功能日渐提升,到晚明因洞庭商帮的兴起开始重新被世人注意,到清代乾嘉年间则再次登顶,为两岸的市镇带来了大量的经济收益和文化沉淀。

胥江很长,其中胥口塘一段因成为洞庭帮商人和香山帮匠人的回乡通路,而受到密集关注,"胥江"这个专有名词,也被冠之以胥口塘之上。到今天,我们谈及胥江,一般只是在说胥口塘;但2 500年的胥水,400公里长的胥江,还有许多历史的逻辑,以及繁盛、衰落又复兴的秘密,等待我们去触摸和探索。

(作者单位:苏州市木渎文旅集团文史研究中心)

姑苏驿站 运河流淌的宝贵乡愁遗产

邹 树 何大明

2017年6月18日,习近平总书记对建设大运河文化带作出重要批示:"大运河是祖先留给我们的宝贵遗产,是流动的文化,要统筹保护好、传承好、利用好。"在苏州大运河遗产区,古代有一种设置在水陆交通要道上的邮政机构,叫作"驿站"。美轮美奂的驿站,集香山帮建筑技艺于一体,争奇斗艳,是留住乡愁记忆的靓丽名片,是苏州邮政、军事、旅业,以及交通事业发展的历史见证。有的驿站保留至今,已列入文物保护单位名录。

历史悠久驿站史

驿,驿传,主要用马匹作为交通工具传递邮件。驿使,骑马来往于驿站之间的传递者。驿站,官方设立的邮递和接待专门机构,负责接待来往的驿使和官员,传递公文政令、飞报军情军况,以及转运各类物资,同时,还为驿使换乘马匹或船只,办理驿使的交接手续。因此,驿站内还设置驿使和官员下榻的馆舍,蓄养马匹的马厩。驿站名称随时代而变,有都驿、驿馆、驿亭、水马驿等叫法。规模完善的水马驿,分为陆驿和水驿,还拥有水运的船只。

我国的驿传制度,起源于先秦时期。《孟子》记载:"置邮(递)而传命。"吴地驿站的原始形态,称为"都驿"。《吴地记》记载:"寿梦于此置都驿,招四方贤客。"苏州阊门内东中市当时设有都亭驿,其旁边的都亭桥名称保留至今。汉代,驿站称为邮驿、传舍,每30里置一驿。唐代,每20里设置一驿站,配备驿长和驿夫,方便过境驿使和官员下榻。其随从的车马和舟船,也提供合适的场地和码头。唐代诗人岑参有诗曰:"一驿过一驿,驿骑如流星。"宋代,每10里或20里设置驿站,配备驿长、驿吏和驿卒。馆舍内提供地图可查询地名。当时的姑苏驿,规模恢宏闻名遐迩。

明清时期,苏州拥有不少上规模的名驿,如姑苏驿、望亭驿、横塘驿、松陵驿、平望驿、枫桥驿等。当时,为了满足邮递业务不断发展的需求,除了一定数量的驿站,还增设了不少驿传分站——"急递铺",即传递政府公文快件的邮铺,属于兵部掌管。据明正德《姑苏志》记载:在苏州府治西,设有急递总铺。每隔10里,设置急递分铺。分铺设铺司一名,铺兵(铺卒)若干名。苏州境内共有54个急递分铺。比如:射渎铺、浒墅铺、张公铺、白鹤铺、柳胥铺等。明顾炎武《日知录·驿传条》记载:"今时十里一铺,设卒以递公文。"凡属紧急公文,一铺又一铺接力传递,如同唐代为杨贵妃速递荔枝。这些驿站和急递铺,组成了比较完善的邮递网络,是发挥城市交通和邮政功能的重要机构。别具一格的驿传制度,是古代地方政府快速了解和掌握中央政府政令,信息上情下达的主要手段,历来受到中央和地方政府的高度重视。

争奇斗艳驿站美

姑苏驿　姑苏驿原名姑苏馆。始建于宋代,其后多次重建。宋范成大《吴郡志》记载:"姑苏馆,在盘门里河西城下,绍兴十四年,郡守王晥建。体势宏丽,为浙西客馆之最。"姑苏馆内,设有供驿使和宾客食宿的饭铺和馆舍,备有佳肴和马匹饲料,提供舟船和车马等交通工具,以及干杂活的役夫。别具一格的姑苏馆,还是一座美轮美奂的园林。馆内设置射圃和百花洲,鸟语花香。登上楼台,美景历历在目。北宋庆历五年(1045),诗人苏舜钦来苏州游玩,住宿于姑苏馆,写下《独酌》诗。诗尾有"书于姑苏驿"句。元代,姑苏驿进一步繁荣。元代诗人方回有《姑苏驿记》记载:"姑苏驿递,南接行省,北抵大江,东南贡赋并两浙闽海之供,悉由兹道,是以送往迎来,岁无虚日。"其繁荣由此可见一斑。

明代洪武元年(1368),姑苏驿移建于盘门旁边。宣德五年(1301),苏州知府况钟重修姑苏驿。驿站内除了增添寝堂和卧具,还营造了一座可以登高望远的楼阁。驿站设置驿丞,其职责是"典邮传、迎送之事",即掌管公文邮件的传递,接待过境文人和官员。成化九年(1473),苏州知府邱霁因姑苏驿"去府治远,礼宾往来,上下告劳",经巡抚批准,将年久失修的姑苏驿移建于胥门外大运河畔。驿站分为水运和马运,故又称为"姑苏水马驿",明正德《姑苏志》记载其恢宏规模:"半筑于水,广袤数十丈,背城面河,气势宏敞,北有延宾馆,后有楼曰昭赐,可以登眺……驿之右有皇华亭,左有月洲亭。"最后得出结论:"尽得山川之胜,庶几乎所谓中吴之伟观也。"清代康熙年间,姑苏驿前建起牌坊。姚承绪《吴趋访古录·卷一》"姑苏驿"条目歌咏姑苏驿:"古驿临江口,寒催子午潮。市桥停估舶,冠盖接仙僚。"同时,文中还记载了一个感人故事:"康熙间,汤大中丞遗爱坊于驿前,备极壮丽。"汤大中丞,即巡抚汤斌。遗爱,取自《诗经》中"甘棠遗爱"典故,表示对清官离任后的深切怀念。汤斌离任时,百姓感谢其为官清廉两袖清风,集资为汤斌送行。汤斌婉言谢绝不收一银。于是,百姓在姑苏驿前建造一座"遗爱"石牌坊纪念。同治四年(1865),姑苏驿重修,民间俗称"接官厅"。当时,驿站规模恢宏,拥有驿马60匹,马夫49人,水夫138人,年支出白银5 132两。新中国成立后,这里建起胥江水厂,姑苏驿不复存在。近年,在胥门景区复制了一座建筑,名"接官厅"。

望亭驿 望亭驿是一座"元老级"的驿站,始建于隋代,又称为望亭馆。清凌寿祺《浒墅关志》记载:"望亭,在浒墅北二十里。吴先主所立,名御亭。隋开皇九年(589)置为驿,唐属常州。刺史李袭以梁庾肩吾诗有'御亭一回望,风尘千里昏。青袍异春草,白马即吴门'之句,改今名。"历代诗人对望亭驿颇多歌咏。唐代刘沧《长洲怀古》咏叹:"野烧空原尽荻灰,吴王此地有楼台。千年事往人何在,半夜月明潮自来。"唐代白居易《望亭驿酬别周判官》:"何事出长洲,连宵饮不休。醒应难作别,欢渐少于愁。灯火穿村市,笙歌上驿楼。何言五十里,已不属苏州。"从中可以了解,当时的望亭驿规模不小,已成为嘉宾聚会的送别之地。清代乾隆帝南巡来苏州,曾经驻跸望亭驿。清代姚承绪的《吴趋访古录》,

有感而发缅怀望亭驿:"古驿分南北,三分尚说吴。风云前赤壁,亭馆旧黄图。落日青山暮,回头白练粗。"

2019年,为了振兴乡村优化生态环境,望亭镇政府在望亭大运河岸,辟建了一座规模颇大的带状公园,名望亭运河公园。芳草茵茵的公园内,异地重建,原汁原味恢复了一组与望亭驿有关的人文景观。卷棚歇山式的望亭驿,为一座四面围合的庭院。这里将布置有关图片和文字资料,展示望亭驿的悠久人文历史。设置花岗岩露台的御亭,形制为八角形复檐攒尖顶。亭内置皇亭碑,故该亭又名纪恩碑亭。清代乾隆帝曾来此,地方官员在此迎候。飞檐翘角的木石结构牌楼,形制为四柱三门三楼,题额"吴门长洲"。古色古香的望运阁,上下共三层设龙吻脊。这里将辟为望亭历史文化展示馆。

横塘驿　横塘地处运河与胥江交汇处,历来为苏州郊区水陆交通要道,古称"横塘渡"。横塘驿站始建年代虽然不详,但从古代诗人描绘的多首"横塘送别诗"分析,驿站很有可能建于宋代。北宋诗人贺铸《青玉案·横塘》词:"凌波不过横塘路";南宋诗人范成大《横塘》诗:"南浦春来绿一川,石桥朱塔两依然。年年送客横塘路,细雨垂杨系画船。"设置馆舍的横塘驿站,当然是文人演绎"长亭送别"的佳处。

现存的横塘驿站遗构,坐落在名叫"彩云桥"的石拱桥桥堍,两者相得益彰。按遗构石柱所镌楹联落款"同治十三年六月"推断,应该为1874年所建。如今,尽管原来的馆舍等建筑荡然无存,但还保存着驿站第一进的门厅。门厅形制为亭状建筑,故俗称"横塘驿亭""横塘邮亭"。飞檐翘角的门厅,坐北朝南临水,坐落在设置台阶的台基上。黛瓦屋檐,形制为古朴的卷棚歇山式。门厅平面略呈长方形,面阔4.6米,进深5.5米,高4.7米。六架梁木结构,四周砌筑砖墙,前后辟门。左右开窗,窗下设置条石长凳,四隅立花岗岩方柱承接檐桁。南面左右两侧石柱上镌刻楹联:"客到烹茶,旅舍权当东道;灯悬待月,邮亭远映胥江。"楹联再现了驿站当时车马舟船川流不息的繁忙景象。

横塘驿站为大运河江南段沿线仅存的一处驿站遗构,弥足珍贵。1955年,苏州市文管会调查市郊文物时被发现,当时已破烂不堪。1961年进行大修,拨正柱梁,更新朽木,修复屋顶、墙壁和地坪。1963

年被列入苏州市文物保护单位。1982年升格为江苏省文物保护单位。1990年,中国集邮联合会第三次代表大会在北京召开。横塘驿站作为中国古代邮政的一个典型例证,成为中国第三届集邮联合会邮票小型张的主图。1993年,驿站再次进行大修,并且抬高台基,与拓宽的大运河河岸高度相适应。目前,横塘驿站由苏州市文物保护管理所保护管理。

枫桥驿 枫桥古镇地处大运河与上塘河汇合处,为水路和陆路交通要塞。明清以来,就建有驿道和驿站。可惜,清末已不存。1954年大运河苏州段改道后,在运河故道形成一座名叫"江枫洲"的小岛。2002年,市政府规划改造枫桥景区。2003年,小岛搬迁居民后,打造出一处美丽的江枫洲景区。当年,在"美丽新苏州十大工程"评选中,江枫洲以"江枫渔火"景名跻身其间。在整个枫桥景区中,江枫洲和铁铃关、寒山寺一起,成为景区的三张名片。

在江枫洲设计的景点中,根据有关史料记载,恢复了枫桥驿站这一重要人文胜迹。驿站分为南北两部分:位于江枫洲北端的"枫桥水马驿",俗称"北驿站";位于江枫洲南端的"水驿长廊",俗称"南驿站",两者相映成趣。水马驿形制为轩屋三间,粉墙黛瓦。正中为门厅,上方悬挂一块黄底黑字描金匾,题额"驿传逆旅"。逆旅就是旅馆,供驿使和官员住宿。门厅前设置花岗石台阶,左右一对石狮。两扇对开红漆大门上,兽形铜门环(铺首)铿锵作声。高高的门槛,可以想见当年人来人往的盛况。大门前,设置高规格的"旗杆石",两片相对而立的夹石中间,竖起一根粗大的红色旗杆。醒目的驿旗迎风飘扬,使人回想起当年邮驿的峥嵘岁月。门厅左右两侧,各有一间偏屋。一间为办理业务的"办公室",另一间为下榻的旅馆。驿站北面设置砖面吴王靠,供人小憩。旁边的盘龙标志杆上,龙嘴垂下一块牌子,上书"驿站"二字。有趣的是:驿站的外墙上,还绘有一幅巨大的"广告画",上面绘有江村桥、游船等景物,并且公布乘船的班次和开船时间。如"湖州快班""嘉兴快班""子时三刻发船"。当年的枫桥水马驿还备有快船,兼具轮船码头功能,其繁忙景象由此可知。

俗称"北驿站"的水驿长廊,因地制宜地弱化其驿站功能,而突出了

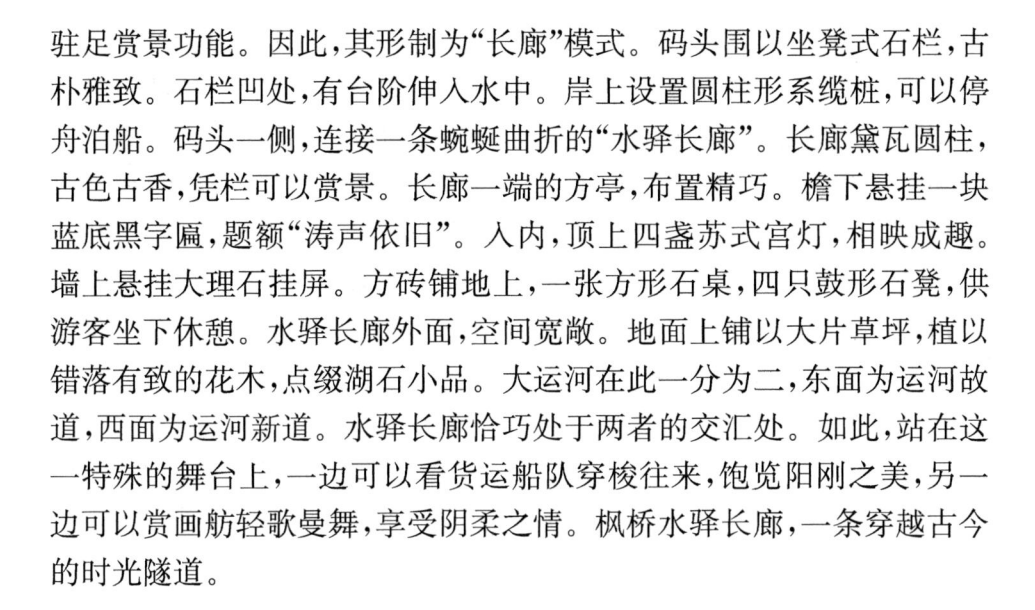

驻足赏景功能。因此,其形制为"长廊"模式。码头围以坐凳式石栏,古朴雅致。石栏凹处,有台阶伸入水中。岸上设置圆柱形系缆桩,可以停舟泊船。码头一侧,连接一条蜿蜒曲折的"水驿长廊"。长廊黛瓦圆柱,古色古香,凭栏可以赏景。长廊一端的方亭,布置精巧。檐下悬挂一块蓝底黑字匾,题额"涛声依旧"。入内,顶上四盏苏式宫灯,相映成趣。墙上悬挂大理石挂屏。方砖铺地上,一张方形石桌,四只鼓形石凳,供游客坐下休憩。水驿长廊外面,空间宽敞。地面上铺以大片草坪,植以错落有致的花木,点缀湖石小品。大运河在此一分为二,东面为运河故道,西面为运河新道。水驿长廊恰巧处于两者的交汇处。如此,站在这一特殊的舞台上,一边可以看货运船队穿梭往来,饱览阳刚之美,另一边可以赏画舫轻歌曼舞,享受阴柔之情。枫桥水驿长廊,一条穿越古今的时光隧道。

迫在眉睫话保护

历史悠久的姑苏驿站,是大运河记忆的乡愁名片,是不可多得的宝贵遗产。作为建筑实体,驿站积淀了丰厚的建筑文化底蕴,它不但是展示苏州香山帮传统建筑技艺的舞台,也是传承这一非物质文化遗产的载体。作为邮政机构,驿站曾经发挥的邮政功能,是研究苏州邮政和交通运输史的典型案例。此外,兼具军事作用和旅馆功能的驿站,还是研究苏州军事文化和商旅业态的重要样本。

现在,保存至今的苏南运河段古驿站,硕果仅存只有横塘驿一处。其弥足珍贵的重要性,应该引起有关部门和有识之士的高度重视。目前,横塘驿站的产权属于苏州市文物保护管理所(文保所),由文保所负责保护管理。现在,因为地理位置比较偏僻,环境封闭的驿站白白空关而破损。更有甚者,一度沦为不法之徒聚众赌博的场所。此事经媒体曝光后,有关部门才引起重视。

如何健全长效管理机制,行之有效保护好横塘驿站?其实,与其将驿站修复后仍束之高阁空关,还不如转变思路合理利用。利用也是保护。笔者经过实地考察后,提出合理利用的八字建议——不求所有,但求所在。既然文保所缺乏人手缺乏资金，鞭长莫及无法长效管理，那么不妨将产权移交给驿站属地的虎丘区（苏州高新区）。由高新区出资，在文保所的专业指导下，由高新区使用。这样，产权仍然姓公属于国有，但合理利用有了保证。具体设想是：由高新区出资，将横塘驿站（包括彩云桥）所在地扩大，扩建为一个整体保护的休闲公园。公园的名称，不妨叫作"横塘驿园"。园内，还辟建一个"苏州驿站博物馆"，用图片和实物展示苏州驿站的悠久历史。如此对外开放的"活态保护"，可以成为苏州古建筑合理保护的一个样本。

（作者单位：苏州市吴都学会）

望虞河精神追记

陈建东

20世纪50年代，全国各地掀起了轰轰烈烈的水利基本建设。1958年，为妥善解决太湖流域因泄洪不畅给当地生产、生活造成严重影响这一历史遗留问题，按照"洪涝分治、分级控制、纲网结合、综合利用"的治理原则，水利部、江苏省水利厅规划开挖望虞河，为澄锡虞及上游浙江北部地区提供引排水通道。这一工程由中共苏州专区委员会和常熟县委组织实施。

望虞河因经过苏州吴县望亭和常熟虞山而得名，全长60.2千米，大部分河段在常熟境内。开挖望虞河，是当时太湖流域水利综合治理的一项巨大水利工程。常熟数万民工积极响应党和国家的号召，怀着战天斗地、改造山河的雄心壮志，发扬敢想敢干的奋斗精神，不怕苦、不怕累，上下齐心，同心同德，完成了新中国成立以来太湖流域动用人工最多的水利工程。其间形成的"望虞河精神"，为中华民族源远流长的水文化注入了新的内容，"望虞河精神"的基本内涵，概括起来主要体现在以下几个方面。

一、忠诚为民的担当精神

1958年10月，苏州专区成立望虞河湖东控制线工程指挥部，由副专员周公辅具体主持工作。在中共常熟县委统一领导下，常熟县建立望虞河水利工程指挥部，由县委副书记胥传坤任总指挥，副县长颜泰兴、毛柏生任副总指挥，坐镇工程现场，全程指挥工程实施，统筹负责现场协调。

就当时来看,开挖望虞河不仅面临条件极其艰苦、工程巨大的客观现状,也面临着若不能在来年汛前完工将对春耕、防汛带来严重影响的巨大风险。通过权衡利弊得失,中共苏州区委和常熟县委,最终决策克服各种困难开挖望虞河。这一决策,体现了人民群众根本利益所在,也体现了中国共产党执政为民、为民造福、敢于担当的初心和使命。

从望虞河开挖工程命令下达之日起,常熟县从县里到公社、大队,各级党组织层层动员。胥传坤在全县大型水利工程总动员誓师大会上强调指出:过去我们的祖先流血流汗,用双手开河筑坪,形成了千万顷的良田,使得我们得以农耕渔牧,繁衍生息。但我们的祖先由于受能力所限和封建统治的结果,所留给我们的是支离破碎、水系很不完整的河网。因此我们虽年年兴修,但一遇到大水、大旱,还是灾况不断。今天我们生长在共产党领导下、建设社会主义这个英雄伟大的时代,应有远大的理想来建设水利,要为子子孙孙着想,这是我们这一代的责任。只有把大型工程做好,才对得起祖先和我们的后代。

通过广泛动员,广大人民群众的积极性充分地激发了起来。11月19日,常熟县塘桥、乘航等8个公社2万多民工在大义段先行试点开工。12月5日,望虞河工程全线开工,至1959年4月25日基本完工。整个望虞河开挖工程常熟段工长31.35千米,共挖土1 270.85万立方米,动员民工125 046人(其中常熟104 602人),实做工数7 968 144工日(其中常熟7 184 683工日),人均日工效1.77立方米。开挖后的望虞河,青坎15~20米,底宽30~50米,其中张墓塘以上段河口宽86米左右,张墓塘以下段河口宽106米左右。

1959年6月1日,望虞河开始放水投运。当年6—8月,常熟全县高温少雨,旱象严重。至8月底,受旱面积达543 361亩。中共常熟县委、县人民委员会决定通过望虞河引进大量江水,使旱情得到极大缓解,全县受灾农田仅有778亩,望虞河的调控功能和社会效益初步显现。

1960年7月,15孔全长81.4米的望虞河节制闸建成投用。1962年9月,常熟县发生特大暴雨,望虞河吉家桥水位4.96米,而河东小东门水位仅 4 米左右,有效保护了阳澄坪区的农田。1992 年,常熟市又进行了望虞河拓浚工程。

二、艰苦奋斗的创业精神

望虞河开挖期间,正值国家物质匮乏、经济困难时期,但常熟人民不等不靠,自力更生,凭着最简单的工具,以战天斗地的英雄气概,艰苦创业。

1958 年 12 月 5 日,望虞河开挖工程全线铺开后,常熟县按军事编制组建 8 个团(下设营、连、排、班)。从鹅真荡畔到长江之滨,数十千米工地同时动工,先后共计有 10 万多人战斗在望虞河工地。当时天寒地冻,生活条件、劳动条件十分艰苦。但广大干部群众都能心往一处想、劲往一处聚。当时的口号是:"双手劈开千层土,定叫长江通太湖。"

每天,民工们顶着星星、踏着晨露来到工地。不管晴天、雨天、刮风、下雪,天天如此。工地上,各团、营、连组织了数以千计的卫星班、火箭班、尖刀连和以刘胡兰、黄继光、罗盛教等革命烈士命名的突击队。开展劳动竞赛,提出"保证工效翻一番,争取翻二番,定放高工效卫星"等口号,工地上红旗招展,挑战书、应战书贴满工地专栏,大家干得热火朝天。在团、营施工进度评比中,有的营、连、排、班为了争速度,常常利用工地离住所近的条件,偷偷动员民工挑灯夜战。

广大干部严格按照指挥部的要求,率先垂范,与民工同吃、同住、同劳动,日夜奋战在工地,与人民群众同甘共苦,充分发挥了党员干部的先锋模范作用和各级党组织的战斗堡垒作用。榜样的力量是无穷的,广大民工激动地说:"党员干部挑一担,群众就能搬座山;党员干部流滴汗,群众汗水汇成河。"由此,彰显了广大干部不忘初心、艰苦奋斗、忠诚为民、清正廉洁的公仆意识。

1959 年 1 月,寒风凛冽,大雪纷飞,施工处于最艰苦阶段。常熟县望虞河水利工程指挥部发出"向冰冻宣战,向严寒示威,开展高工效突击运动,迎接春节"的口号。全体民工在广大干部的带领下,扫去地表积雪,破开工地冰面,顽强拼搏奋战。眼看预定任务难以完成,指挥部又抽调4万多劳力全力增援。春节稍事休息后,即全线复工。但阴雨绵绵,施工困难,民工们便赶制稻草蓑衣,大雨躲一躲,小雨、中雨披上蓑衣照常开工,天天在泥水中奋力拼搏。

三、敢想敢干的创新精神

在望虞河开挖工程全面展开之前,常熟县各级积极做好物质和技术准备。全县先后配备工程员20名,培训技术人员100多名,进行测线放样。同时安排10%至20%的民工先到工地,做好食宿准备,调运粮草,划段分方。后方组织铁、木、竹匠1万多名,昼夜赶制四平车2.5万部、轨道30万米,其中钢轨2.6万米。

望虞河常熟段工程完全是用人工实地开挖的,当时工具单一,作业方式原始,工效低下,工期、施工进度与工程目标要求的矛盾非常突出。但常熟人民不仅苦干硬拼,而且发扬敢想敢干的创新精神,巧干智取,破解了一个又一个施工难题。

工程全面展开后,常熟县望虞河水利工程指挥部发出了"要得高工效,人人来创造;要得高速度,个个献计谋""一人献出三条计,各人创造一工具"的口号。为此,工地上开展了大搞群众性的技术革新运动。围绕工具改革、劳动安排和操作方法,发动群众献计献策。民工中的土专家、能工巧匠采取土法上马,进行工具技术革新;指挥部组织巧鲁班、诸葛营等各种技术小组,进行技术攻关,创造了不少快速取土、运土方法。比如用于取土的有"畜力松土法""穿山甲松土器"等;用于运土的有"牛拉列车""灯笼式四平车""二轮车卫星船"等;用于爬坡倒土的有"牛拉绞关伏虎绞关""木链爬坡器""空中倒土机""空中轨道""自动翻泥车"等。这些创新之举,降低了劳动强度,提高了施工工效,推进了工程建设速度。正是依靠了群众的智慧和勤劳的双手,创造了不平凡的业绩。

四、不甘落后的争先精神

望虞河水利工程开工之初,常熟县望虞河水利工程指挥部即摆开擂书，倡导个个争先，人人创优，具体要求是：人人思想插红旗，开展大规模的群众性思想运动，大破个人打算，大立集体主义；大破本位主义，大立协作精神；大破消极畏难，大立苦干实干；大破少慢差费，大立多快好省。工地上保证做到"三高"（干群共产主义觉悟高，干劲高，工效高）、"四无"（一无开小差，二无装生病，三无磨洋工，四无流眼泪）。采取白天搞生产，晚上搞思想，并定期开展团与团、营与营、连与连之间夺冠军的红旗竞赛。10天检查评比1次，经常到先进地方去总结经验，就地推广，到落后地方去找出原因，开展鸣放辩论，达到个个不落后，人人争先进。

指挥部还编印工作通讯《望虞河前线》《水利战斗》，报道工程进度，宣传模范人物先进事迹和工作经验，传达上级要求。组织开展摆擂打擂，并以流动红旗的形式开展劳动竞赛；把弘扬正气、宣传鼓动、发扬先进、树立典型贯穿于工程建设全过程；团、营普遍建立文艺宣传队，深入工地演出，鼓舞士气。

"星星满天日升东，望虞河上万灯红，红灯底下比干劲，星月底下比英雄""万担土方一担挑，两座高山提着跑，踏干露水迎太阳，夜伴星星送月亮，冲破地冻冒风雪，千苦万难不低头"。这些民谣生动反映了望虞河工地热火朝天的真实景象。常熟民工们这种你追我赶、不甘落后、争先创优的干事创业精神，其豪情壮志、冲天干劲充分展示了20世纪50年代常熟干部群众良好的精神风貌。

至1959年3月中旬，常熟段全线完成土方1 000万立方米，占任务的40%。时春耕季节将至，工地两岸均有堰坝，排灌皆有问题，若遇旱涝，望虞河不打通，水利将成水患。经上级批准，工程分两期实施，第一期河底宽按原标准的一半左右实施。至1959年4月25日，望虞河开挖一期工程基本完工，常熟段共挖土方1 270.85万立方米，计用时160天，基本上达到了预期的目标任务。

五、大公无私的奉献精神

在望虞河开挖建设过程中，涌现出了数以千计的干部模范和先进人物。

1958年12月12日,在锦丰营工地上气氛热烈。常熟县望虞河水利工程总指挥、县委副书记胥传坤的身影出没在川流不息的人群中,只见他手执大钉耙,上下飞舞,使劲地挖着泥土,一辆辆来往的车辆被他装得满满的,他还鼓励民工们要加油干,使得运土的同志都来不及运。常熟县望虞河水利工程副总指挥、副县长毛柏生魁梧的身躯同样出现在劳动大军中,他嘴里喊着"吭唷嗨、吭唷嗨"的劳动号子,推着400多斤重的平板车快步前进,往往使负责装土的民工没有"喘息"的机会。他们和民工们好像是老战友,亲密无间,谈笑风生,并肩作战,在这紧张而愉快的劳动中,他们是普通的一员,是一名水利战士。工地上男女老少情绪特别高,干劲格外大。不少同志看见县委领导和大家一起劳动,深受感动,顿时干劲大增,纷纷脱下身上的棉袄和外衣,数九寒天展开了赤膊大战。

为了赶工期,许多人推迟了婚期,甚至带病坚持劳动。杨园公社的包美珍,本来在1958年的农历十一月十五已经定下婚期,家里结婚东西、婚房都已经准备好,新郎、新娘两边的亲朋好友已经全部请好,只等到"吉日"一到就成婚。对于常熟农村老规矩来说,一般讲好的婚期是不好随便推迟的。突然接到要参加开挖望虞河工程会战的通知后,包美珍二话没说,明确表示:"开河是子孙万代、千千万万人的大事。成家是我的私事,我是一个共青团员,一定要按照组织的安排,私事一定要服从大事,我愿意说服父母和亲朋好友,等开好了望虞河再回家结婚也不迟。"南丰公社(营)四连团支部书记、青年突击队员王惠英,亲身经历了1949年那场特大水灾的祸患,家乡的所有田地颗粒无收,家里被大水冲毁了两间房子,同村村民中一家10人有9人被淹死,由于水灾,她被迫失学。当党和政府号召开挖望虞河时,王惠英不怕苦、不怕累,始终率先垂范,以饱满激情和干劲全身心投入到施工劳动中,被评为劳动模范。

望虞河工程竣工后,共评出水利英雄136人,其中常熟县92人。一等水利模范1 315人,二等水利模范1 970人,三等水利模范3 303人,先进连96个,先进排、班493个,红旗营33个,红旗团1个(为常熟县第三团,由合兴公社、东莱公社、乐余公社3个营组成)。

为开挖望虞河工程需要,仅常熟县就挖废、压废土地1.52万亩,拆迁民房7 890间。广大农民群众都能识大体、顾大局,对被征用的房梁、木材、石料、树木、菜园、竹林及对房屋、坟墓的搬迁,都能做到毫无怨言,不讲条件,愉快服从,以最快的行动落实,自觉做到了牺牲小家利益,支持国家大计。

望虞河的成功开挖使澄锡虞高区与阳澄低区分开,承接高区之水,直接入江并辅泄太湖洪水,旱年又可引进江水灌溉,成为集防洪、排涝、引水、航运为一体的综合性工程。望虞河的横空出世,确保了整个太湖流域包括苏州、无锡和上海西部、浙江北部地区的水生态平衡和农业安全。望虞河水运的发展,更为长三角腹地经济发展注入了新的活力。

望虞河,这条承担着太湖流域防洪排涝、引水灌溉和水上运输等多重功能的河流,经过一个甲子岁月的洗练,几经疏浚拓宽和河岸建设,如今已成为一条美丽的风景线,装扮着太湖流域这片神奇的土地。

从沙墩口到花庄口,从60年前的一穷二白到今天的繁荣富庶,一条河的诞生,凝聚着一代人的智慧和愿望,见证了一个地区的沧海桑田。望虞河从昨天的开挖到今天水生态治理的不断推进,串联起无数治水人的情结。就让这割舍不断的情愫如同望虞口那奔腾不息的河水,激励着我们和我们的后代。

为了太湖流域水生态的安全,为了长三角腹地经济的永续发展,我们不仅要用心呵护好,而且更要下工夫建设好望虞河这一太湖流域的头号水利工程,续写江苏水文化的新篇章!

(作者单位:常熟市党史地方志办公室)

留住水运文化之根脉
弘扬水韵文化之价值
——对南通保护传承水运遗存、开发建设水韵文化的思考

黄鹤群

一、水是南通的灵魂

南通三面环水,滨江临海,水系众多,江海河沟相通,大中小河流纵横,境内水网密布,水文化遗产丰富,亮点和特色众多。大运河支流南通段旧名运盐河、串场河,与南通地区古代草煎盐业的发端、发展、成长、兴盛、鼎盛,有着共生共荣、同兴同盛的伴随关系。南通境内六大古堤、五大运河,城内护城濠河、通吕运河、海港引河等,以及"东渐"四闸、"西被"三闸四涵等水利工程,再加上海安里下河"金三角"等深厚的水文化遗存,可以说南通是依水而生、借水而美、因水而发、靠水而富,水是南通的灵魂。

二、"水韵文化"的基本内核

1. 水运推动了早期现代化的历史进程

居住在滨江濒海、运河两岸的先人们用他们勤劳的双手,创造了丰富的物质成果,这些物质成果反映了各个时期经济社会的发展状况,也反映了彼时人们的思维理念、取舍好恶、行为方式和创造才能。从这些

物质成果上,我们可以感知到各个历史时期的物质文化现象。例如,透过江海堤、沟河湖,我们可以看到水运是解决南通社会和自然资源流动的重要途径,展现了农业文明时期人工运输发展的悠久历史阶段,代表了工业革命前水利水运工程的杰出成就。它实现了江海大地资源和物产的大跨度运输,使南通通过水运和当时的货物中心扬州、政治中心南京、经济中心江南紧密联系起来,促进了不同地域间的经济、文化交流,在交通水利、物产经济和民风民俗等方面发挥了不可替代的作用。再如,唐闸早先是通扬运河之畔的乡间野渡,明成化二十年(1484)建筑石闸,由此得名。唐闸工业镇不仅是张謇大生企业集团的隆兴之地,也是南通早期城市化的发端。唐闸的市政建设、水利交通、慈善公益事业在创立时间上居南通历史之最,南通地方自治事业的许多方面,也都首先在唐闸培育、开花、结果,尔后得以推广,影响波及全国,在一定程度上推动了中国早期现代化的历史进程,引起了世界瞩目。20世纪20年代国外发行的世界地图,中国许多大城市都没有标出,却在南通方位赫然标印着"唐家闸"。一个弹丸小镇有幸标注在世界地图上,这在当时唯有美国的黄石公园可与之并肩。唐闸镇近代工业历史遗存,是自洋务运动以来,我国近代工业历史遗存中整体规模保存最完整、最集中,工业门类保留最丰富、最充实,原址原状保护最真实、最完善,同时也是最具典型意义的中国早期民间资本、民族工业的杰出代表和宝贵历史见证。如今,在唐闸运河两岸漫步,可看到大生纱厂等一系列近代工业遗存;可看到南通纺织专门学校、南通育婴堂等教育、公益设施遗址;可看到西洋风格的近代别墅群、老工房、钟楼以及近代金融、商业等建筑。在这些保存完好、形象生动的遗址中,有十多处是国家、省、市级文物保护单位。

2. "河流水运"构成了厚重的制度文化

以通扬运河和通吕运河等为代表的"河流水运",在南通境内已流淌了千年,作为皇权一统的行政区域,长期置于封建制度统治之下,包括风俗、礼仪、制度、法律、宗教、艺术等在内的上层建筑,构成了南通社会的制度基础。而且随着时间的推移、朝代的更替,这种制度更趋完善和规范,深刻地影响着南通各个领域、各个方面。在这历史进程中,南通的官僚机构和掌权者,一方面要受制于并适应于这种制度,另一方面又要针对本地情况,有所发展,有所创新。这样,就逐渐形成了庞大的制度文化系统。而其形成又是同"水运河道"紧密相连。由于漕运、盐运的勃兴,朝廷为此专门设立了负责转运管理漕运事务,同时设立了与之配套的各类机构。这些机构与地方的府、县机构一道,构成了政治体制和经济体制的基本组织架构。为了确保其正常运转,以维护封建的政治制度和经济制度的统治地位,当权者制定了包括河防、漕运、赋税、兵役、营制、屯垦、教育、选举等一整套制度。这些机构的设立、运行、承转,书写了一本厚重的制度文化大书。与此同时,在"水运河道"两岸的江海大地上,积淀了太多的历史瞬间,发育和成熟了诸多的文化类型,如漕运文化、水利文化、宗教文化、饮食文化以及城市商业文化等等,极大地丰富了运河制度文化的内涵。

3. 水运构成了包容会通的精神文化

人文精神是指"区别于自然现象及其规律的人与社会的事物",其核心是贯穿于人们思维与言行中的信仰、理想、价值取向、人文模式、审美情趣,亦即人文精神,其中心是现实生活中人的价值体现,表现在对人的尊严、价值、命运的维护、追求和关切。千百年来,由于水运河道作为贯穿南北东西的交通动脉、经济命脉,以其宽广的胸怀接纳来自全国乃至世界的各色人群、各种文化、各种思想观念,从而在交流学习、思想碰撞、信息传递中,受到影响感化,培育历练了博大的人文内涵,极其丰富的人文精神,并深刻地影响和改变着这一区域的经济和社会发展,深刻地影响着江海人民的伦理观、人生观、世界观、价值观。由于这种得天独厚的政治、经济优势,城市繁华、文化繁荣、人杰地灵,在社会上逐步形成了浓厚的读书好学、文人结社、著书立说、诗酒酬唱、崇尚气节的人文之风和信仰追求。而正是这种人文之风、思想理念,潜移默化地影响着南通的社会风气,人的价值取向,从而促进了那个时代的城市精神文明。如今,南通人民在继往开来的、改革开放的历史进程中,又开展了富有特色的生态文化工程建设,建成了如皋龙游河生态公园,通州善水、清水文化广场,海门蛎岈山海洋公园以及如东小洋口,启东圆陀角等省级水利风景区,成为现代文明的标志性的工程,构成了绵延不绝、博大精深的城市人文精神。

4. 文字记载构成了具有重要的典籍文化

依水而居、因水而兴的先人们,在滨江濒海、运河两岸的实践中,用自己的双手创造物质成果的同时,也以笔墨记载着大量江海河、沟湖港等的历史,特别是一些地方志、诗词歌赋、农业和天文等谚语、档案,像大生纱厂驻上海办事处的"号信"等,无不透露出某个时代的政治、经济、社会等方面的某些信息,都能帮助我们去了解过去,感知历史。总之,南通丰富的水韵、璀璨的文化,不仅通过大量的物质文化遗存可以感知,还可以通过丰富的典籍资料,获取先人们储存的大量物质文化和精神文化信息。通过研究先人们记载下来的这些典籍资料,我们也同样可以感知先人们在创造物质成果的同时所创造的不同时代的非物质文化,特别是彰显南通深厚文化底蕴的水运河道历史。

三、保护与挖掘、研究与用好"水韵文化"

1. 要充分保护、挖掘、研究、宣传"水韵文化"

水运文化是南通的骄傲。充分保护、挖掘、宣传、利用水运文化,为南通的大文化建设和社会经济发展服务,是全社会的共同责任。我们建议,要进一步推进对"水运文化"遗存情况的全面调查,加强对水运文献资料的挖掘、整理,厘清水运的文化脉络和历史内涵,摸清南通水运文化遗产、文化资源的保护现状、存在问题和发展潜力,扎实做好相关基础和应用研究工作。要重点梳理城镇传统格局、历史风貌以及历史地段的保存情况,做好堤、桥、闸、港、码头和相关历史建筑的确定工作,对所确定的历史建筑要提出具体保护的内容、目标、进度安排等要求,让一大批"水运"物质文化遗产和非物质文化遗产列入国家、省、市的保护名录。要在以往的基础上,广泛利用各种传媒资源,宣传南通的"水运"文化,进一步打造、打响从"水运文化"到"水韵文化"的城市品牌,借以推动南通的城市建设、大文化建设和旅游业的发展,促进南通的全面小康社会建设,再创历史的辉煌!

要组织专家学者进一步挖掘、研究"水运文化"。现在,水运文化的经济效益和社会效益日益彰显,它营造了新的自然环境、生态环境、生产环境,极大地促进了整个江海区域社会经济的发展。特别是明代中后期,在商品经济发达的南通地区,某些行业中已出现了资本主义性质的手工工场和包买商。随着运河区域商品经济的繁荣,更直接导致一批运河城镇的兴起。由运河开发、畅通而兴起的商业城市,宛如一串镶嵌在运河上的明珠,璀璨辉映,耀人眼目。其共同特点都是工商繁荣、客商云集、货物集散、交易繁盛,成为运河上一个个重要的商品集散地。要组织专家学者挖掘水运文化的历史价值和当代价值,总结提升水运文化精粹和人文精神,加深对水运文化的内涵和外延的研究,推动水运从"地理空间"走向"文化空间"。

2. 做好水运文化空间的整体性传承工作

"水运文化"是一本尚未完全打开的书,是一座尚未完全开掘的宝藏。随着时间的推移,文化遗产保护工作的推进,"水运"的历史价值、科学价值、艺术价值、经济价值、人文价值将会进一步显现。我们应该有责任感、紧迫心,在挖掘、保护、宣传、利用水运文化有所作为。要以栟茶、如城、吕四、唐闸等历史名镇的文明史作背景,以大量的文化遗存、历史典籍和丰富的研究资料作基础,从不同的历史时段、不同的地域区间和不同的历史视角,提出更多颇有见地、颇具价值的学术观点。这种有益的讨论渐次深入,就会使命题渐次清晰和集中,从而使农耕文化、工业文化与"水韵文化"交融,逐渐成为全市上下的共识。南通的水运历史文化遗产保护工作起步于20世纪80年代,迄今付出了30多年的努力,可谓卓有成效。面临新的形势,如何加快步伐,让文化遗产释放更大潜能呢?我认为,只有深入研究已有实践,直面矛盾、不足和困境,更有学理依据、更超越性地进行思考和筹划,找到与建设国家创新城市相匹配的制高点,才能高屋建瓴,破解那些互为因果的难题,进入超越以往的新境界。当务之急,要遵循文化遗产、自然遗产和非物质文化遗产发展的不同规律,发挥各自优势,激发潜能活力。要重点对遗产所依附的人文环境、自然环境和特色资源等,做好文化空间的整体性研究。要防止文化遗产保护的功利化,通过"口"头传播和零距离接触,呈现传统文化的底蕴和魅力,让市民通过观赏、品尝、参与等方式,近距离

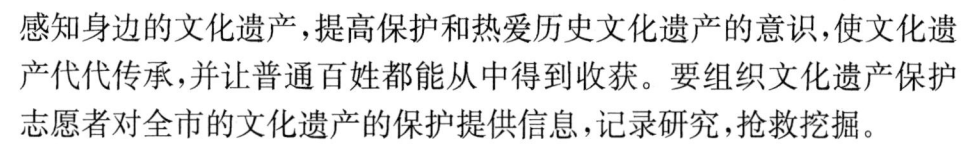

感知身边的文化遗产,提高保护和热爱历史文化遗产的意识,使文化遗产代代传承,并让普通百姓都能从中得到收获。要组织文化遗产保护志愿者对全市的文化遗产的保护提供信息,记录研究,抢救挖掘。

3. 打造水文化提升工程要牢固树立"见人见物见生活"的理念

要设立水韵文化生态保护区,对具有代表性、项目集中、特色鲜明、内容和形式保持完整的特定区域实施整体性保护。在生态区建设过程中,要牢固树立"见人见物见生活"的理念,确立整体性保护的政策框架,防止人为割裂非遗传承与相应环境的联系。要特别重视社区文化的作用和地位,把保护社区文化纳入整体性保护的工作范畴,推动非遗在社区文化生活中的延续和发展。要选择保留原住民的保护与整治方法,即不同于整体迁出原住民,将老街区改造成景区和商业街的做法,而是让祖祖辈辈生活于此的百姓继续在此生活,并对老建筑进行修复、整改,使之更适应现代生活的要求,毕竟保护的目的是为了让生活更美好。例如,如果说河流代表着人的血肉,那么桥梁就是人的骨架,河流是流动的历史,桥梁如凝固的音乐。以通扬运河、通吕运河为代表的"水韵文化"上,架着一道道如飞虹的桥梁,其背后,是一座座飞速崛起的城市、镇村的缩影。就说通吕运河之上,横跨着约30多座的桥梁,它是江海平原上桥梁最多的河流之一,见证了南通城市交通的发展轨迹,也使运河悄然成为多姿多彩的桥梁博物馆。这些桥梁,在人们的生活中发挥着积极的作用。桥梁所承载的文化,也在社区文化生活中得以延续和发展。

要按照水文化遗产保护的相关要求,对唐闸镇通扬运河沿线近代工业的厂房、工房、库房和码头、埠头、桥梁、近代建筑群等历史要素进行恢复性修缮,结合河道水景观建设,打造一批水文化提升工程,重现南通近代工业的辉煌史。

4. 扎实推进水韵文化带建设

要以统筹水运文化保护、传承、利用为主线,立足生态优势、文化禀赋、产业特色,精心保护水运遗产,有效传承水韵文化,合理利用水运资源,高水平、高质量打造"千年古韵、江海风情、四通八达、运济天下"的水运文化保护传承利用的"南通样本"。要兼顾科学利用和适度开发,按照"河为线、景为珠、以线串珠、以珠带面"的布局思路,构建"一廊、两岸、三环、五组团、七工程、八景园、九河带"的空间格局。

"一廊",即着力构建集文化廊道、景观廊道、游憩廊道、生态廊道、交通廊道等水运文化旅游休憩长廊。"两岸",即依托纵横运河两岸,打造以"诗画南通·水乡古镇"为特色的水韵文化。"三环",即内环、中环与外环。"内环"为濠河第一生态圈。"中环"为通吕运河-海港引河第二生态圈。"外环"为市区以外的第三生态圈。"五组团",即着眼于保护传承水运优秀传统文化,丰富水韵文化的时代内涵,打造特色文化旅游组团、历史经典产业组团、时尚文化组团、创意设计和数字内容服务组团、品牌体育赛事组团等。"七工程",即要制订好水运文化的保护规划,明确将文化遗存保护放在水韵文化发展的优先地位,实施水运文化遗存保护工程、运河两岸名城名镇名村的提升工程、水运非遗保护传承工程、水运生态环境创新工程、水运能力开发工程、水运文旅融合发展工程、绿色水运畅通工程,打造水运文化遗产保护的样板。"八景园",即以南通城区长江段为主脉,将沿江的九圩港分水岛滨江生态休闲区、芦泾港城市绿谷、通吕河口湿地公园、任港滨江公园、滨江公园、园博园、老洪港风景区、苏通大桥北桥头风景区等自然、历史、生态园区串联其中,辐射城市,形成以"桥、山、城、林"为特色的城市滨水景观,形成独具特色的滨江濒水"八园"景观。"九河带",即对城区通扬运河、幸福竖河、秦灶竖河、通甲河、南川河、任港河、城山河、西山河、姚港河等九条"河带"建设,串联大生纱厂钟楼、倭子坟、曹公祠、狼山风景区、园博园等,形成历史景观、现代景观和人文景观有机结合,"水链交融、水廊相通"的城市内河滨水景观带。

总之,要千方百计留住水运文化之根脉,弘扬水韵文化之价值,使之再现青春魅力,让人纵览历史沧桑,提升南通城市高质量发展的崭新空间。

(作者单位:南通市江海文化研究会)

通州运盐河的历史变迁与地域文化传承

吴昊翔

河流孕育文明。自然形成的河流如此,人工开凿的运河亦是如此。

运河的"运"字本意为运输,在传统社会体系之中,借助河水的流转,"运河"成为物资运输、人群流动、商业聚集和文化传播的载体,往往还能在农田水利、生产生活、生态环境等方面发挥重要作用。在文化心理意义上,运河之"运"因与社会的福祉、文脉相关联,成为地域文化意象。

作为大运河延伸段在通州境内的重要分支,通州运盐河已经静静流淌了千年。它因盐运而通,又通过盐运带动了区域内经济、社会、文化等各项事业的发展。它是通州海盐文化、农耕文化、市镇文化以及近现代工业文化产生、发展的历史见证,是通州的文化意象,是通州的母亲河。

一、浚河成网——通州运盐河的历史变迁。

在传统社会,河流一直是内外交往的重要通道。运盐河,顾名思义,因盐运而生。为了将通州优质的盐运销出去,历朝历代都十分注重运盐河的疏浚与开通。通州运盐河浚河成网的历史变迁中,包括三个层次水系的开通与疏浚:一是通扬运河,二是串场河,三是相关河流水系。

1. 最早开挖的通扬运河

通州境内最早的运盐河是今天的通扬运河。通扬运河是有明确文献记载的中国众多河流中开凿时间最早、使用时间最长的运河之一。

西汉初期,吴王刘濞为了运盐,征集民夫,开挖了从广陵(今扬州)茱萸湾到海陵蟠溪(今如皋境内)的运河,此后历经两晋南北朝、隋唐,至五代,该河道向南延伸到达静海都镇(今南通市区濠河以内),并与护城河——濠河相连,全长 200 多公里,称为"运盐河"。后经历代浚治,成为南通直达扬州的盐运、漕运干道。

明代天启六年(1626)的《天下路程图引》中所记载地到通州的水陆路引共有两条,其中的一条路线便是通扬运河的主线。其路线大致是:从扬州出东关,东 50 里至宜陵,再向东至泰州、姜堰、海安,在海安立发口形成分支,一支往东至栟茶、掘港场,一支往南过如皋县城至丁堰,再往南至白蒲,最后到州城。明清时期,这是通州至扬州的一条重要水上通道。清末,这条"运盐河"改名为"通扬运河"。

2. 串联盐场的串场河

在江海平原沙洲并陆的沧海桑田过程中,最初的运盐河不断向东、向南延伸,与境内的盐场相连。宋代以来,通州境内的盐场不断兴起,盐业成为通州的支柱产业。为了加强州城与各盐场之间的相互联系,疏浚和开通了州城连通各个盐场的河道水系,这些河道水系被称作是"串场河",亦称"运盐河"。

较早见于史书记载的有,南宋咸淳五年(1269),两淮制置使李庭芝调集民夫,从州城"凿河四十里入金沙、余庆场,以省车运"。迨至明代,先后有巡盐御史吴哲疏通余西场河道,知州郑重开金沙西亭河,巡盐御史张镇疏浚许家环至石港的河道 70 里,等等。

明清时期,南通境内的串场河形成了南北两支。北支从海安立发桥出发,往东经栟茶、丰利至掘港场,并从掘港场至马塘场,再向西经岔河至如皋丁堰。南支串场河从州城出发,往东至金沙场,在金沙场往东与余西、余东、吕四诸盐场相通,往北经西亭至石港场(此段又称亭石河)。鉴于石港场在诸盐场中的中间位置,明正德十五年(1520),两淮都转运盐使司通州分司迁往石港场。

除亭石河外,还有两支水系与亭石河在石港汇聚,一支水系从州城出发,经阚家庵、陈家酒店(四安)至石港,另一支水系从十八里河口经

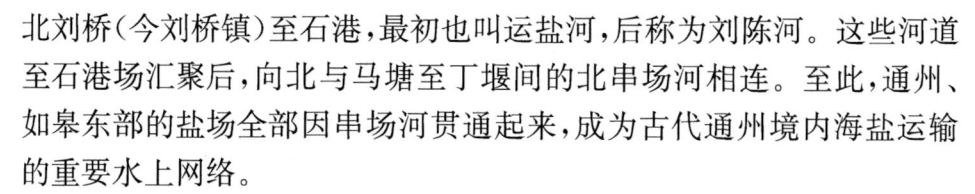

北刘桥(今刘桥镇)至石港,最初也叫运盐河,后称为刘陈河。这些河道至石港场汇聚后,向北与马塘至丁堰间的北串场河相连。至此,通州、如皋东部的盐场全部因串场河贯通起来,成为古代通州境内海盐运输的重要水上网络。

3. 浚通成网的相关水系。

新中国成立后,党和政府利用区内运盐河原有的古河道进行开挖、疏浚,形成新的河道水网。20世纪80年代末,通州区内旧有的运盐河得到改造,建成了与黄海、长江相通,且连接各乡镇的新的河网水系。这些水系包括九圩港—遥望港水系、团结河水系、通吕运河水系等,成为当代通州境内的骨干河道,在通州的生产生活、交通运输、经济发展、文化传承、生态建设等方面发挥着重要作用。

二、"水运"通州运盐河的早期功能

通州境内的运盐河,东入大海,西接大运河,成为大运河在古代通州的重要分支,也是沟通南北的交通动脉。正是这条大动脉,便利了通州境内盐、棉、布等物资的运出,促进了通州经济繁荣与社会发展,为地域文化的形成与发展奠定了基础。

1. 盐业的运输

盐业是通州最古老的经济形态,古代通州的经济发展与交通起源,无不与海盐的生产与运销有关。通州境内所产之盐晶莹剔透、洁白如雪,一直是淮盐中的上品。自宋代以来,通属各大盐场沿范公堤南北陈列,形成了堤外场灶制盐,堤内盐署管理、人口集聚的空间布局,并通过运盐河相互沟通。盐业的兴起,使盐场与盐场之间、盐场与通扬运河这一大动脉之间的支流渠道应运而生。鉴于通州盐运对国家财政的重要性,历代对运盐河的疏浚尤为重视。清代《盐法通志》中载:"水利一事,实与盐运相辅而行。"

明代,通州分司所属十个盐场之间,串场河相继贯通,成为盐运的主干河道。明清两朝,巡盐御史大多兼理运盐河的疏浚工作。河道的疏浚,反过来又推动了盐运的兴盛。串场河贯通以后,余西、金沙、西亭、石港等盐场所产之盐，通过串场河到达石港通州分司，并从这里出发沿串场河北支至丁堰闸，再沿通扬运河西行至泰州泰坝，在泰坝接受掣验后再经扬州转运。此后很长时间，都是这样的盐运方式。古老的运盐河上，盐运商船往来如织，"水上集帆樯。桃浪划开篙历乱，柳风吹起绽飘飚。十里棹歌长"。正是这一景象的生动写照。通过运盐河及其河网水系，古代通州的海盐源源不断地向淮南盐业中心——扬州转运，并销往湘、鄂、赣、皖等地。盐业的兴起，推动了通州盐文化的发展，成为通州地域文化的重要因素。

除了盐运外，运盐河所组成的网络水系也发挥着其他交通功能。州城是政治中心，通州分司是盐业管理中心，从州城至少有三条被称为运盐河的河道最终在通州分司驻地——石港场汇聚，加强了州城与通州分司，以及通州分司与所属盐场之间的联系。州官巡视地方，盐官巡视各场，都通过运盐河。

2. 棉花种植与土布业的兴盛

随着海岸线的东移，海潮不至，导致海盐产量逐渐降低。于是，近代实业家张謇等在黄海滩涂上大力提倡"废灶兴垦"，于是通州境内棉花生产发展起来，原先煎盐的沿海滩涂成为全国著名的产棉区。这种以棉花为主的种植结构，一直保持到20世纪中叶。

通海棉花不仅产量大，而且品质优良，品种以鸡脚棉为主，其株秆短矮，叶缺五出如鸡脚，纤维"绪理紧密、绵绵不断"，为各地所乐用，优质的棉花吸引了各地客商前来采购。往来于运盐河上的船只，除了运盐外，还有运棉花的。20世纪30年代，运盐河边就有金沙福记、刘桥三泰和、平潮陆万昌、四安冯德源等南通地区有名的大花行，这些商号的运棉船经运盐河到达长江沿岸港口，运往上海等地。盐垦公司建立以后，东部黄海之滨的棉花通过运盐河到达近代工业重镇——唐闸。

棉花的种植带动了通州境内土布业的兴盛。土布生产最晚开始于明末清初，早期通海土布的生产主要集中在沿江一带。清代，通州粗厚的土布在东北出现后便很受欢迎，通州土布因此俗称关庄布，主要销往东北等地。在关庄布业形成发展的同时，苏北徐州、淮阴及以南里下河地区各县客商也多来通海采购土布，形成"县庄布"业，此后，"京庄布"

（南京客商采购运销）、"杭庄布"（浙江商人采购运销）也相继兴起。各路土布业的发展使通州成为近代中国首屈一指的土布产区。通州土布业的繁盛时期是在1899—1925年间。在这27年中，平均每年向东北的销布在10万件以上，有些年份多达20万件以上。1931年"九·一八事变"以后，东北沦陷，通州土布走向了衰落。然而，棉花的种植与土布的兴盛，却是通州农耕文化的重要内涵。

可见，通州运盐河以其发达的水系，滋养了通州经济的发展。往来于通州的南北客商在运盐河边聚贾成市，形成了金沙、石港、二甲、西亭、平潮、刘桥、兴仁等商业市镇，它们经济繁荣，人文荟萃，特色鲜明，底蕴深厚，是运盐河边的璀璨明珠。同时，运盐河也为通州教育兴起、人文荟萃、精神传承提供了多样化的文化基因。

三、"水韵"通州运盐河的文化传承

千载悠悠的运盐河，孕育出异彩纷呈的通州文化遗产。除有形的物质文化以外，还有丰富的非物质文化，这些文化遗产在音乐、舞蹈、文学、艺术、民俗、宗教、方言等诸多方面，世代相传，散发着浓郁的地方气息。

方言是地域文化的显著符号。通州地处吴方言与北方方言交会地带，方言过渡性特点明显，呈现出多样性。境内通行的五种方言：金沙话、通东话、启海话、南通话、如东话，代表着不同时期、不同地域的人口交融互通的变化过程，也是通州历史地理变迁过程的文化表征，更是理解通州历史文化的一把"钥匙"。

人类在历史过程中的活动，有许多的史迹留存至今。目前通州区内有不可移动文物共53处，其中30处为市、县级文物保护单位。在这些文物古迹中，有为挡潮御卤保护盐业生产而建设的水利设施，有别具特色和建造风格的历史建筑，有众多杰出人物活动留下的痕迹，其中以张謇家族在通州所留存的系列历史遗迹最令人瞩目。

除文物古迹外，传统技艺与民间艺术也是文化遗产的重要内容。它们是通州先民们勤劳智慧的结晶，是精神文化的重要载体，代表着运盐河畔独特的风土人情。蓝印花布、板鹞风筝、西亭脆饼、红木雕刻、刘桥菜刀等技艺世代传承,技术精湛,享誉中外。以童子戏为代表的传统戏剧传唱着江风海韵的独特魅力。

在战火硝烟的革命年代,中国共产党在通州较早建立了组织,领导通州人民进行反侵略求民主的革命斗争,为争取民族独立和人民解放谱写了不朽的篇章。如今,矗立在运盐河畔的革命烈士纪念碑、江北特委旧址纪念碑、抗日民主政府纪念碑、三战三捷纪念碑、谢家渡战斗纪念碑等爱国主义教育基地,依旧熠熠生辉,成为世世代代传承革命精神的红色圣地。

一方水土养一方人。运盐河畔乡贤汇聚、人才辈出,他们以家国情怀、凛然正气、深厚学养、勤奋精神,留下政声轶事、座座丰碑,成为通州宝贵的精神财富。张謇,是运盐河边走出去的状元公,从小在运盐河边接受的教育,培育出他的家国情怀,使其成为近代民族先驱,兴实业、办教育、发展社会事业、推动地方自治……他让南通从一个封建县邑一跃成为民国时期的全国模范县。

运盐河畔还涌现出许多历史名人。他们中有像抗倭名将曹顶、辛亥义士沙淦那样的忠义之士,有像费范九、孙儆、张文潜、李春鸣、吴浦云那样的硕儒名师,有像柳敬亭、丁有煜、陈邦栋、丁月湖、张謇那样的艺林翘楚,也有投身革命的朱理治、李俊民、姚溱等英雄志士。此外,英勇抗元的文天祥、李庭芝,教育名家江谦、爱国民主人士邹韬奋等也曾在运盐河畔留下足迹,为运盐河增添了一抹绚丽的色彩。

四、结语

2017年以来,习近平总书记多次就大运河文化带建设作出重要指示批示,强调"大运河是祖先留给我们的宝贵遗产,是流动的文化,要统筹保护好、传承好、利用好"。2019年2月,中共中央办公厅、国务院办公厅印发了《大运河文化保护传承利用规划纲要》,12月,江苏省人大常委会通过了《关于促进大运河文化带建设的决定》,为推进大运河文化带建设提供了重要遵循。大运河文化研究以及大运河文化带建设在沿线各地蓬勃兴起。

　　通州运盐河作为大运河延伸段在通州境内的重要分支,与大运河一脉相连,已经静静流淌了千年。在大运河文化带建设的时代背景下推进通州运盐河历史文化研究,是贯彻落实习近平总书记的重要指示精神、引领通州文化高质量发展的重要内涵。

　　文化是民族的血脉,是人民的精神家园。文化自觉支撑国家民族的兴盛,文化自信激发社会进步的活力。运盐河滋养了通州大地,哺育了通州人民。发掘运盐河文化,擦亮通州文化底色,将通州运盐河作为标志性的地域文化符号进行深入诠释与解读,将其打造成新时代的经济之河、文化之河、生态之河,保护好、传承好这一活态文化遗产,丰富通州"自信、包容、求实、创造"城市精神的时代内涵,是坚定文化自信的具体行动,也是传承中华文脉的使命与担当,为谱写"强富美高"新通州的华丽篇章释放出价值引导力、文化凝聚力和精神推动力。

(作者单位:南通市江海文化研究会)

十八里河口大运河文化遗存与保护利用

姜　平

十八里河口是苏北长江口岸水路交通要津，历史上承担着淮盐外输的水上枢纽功能，是南通市境内唯一保留千年运河风貌的古运盐河口岸。

一、十八里河口地理成因与概貌

河口位于南通西北郊陈桥街道的西陲小村，距离南面的南通城、北面的刘桥镇、西面的天生港各十八里，又称十八里河口。早在唐末胡逗洲与北岸连陆前的数百年间，受狼山等五山对江流的阻拦作用，狼山以北自天生港、平潮向东直至启东吕四，积淀成陆为一条东西走向的高地，地理学上称之"通吕水脊"。十八里河口位于通吕水脊最西端，也是胡逗洲西北境最早崛起成陆的西部沙洲高地，古称"老岸"。老岸最先与如皋南境涨接，历史上归属如皋境域。晚唐时，胡逗洲与北岸间尚存一条长江北支泓留下的宽阔隔水，该水系从白蒲经由河口折东北向西亭、石港、掘港入海。沙洲间的隔水可畅通海船，成为通（州）如（东）境内运盐河赖以浚通并流转各盐亭的主要自然河道。十八里河口位居江河双流交汇要冲，左海右江，盐艘皆经此过。五代时，河口一带尚处海滩潮间带，河网纵横，尤宜盐业生产，亦成为永兴场盐运集散地与水运枢纽。

十世纪初，自扬州的古运盐河已延伸至白蒲。时静海都镇管辖下的胡逗洲西北境永兴场运盐河口岸，迤东南新凿的一条运盐河（古称

"新河")与永兴场运盐河(老运盐河,今刘陈河)在此交接,并与西来长江的支流水道形成"丁"字型水运枢纽,"河口"称谓由此而来。后周显德五年(958),周世宗攻取南唐静海改设通州。为北运南通境内所产海盐,屯田盐铁使侯仁矩自河口向西北凿河40里至任家渡(今任家口子),隔清水港(古横江)与白蒲的运河相接。至此运盐船不再绕海路,经由河口折西入上官运盐河(老通扬运河)北往。三流汇聚的河口既为通境吴盐集散港口,又为官府缉私"卫户屯所",史上有戍口、虎口之谓。

二、十八里河口与古运盐河的历史记载

唐宋时期,南通已成为全国四大产盐地之一。汉吴王刘濞开凿上官运盐河,始于扬州茱萸湾,经海陵仓(位于今泰州)至海安以东30里墩入海。随着江海平原沙洲涨接成陆,淮南盐场之掘港、余东等上十盐场日渐繁荣,上官运盐河继由海安向如皋、通州境域不断延伸。对于该地段运河的最早记载是在宋代,宋以前的历史一片空白。因此,十八里河口与永兴盐场及其盐运的早期历史,地方史志均付之阙如。直至1971年南通县陈桥公社第九大队第九生产队(今天的陈桥街道河口村)开挖大寨河时,出土一合五代墓碑《唐东海徐夫人墓志铭》(以下简称《墓志》),一段湮没千余年的南通早期盐业与盐运的历史谜障终于大白天下。《墓志》有"司煮海积盐,嵯峨山岳,专漕运,副上供"的记述,发生地恰恰在河口。《墓志》中准确记述了永兴场的西北界境域位置,具体到永兴盐场境内的递铺名称、新老运盐河道交接地点等重要信息。它对于考证唐末胡逗洲西北境的成陆与南通城市肇起、永兴盐场与新老运盐河贯通等重大历史事件具有极其珍贵的文献佐证价值。

十八里河口与运盐河的更早文献记载,出现在日本僧人圆仁撰写的《入唐求法巡礼行记》中。唐文宗开成三年(838),圆仁随日本国遣唐使团来中国求法取经,返日后著《入唐求法巡礼行记》(以下简称《行记》),记载了途经南通、如皋的沿河见闻:"盐官船积盐,或三四船,或四五船,双结续编不绝,数十里相随而行。乍见难记,甚为大奇。"可见当时通如境内盐业盛况以及运盐河之繁忙。这是日本遣唐使跨越太平洋

首次经我国长江入唐(以往历次遣唐使均由海上入唐)。南通博物苑原苑长徐冬昌先生、如皋博物馆原馆长徐琛先生根据长江下游古地图与历史文献资料,对圆仁入唐求法途经南通、如皋路线进行多方面的研究考察,推断出当年大使船乃是沿胡逗洲南缘与狼山之间江面由任港向西北漂泊,经平潮、河口、西亭、石港、马塘至掘港亭登陆,再入"掘沟"西行转入大运河抵达扬州与长安的。昔日大江口在今通州区九圩港闸一带,北去平潮镇15里许,这里正是古河口所在位置,水面宽阔且多古河汊,为大江东流入海的必经水道。《行记》述7月2日"从江口北行十五里许,既到镇家(平潮)""3日丑时潮生,知路之船引前而赴掘港庭(应作掘港亭),巳时到白湖口(即石港镇)"。从九圩港闸地江口至石港镇约50里,大使船前后驶了8~10小时。圆仁还特别提到自掘港亭国清寺改乘小舟由"掘沟"水路向扬州进发的见闻:"掘沟宽二丈余,直流无曲。是即隋炀帝所掘矣。"据此推断,隋代所挖"掘沟"归属隋唐大运河之支系,是沟通江淮东部及通属各场吴盐北输扬州府而掘的串场新河。对照《墓志》中"永兴场王铎铺界新河""专漕运,副上供,此公家世之绩业也"的记载,无论河道规制还是其功能皆与圆仁所述"掘沟"相吻合。可见唐末永兴场运盐河就已联通大运河的漕运系统,并通过大运河水系将通境吴盐运送到全国各地。通扬运河作为中国大运河的重要支流,即此明证。

三、十八里河口的大运河文化遗迹

千年沧桑,孕育出河口口岸丰富而深厚的运河文化遗迹。

1. 主要河道

刘陈河,唐末五代以永兴盐场冠名,称永兴场运盐河。作为唐代上官运盐河抵达通州境内最南端的古运盐河主干道,千百年来以营运通州吴盐上输京府为垄断。依据《墓志》记载,今日刘陈河至迟在五代时即已存在陈桥街道河口口岸,也是南通境内运盐河中文献记载最早且又确凿可考、至今未曾改道和遭受破坏的古运河。刘陈河已成为南通大运河文化遗产带的典型河道。千百年来,刘陈河口岸舟楫如梭,盐运如织,首尾衔接,恒以千计。它流经港闸西北乡境,贯连古通吕河,东抵南黄海吕四场,沿途绕匝通海十大盐场,满载白花花的盐艘掉头西返,经由十八里河口折北直奔扬州府。踞守运河口岸的河口村,亦有幸伴随运盐河上飘荡的纤号船歌,穿越宋、元、明、清的历史风波,见证了千年一幕的水运繁华。民国肇始,盐政废弛,盛景不再。半个多世纪前,新通吕运河与九圩港的次第开浚,改变了通境盐运河的东西航道,遗下河口迤北一脉的刘陈河,原生态地保存了官河故道的历史风貌。而今,晨光暮影下的古运河静静流淌、不舍昼夜,已不再承担往昔的盐运使命,成为我们城市的一道历史风景、一段文化记忆。

2. 主要遗产点

（1）东海徐夫人墓。五代《唐东海徐夫人墓志铭》碑刻一合,今藏南京博物院,系国家一级文物,1971年12月南通县陈桥公社第九大队第九生产队（今南通市港闸区陈桥街道河口村）开挖大寨河时出土。该墓志主为五代南通首任地方最高行政长官——南唐静海指挥使兼都镇遏使姚公之妻。由于墓主及其家族特殊的政治背景和显赫的社会地位,该墓志所载墓主生平事迹以及姚氏家族军事政权统治江海岛屿半个世纪的文治武功,反映了958年通州建城前半个多世纪社会、政治、经济、军事、文化艺术等方面的重要历史信息。该墓志出土成为南通现存最早、最重大的考古文献发现。这方墓志,为我们证实唐末五代静海都镇（今南通市与通州区）的建制,证实东洲镇（今启东市与海门区）的存在,证实永兴盐场与通扬运盐河的具体方位和盐业盛况,以及静海西北境域详细地理方位等提供了珍贵历史信息。它的出土面世,破解了南通成陆建制前后社会、经济发展演变的千年悬疑,成为记录南通城市和江海地域文化起源的珍贵历史文献和实物遗存。墓志详细描述了徐墓安葬地点的具体方位,这也成为记载唐末五代时期永兴盐场、古运盐河具体方位和胡逗洲西北境域准确地理位置的珍稀文献依据。现经河口村当年参加挖河时目击墓碑出土的乡民实地指认,我们已确认徐墓遗址及墓志发掘的具体位置。所幸古运盐河畔墓志遗址周遭乡土未遭破坏,该遗址地已成为代表南通古代境域地理标识与文明昌发之地的文化地标而加以保护。

（2）新河桥。新河桥的历史,可追溯到永兴场古运盐河的新老交替,《墓志》亦提供了可靠依据。河口村的历史成因源于 1 000 多年前运盐河的开浚与贯通,至今河口村南境仍保留着一座千年古桥遗址——新河桥。桥已物非,寒流依旧,桥下迤东水道仍保持了历史原貌,迤北通扬运河则早已被拓浚延伸。新河桥之谓,印证了河口村、永兴场与新老运盐河的一段湮没的久远历史。

（3）十万步荡与仓基坝。十八里河口沿袭至今的"十万步荡"与"仓基坝"等古老乡土地名,也是我们今天考证和勘探唐末五代永兴场坐落于十八里河口的千年地域名标记。清宣统三年(1911)绘制的《通州水陆道里测绘地图》,通州境内的各大盐场周边,明确标记有盐场仓基地与草荡地古老乡土名称的,只有十八里河口。历史上,两淮盐场的仓基地、草荡地皆为官方拨地,历朝历代严禁垦伐,并订立峻法严格管理,这是十八里河口仓基地与草荡地能够延续千年保留未垦的历史原因。河口的仓基坝和十万步荡直至人民公社初期才予复垦。在张謇发动的盐垦大开发浪潮中,老盐场遭到大规模复垦和土地重新布局,这是通州境内所有老盐场、乡土老地名消失的根本原因,同时这也体现了十八里河口原始风貌的极其珍贵之处。

（4）镇海关帝庙。毗邻河口左岸,始建之年湮不可考。相传庙前古津有深潭千尺,谓为神龙遗迹。地方史载:"煎丁运盐、卫卒运漕赴扬淮间,道经此常遇险,故庙以镇之。"南通历史上载于县志的关帝庙宇多达 21 座,唯十八里河口的关帝庙冠以镇海之名。溯其缘由,应与河口的港口位置以及盐(漕)运输密集相关。乾隆《通州志》里有《通州四境旧图》,从州城向西北沿运盐河仅标出河口、单店(平潮)和白蒲三处地名,由此可以认为,镇海关帝庙既为镇地势之险,更与盐漕转运有关系,甚至可视为古代南通经济活动中的一个独特见证。河口关帝庙几经废兴,清嘉庆、同治间一再修葺,民国十一年(1922)复圮倾。重修后的关帝庙南移临河口,运河由北来经庙前折而东南。庙踞左岸,碧宇庄严,红墙含烟,远近林木郁葱。殿门为张謇题额"古镇海关帝庙"。正殿供奉武帝关羽神像,内有张謇立匾题书"武庙""庙在河口";侧柱亦张謇题联:"在河之漘风马云车神暂驻,配天以汉村翁水鹤祭同来。"民国十一年(1922)壬戌6月关帝庙举行庆典,南通报社特向社会驰书征诗词予祝,一时誉满通城。南通图书馆古籍部存《南通河口关壮缪庙志》一书,收录当年南通各界名流、社会权要为河口关帝庙所撰诗文、题楹、联语等近40篇什,并将重修关庙后出版的《南通平潮市十大风景册》中该庙宇的造影作为附录。惜古庙于1959年九圩港开闸放潮后岸崩屋坍。

(5) 桅杆老岸与沉船。桅杆老岸与沉船传说,在河口一带沙地老岸口口相传了数百年。据目击沙田上桅杆的4位九秩老人回忆,河口老岸上的桅杆从视野中消失不过80余年,桅杆上的啄木鸟窝还留在儿时的记忆中。考之乡土地名,关帝庙南岸河西一带(今唐闸镇西北境),地势由东向西渐次低凹,乡人依据该地段沉积出水的先后,分别谓之老岸、圩塘、海岸。圩塘与海岸间的大片乡土,旧称桅杆老岸田。明中叶老岸濒西乃浩渺江域,昔有盐艘巨舶遇浪翻没,大江南退,涨沙成陆,桅杆露于沙田中,于是有了桅杆老岸的地名。1949年,当地政府在桅杆老岸筹建学校取名"如皋平西区桅杆初级小学"。桅杆老岸、桅杆小学印证了河口古津渡的沧桑之变。同处通吕水脊西境的白蒲、石港,1973年在桅杆荡田先后出土两艘唐代沉船。作为沉船点的河口桅杆老岸,为运河沉船考古提供了线索。

(6) 李方膺父子墓。李方膺(1695—1755)字虬仲,号晴江等,江苏南通人,清代雍正、乾隆时期"扬州八怪"之一。在文学、书法、金石、绘画各方面都有较深修养。曾在山东乐安任知县,为民办过不少好事,如开仓赈灾、兴修水利、出资办学、整治社会秩序等,最后在合肥知县任上被诬陷落职,然后专心致力于书画,直到终老。据清光绪《通州直隶州志》卷二记载:"按察使李玉鋐宅在州治西寺街,墓在州西运河口北小河(岸)。子合肥县知县方膺祔墓右,知县袁枚志。"李方膺父子墓址所在地,除志书上有明确记载以外,还有李氏后人及多位当地老人回忆和实地指认,位置即在河口刘陈河北岸原河口小学遗址后面,现留有古墓老柏树根多处。

四、十八里河口运河文化遗存的保护与利用

在大运河文化带建设的大背景下,作为大运河的一条支道的老通扬运河,应得到更多的重视和保护。

一是论证并启动在《唐东海徐夫人墓志铭》墓葬原址建立博物馆与永久性纪念标志。作为唐末五代统领通海岛屿的最高军政长官姚氏家族徐夫人的墓地确凿可考,是通扬运河南通段所独有的文化记忆和重要遗产点,是除淮安漕运总督公署和扬州府政权中心外,能够发现代表国家盐运管理机构的地方政权最高长官家族墓葬遗址,且墓葬地点与出土墓志均确凿证实所在地域盐业规模、盐运盛况的运河城市,唯有南通十八里河口运河遗产地。通过大范围灰坑考古发现,再结合河口村附近的十万步荡、仓基坝等古老地域名称,应该在十八里河口徐夫人墓遗址旁建一座"通扬运河文化博物馆"。

二是启动李方膺父子墓茔遗址的全面考证和勘探,为筹建李方膺墓园暨纪念馆提供可靠依据。坐落在十八里河口刘陈河畔的李方膺父子祖茔,曾经于抗战期间遭盗挖,毁于 20 世纪 50 年代生产队土地平整。墓茔旧址及墓园周边至今未经拆改,古柏被伐,但老街犹存。当地村民也未闻有李氏墓碑、墓志铭等出土面世。初步推断,李方膺父子墓茔很可能留下残存,不排除墓主碑石等证物仍卧地下。为此,可启动对李方膺父子墓茔遗址的全面考证和勘探。在河口李墓旧址拓建李方膺墓园,内筑以"梅花楼"命名的李方膺书画陈列艺术馆,打造港闸区独具地方特色的文化品牌。

三是启动镇海关帝庙的复建,使之成为爱国、爱家乡的精神圣殿。河口镇海关帝庙曾经被誉为"雄秀南州"的名胜古迹。1921 年重修关帝庙开张,博得空前舆论喧腾。张謇兄弟亦亲题匾书庙联,留下诸多墨宝。镇海关帝庙亦为记载南通西北地貌演变与盐运历史的庙宇文化产物。河口关帝庙以"镇海"冠名,这与南通西北境地理沉陆演变有关,更与南通深厚悠远的运河文化有关。当地乡老至今口口相传的"倒坝潭""桅杆老岸""海岸"等早期地貌地名和遗迹,可视为印证镇海关庙与早

期盐业生产、盐运口岸关系的珍贵口述史料，值得我们深入挖掘研究。镇海关庙幸存《重修镇海关庙记》石碑一块、庙门石鼓一对、张孝若敬赠九龙关公铜像一尊以及部分经书法器等，当年印制的《南通河口关壮缪庙志》也为后人留下了完备的档案资料。十八里河口有着400年武庙香火相续的渊源和历史传说，有着流淌了千余年的古运河河口自然风光，有着张謇等众乡贤重修河口镇海关帝庙的盛事记载，以及馆藏镇海关帝庙的详尽文献资料，这为我们复建河口镇海关帝庙古迹提供了文物支撑与史料依据。

四是全面修复河口古村落文化生态和历史风貌，留住运盐河千年乡愁。通扬运河港闸段的两个重要历史文化遗产地唐家闸工业文化遗产和河口历史文化遗存，分别代表了南通百年工业文明和千年农耕文明的两大历史源头，其根与魂都离不开千年运河文化的滋润和涵泳。如今崇川北翼科技新城日新月异、迅速崛起，新城启肇的代价是传统村落的大片消失。保护好河口沿岸历史人文古迹和景观，犹同护根铸魂，已然成为南通历史文化遗产保护的当务之急。全面修复河口古村落文化生态和历史风貌，是基于整体保护河口运河文化遗产地的理念。千年古村落的生态景观和社会要素是当地历史文化的"活化石"，弥足珍贵。城市发展、人与自然和谐相处，古村落是原点和坐标。

（作者单位：南通纺织博物馆）

通吕运河在近代南通的地位
——以南通大生资本集团为例

张廷栖

通吕运河是江苏著名的通航运河。它西起南通,通长江,东至吕四,通黄海,全长 78.85 公里,贯穿南通的崇川区、港闸区、通州区、海门市、启东市,是内河运输的主要河道,被称为南通"第一运河"。

如今的通吕运河,其前身是历史上的运盐河,故通吕运河又被称为"运盐河"。运盐河最早由两淮制置使李庭芝为运盐而调动民力,于南宋咸淳元年(1265)开凿的一条由金沙至余庆场(今余东)的大运河。从此以后又不断地开凿和疏浚,明成化十七年(1481),巡盐御史吴哲浚余西河。明成化二十年(1484),巡盐御史李孟晊凿吕四场运盐河,通州知州郑重浚金沙西亭河。明弘治二年(1489),巡盐御史张镇浚运盐河自许家环至石港场70里。明嘉靖十六年(1537),通州同知舒䌹继凿运河30里,起自利和镇,经余西、余中场达吕四场,沟通全线。清康熙十年(1671),通州知州王宜亨浚余西河,东至牧童山,西至余西界计程 16 里。清康熙四十三年(1704),海门夏申书等请开运河,东接吕四场,西暨余东、余中二场。清康熙四十七年(1708),运判皇家徽及海门姜兆熊等请开余中场南运河。清雍正八年(1730)浚通州运盐河。清乾隆十二年(1747)浚运盐河深一丈五尺有奇。清同治十二年(1873)通州知州梁悦馨浚通州各场盐河。民国十四年(1925)疏浚运盐河 30 处,长 3 060.4 丈,全线贯通,形成旧运盐河水系。

据光绪《通州直隶通州志》"疏河水系"载:自濠河东流经龙津桥,北七里经瘦子桥,自瘦子桥十八里经阚家庵,又五里经八字河,又四里至烂皮桥,又三里至西亭场。自金沙场东流十三里经金余镇,又七里至余西场,又十里经头桥,又十里至四甲坝,又十里经王坝,又十里至余东场,又二十里经包场,又二十里经六甲,又二十里至吕四场至海的大运河。

张謇在讲到运河作用时认为:纱厂、盐业、垦牧三公司之运道亦节节灵通,是为莫大之公益。意思是这条通吕运河对于大生纱厂、盐业事业和垦牧事业的发展都有重大的意义。

一、通吕运河是大生纱厂原料运输的大动脉

19世纪末20世纪初,张謇创办大生纱厂,走上实业救国的道路。张謇之所以在南通创办纺织企业,是因为他看到当地棉花质量好,为亚洲之冠。当时棉花的主要产地在通州、海门、崇明、如皋东乡(今如东县)。张謇认为:厂之大纲曰进花,曰出纱。纱因花出。来花不多,则储积不足;储积不足,则无以应周年之用,将停工待料矣。也就是说,大生纱厂每年需要大量的棉花为原料,如果原料不足,生产无法正常运转,可见棉花是生产的一个不可缺少的重要环节。

为了保证原料供应,维持生产正常运行,就要将广大农村的棉花收购储存起来,交通运输就是一个非常重要的环节。当年的交通运输业处于水运时代,主要是内河航运。虽然也有陆路交通,在后期还有汽车公司,但汽车以客运为主,所以大量的生产原料靠水运。为了收集棉花,保证大生纱厂生产的正常运行,1903年,张謇先租用了一艘小轮,利用原有的通吕运河即运盐河,行驶于唐家闸与吕四之间,除了运送棉花等货物之外,还兼搭乘客。

随着大生企业的发展,张謇为了适应运输日益繁忙的需要,与沙元炳议设通州大达内河轮船公司(也称大达内河小轮公司)。张謇为总经理,沙元炳为经理。公司成立后,首先利用运盐河正式开辟通吕航线。1904年,又开辟通州至海安航线。从此以后,在通吕运河上常见的运输工具是机头"突突突"地喷吐着烟雾,拖轮牵连成长达数十米的拖机

子船,犹如一条长龙,往返于通吕运河河面,装运着高大的棉花包,或者棉纱、木材、煤炭、钢铁、粮食等供应人们生产和生活所需的各种物资。通吕运河成了大生企业交通运输的大动脉,离开了它会使大生企业无法正常运转。大生集团就是依靠这条通吕运河水系,渗透到沿线的千家万户,将棉花源源不断地汇集到唐家闸。

张謇为了储存这些棉花的原料,一开始就在大生纱厂内建了高大的仓库,至今保存完好。随着大生纺织企业的发展,生产规模的扩大,棉花储存的数量也迅速增长,开始由每年的8万包(每包籽棉300市斤)增至15万～16万包,丰收年成储存更多,由此张謇对储仓业也越来越重视,并促使其进一步地发展。1917年,张謇兄弟和吴寄尘、徐静仁等发起在通沪两地建立大储堆栈的动议。首先在南通唐家闸成立了大储一栈打包公司,经营储运兼打包业务。随着业务的发展,储存棉花占用的资金由每年数十万两增加到100万两以上,个别年份(1919年)近233.57万两。储存棉花的金额,在全年流动资产的比重占全年的70%～89%。除了保证大生集团全年的原料供应外,还可将原棉加工、打包出售,从中获取利润。棉花收购自身获得的盈利也十分可观:自1899—1928年的30年间,各花庄盈利共333.25万两,占同期营业收入的9.06%。也就是说,因棉花的收购、储存和加工而获得利润,在企业的总利润中占19.04%。在棉花产地大量收购后的运输任务主要由通吕运河来承担,因此在大生企业的成功和辉煌中有通吕运河的一份重大贡献。

1918年,大达内河轮船公司也有了新的发展,航线扩展到10条,10条中除南通—吕四,南通—海安航线外,还增加了南通—掘港。公司拥有小轮20多艘,拖轮15艘,承担大生一、二、三厂原料棉花运输任务。每年秋天收获季节,是收花的最好时令,质优价廉,大生纺织公司前往产地设立收花机构,开秤收花。通吕运河上也就更为繁忙起来,这时的小火轮昼夜不息。因此大生企业的生存和发展离不开通吕运河,通吕运河也因为有了大生纺织企业的生存和发展而繁荣起来!

二、通吕运河是大生纱厂产品运输的大动脉

南通是棉花产地,农民在农闲时间,家家户户有纺纱织布的手工生产传统民风。普通农民家庭妇女能从一朵棉花开始,直至日常的衣被所需都能自给自足,当年如果一个大姑娘不会纺纱织布是找不到婆家的。由于有这个传统,通州的手工业以生产土布最为著名。土布生意做到远至东北,名为关庄布,畅销东北市场,因此通州成为全国四大土布生产基地之一。

自从大生纱厂1899年开机生产12支棉纱以后,价廉物美又很均匀的洋纱逐渐替代了手工纺的土纱,大生纱厂在当地找到了广阔的市场,农民织户有了优质的原料,通州土布有了新的发展。大生纱厂与广大分散的农民织户之间产生了互动,农民种植的棉花供应大生纺织企业,而大生企业的产品又供应当地农民织成土布营销外地,这种城市工业与农村农业的良性互动推动了南通的社会进步。这一互动主要依靠通吕运河的水系进行交通运输,它把棉花源源不断地集中到工厂,又将工厂生产的棉纱送到千家万户,将传统的耕织文化提升到以机器社会化大生产为特点的新型耕织文化,通吕运河在其中起了枢纽作用,有重要贡献。再从工厂视角来看,大生纱厂找到这个市场是由通吕运河来实现的,没有通吕运河这个大动脉的作用,形成不了市场,没有市场的企业是无法生存的,再次说明通吕运河在大生企业生产领域和商品流通领域的重要地位。

三、通吕运河是同仁泰盐业公司盐业运输的大动脉

张謇在奉张之洞之命举办团练以抵抗日军的入侵时,来到沿海一带考察,看到淮南盐场破败落后的景象,油然产生改革现状的强烈愿望。1901年,在大生纱厂获得成功后,他终于有能力实现这个愿望了,于是1903年,张謇从日本参观大阪博览会回国后,为了改革陈旧的盐业生产方式,把封建衙门式的盐垣改为资本主义企业化的公司制,改变

草煎盐,利用自然能源采用板晒法改进生产技术,不仅可以降低成本,还可以退草还田,让出土地种植棉花,使当地成为工业原料基地。这是一举两得的妙策,所以张謇筹划废灶兴垦,开辟大片土地资源的同时,为保持淮南盐场传统的盐业生产与垦殖事业两不误,他创办了通海垦牧公司,还与汤寿潜等招股成立同仁泰盐业公司,将生产的盐运到南通的大咸盐栈去销售。

同仁泰盐业公司生产的食盐通过通吕运河运往南通盐仓坝的大咸盐栈,再由大咸盐栈运往外地。也正因为通吕运河将盐运到仓库,才有盐仓坝地名的来源,盐仓坝也见证了通吕运河即运盐河为盐业运输立下的汗马功劳。通吕运河已然成了近代盐业交通运输的大动脉,通吕运河仍然是名副其实的运盐河,也是张謇废灶兴垦的大动脉。由于运输船只来往较多,通吕运河两岸聚集了大量的码头、堆场、仓储、工业企业等,带动了农村乡镇的繁荣。

总之,通吕运河是一条古运河,又称运盐河,在历史上为盐业生产和经营发挥了重大的作用,历来都有"淮南盐业甲天下"的说法。来自东南沿海盐场的食盐源源不断地运往全国各地,运输的任务就是由通吕运河与通扬运河完成的。

四、通吕运河是江海大地的文化之源

南通土地是由黄海与长江冲击而成,原始先民生活资源除来自渔猎外,主要是煮海,沿海一带布满了盐场。西汉初年,吴王刘濞招募天下亡命人首先在南通西北成陆之地煮海水为业,成为南通古代盐业的开端。凡煮盐之地或以亭为名,或以场为名,南通留下的古地名一般以灶、亭、场为名。南部各盐场大多始设于五代十国至南唐之时。北宋初期,通州境内南部有西亭、利丰、永兴、丰利、石港、利和、金沙、余庆8个场,北部设有角斜、栟茶、掘港东陈、丰利东西4个场,属泰州海陵监管。北宋中叶,海门岛北部设立吕四场。通州与泰州和楚州的盐课,独当天下盐课半数以上。元代,南通盐业生产继续发展,经过归并分合,形成12个盐场,这个格局一直延续到清代,历时600余年。

南通境内盐场均由运盐河串联沟通，互连互通，将各盐场所产之盐，源源不断地通过通扬运河输送至扬州，由两淮盐运使集中，再通过盐商销售到全国各地。作为江海平原的南通，最早的文化是海洋文化中的盐文化，后因海势东移，产量渐减，盐场逐步东迁，早期的盐场逐步被农耕所替代。通吕运河这条运盐河是盐业生产和运输的重要环节，是盐文化的重要组成部分，因此，通吕运河也是江海大地的文化之根，南通文化之源。

大生资本集团的所在地就是历史上的永兴盐场，是在盐文化和农耕文化基础上发展起来的工业文明，与通吕运河有着历史渊源，因此通吕运河的历史，承载着江海大地的变迁和文化发展的脉络。

（作者单位：南通大学）

水文化是江海南通的根与魂

房 健

二十世纪八十年代,中国著名的社会学家、人类学家费孝通先生,在长江三角洲实地考察时,对时任南通市委书记吴镕同志讲:"南通好地方,风水宝地,江海明珠。"在江苏的版图上有江有海有运河的唯独南通,没有水就没有南通。今天我们研究水文化,陆、港、桥是与水文化相关的重要元素,容、善、韧是水文化的精神所在。概言之,水文化是江海南通的根与魂。

一、神奇自然的魔幻力,以水而生,造化江海成陆

陆。"今东距海已近千里,所谓大陆者,皆浊泥所湮耳"。南通由水流沉积淤涨而成,长江的万丈豪情,黄海的澎湃激情,运河的千古幽情都与南通息息相通,水是南通凸显的文化符号。

南通滨江临海,地势偏平,在地貌分区上属坦荡的长江三角洲平原。早在6 000多年前,长江北岸古沙嘴的扬泰岗地已经成陆。而如皋的东部及南通的绝大部分地方远古时仍是大海,汉代是一片沙洲,史称扶海洲。南通地区大部分成陆是以此逐渐向南或向东延伸扩展,由于长江、淮河、黄河携带大量的泥沙沉积,加之海流再次搬运等因素作用,形成大片冲积。特别是长江携带的泥沙在南北两侧堆积成江口沙咀外,在江口一带聚积成沙洲和沙坝,导致江水分成南北两股汊流,在地球自转的影响下主水流不断右偏,南股汊流不断加深增宽,水量增大,北股汊流则逐渐淤浅束狭,最终导致江口沙洲、沙坝并入北岸。在

南股汊变成主江口后,新的江口沙坝又在异地形成,如此往复,长江三角洲就不断向海延伸,江口就不断向南偏转。多年历史上河流作用和海平面变化,气候的变迁和冰期的更替引起古黄海海域的海面升降,从而导致海域涨缩,海进成海,海退成陆。历经沧桑,由于长江黄海河道的变迁,形成了如今的江海平原。

千百年来,由于大江大海大河的吐纳交汇,长江北岸的这片沙洲经过大自然的拼盘,形成了中华国土上最年轻的宝地,也是神奇的大自然赐予的珍贵财富。踞江海之会、南北之候的南通,南北最长距离为114.2公里,东西最宽处154.8公里,成为中国黄金海岸和黄金长江水道。自然河流是人类的摇篮,人工运河则是人类文明的杰作。早在汉代吴王刘濞就开挖了扬州至泰州东的运盐河,这段运河(通扬运河)在宋嘉祐年间延伸到南通,沟通各盐场,形成水利系统,河流交汇成网。淮河水系流域面积2 524.1平方公里。长江水系流域面积5 974.5平方公里。到今天运河河道总长达747.3公里,源远流长的运河,给江海平原带来绵长久远的福祉。

江海成陆,以水而生。水的滋润让这片原始沙滩成为鱼米之乡。先民们在这里艰苦奋斗、垦滩造田、兴修水利、削平高沙、植树造林,才有了今天到处五谷丰登、仓廪殷实、农业兴旺、生态优美。特别是新中国成立以后,水稻单产全省领先,棉桑种植一直在全国有影响。1963年在全国棉花工作会议上,周恩来总理还接见了南通种棉姑娘秦素萍。南通种养加农业结构模式在全国得到推广,栽桑养蚕加工一条龙形成了地方特色,茧丝绸产品走向世界。江海南通成为全国纺织之乡、建筑之乡、教育之乡、体育之乡、长寿之乡,是全国文明城市、国家卫生城市、国家环保模范城市、国家园林城市和国家历史文化名城。

二、四通八达的吸引力,以水兴业,连接口岸建港

港,指河的支流,后引申为可以停泊的河湾、码头、港口。南通地理位置上处在长江与黄海T字交界点,是长江三角洲和东部沿海要冲,与上海隔江相望,与市县域内河港汊舟棹连营,碧水缠绕,波涛拍岸,港

口连接显现其血脉相通。

早在清朝末期的 1904 年，状元张謇就在天生港兴建了两座设施完备、有一定规模的码头，开展大达轮步公司经营业务，负责唐闸地区新兴工厂企业的燃料原料机器成品的运输，这是南通港口的最初起步。

1986 年，胡耀邦同志到南通视察工作，在南通港题词"南通港口通天下"。目前，南通已形成了西港口、东港口。西港口指沿长江一片的江岸港口，包括天生港区、南通港区、任港港区、狼山港区、富民港区、江海港区、通海港区和如皋港。东港口指海洋一片的港口，包括洋口港和吕四港。

南通港是长江下游处于苏中苏北地区的大型港口，为国家一类对外开放口岸，也是上海国际航运中心组合港，全国十大港口之一，世界港口协会成员。新中国成立之初，南通港的设施简陋，没有机构和货场，仓库面积不足 1 000 平方米。20 世纪 80 年代南通港开始大规模建设，1980 年国务院批准重庆、武汉、九江、南京、南通等港口为长江对外贸易运输港口。1984 年党中央、国务院决定大连、秦皇岛、天津、烟台、青岛、连云港、南通、上海、宁波、温州、福州、广州、湛江、北海等 14 个沿海城市对外开放，5 月国务院又正式批准上海港、宁波港、南通港成立上海经济区港口联合委员会，实行开放型、多功能、综合性港口服务，形成了江海河中转运输的优势，从而使南通港成为长江上第一深水大港。目前南通港建成千吨级以上码头 72 座，万吨级以上码头 29 座，与世界上 65 个国家和地区 199 个港口通航，直接与欧洲北美干线班轮相连接，是通往世界辐射内地的枢纽大港，有力地推动了长江三角洲地区经济的繁荣发展。

如皋港是南通港口群的重要组合港，拥有长江中下游地区深水岸线和土地资源。这里规划面积 200 平方公里，有 48 公里长江岸线和两条长江主航道。近年来港区建设不断完善，如港新城、物流仓储区、临港产业园、农业观光园、生态养生园的一区四园产业布局全面形成。港区产业特色显现，融船舶海工、绿色新材料、特种装备、装饰石材、现代物流等于一体的千亿级产业群初具规模。随着沪苏通铁路公路长江大桥的开通，如皋港进入高铁桥港新时代，融入苏南，接轨上海，面向世界的步伐将进一步加快,一个产业集聚、环境优美、宜居旺业的现代化临港新城正以日新月异的面貌展现在我们面前。

洋口港是南通市一座高岸型深水海港,由阳光岛海上作业区、黄海大桥、如东长沙临海工业区配套组成。目前,中石油江苏 160 亿的 LNG 项目、临海风电等项目已投入运行,海洋铁路通车,洋口运河竣工,总体开发取得阶段性成果,一个新型港口正在崛起。

吕四港是全国六大中心渔港之一,国家一类开放口岸。吕四港有 20 公里的海岸线和 10 多万亩的滩涂养殖,吕四渔场资源丰富,盛产 2 000 多种海产品,是我国条斑紫菜、对虾、文蛤的重要养殖出口基地,2 000 多艘捕捞船常年进出港口,拥有全国鲜活农副产品批发市场。吕四港正在打造集渔工贸旅游为一体的滨海新城。

三、南北贯通的感召力,以水通达,跨越天堑架桥

跨越障碍的大型构造物。长江天堑隔开了南通与上海、苏南的距离,架桥是江海数代人跨越长江的夙愿。20 世纪六七十年代,长江上武汉长江大桥、南京长江大桥相继架起,国人们为此十分骄傲,南通人感到无比羡慕。哪一天南通的长江上也能架起大桥?50 年后的今天,这已成为现实,江海南通区域内长江上架起了苏通大桥、崇启大桥和沪苏通大桥。

苏通大桥是南通与上海、苏南的过江要道,也是国家沈阳—海口高速公路跨越长江的重要枢纽。1986 年南通就开始提出建长江大桥。由于改革开放人流物流翻倍增长,长江过往船只日平均在 3 000 艘,高峰时达到 6 000~7 000 艘。从南通去往上海、苏南的渡轮,每半小时一次,装满车人就开走,但江岸仍然排满长长的车队。到 1996 年每天摆渡车辆平均已达 4 000~5 000 辆,每隔 10 分钟一趟,都不能满足需求。1992 年国务院副总理邹家华来通视察,再次提出重大项目长江大桥建设,后引起了国务院和国家有关部门的重视。经过调研论证多年艰辛工作,直到 1997 年由交通部设计研究院完成项目建议书,2000 年国家计委同意正式启动审批程序,2001 年国务院正式批准了苏通大桥建设

项目。2002年10月30日由江苏省委省政府在南通举行了大桥奠基仪式,经过六年的施工建设,2008年正式通车。苏通大桥全长32.4公里,主要由跨江大桥和南北岸接线三部分组成。动用混凝土284.6万立方米,钢材23.3万立方米。苏通大桥是当时中国建桥史上工程规模最大、综合建设条件最为复杂的特大型桥梁工程,创下了最大主跨、最深基础、最高桥塔、最长拉索四项世界纪录。苏通大桥的建成对完善公路干网、促进区域发展、繁荣南通经济具有十分重要的意义。

崇启大桥是上海市崇明区与江苏省南通市启东的过江通道,也是沪陕高速公路的组成部分。2001年时任江苏省省长的季允石在苏中发展座谈会上提出,与上海市商定在启东市与上海市崇明县建过江通道。后交通部长黄镇东专程来启东考察,定下崇启大桥选址,当时上海市正准备建设上海至崇明的长江隧道工程。2003年时任江苏省委书记的李源潮到南通明确提出要求崇海大桥与上海桥隧工程同步进行。经过前期规划设计评审等大量工作,于2008年8月10日江苏省与上海市联合举行崇启大桥奠基仪式。2011年正式通车,全线双向6车道,全长52公里,其中上海段接线道路长28.52公里,长江大桥长2.48公里,江苏段接线道路长4.67公里,长江大桥长18.52公里。崇启大桥的开通,有力地推动了沿海沿江开发,是江海南通融入上海的要道。

沪苏通长江大桥是南通连接张家港的公路铁路跨江大桥,目前已经竣工通车。2007年开始进行上海至南通铁路交通研究,2010年铁道部和交通部达成共识,规划建设沪苏通公铁跨江大桥。经地质钻探设计论证审查,2014年正式施工建设。从目前建设的特点看:一是跨度大。大桥航道主跨1 092米,是世界上最大公路铁路两用斜拉桥,满足10万吨级货轮通航。二是主塔高。大桥主塔325米,相当于100多层的楼高,能承载轴力达30万吨,基础面积达5 100平方米,相当于12个篮球场面积的总和。三是工艺新。大桥采用了世界上先进的新材料新工艺,自主研发了高性能钢材,运用了高强度桥梁结构钢,创造了世界桥梁史上多个之最。沪苏通大桥的通车进一步打通了长江南北物流、人流、信息流,带动了长江三角洲新的跨越发展,具有里程碑的作用。

四、海纳百川的包容力,以水所润,道德历练育人

天地之性最贵者也。在中华文化中以水喻人的传统历史悠久。《道德经》中指出:"上善若水。水善利万物而不争,处众人之所恶,故几于道。"大意是说,做人应如水,水滋润万物,却不与万物相争,总处于众人所不愿待的地方,所以它接近于道。儒家认为:水代表德,人们应该向水学习,君子应该像水那样不断流动和永不停息,顺其自然地加强道德修养。南通人东望黄海浪,南倚长江波,饮用运河水,在这片风水宝地上生生不息,因水的历练得以滋润。

水性的豁达,虚怀若谷,包容汇通,是南通人的历史积淀。水具有包容性和亲和力,水容万物,接收万物,滋养万物,通达而广济天下,奉献而不计回报。我们从南通区域板块的多元共存就能充分说明这一点。南通多元共存的文化圈分别是,海陵文化圈、胡逗洲文化圈、沙洲文化圈和通东文化圈。海陵文化圈集中在北部海安、如皋、如东三县(市)大部分地区,胡逗洲文化圈分布在南通市区和部分通州区地带,沙地文化圈分布在海门、启东及通州、如东部分地区,通东文化圈分布在上述四县(市)区的集合部分。四个文化圈的文化传统不一样,海陵文化圈属于江淮文化,其他三个文化圈则属于吴越文化,又多方杂处不同时期的移民,语言习俗不同而共同生活,千年共存。方言语系独立,互不同化,这种现象在江苏乃至全国是少见的。

当下南通人的足迹走遍世界各地,广交海内外朋友,几千家外地外国企业来通创业投资,高层人才、能工巧匠落户南通,成为新市民,大家和谐相处、事业兴旺。这都充分体现了南通人包容会通、兼收并蓄的心襟和胸怀。

水性的仁爱,滋养万物,择善而从,是南通人的道德修为。老子称水有七善:"居善地,心善渊,与善仁,言善信,政善治,事善能,动善时。"孔子赞水有五德:有德、有义、有道、有通、有法。一方水土养一方人,在水边生长的南通人民在潜移默化中得到陶冶,具有集水百德、汇水百美的精神气质,铸就了南通人崇文厚德的传统优势,自古多英才。北宋时

期学者、思想家、教育家胡瑗,以一种新思路、新方法、新学风而形成的义理之学,取代了居于统治地位的汉代章句之学,在经学和教育上作出杰出贡献。明代外科医学家陈实功,著有《外科正宗》中医经典,而且医德仁厚,从不接受病家馈赠,还为家乡修路造桥。此外还有柳敬亭、李渔、李方鹰等载入史册的人物。

辛亥革命时期的烈士白雅雨、沙淦都是南通人。五四运动以后涌现了顾臣贤、白桐本、叶邦瑾等众多的革命志士,一生正气,精神永存。新中国成立以后,以著名数学家杨乐为代表的50多位"两院"院士从南通走出去,为科学事业作出了贡献。南通还输送了一批高水平的体育人才,被国家体育总局誉为世界冠军的摇篮,先后涌现了林莉、葛菲、李菊、黄旭4位奥运冠军和46项世界冠军,为祖国争得了荣誉。这些都印证了南通人的厚德精神。

南通民众聪明勤奋、吃苦耐劳、忠厚友善、助人为乐。近年来南通出现了一批不留真名的凡人善举"莫文隋"现象。95岁老人宋英百万裸捐慈善事业,"富二代"周江疆大火中舍己救人英勇牺牲,磨刀老人吴锦泉节衣缩食资助贫困学子等积小善成大德的平民助人为乐的事迹广为流传。目前,南通自发善举的群众组织群体达13万人,上善若水的力量,孕育着江海儿女择善而从,成为社会时尚。

水性的执着,目标一致,坚韧不拔,是南通人的一贯精神。水是柔和的,但柔中带韧,无坚不摧。历史上的江海大地由水冲沙而成,一片沼泽湿地、荒野草滩,没有人畜稻菽。几千年来,先民们从四面八方流徙到这里,拓垦造田,薪火相传,激发了先辈的智慧,为后人留下了开拓进取、坚韧不拔的基因。

最为典范的是清末状元张謇,他以"父教育,母实业"为己任,奉行实业、教育救国的宗旨。张謇一生创办了20多个企业,370多所学校,毕生精力用于建设一个环保生态、城乡相间、组团分割、花园城市的一城三镇的近代南通城。他创办了中国第一所师范学校,第一所纺织学校,第一所戏剧学校,第一所博物苑,第一所气象台、养老院、育婴堂等。中国历史上状元不胜枚举,像张謇这样执着毕生追求实业和教育,目标一致,百折不挠,留下了近代第一城南通,他影响了一个城市和数代人。

新中国成立以后,江海大地发生了翻天覆地的变化。南通人发扬滴水穿石、开拓坚韧的精神,人心思进,人心思富,自强不息,负重奋进,勇于争先,抓产业,兴公益,搞建设,扩港口,架大桥,经济发展、社会事业突飞猛进,正是南通人的精气神。

江海南通是一座以水而生、以水兴业、以水通达、以水所润的秀美城市。如今党中央、国务院《长江三角洲区域一体化发展规划纲要》犹如一股强劲东风,新的机遇风生水起,南通将再创辉煌,明天会更美好。

作词一首,调寄《满江红》,喜南通巨变,一抒胸臆:

凭高远眺,水穷处、云蒸霞蔚。五山外、天堑横亘,潮涌流急。千载春秋变沧桑,百年风云苦求索。沪苏通,天矫如长龙,卧波上。

鱼米乡,金三角;过江车,飞梭速。海之端[①]、应是画图难足。举头四顾换旧貌,山鸣谷应奏新曲。融苏南、接轨大上海,今非昨。

(作者单位:南通市江海文化研究会)

[①] 张謇有"畴昔是州今是县,江淮之委海之端"联。上联述南通之历史沿革,下联写南通之地理位置。

南通运河水系的形成及其历史贡献

陈 炅

南通市古称通州，位于长江三角洲东北部广袤的江海平原上，下辖崇川、通州、海门三区及如东县，代管如皋、海安、启东三个县级市。自汉代到清末，江海平原历经扶海洲、胡逗洲、东布洲和通崇沙洲四次大规模的沙洲并陆，在这个漫长的历史时期中，从汉代的邗沟开始，到隋唐连接各盐场的串场河，南通境内的人工水利工程河道不断生成、发展，最终形成以通扬运河与串场河为主干河道的南通运河水系。通扬运河南通段自北向南贯穿市境西部，串场河分布在市境中、东部，形成南通运河水系，伴随水系的生成，南通境内场镇、城市逐步形成，社会经济得以发展。

一、南通运河水系形成的背景

通扬运河古称运盐河，是江苏境内大运河的重要支流。通扬运河从扬州经泰州市姜堰区白米镇进入南通海安市，流经海安，纵贯如皋、通州等区市，进入崇川区到达南通城，运河南通段约长105千米。通扬运河以东，经历代开挖形成的串场河，分布在海安、如皋、启东和通州、海门及如东境内。通扬运河南通段及串场河与流域诸多分支河道组成南通运河水系，水系的形成有其自然条件和社会背景。

（一）水系形成的自然地理条件

西汉以来，江海平原历经四次大规模的沙洲连陆，这是南通运河水系形成的自然地理条件。汉代，在今如东县一带形成扶海洲，约在两晋南北朝时和海陵东部陆地涨连起来；南北朝时期，在扶海洲南方（今南通市崇川、通州区一带）的胡逗洲，于唐朝末年和如皋大陆涨连；唐代位于长江口北侧的东洲、布洲等沙洲于五代时期涨连，称东布洲，北宋中期，东布洲与通州大陆连陆；20世纪初，通州以东一批沙洲先后连上了大陆，江海平原基本形成。沙洲与大陆一次次的涨连，是运盐河延伸及串场河形成的自然地理条件。

（二）水系形成的历史经济因素

南通紧靠大海，得天独厚的自然条件，使南通成为历史上著名的淮南盐产区。汉代以来，为运输海盐，运盐河与串场河不断开挖、延伸、拓展。南通东部各盐场的产生，南通盐业经济的发展，是南通运河水系形成的历史前提。

汉代，刘濞受封吴王，都沛。为稳定江南，刘邦派他镇守广陵。为了增强国力，他招天下亡命者盗铸钱，煮海水为盐，致使封地富饶。他在封国内实行减轻徭役、免收赋税的政策，国力大增。为便于运输广陵东部生产的海盐，刘濞疏浚开凿邗沟，从广陵（今扬州市）茱萸湾向东至海陵（今泰州市）蟠溪，这是通扬运河在古代作为运盐河的起始段。

南宋末年，蒙古军队进攻南方，连年战争，扬州、通州的盐业生产不振。开庆元年（1259），两淮制置使李庭芝镇守扬州，他实施振兴经济的政策，免除盐民所欠盐额、欠款。咸淳五年（1269），李庭芝调集民夫在通州境内开凿金沙河，自通州"凿河四十里入金沙、余庆场，以省车运，兼浚他运河，放亭户负盐二百余万。亭民无车运之劳，又得免所负，逃者皆来归，盐利大兴"。金沙河是串场河南支开凿的起始段，金沙、余庆两盐场与通州连通。水运减轻了盐民运输的劳苦，运力大增，通州盐业生产迅速恢复，这为李庭芝的抗元战争提供了经济来源。

二、南通运河水系的形成

运盐河与串场河是汉代以后南通运河水系中的重要水利工程，也是运输淮南通州海盐的重要水上通道。运盐河即通扬运河，以邗沟为起始河段；串场河是人们利用原有沙洲水道加以整治，把沿海各盐场连接起来形成的，历史上的串场河一般分北支与南支。

（一）西汉古邗沟发展成通扬运河

西汉惠帝、高后执政期间，刘濞疏浚开凿邗沟，自广陵茱萸湾至海陵蟠溪，运送广陵东方的海盐。经过历代拓浚，邗沟从海安立发向南延伸发展成运盐河。唐代，如皋至扬州的运河可通行庞大的船队，运盐船"双结续编，不绝数十里"，蔚为壮观。五代十国时期，静海都镇（今南通旧城）西北有运盐河及新河，从海安、如皋南下的运盐河已经延伸到静海都镇。由于南通是由沙洲并接形成的，地势高低不一，所以历代都有水闸、水坝控制各河段的水位。

（二）串场河的形成

串场河是连接南通各盐场的河道，分北支与南支。北支先于南支形成，分布于原扶海洲；南支分布于原胡逗洲及以东一带。明代隆庆年间，串场河北支与南北向的运盐河接通；开挖通州石港至如皋马塘的新河（亦称岸河）贯通串场河北、南两支，串场河水系形成。

1. 串场河北支

串场河北支从海安立发向东流，连通丰利、马塘、掘港诸盐场。唐代，从如皋到掘港有一条称为"掘沟"的运河，这是串场河北支中的主干流。唐开成三年（838）七月，日本第18次遣唐使团一行从国清寺出发，经过掘沟西行，往如皋、扬州进发。掘沟"宽二丈余，直流无曲"，西行船队用缆绳连接船只，用水牛为牵引，"前后之程，难闻相唤"。掘沟是唐代如皋以东各盐场通往内陆的重要干道，它与其他盐场河道相通组成串场河北支水网。

2. 串场河南支

串场河南支是通州连接西亭、金沙、余西、余东及吕四等盐场的水道，以南宋咸淳五年（1269）李庭芝开挖四十里金沙河为起点，后又把通州东部的金沙场、余庆场连通了起来。到了明代，成化十七年（1481）疏通西亭场河道，二十年（1484）开挖吕四河，由吕四场通往余东场。弘治二年（1489）疏通石港河，串场河南支基本形成。隆庆三年（1569），在石港开挖岸河二十里，灌溉农田，兼作河运，且与如皋马塘串场河北支连

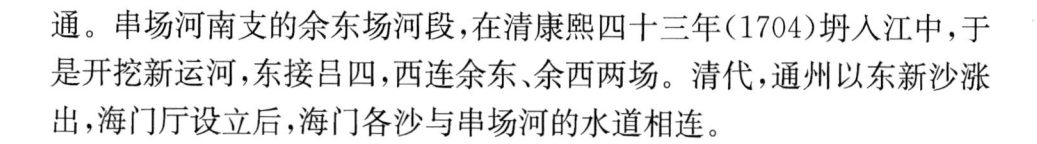

通。串场河南支的余东场河段,在清康熙四十三年(1704)坍入江中,于是开挖新运河,东接吕四,西连余东、余西两场。清代,通州以东新沙涨出,海门厅设立后,海门各沙与串场河的水道相连。

三、南通城镇、城市的形成与发展

人类活动的分布都是与水源的分布共生的,南通运河沿线的城市、集镇因水而生,伴水而发展。就自然条件而言,水是城市发展的一个重要因素,南通濒临大海,海盐生产为南通早期的生产形式,盐业生产点成为人们聚居的集镇。就社会条件而言,河网密布,有利于农业生产,水运交通则是各城镇物资交流的手段。运河促进了南通古代、近现代经济社会的繁荣与发展。

(一)汉代以来盐业集镇的形成

汉代,蟠溪一带成为海陵东部的首个盐产地。从南北朝延至隋唐,南通北部盐业生产兴盛不衰。五代至明清,南通中部古盐场的生产更为发达,南通成为淮南盐的重要产区。南通境内盐业生产的兴盛促成运盐河、串场河形成南通运河水系,运河水系的形成又促进了南通古代和近代经济的繁荣,盐业集镇的形成与发展。

1. 汉唐间海陵东部的盐业生产

汉代吴王刘濞主持开挖的蟠溪在现如皋、海安市境内。《舆地纪胜》载:"海渚之陵因以为仓",古海陵仓位于蟠溪河旁,是刘濞建立的为转输广陵国东部海盐的盐仓。唐代,南通北部盐亭属海陵监管辖,太和五年(831),析海陵县东境5乡置如皋场。开成三年(838年)海陵东部的海边盐灶遍地,煎盐炉火彻夜通明,有盐业小镇淮南镇、掘港庭(亭)。20世纪末到21世纪初,如皋境内发现许多唐代及以前的卤井及盐灶遗址。

汉代海陵仓库存充盈,历史著述的记载,盐业生产遗迹的发现,证明自汉至唐代南通北部的海盐生产已具相当规模。

2. 五代至明清的盐场

五代时期，南通盐业生产更为发达。《唐东海徐夫人墓志铭》中记有永兴场，其他如宋代的知名盐场也大致在同期产生。宋初，通州利丰监管辖西亭、丰利、永兴、兴利、石港、利和、金沙、余庆8个盐场，岁收盐150 805石。泰州海陵监的角斜、栟茶、掘港东陈、丰利东西4场都在今南通市境内。元代，市境设有吕四、余东、余中、余西、金沙、西亭、石港、马塘、掘港、丰利、栟茶、角斜等12场。明清两代，这些盐场依然生产旺盛。明嘉靖年间，年产盐约10万～12万吨。清光绪前期，市境各盐场年产盐约3万余吨。

盐业生产的兴旺，海盐运输量必然大增，通州以东的海盐运输也逐渐由陆上运输的方式改变为水上运输，各盐场间的运河发挥了重要作用，各盐场中心成为人口聚居的地点，形成盐业集镇。

（二）运河沿岸城镇的繁荣

运盐河与串场河伴随江海平原的形成而产生，是孕育流域沿线城市集镇的"母亲河"。运盐河、串场河流域滋养了南通市城市体系，流域内的南通、如东、如皋、海安等城市，以及境内重要乡镇都是运河水系滋养的结果。

1. 由盐场到农业集镇的变化

进入农业时代，南通历史上的古盐场逐步发展成串场河沿线的农工商集镇。中华人民共和国成立后，盐业场署所在地的掘港场、金沙场分别发展升格为如东县城、南通县城（今通州区）；其他古盐场场署所在地则成为各县农村的农业、手工业、商业物资交流的重要集镇。

晚唐，如皋东方有盐业和农业村集东梁丰村、延海村、郭补村、临河仓铺等。及至宋元明清，通州海岸向东推移，境内部分盐场失去了煎盐条件，纷纷转为农业工商型集镇，如金沙、石港、西亭、余西等盐场。以西亭为例，清代中叶，西亭的粮布交易已相当兴旺，布庄、粮行较多，百业随之兴旺，渐具市镇规模。西亭一带农户普遍以土布纺织为副业，农户生产的土布远销兴化、宝应及两淮地区。这是由盐业生产型场镇向商贸集镇转变的典型例证。

2. 工商业城镇的形成

19世纪末,张謇在通扬运河旁的唐家闸等建大生纱厂,以此为起点,经过多年努力,建成含棉纺织、垦牧、机械、粮油、航运、仓储、金融等30多个企业的大生集团,唐家闸乃成为近代南通的第一个工业大镇。

南通近代工业兴起,刺激了南通棉花、棉纱、土布等工农业产品的生产,以运河为依托的交通运输业的发展又为商品生产的发展带来商机。南通境内的金沙、余西、平潮、刘桥、四安等地出现了许多经营棉花的花行。据不完全统计,金沙等11个农村集镇有70多家经销棉纱的店铺。到20世纪20年代,由通州城发展而来的南通县(县政府驻南通旧城)也成为全国闻名的"模范县",是我国六大棉纺织工业中心之一。

四、南通运河的历史作用与价值

南通运河是南通历史文化的载体,它承载着南通从农业社会向近代工业社会转变的历史过程。

(一)南通运河是连接各州的交通运输网

南通运河承载着运输功能,是连接南通集镇及其他城市的主要交通线。汉代南通北部的蟠溪、唐代如皋东部的掘沟虽然难觅故踪,但它们历史上曾为扬州城市的繁荣作过重要贡献。古代南通东部沿海各盐场通过这个运输网源源不断地把海盐运往扬州,扬州等地的燃料及其他物资也从这个运输网络运往沿海各盐场。可以说,南通早期的运河水系对扬州的经济繁荣起了一定的作用。

南宋时的串场河更为重要,它不仅具有经济意义,而且具有战略意义。各盐场连通,促进了通州盐业生产的恢复发展,从军事角度考虑,扬州东部的盐业收入,是对淮南军事防务有力的经济支撑。元代位于五山西的通济闸是通州运河通往外江、外海的出口,承担漕运的任务,大德年间闸废。

到了20世纪,南通运河形成内河客货运交通运输系统,促进了南通与苏中、苏北的经济交流。南通垦区的棉花、粮食、工业品,苏北地区的农副产品、工业原料等物资,通过这条运输线相互交流。各地物资在南通的集散,不仅繁荣了南通经济,而且促进了南通运河流域集镇的商业发展。

(二)运河水系产生的文化遗产是宝贵的物质精神财富

南通运河流域孕育了江海文化,在社会体系中,它成为文化传播、市场构建的载体。运河流域产生的海盐文化、农耕文化以及近代工业文化遗产,是人类宝贵的物质、精神财富。

盐业生产时期,运盐河与串场河组成运河水系,其沿线的吕四、金沙、石港、掘港、栟茶等古代盐场场署所在地存留着丰富的盐文化遗产。20世纪后期和21世纪初,如皋市林梓镇通扬运河畔及如城镇东水关附近,分别发现唐代及以前盐业生产的盐灶遗址、卤井,这些是古代如皋为盐业生产基地的实物见证。

南通为长江中下游冲积平原,江岸涨坍不定,水患时有发生,历代官府对水利设施建设较为重视。宋宝元年间,通州州判任建中,在州城西主持建筑江堤20里,保护沿江一带的农田。与通州毗邻的如皋,地势高于通州的西成、永兴两乡以及如皋与通州交界处的白蒲镇于元代建有水闸,用于控制如皋与通州两地间的水流量。通州城西北的唐家闸建于明嘉靖十九年(1540),是州城控制境内水位的重要水闸。经历代维修改建,到清同治年间,唐家闸仍然在发挥其调控内河水位的作用。

20世纪初,张謇等人组织南通水利会、保坍会,在长江边筑櫃保坍,江岸趋于稳定。他还在海边的垦牧区建筑挡浪墙,保护垦区土地;为排除垦区积水,防止海水倒灌,他发起建造遥望港、歇御港、环本港等水闸。南通沿江水櫃、原通海垦牧公司挡浪墙、垦区水闸等水工设施在历史上发挥过保护农田、调节内河水位的作用,其遗存及遗址,都是珍贵的水工遗产。

(三)运河沿线的独特风貌及江海文化

南通运河是文化传播、市场构建的载体。南通经济社会经历了盐业生产、农耕生产以及近代工业生产等阶段,留下了大量的历史遗存。三种截然不同的生产方式产生的文化,造就了两水系流经区域社会人群特殊的生存、生活方式,并由此形成了不一样的风俗观念,使南通运河沿线的城镇错落具有江海平原独特的风貌。

　　清末民初,张謇改良盐业、兴垦植棉,南通沿海垦区新镇纷纷涌现。20世纪初的唐闸镇成为新型工商城镇,积累了大批工业档案,留下了大量厂房、仓库、码头等不可移动文物。此外,包括工艺流程、传统手工技能及先进管理模式在内的非物质文化遗产,所处社区的和谐文化形态等,丰厚完整,这一切都是与南通运河共生的珍贵历史文化遗产。

（作者单位:南通市教育科学研究院）

连云港水系与古海州历史文化研究

李 军　嵇 耀　朱丽向　张卫怀

城市水系见证了城市的发展与变迁,是塑造城市特色、强化名城风貌、展示城市文化的载体,其本身就应该作为重要的历史文化保护对象。本文从连云港水系变迁、古海州水文化发展情况、水系与城市的发展历史、水文化发展的展望四个方面,系统分析了城市水系与古城发展建设的关系,深入剖析当前水文化建设存在的问题,进而对连云港市近年来的水文化制度建设、水文化宣传、水利风景区多样性发展给予客观评价。

一、序言

连云港(古称海州)是一个追逐大海的城市,起源于古海州,3000多年前,随着大海逐渐向东退去,滩涂逐渐显露,陆域渐渐形成。100多年前,人们在海州下游出海口开辟了新浦、大浦商埠。随着大浦出海口淤塞,大浦港衰落,人们继续向东寻求出海口。陇海铁路继续向东铺设和港口的兴起,客观上形成由西向东狭长式的城市框架,形成海州、新浦、连云(港口)之间空间距离较长又相对独立发展的三个不同区域。这种由于地形地貌发生变化,海岸线不断变迁带来的水文化孕育和城市发展模式,内陆城市是没有的,沿海城市也是极其少见的。

二、连云港市水系变迁概况

1. 历史水系

连云港地区城市水系的变化,经历了漫长的历史演变过程。连云港市地处淮河流域沂沭泗水系。南宋以前,沂沭泗水水通畅,泗水入淮,沂水入泗,沭水入泗入淮。从唐武后垂拱四年(688)至北宋熙宁十年(1077)的300多年间,又陆续开挖漕河,修复官河堰坝,疏浚境内河流,形成良好的水系。南宋绍熙五年(1194)黄河夺淮后,河床抬高,沂沭泗水入黄受阻。"沂沭不见面,见面成一片",给苏北老百姓带来深重灾难。明万历年间杨一魁分黄导淮后,泗水、沂水主要由六塘河经灌河口入海;沭水原经涟水入淮河道淤塞阻断,加之沂水洪水干扰,最终由蔷薇河经临洪口入海。

清康熙二十七年(1688),为防沭水侵沂和减轻骆马湖洪水负担,总河王新命在禹王台筑竹络坝,迫使沭水全流南下。其北支由分水沙河入青伊湖,经蔷薇河从临洪口入海;其南支的后沭河入青伊湖,经古泊阳河由埒子口入海,南支的前沭河经沭阳城东流入硕项湖,由灌河口入海。

清嘉庆末年,境内主要水系为:沂水入海通道六塘河、北潮河,沭水入海通道灌河、蔷薇河,赣榆县境内的大沙河、小沙河、朱稽河、龙王河及横贯古海州境的盐河。

清咸丰九年(1859),黄河在铜瓦厢决口后,结束了黄河夺泗夺淮665年的历史,但沂沭泗河下游原有水系全被破坏,河道失修,排水不畅,洪水出路很小,境内洪涝灾害严重。黄河夺淮入海以后,苏北水系尾闾紊乱,沭河同时失去入海通道,形成苏北、鲁南大片洪涝灾区,入海通道不畅,新沭河下游与蔷薇河水相浸,严重影响新浦地区。

2. 现状水系

中华人民共和国成立后,开辟新沭河、新沂河,沂、沭河及泗水有了排洪专道。由之形成了全市的灌河水系、沂北沭南水系和沭北独立入海水系。西东流向的主要水系由南而北为灌河水系、新沂河水系、沂北

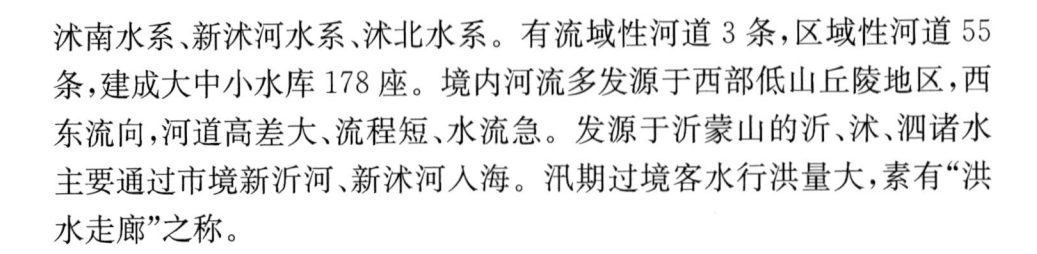

沭南水系、新沭河水系、沭北水系。有流域性河道3条,区域性河道55条,建成大中小水库178座。境内河流多发源于西部低山丘陵地区,西东流向,河道高差大、流程短、水流急。发源于沂蒙山的沂、沭、泗诸水主要通过市境新沂河、新沭河入海。汛期过境客水行洪量大,素有"洪水走廊"之称。

三、古海州水文化发展概述

1. 引人注目的水文化古迹
（1）古泉、古井、古桥

连云港市拥有许多历史久远、文化底蕴深厚的古泉、古井、古桥。如被国内康疗、旅游专家誉为"华东第一温泉"的东海温泉;北宋皇祐二年(1050)掘淘而成的茯苓古泉;曾在同治元年(1862)太平天国时期成为大伊山地区人民的救命井的瓢儿井;位于大伊山北侧、恋爱山南麓的卧龙井;虽然经历抗日战乱、"文革",却仍然完好地保存下来的双龙井;此外,还有建于甲子年的甲子桥,筑于明末,具有明代风格的九龙桥等。

（2）水利工程

目前连云港市已建设形成了防洪、挡潮、排涝、灌溉、降渍与蓄、引、提、调供水等水利工程体系,这些都是人类智慧的结晶,蕴含了丰富的水文化。

明代曾在蔷薇河兴建洪门闸、托山寺闸,后年久失修毁于潮,中华人民共和国成立后实行洪、涝、潮、渍、淤统一规划,全面治理。目前连云港境内有挡潮闸100多座,拥有7座翻水站,共有168座大、中、小型水库,总库容达12.5亿 m^3。这些大中小型水库造福了一方百姓,对连云港人有着特殊的意义。

连云港境内沿海堤防建设历史悠久。秦末,楚将司马龙苴征工筑龙苴堰挡潮御卤。汉初,楚王韩信在朐山县西十里筑韩信堰。北齐天保年间,杜弼行海州事,在州东沿海筑长堰,(《北齐书·杜弼传》:"于州东带海而起长堰,外遏咸潮,内引淡水。")这里的遏潮长堰就是防潮长堤。隋开皇五年(585)东海县令张孝征率领民众筑西捍海堰。唐开元七年(719),东海县令元暧率民筑东捍海堰。顺治十年(1653),知州任三奇曾改筑"刘公堤"。据《连云港市水利志》记载,连云港市海堤现存13段。现共有162 km沿海海岸线,并建有一线海堤141 km。

连云港拥有颇具历史意义的2座水坝。第一座是黄窝大坝,该坝是连云港市最早的钢筋混凝土结构的水坝,外观为未加任何装饰的几何体,设计者着力强调了大坝的实用功能,体现了工业化社会的设计风格,为连云港市早期现代主义建筑的代表作。另一座是万金坝,该坝是隋开皇五年(585)在东海故城东北七十里所筑。明洪武二十八年(1395),重筑东海万金坝。明嘉靖年间,东海籍太监刘荣出钱再大修万金坝。明万历初,徽商程继敬出资又重修万金坝。

(3)治水碑文

仅就"治水"而言,文字记载有据可查,实物碑文印迹可观。嘉靖年间,蔷薇河重修得以治灾安民;万历年间,玉带河再治得以宣泄入海;嘉庆年间,赣榆知县陈鸿寿捐金募银,征工疏浚大沙河;光绪年间,两江总督端方筹办工赈,修南六塘河南堤。

古人治水,劳而不怨,力求河以畅通,民无水患,功成于当代,福荫及后世。据《海州蔷薇河纪成碑》载:"诸货可致,百工有易,千艘飞帆,万旅相通,四境腾欢,久湮之迹赖以再兴,垂死之民得以更生。"

当是时也,浚云河碑、红领巾水库纪念碑、石梁河水库记碑、大圣湖记碑、海堤达标工程碑、灌河北泵站纪略碑等治水碑记,流淌着深厚的历史沉淀,镌刻着港城古今水利人,为国为民,不约而同,身怀先忧后乐之心,共成裕国安民之业。

2. 光彩夺目的水文化印迹

(1)水利精神

赣榆县的"驭龙治水创伟业,赣榆大地展宏图";东海的"东海富就富在水上",东海人更是在抗洪时喊出了"舍命保家小,拼命保家乡"的誓言;灌南、灌云县深入贯彻"忠诚、干净、担当,科学、求实、创新"的水利行业精神等。此外,还涌现出很多先进单位和模范人物,他们多次受到部、省、市的表彰,为连云港水利事业作出了巨大的贡献。

(2) 名著传说

在连云港流传着许多与水有关的美丽传说，包括盐河传说、灌河形成的传说、羽山殛鲧泉传说、蔷薇河和绣针河的传说、东海温泉的传说、九龙桥的传说、塔山水库端木书台传说，这些传说因水而生，充分表明连云港深厚的水文化底蕴，为连云港人代代相传。《镜花缘》《西游记》中共同描绘了连云港的景美、水美、情美、人美，美不胜收。

(3) 诗词歌赋

面对连云港的优美风景，很多文人不禁灵感顿发，留下很多与水有关的美丽浪漫的诗、词、赋、题刻等。花果山水帘洞外的岩壁上的明代石刻"高山流水""神泉普润""灵泉"，清代石刻有"印心石屋"。这些在1982年被列为连云港市第一批文物保护单位。此外还有诸如《咏花果山水帘洞》《大伊山古佛寺》《过九龙桥》《温泉铭》等歌词诗赋。

3. 历历在目的水文化足迹

(1) 治水名人

纵观海州古城历史上的治水名人，他们除了拥有丰富的水利知识和人定胜天的坚定信念之外，还都有着心系天下、奉献于民的高尚品德。

隋朝东海县令张孝征，开皇九年(589)在东海县北3里筑西捍海堰，自谢禄山至石城山，长63里，高5尺。北齐天保年间海州刺史杜弼，率民在海州东部沿海筑捍海堤，外挡海潮侵袭，内蓄淡水灌田。唐朝开元年间海州刺史杜令昭，在朐山东20里筑永安堤，北接山，环城10里，以捍海潮。明嘉靖二十三年(1544)海州知州王同，主持疏浚蔷薇河1 980丈。清朝乾隆年间海州知州卫哲治，招民垦种对口溜淤田；请筑南北六塘河堤堰，建盐河石坝，疏通河道，救积年淫潦之害。

(2) 河流与水运文化

连云港市拥有多条历史悠久的河流。古游水传说是徐福东渡起点；盐河是唐垂拱四年(688)所开漕河的盐运古道；灌河是古海湾潟湖在海相冲积平原基础上发育起来的天然河流，最早有文字记载于1804年，是沂南片排涝区域性骨干河道，是江苏省境内唯一未在河口建闸封闭的入海河道，素有"黄金水道"之称；新沂河历史上曾经是废黄河入海处的一条支流，其入海口名叫"黄河口"，1950年5月建成，是沂沭泗流域一条主要排洪道；武障河早在唐宋时期就是一条出名的入海河流，并和淮盐运输有极大的关系；此外，还有新沭河、青口河、蔷薇河、龙王河、妇联河、烧香河及绣针河等。

连云港最初以港口而闻名，具有悠久的航运发展史。对于连云港而言，这些港口不仅仅是用来运输的，还作为水文化的载体向世界各地传播。其中，孙港作为我国最早的古海港码头（《连云港港志》记载），经数千年历史变迁，沧海东移，此地已远离海岸，早年的天然良港逐渐荒废；燕尾港作为历史上淮盐的重要集散之地，是江苏省唯一可以发展海河联运的港口，被经济学家誉为连云港未来的"黄金海岸"；堆沟港为民国时期主要装运大德、大阜、大有晋三家产盐的港口，水路四通八达，是未来临海工业区的水上运输基地。

4. 民风民俗与法律法规

在连云港历史上，"以水为媒，放船求偶"的习俗成全了不少有情人，成为一段佳话。在大伊山北麓有一处叫卧龙岗的山间台地上有一块巨大的青石，传说是观测星象或百姓求雨的神坛，这说明古代人民有祭坛求雨的习俗；一些夏姓居民侍奉大禹为祖先，在大禹生日那天会吃一些特定的食物，有一些特定的习惯，这些民间风俗习惯世代传承，表达了中华民族慎终追远、尊宗敬祖的纯朴情怀。这其中连云港市人民对大禹敬仰尤为虔诚。

制度形态的水文化包括与水有关的法律、法规、条例、规章、制度办法等等，是水文化的重要组成部分。自1988年《中华人民共和国水法》（以下简称《水法》）颁布实施以来，连云港市全面贯彻《水法》，并以国家和省有关水法规为依据，加大配套性水法规体系的建设，先后出台了《连云港市水资源管理实施办法》《连云港市城市超计划用水加价收费管理办法》《连云港市水利工程管理办法》《连云港市水行政执法责任制实施办法》《连云港市小型农田水利工程管理办法》等地方性法规和政府规章，在依法开展水利工程管理、水资源管理与保护、水土保持、防汛抗洪等方面发挥了重要作用。

5. 现状评价

（1）连云港市水文化底蕴深厚，丰富多彩。中华人民共和国成立后水利建设硕果累累，是对连云港市水文化的积极延续。

（2）在水利建设中大力倡导水文化建设。近几年来，连云港市水利局以水文化建设为突破口，注重治水过程中的文化建设，注意把握水文化精神的实质和内涵，全面提升连云港水利人的精神风貌，促进全市水利事业全面、健康地发展。

（3）连云港市古代水文化遗存尚未得到充分挖掘，尚未在城市建设、文化建设中发挥应有的作用。

（4）连云港市水文化遗存面临城市迅速发展的威胁，需要得到有效保护。

四、水系与城市的发展历史

1. 水系与城市选址

海州远在几万年前就有人类居住。到目前为止，在锦屏山南坡将军崖发现的原始社祭遗址和岩画，在我国东部沿海还没有发现第二处。由于锦屏西部与黄河下游联系紧密，有良好的灌溉水系，所以农业生产也比较发达。公元前221年，秦在此建朐县并设立县治，主要原因是出海口在这里，地理位置十分重要。

东魏武定七年（549），当时的海州地区还是一个半岛，古沭河在此入海，南边古涟河、游水，在龙苴一带入海。当时的龙苴为濒临海口的城池，因此，把海州州治放在了龙苴。随着龙苴海口的淤塞，州治便迁到了海州。随着海州及其周围夹山、刘志洲山一带海港的淤塞，古海州的港口地位也随之丧失，因为海州城历史上就是逐海而发展的。

明万历六年（1578）至清咸丰五年（1855）这277年间，由于黄河全部走苏北入海，泥沙骤增，使苏北海岸发生了巨大变化。大量泥沙的淤垫，使海岸迅速向海州古城东北方向迁移。

由于大海北徙，出现了板浦，后板浦口以下淤塞为海滩，出现了卞家浦。经人工挑疏，运盐河又经板浦、卞家浦从卞河口入海，当卞河口以北又淤成滩地时,从下河口至孔望山东北处的大海边,又形成了一条水系,因出现于板浦、卞家浦之后,时人称之为新浦。

2. 水系与城市格局

宋代苏门四学士之一的张耒作诗《登海州城楼》云:"城外沧溟日夜流,城南山直对城头。溪雨田足禾先熟,海树风高叶易秋。"从这四句诗里可看出当时海州城内外的大致情况。

海州城最早建筑于梁武帝天监十一年(512),海州城南边是山,北边是海,所以最早只有东西两门,东门今已不存,西门就是现在的鼓楼。

经过行政区划的调整,新浦已不再作为行政区名,但是在港城百姓的心中,"新浦"这个地名早已根深蒂固。在《隆庆海州志》《康熙海州志》《嘉庆海州直隶州志》中,"浦"实际上指沿海滩地上那些无正式源泉的、季节性向海里排泄洪水的各自独立的水系,而水系的变迁则是海州海岸不断变迁的结果,海州古城也因此而不断变化。

由于新浦位于蔷薇河入海口南岸,盐河尾闾,凭借海河联运的交通便利,新浦由此而兴起,更由天后宫的兴建而兴盛。从民国中期至现在,新浦发展超过海州,因此,当时海、赣、沭、灌地区的政治、经济、文化、交通中心逐步由海州向新浦转移,这也是历史发展的必然。

3. 水系与城市历史风貌

海州古城建设充分考虑现状水系,与自然和谐共存,形成了独具地方特色的城市历史风貌,催生了盐运文化、港口文化,城市水系沿岸的文化遗产也见证了水系历史景观的变迁,它们对于城市历史风貌研究的价值不言而喻。

海州凭借着海州湾的自然条件,商业经济发展起步较早,修筑码头,与高丽、琉球有商业往来,这也是海州依海寻求发展的根本出路。

黄河夺淮入海扩大了连云港地区的土地面积,促进了连云港地区的盐业发展,台北、台南、徐圩、灌西等四个盐场的土地基本就是黄河夺淮入海留下的。这片土地上独特的淮盐文化随着海岸线变迁而发展,而新浦就是随着大海东退,海州出海口下移,盐运业的发展而兴旺起来的。至今市区内的运盐河、东盐河和西盐河的水系格局仍然反映着当年的城市风貌。

五、水文化发展展望

1. 政策制度方面

文化乃制度之母,是整个水管理制度建设的基础和最重要的约束条件。因水文化遗产在文物保护中的"边缘化"特质,连云港市尚未建立起水文化及水文化遗产的科学评价体系和相关配套政策体系,也没有建立起水文化相关的宣传推广工作体制机制来负责推进水文化各项工作。

然而,伴随着国家的"一带一路"倡议,连云港市委市政府的"高质发展,后发先至"规划,连云港市水利局的《生态河湖三年行动计划》等的提出,将有希望通过水文化建设,进一步完善连云港市水管理的各项制度,可促使连云港市治水活动规范有序地进行,从而提高依法管理能力和水平。

2. 宣传方面

目前国内各地都在积极建设水文化,提高城市品位,其中不乏早已被熟知的风景胜地。譬如,离连云港较近的江南地区,其水资源丰富,环境优美,文化底蕴深厚,杭州、苏州和绍兴等地都在积极打造"江南水文化",知名度更是享誉国内外。相对于这些地区,港城水文化建设才刚刚起步,还缺少知名度,缺乏竞争力。

近年来,市水利部门为提高影响力,举办形式多样的水文化宣传活动。对内通过举办知识竞赛、水利讲堂,进行定期考核等形式提高水利人员学习水文化知识的动力,对外开展了诸如"清水放流""蔷薇河景观廊道""世界水周""中国水日"等活动,让所有人参与其中,深入学习水文化,也一步步扭转宣传不利的局面。

3. 与旅游文化融合方面

连云港市水系发达、河网交织,水库星罗棋布,丰富的水利资源和优美的水利环境为水利旅游创造了得天独厚的条件。

2018年,连云港市水文化遗产调查成果最终完成,确定水文化遗产总数为180处,始建(起源)年代包括明代、清代、民国、中华人民共和国成立初期等,分布在连云港市各个地区,这也为水文化和风景区的有效融合提供了支撑。

(作者单位:连云港市水利局)

石梁河水库安全生产标准化建设实践与思考

束德方　姜召伟　聂其玲

随着社会经济快速发展,人们对安全生产管理水平的要求越来越高。水利工程安全运行事关人民生命财产安全与经济社会发展稳定。2013年起,水利部组织开展了水利行业安全生产标准化建设实施工作,为进一步提升各类水利工程运行安全提供了保障。

一、石梁河水库开展安全生产标准化建设的必要性

(一)工程重要属性的内在要求

连云港市石梁河水库位于新沭河中游,苏鲁两省的东海、赣榆与临沭三县(区)交界处,集水面积15 365 km²,最大水域面积90.9 km²,总库容5.31亿 m²,是一座具有防洪、灌溉、供水、发电等多重功能的大型水库,也是江苏省最大的水库。水库主要承泄新沭河上游和沂河、沭河部分洪水,担负沂沭泗流域洪水调蓄任务,防洪保护范围2 015 km²,主要包括连云港市市区、东海县、赣榆区及陇海铁路、新海发电厂等重要工程设施,涉及人口200余万,农田90余万亩。石梁河水库的安全运行,至关重要。

(二)工程规范化管理的必然延伸

近年来,石梁河水库管理处以工程千分制考核为抓手,不断完善各类规章制度,修编各类预案、规程,加强工程维修养护,持续提升规范运

行能力,取得了一定成绩,先后荣获"国家水利风景区""省一级水管单位""江苏最美水地标"等一系列荣誉称号。为适应新的水利工程管理要求,进一步提升规范化管理水平,开展安全生产标准化建设势在必行。

二、石梁河水库安全生产标准化建设实践

(一)确立目标任务,明确责任分工

建立健全安全生产管理组织体系是落实安全生产责任制,开展标准化创建工作的前提。2015年3月,水库管理处成立了安全标准化创建工作领导小组,由单位主要负责人任组长,在摸清单位安全生产现状前提下,对照《水利工程管理单位安全生产标准化评审标准(试行)》的要求,针对全部三级122个项目逐条进行了对照、分析,制订了安全生产标准化创建工作计划和创建重点、难点,并将创建工作实施方案下发各科室、站所,明确分工,落实责任。同时制订了管理处安全发展中长期规划(2015—2020年)和年度安全生产工作计划,并完善了《安全生产目标管理制度》,明确了各科室职责,目标的制定、实施、监督、考核等管理体系,并逐级签订了目标责任书。

(二)完善规章制度及各类预案,编制法律法规清单

对照标准化评审标准,结合单位实际,新编安全生产管理制度15项、修订26项,新编综合预案1篇、专项预案15篇、现场处置方案12篇,识别适用的安全生产相关的法律、法规和其他规范性文件清单139个。在原有的安全生产规章制度基础上,进行了重新梳理完善,从而保证了单位在安全生产方面能做到有章可循、有据可依;根据单位各工种岗位,补充完善了安全生产操作规程,以适应最新的管理需要与工情工况;建立完善了包括综合应急预案、专项应急预案及各类现场处置方案在内的应急预案体系,提升了各预案体系的针对性与可操作性;此外根据单位实际情况识别适用的法律法规和其他规范性或强制性文件,并按要求定期进行适宜性评价。

(三)加强安全培训,培育安全文化

开展安全培训、掌握必备的安全生产要求与技能是开展安全管理工作的基础。管理处建立了完善的安全教育培训制度,根据年初制订的教育培训计划,组织开展各类培训。每年定期开展安全生产规章制度、操作规程、应急预案、法律法规培训,平均超260余人次,不定期开展新职工岗前、转岗、消防逃生培训演练;开展高低压电工作业、起重设备作业、起重设备安全管理、行车驾驶等特种作业人员培训,还特别针对夏季库区易发生溺水现象邀请专业医护人员开展心肺复苏等应急救治技能培训。

营造安全文化氛围,促进安全生产行动自觉。在标准化建设过程中,石梁河水库始终把安全生产文化建设放在重要的位置。一是做好宣传,开展形式多样的"安全生产月"活动。开展安全生产承诺、签名行动;在单位网站设立专题讨论、交流安全生产体会;利用LED屏滚动播放安全宣传标语;建立安全生产微信群,不定时发布安全生产有关知识、信息等。二是开展安全事故警示教育活动。组织干部职工观看警示教育片,剖析典型事故,深刻吸取事故教训。三是积极参加全国水利安全知识网络竞赛。处领导、各部门负责人带头,全体职工参与,参赛率达100%。四是举办安全生产知识讲座。邀请专家讲授安全生产及标准化建设有关知识,大力营造浓厚的安全生产氛围。

(四)加强观测与检查,严格工程养护与管理

按照江苏省《水利工程观测规程》的要求,对工程的垂直位移、测压管水位(扬压力)、伸缩缝等进行观测,加强对观测成果的整理分析,及时发现处理工程出现的异常。坚持经常检查和定期检查相结合,以汛前、汛中、汛后检查为重点,认真组织开展工程检查工作。按照"查全、查细、查实"的原则,对建筑物、机电设备、金属结构等进行全面的检查,重点加强隐蔽工程、长期运行设备、薄弱环节的检查,发现问题和隐患立即整改或制定应急措施。

按照管理要求,建立完善工程维修养护项目管理办法,加强对电站、水闸、大坝等工程及相关设备设施的维修养护。规范项目管理,严格采购程序,加强质量管理、安全管理、档案管理和进度控制,注重资金

使用监管,实行专账核算,确保专款专用。同时为保证水闸安全运行,配备柴油发电机组多台,按照备用电源管理要求,由专人进行维护保养,定期进行带负荷试运行。此外加强水行政执法工作力度,加强巡查执法,及时制止违章占用和破坏水利工程等行为。

(五) 按规程操作,严格运行过程控制

从控制人的不安全行为角度降低隐患发生的概率。要求全部工作人员严格遵守安全生产规章制度和操作规程,不违章作业,并随时发现、制止他人违章作业,正确使用机电设施、安全用具和个人防护用品,主动提出改进安全生产合理化的建议,真正做到"四不伤害"(不伤害别人、不伤害自己、不被别人伤害、保护他人不受伤害)。严格执行上级部门下达的工程运行调度指令,接受、下达与执行均按程序执行。加强防汛值班管理,汛期实行 24 h 三级值班制,由处领导带班,进行防汛总值班,处工管科负责调度值班,处属各工程单位负责运行值班。值班人员密切关注工情、水情变化,严格执行操作票制度,及时准确地执行调度指令,保障安全运行。

(六) 开展危险源辨识,加强隐患排查治理

危险源是不以人的意志为转移的客观存在,而风险则是人们对危险源导致事故发生的可能性及其后果严重程度的主观评价。按照《水利工程管理单位安全生产标准化评审标准(试行)》的要求,管理处编制了《危险源管理制度》,明确了危险源辨识、风险评价和管控的职责、方法、范围、流程、原则。经组织专业技术人员进行科学系统辨识,共识别危险源 64 处,然后对每一处危险源进行了风险评价并制定了相应的管控措施。

落实"把风险管控挺在隐患前面,把隐患排查治理挺在事故前面"的双重预防机制,管理处进一步完善了隐患排查治理与应急处置制度,首先明确隐患排查治理工作的责任,其次确保隐患排查的系统性、全面性,做到生产生活全过程、全方位的排查,不仅全面检查作业现场,还检查生活及办公区;不仅关注与职工相关的生产生活环境,还监督检查相关方的隐患排查;不仅全面检查重要机械设备的运行保养情况,还排查辅助设备的安全状况;不仅重视物的危险状态,更重视人的不安全行为

和管理活动的薄弱环节。做到横向到边、纵向到底,不留死角、不留隐患。最后对查找出来的安全隐患,管理处实行分级、动态管理,做到措施、责任、资金、时限和预案"五到位",明确整改期限、责任单位、责任人、验收人。

(七)完善警示标语标识,做到防患于未然

对工程运行设备做好防护设施,机械运转部位加装防护栏,张贴警戒线、警示标语、机电设备危险区域警示;在存在危害的场所入口或者设备处设立危害告知;工程管理范围设置安全警示标志、标牌,工程周边、临水边、变压器安装改造了防护栏杆,在公路桥、翼墙等部位设置了安全警示牌和危险源告知牌;在启闭机房、发电厂房设置巡视通道、引导标志;根据不同的场所和消防对象配备相应的灭火器材并登记造册,定期检查检验,在灭火器本体上挂设管理卡,标示定置位置编号,管理区工作场所张贴消防逃生线路图等;生产生活及办公区设置应急照明设施、安全出口和疏散通道。

(八)元素化管理,提升安全管理信息化水平

针对水利工程安全生产管理中存在的责任落实不彻底、隐患排查不全面、管理行为不规范、长效机制难建立、问责风险扩大化等问题,2015年管理处委托某信息科技公司,建设开发了连云港市石梁河水库安全生产元素化管理系统,把全处安全生产管理对象和职责划分为8大块,共991个元素。每个元素都落实相应的责任人,通过班组自查、科室检查、管理处抽查等形式,开展各类检查并在系统内上报,及时发现和消除各类安全隐患,大大提高了工作效率。

(九)未雨绸缪、科学调度,成功抵御流域近年数次大洪水

自2018年以来,受流域降水与极端天气影响,石梁河水库连续3年迎来大流量行洪。在做好日常工程管理与安全生产工作的同时,通过采取一系列针对性措施,保障了泄洪安全。一是认真组织开展汛前安全检查与试机等工作,对发现的问题、隐患,第一时间解决处理。二是预降水库水位,优化工程调度,充分发挥削峰蓄洪作用,保证下游河道行洪安全。三是开展泄洪期间安全生产专项检查,确保工程与设备正常运行。四是制定、实施泄洪后消力池周边百姓捕鱼管控方案,严防

人员溺亡等意外事故发生。

三、石梁河水库安全生产标准化建设成效与意义

经过1年多的努力,创建工作成效显著,连云港市石梁河水库管理处于2016年11月顺利地通过水利部安全生产标准化一级单位核查,成为江苏省第一家获得水利安全生产标准化一级单位的市属水利工程管理单位。在随后的3年中,通过查缺补漏、改善薄弱环节,创建成果得到进一步巩固。2020年1月,石梁河水库管理处顺利通过水利部组织的水利安全生产标准化一级单位复审核查。

2018年8月,受台风"温比亚"影响,石梁河水库全力开闸泄洪,最高达4 080 m²/s,创当时历史最大泄洪流量,8天排泄洪水5.7亿m²。2019年,最大泄洪流量达3 500 m²/s,创当时历史第二大泄洪流量,汛期总泄洪5.9亿m³。2020年8月13日,由于遭遇飑线系统袭击,山东省沂沭泗流域地区出现大暴雨到特大暴雨。受此影响,8月14日,石梁河水库泄洪流量达到4 580 m²/s,超过2018年的4 080 m²/s,再次刷新石梁河水库建库以来泄洪流量最高纪录。同时2020年石梁河水库还创造了年度行洪时间最长、行洪总量最大(31.5亿m²)等两项记录,连续3年成功抵御历史第一、第二、第三大洪水,有力保障了下游城市人民生命财产安全。

四、石梁河水库安全生产标准化未来努力方向

当前,石梁河水库的管理与发展正走在大提速、大变革的道路上。2019年管理处积极配合连云港市水利局及相关部门,全面开展采砂专项整治,一举结束了库区30年不规范采砂历史。2020年水库库区生态修复工程又被列为连云港市水利局重点工作,继续成为省水利厅、市委市政府的关注焦点。库区的面貌将在绿水青山基础上,进一步加强水利文化建设与水文环境整治的融合,依据科学实践,不断加强标准化提档升级,科学保障快速发展过程中的安全生产。工程管理要进一步

向精细化迈进,要把安全标准化创建的成果转化为日常管理的遵循,要完善与创新安全管理模式,为国家级水管单位创建打下更加坚实的基础。

安全生产标准化建设是一项长期的系统工程。安全生产管理工作只有起点,没有终点;只有更好,没有最好。在今后的工作中,管理处将继续在全面提升、持续改进上下功夫,努力把安全生产标准化建设不断推向更高层次。

(作者单位:连云港市石梁河水库管理处)

盐河：古海州与大运河的历史关联

刘凤桂　胡可明

地处黄海之滨的古海州（今连云港）位于京杭大运河淮安—徐州苏北段之东，海州与运河的历史关联主要是盐运。

一、唐宋大运河与海州

隋朝贯通的大运河，其开掘路线的江苏段从今邳州南接淮安达扬州，唐代修官河（盐河）则使今连云港地区与运河在经济上连接为一体。宋代海州因大运河水上运输而兴，成为商品集散地，淮安与海州两个地区通过盐河的连接形成宋代的一个发达经济带。

运河漕运兴起，使得北宋时期海州与中原及江南一些地区的民间贸易蓬勃发展起来。涟河与运河联运，海州作为商品集散地和枢纽港（以石湫—夹山港和云台山东海港为代表）的地位突出起来。当时中国对外出口贸易的丝绸、茶叶、瓷器等大宗商品，其中有相当一部分是通过海州港北上出口至东北亚的高丽、日本的。北宋在海州设高丽亭馆，负责接待来自高丽的商人，海州成为海上丝绸之路北线的起点；南下则通过扬州港集装大船舶去明州（宁波）、泉州、交州（广州）诸港，从而连接了海上丝绸之路的南线。从海州南门砖厂、张庄古墓区的五代—北宋墓葬群出土的邢窑白瓷、铜官窑瓷、越窑青瓷、龙泉窑青瓷、景德镇白瓷、安徽繁昌窑青瓷、耀州窑瓷、长沙窑瓷，以及景德镇窑的影青执壶、茶盏、茶托、碗、盘、盂、枕、杯、观音头像等500多件瓷器文物，乃至从海清寺塔塔基出土的汝窑瓷盏看，当时海州几乎集中了全国十几个对外出口的著名窑口的精美陶瓷产品。另在新海电厂工地和墟沟海滨浴场出土的宋代陶瓷碎片达 1 000 余件。这些高档生活陶瓷一是为当时民众所用,二是作为出口商品。由此可看出,北宋海州因运河—盐河的河运而富庶和面向东北亚的对外出口港地位。

茶叶经销利润丰厚,故成为北宋国内外商贸的大宗商品。北宋承唐制,实行政府茶叶专卖制度。宋神宗太平兴国年间,形成了相对稳定的"六务十三场",处理各地茶政。其"六务"为江陵府(今湖北江陵)、真州(江苏仪征)、海州(江苏连云港)、汉阳、无为和蕲口。"十三场"是蕲州的王祺、石桥、洗马、黄梅,黄州的麻城,庐州的王同,舒州的太湖、罗源,寿州的霍山、麻埠、开顺口和光州的商城、子安等。淮南所产之茶,年产量达亿斤以上。从运河转运至海州榷茶所的茶叶,每年至少 2 000 万斤以上。榷茶所是管理茶叶流通和贸易的政府机构,由茶商预缴茶税,凭领取的"茶引"便可来海州等所提茶,从事贩运。北宋海州经济的发展与茶叶集运和茶叶数量多、品质好、流通快有关,故关税收入高,对地方经济有利。由于外来商贾的流动性进入,推动了海州地区商业、服务业的发展,社会财富和人口大增。北宋崇宁年间海州民户达 54 830 户,人口达 199 750 人,时海州上缴税额"入钱之数倍于他州"。

盐业方面,宋代在海州设有 2 个盐务管理机构,据《宋史·食货志》载:海州淮北盐区年产海盐 47.7 万担,每担合今 50 公斤。淮北盐经运河运往全国各地,其盐税收入无疑繁荣了海州地方经济。

二、元明清及民国时期的海州与京杭大运河

十三世纪末元朝定都北京后,至元三十年(1293)元政府已修浚江南运河,大运河全线通航,漕船可由杭州直达元大都。明代每年经运河北上的漕粮有 400 万石,运船 1.17 万只,配备漕军 12.7 万人。明代初年,在中央京畿置都漕运司,以漕运使主之。景泰二年(1451)始设漕运总督,治所在淮安,与漕运总兵同理漕政。时海州设海州、东海二营以佐运河漕政和海运,驻军兵力在 3 500 人以上。清光绪十七年(1891),海州盐场分司所属的板浦场、中正场、临兴场盐课银达 11 918.83 两。

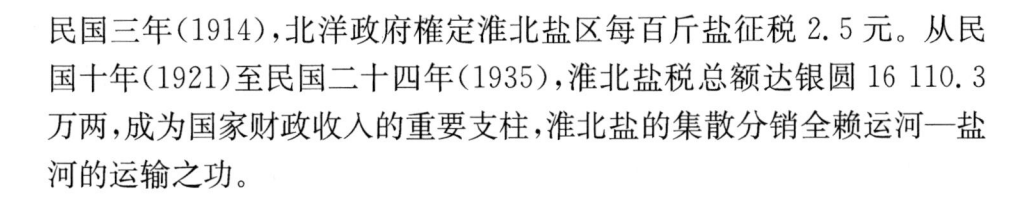

民国三年(1914),北洋政府榷定淮北盐区每百斤盐征税 2.5 元。从民国十年(1921)至民国二十四年(1935),淮北盐税总额达银圆 16 110.3 万两,成为国家财政收入的重要支柱,淮北盐的集散分销全赖运河—盐河的运输之功。

三、古海州盐运进入了水运大动脉——运河

海盐是大宗产品,其远途运销不可能仅靠车拉、人担、畜驮,在古代运输工具缺乏的条件下,唯以水运为要。古海州地域所产淮盐是通过哪个水道向外运销的呢? 查阅诸多史料,未有唐以前淮盐外运水道的记载。

唐武则天垂拱四年(688),朝廷在泗州涟水修建新漕渠,北连海州、沂州(今山东临沂)、密州(今山东诸城),南起于淮阴县(今淮阴区)杨葛庄,与开挖于隋炀帝大业元年(605)的大运河相连,形成一条重要的盐运通道,即官河。沟通上大运河这条水运大动脉后,古海州出产的淮北盐可由此水运通道送达淮盐中心扬州,进而分销于朝廷指定的销盐引地(销区)。到唐肃宗、代宗时,盐铁使刘晏设立管盐机构十监四场,在涟水设场管理古海州运销之淮盐。此河道为官方主导、官方出资、官方主办、官方管理,故称"官河"。《新唐书·地理志》、清顾祖禹《读史方舆纪要》都有关于官河的记载。这条官河的掘成,不仅解决了漕运之需,更是成为古海州淮盐运输的一条水上黄金通道,使淮北盐区的盐向扬州集中,外运外销更顺畅便捷,反过来又刺激了海州淮盐生产和地方经济的发展。

至北宋仁宗天圣元年(1023 年),两淮盐区有 26 个盐场,其中海州有板浦、惠泽、洛要 3 个盐场,朝廷额定每年出产淮盐 47 万 7 000 石。如果加上那时猖獗的淮盐走私,私盐数量定然不菲,那么海州淮盐年产量定高于朝廷额定指标许多。北宋时淮盐自真州(今扬州仪征)沿长江西运至两湖一带,而泗州涟水县设有淮盐转般仓转存海州淮盐,其时海州淮盐沿官河运至涟水,经运河而达扬州,再转运至河南、陕西。

巨量的海州淮盐,给朝廷提供了巨量的赋税收入,官府必得努力保

证官河这条黄金水路的畅通,使海州淮盐始终行运在大运河这条水运大动脉中。明清两朝在淮安设立漕运总督衙门,负责督查、管理两淮盐运和江南漕运。

唐宝应年间,东海县令李知远"以铁数万斤"处理软土地基,以修复盐河堰坝。北宋神宗熙宁十年(1077)春,淮北大旱,官河水位枯竭,海州淮北盐不能按量按时运输至扬州,朝廷命盐运使衙门征调民工疏浚官河。知州孙沫以"春耕大忙,疏浚官河贻误农时"为由,三次上奏朝廷要求停工。朝廷鉴于淮盐的经济地位和淮盐引地的社会稳定之忧,驳回奏章,坚持疏浚,从而保证了海州淮盐运输的畅通无阻。

金代,海州有板浦、临洪、独木3个盐场,其所产淮盐仍沿官河外运外销。元代,两淮有29个盐场,其中海州有莞渎、徐渎、板浦、临洪4场。元代淮盐生产工艺成熟,产量激增,元文宗天历二年(1329)淮盐年产高达3.8亿斤,且长期保持这一水平。据《中国盐业史》载,其时有云:"天下大计仰东南,东南大计仰淮盐。"蒙元统治海州期间,从淮盐产区攫取了巨额盐利,元政府十分重视运盐河道的疏浚和管理,元世祖中统二年(1261年)的《元典章·户部八·恢办课程条画》中,禁止将"运盐河道开决河水浇溉稻田",确保了官河畅通。

明代海州官府为保朝廷盐利之获,对官河也是倍加关注。永乐三年(1405)五月,对境内官河淤塞段进行疏浚。永乐十二年(1414),疏浚海州城南至淮安官河(上接京杭大运河)240里。嘉靖四十三年(1564),知州高瑶征民工18 800人,挑浚大伊山至板浦官河及其互通之河景济河、中正和东辛等盐区支河,耗资9 780两银。

清康熙二十六年(1687),开挖了各盐场直通官河的运盐河。乾隆二十五年(1760),海州盐商集资大浚盐河。嘉庆三年(1798),盐河延伸开掘至新浦,使之成为海州水运之枢纽,汇合了海州几乎所有的河流,也是海州与江淮乃至全国水运的咽喉之一。清人黎世序等主编的《续行水金鉴》写道:"长一百三十里,阔八丈,盐课所经,官舫估舶,帆樯相望,故曰官河。"陈瑄在隆庆《海州志》中抄录了此番描述。嘉庆九年(1804),海州盐河大浚。清道光元年(1821)正月,挑深扩宽海州盐河。道光十年(1830),两江总督陶澍在古海州淮北盐区实行票盐法改革时规定,票盐"只许由板浦场盐河舟运过大伊山以达西坝"。

清代海州的板浦、临洪、莞渎3个盐场所产的淮盐,用木帆船由生产场载出,经盐河(清时已改官河称为盐河)运至现今灌南县新安镇,再运至西坝(今淮安市境)卸入盐栈,通过京杭大运河分运至销区。康熙二十七年(1688),建立了中河厅管理官河,每年修防、疏浚所需之资均为盐商捐助。当初唐朝开掘官河并非仅是为海州出产的淮盐外运,而是一条漕运通道,实际上是盐、漕(米,即粮食)并行共用,故又均以"新漕渠"谓之。随着海州所产淮盐的增长,通过这条河上的货物渐次以淮盐比重最大,至清代时自然定名为"盐河"了。是时,盐河早已成为海州地区的第一航运水道。19世纪70年代起海运兴起,京杭大运河地位略有下降。20世纪初,官方对京杭大运河作用的认知度尤为不堪,清光绪三十年(1904)废止漕运,漕运总督一职被裁撤。1911年津浦铁路全线通车,京杭大运河地位式微。1935年,海州淮盐大部分通过陇海铁路外运后,盐河作用相对于昔日海州淮盐之内河运输日见不振。

四、古海州水网分享了大运河的恩赐也承担了责任

京杭大运河苏北段与古海州地域比肩而立,运河对古海州地域水网的培育和浸润,通过接受大运河"王气"的盐河来实现。流淌了一千几百年的盐河,不知承载了多少淮盐船舶的航行,也数不清有多少满载百货物品的船舶南来北往,或驶往京杭大运河,或从京杭大运河载货而来,转销山东。同时,为沿岸涟水、灌南、灌云等地农村灌溉、洪涝排水,供两岸人畜饮水作出贡献。

涟河被列为苏北十大河流之一,盐河被称为海州经济的"母亲河"。它得益于古海州淮盐中转枢纽的独特区位优势,其河道一直保持在可通航800吨大船的指标。同时,它又是涟水县调用洪泽湖水进行农业灌溉的主要河道,洪水季节则起分洪作用。涟水县境的北六塘河、南六塘河、一帆河、公兴河、西张河、杰勋河等都与盐河互通,涟水河岸与灌云、东海、赣榆、沭阳同属古海州淮盐销区"近场五岸",这些河流成为从盐河运载而来的海州淮盐向本县境城镇、乡村的分销运道。盐河从涟水县境流出进入海州境,与今天的灌南县的灌河、武障河、南六塘河、柴米河、义泽河、一帆河、龙沟河、公兴河、唐响河等水脉相通。该县在明洪武元年(1368)即由淮安府在境内今灌南县东部地区设立莞渎盐场,这些与盐河相通的河流承载了运送淮盐船舶的责任。坐落在灌南县城新安镇的新安港,循盐河两岸所建的码头,曾是连接盐河与县境其他河流转驳淮盐、农副各业物品的场所。

盐河流入灌云县境,在新坝与涟河交汇,北接临洪河入海。县境内与盐河直接或间接水脉相通的河流较多,如古泊善后河、车轴河、牛墩河、五图河、六里河、枯沟河、烧香河等。其中车轴河旧属盐漕运道,古泊善后河是盐场运盐至板浦集散的主航道之一,烧香河也曾是盐漕运道。《灌云县志》将这些大河列入了县境"干河"序列。灌云县河流众多,水网细密,而这些大小河流都直接或间接地与盐河沟通,对当地的农牧渔业和其他副业的生产起到一个不可缺少的作用。

盐河流入现连云港市市区后,分为东、西两条,流经西部的称为"西盐河"。西盐河是市内主要航道,所建设的新浦港也因此成为灌云、灌南、滨海、响水等县进出连云港港口的物资集散中心。西盐河与市区的龙尾河、玉带河汇合,形成了一个面积 170 平方公里的排水、送水网。流经新浦东部的东盐河,南接古泊善后河后入盐河,也是重要的运输河道,刘跳港就建于此河西岸。

海州地处淮河流域的沂沭泗水系,境内河流多为西东走向,与南北走向的盐河多有交汇。盐河开掘的初衷就是作为古海州向大运河的漕运、盐运的通道。古海州与鲁南的临沂、鲁中的诸城的漕粮都要经盐河连接京杭大运河以达京城,其地位要比一般的河道重要,所以凡与之交汇的河流,都要首先服从盐河运输的需要。

历史上曾多次发生因灌溉农田而降低了盐河水位,致使漕运、盐运不能正常通行的情况。凡遇此,官府的举动皆是宁愿让农田受损也要确保盐河水位,以利运河的漕运,在盐河与其他河流交汇处筑起草木结构的堰坝。而农民为了保田,就会不断地扒堰拆坝,形成所谓的"官筑民拆"现象。为了缓解这个矛盾,清乾隆十年(1745),知州卫哲治在灌南境内盐河与武障河、义泽河、六里河等河口,建滚水石坝,设水位标志作为开坝或合坝参考，以达漕（盐）运与农业生产两不误。乾隆十八年（1753），官府挑浚了灌云境内的车轴河、五图河与盐河的连接段，并在盐河沿岸的大伊山、洪门河、汊口一带修建闸、堰，以利蓄水和泄洪（蓄水以利盐运，泄洪以利排涝）。

明、清两朝在维持元朝运河优势的基础上，长期展开对运河的疏浚和分流。明万历四十五年（1617），两淮盐运司淮安分司运判韩子葵令盐商捐银一万两，疏浚海州境内官河；又在板浦筑堰，北挡海潮，同时水可济漕运、盐运。由于运河经常淤塞，造成河底上托，每逢夏季，暴雨成灾；或秋冬枯水，需调水入河，为保证运河漕运的安全畅通，实行"保运护漕"政策，在运河沿岸开挖分流泄洪河口流入储水湖泊，成为大大小小的"水柜"，海州境内的河流湖泊承担了截水分流和储水的责任。仅以储水量最大的骆马湖为例，以当代测算为准，总容量就达9亿立方米，考虑到明清时的容量偏少，但年平均储水量至少不低于6亿立方米。海州地区为保证运河这一关系国脉的黄金水道的安全畅通作出过重要贡献。

真正彻底理顺市境水系、整治水患、发展水利造福人民的，还是中华人民共和国成立后的人民政府。盐河、新沂河、新沭河的流域河道治理，包括沂南诸河、沂北和沭南诸河、沭北诸河的区域性河道治理，都以灌溉供水、防汛、抗旱方面统筹兼顾，立足于确保人民生命财产安全和各行各业生产持续进行为目的。1952年，因新沂河（灌云境内）建成而拦腰切断了盐河，特在新沂河南北两岸大堤分别建成南北两座水闸，从而保证盐河航道不曾断线。

（作者单位：连云港市历史文化研究会）

盐河水韵与城市文明的转换

周清明

盐河是连云港文化的主要源头和历史文化的载体。从自然层面来说,它作为一条南北流向的河,沟通了淮、沭、沂、泗水系,给我们带来了生命之源的水和对外发展的运输线;从文化层面来说,它承载的历史文化,熔铸了城市文化的魂魄、血脉和风骨,产生了盐河流域独特的语言和文明。

一、盐河的历史承载

(一)游水与邗沟的通联

盐河的前身是游水。北魏郦道元《水经注·淮水》云:"淮水于县(今涟水)枝分,北为游水,历朐县与沭合,又径朐山西,山侧有朐县故城。"游水与江淮的贯通是在春秋末年,吴王夫差于公元前486年开凿邗沟,连通了江淮,也贯通了游水。邗沟又名中渎水、合渎渠、山阳渎,是吴国为北上争霸中原而运送军资的水运粮道。北宋乐史所著《太平寰宇记》引《吴越春秋》云:"吴将伐齐,北霸中国,自广陵掘江通淮,运粮之水路也。"《左传》杜预注:"于邗江筑城穿沟,东北通射阳湖,西北至末口入淮。"邗沟南端为临长江的邗城,北端为滨淮河的末口,即入淮之口。末口在淮阴,即北神堰。清人胡渭《禹贡锥指》云:"山阳县西有山阳渎,即古邗沟。其县北五里之北神堰,即古末口。"《水经注》载:"昔吴将伐齐,北霸中原,自广陵城东南筑邗城,城下掘深沟,谓之韩江,亦曰邗溟沟。"邗沟通过古游水把南北的水上交通连接到了今连云港地区,邗沟与泗水、沂水、沭水相连以及与吴地的淮安至扬州的水路相通，又接涟水入淮河。善于水战的吴国，顺其流由河入海，势力到达今云台山一带，在云台山优越的自然环境中开发农业。同时，利用这种水路联系，将古海州地的海盐、农作物、手工业品、矿类物产等与水路沿线地区进行交易，繁荣了当地经济。二十世纪七十年代中期，在中云乡华盖山坡地，曾发掘70座春秋时期吴国墓葬，出土了200多件吴国青铜器，有鼎、盆、匜、豆等十几个种类，另有农具青铜斧和斧的铸范，是吴族先民在云台山一带长时间定居并开发农业，并与南方吴地商品交换的考古物证。

（二）盐河的疏浚

东汉以后，游水部分被淤塞，流通不畅，运输受阻。唐朝初期，古海州经济繁荣，但南北交通运输不能适应经济发展需要，当时漕粮的转运和食盐的运销成为亟待解决的大事。唐武则天垂拱四年（688），开凿了一条"新漕渠"。《唐会要》记载："垂拱四年开泗州涟水县新漕渠，以通海、沂、密等州，南入于淮。"该河南起楚州，向北抵达涟水县，从涟水县涟口通入淮河，再向北进入海州境内，大致沿着南北朝以来淮水的支流游水故道，北上与海州联结，经由大伊山东侧向北抵达磨行口（今灌云县大柴市），从磨行口向北分为两支：一支沿海岸折向西北，行至新坝，与涟河交汇，继续向北经锦屏山西侧流至海州西门外，与临洪河相接入海；另一支从磨行口向北抵达板浦，北流入海。唐代的沭河有一分支从今东海县的山左口附近穿过桃林，辗转流入桑墟湖。船只由盐河在新坝转入涟河、桑墟湖，溯沭河而上可达沂州（今山东省临沂市）、密州（今山东省诸城市）。"新漕渠"的南端在涟水以东的涟口通入淮河，由淮河入邗沟（今京杭大运河）而南达长江，西至安徽诸口岸。开凿新漕渠的目的主要是为官府运送漕米，因此也称官河、漕河，后来随着淮北盐业的日益兴旺，盐运十分繁忙，又名盐运河、运盐河等。该河沟通大运河，通过大运河又可贯通内陆水系，同时兼顾海上运输，具有通江达海的精妙设计。

元明时期，盐河依然可以从磨行口西通新坝，与涟河、蔷薇河交汇。清代由于黄河泥沙淤积日益严重，河岸线迅速向东北推移，磨行口至新坝的航道逐渐淤塞,盐场和盐河也逐渐向北延伸。公元1743年,盐河从板浦延伸至卞家浦。1798年,在卞家浦东北设立新浦盐场,并将盐河从卞家浦开凿至新浦,形成现代盐河的走向。盐河自新浦盐河桥起,经灌云、灌南、涟水,在淮安市杨庄闸接京杭大运河,是大运河系统中不可分割的重要组成部分。

自盐河开通以来,这条内河航道一直承载着沿岸及南北方各类物资运输交流的重任,发挥着十分重要的作用,堪称黄金水道。其中最为重要的运输物资是漕粮和食盐。海州的漕粮、海盐,乃至鲁东南沂河、沭河流域的各类物资均可以通过盐河进入大运河,也可以通过海路转运至全国各地,海州缺乏的物资,也可以经由盐河源源不断地输入,从而有效地将海州纳入全国经济贸易网络,极大地促进了海州的发展。因此,盐河的开凿,沟通了古海州地区与山东、江南之间的联系。

二、盐河水韵与城市文明的转换

(一)游水与秦汉古城

古游水南至涟水,向东北缓缓流去,北至赣榆柘汪入海。河流两岸分布着许多先民聚邑、古国、都城、县治,如同一条蜿蜒生辉的玉带镶嵌着晶莹的珍珠。按照现在的地理坐标标注,游水北流,其水系经涟水县从海州锦屏山西侧入东海境,经平曲古城、白塔城、后古城、鲁兰古城、曲阳古城、罗庄古城流经羽山西,经祝其、利城,折而东北,经土城、莒城西、盐仓城南,从纪鄣城南(今柘汪)入海。

据《史记》和《汉书·地理志》,综合《尹湾汉墓简牍》记载,坐落于游水两岸的秦汉古城有:海西、朐县、利成、祝其、曲阳、平曲、赣榆等县,这些县邑在秦汉时期都十分繁荣。西汉初期,政府采取休养生息政策,鼓励发展经济,恢复生产。国家实行盐铁专卖,朐赣地区的盐铁经济带动了地方经济的发展。牛耕和铁器也普遍使用,农业生产技术的提高,不仅增加了产量,也促进了手工业和商业发展。

西汉时期,在朐地设有多处盐官,《尹湾汉墓简牍》记载:"伊庐盐官吏员三十人""北蒲盐官吏员二十六人""郁州盐官吏员二十六人"。西汉朝廷向朐、伊芦、北蒲（板浦）、郁州派驻盐官管理盐政，负责收购、上解、拨付诸事宜。

伊庐、北蒲和郁州三处盐官及别治之所，皆在连云港境内，西汉时属朐地。此为汉代三大盐场，汉代的朐赣沿海一线，九里七—青口—墩尚—锦屏山—板浦—大伊山—盐城，有取之不尽的盐业资源，是汉代著名的产盐区。

古朐赣地区的山岭和丘陵地带，小麦和粟类、豆类品种也不少。《尹湾汉墓简牍》记载："种宿麦四万七千三百□十□顷，多前千九百二十顷八十二亩。"这是西汉元延二年（前11）的数字，比前一年多增加了1 920顷82亩。据此分析，东海郡的小麦种植量是逐年增加的。

在东海郡，禾类种得最多的是粟类。1973年，海州小礁山霍贺墓出土粟、黎、稷，装在一丝织的袋子里。可见东海郡及朐赣地区的粮食作物种植很广泛，在当时已成为国家重要的粮食生产基地之一。东海郡在广泛种植小麦等粮食的基础上，开始注意多种经营，在海州霍贺墓不光清理出粟、黎、稷，还出土有栗子、枣、杏等。在海州侍其繇墓中出土了栗子、枣等。

秦汉时期随着生产技术的提高，手工业门类发展比较齐全，主要有矿冶业、煮盐业、木工、皮革制作、制陶工艺、漆器制造、玉石器、铸钱等十几个部类。在朐赣地区影响较大的有冶铁、煮盐业、铸铜、纺织、漆器制造、造船等。

1973年海州西汉霍贺墓出土26件精美漆器，不仅器物造型美观，而且髹漆颜色鲜艳，纹饰绘制流畅。特别是圆形大妆盒，黑地朱绘流云纹，器身和器盖的周围贴银质兽纹，形象生动逼真，线条鲜艳流畅，极具艺术价值。这是迄今发现的最早使用金银镶嵌技法的漆器，这一技艺为唐代金银平脱的出现创造了条件。

（二）盐河与商贸的发展

唐代海州的手工技艺曾辉煌一时，出现了多名出类拔萃的手工匠人。据《朝野佥载》记载，武则天在位时期的692年，海州地方官进献了一名巧匠到洛阳，替武则天造了一架十二时辰车，车上设计特殊装置，按子、丑、寅、卯等十二地支各开一个小门，12个方位便有相应的12个属相模样的人出现,不差毫厘。

唐传奇《马待封》还介绍了巧匠马待封及其发明。马待封为东海(今云台山)人,开元初年,曾完美地修复了皇帝的銮舆法驾,同时把宫中损坏多年的指南车、记里鼓车、相风鸟等都进行了改修,其巧妙超越了古人。马待封还曾为皇后制作奇巧精美的梳妆台,梳妆台中间立镜台,台下两层均设小门,内藏机关,皇后梳妆台用金银彩画装饰,穷极精妙。

北宋时期,淮北盐业已具一定的规模,天禧元年(1017),海州的板浦、惠泽、洛要三个盐场,每年运销食盐 477 000 余石,这些食盐大部分由盐商以木帆船从盐河运出,所以盐河已经成为北宋时期淮北盐运的一条重要航道。

随后,海州与中原及江南一些地区的民间贸易蓬勃发展起来。盐河与运河联运,海州成为商品集散地和枢纽港。当时中国对外贸易出口的丝绸、茶叶、瓷器等大宗商品,其中有相当一部分是通过海州港北上出口东北亚的高丽和日本。

清初,因淮南逐渐"海远卤淡",淮北板浦、中正、临兴 3 个盐场逐渐兴旺,盐运繁盛。由于黄河带来大量泥沙,海州境内的海岸线迅速向东北推移,磨行口至新坝的航道逐渐淤塞。乾隆八年(1743),盐河从板浦延伸至卞家浦。嘉庆三年(1798),又将盐河从卞家浦开凿至新浦,形成了盐河现在的走向。海州 3 个盐场所产的食盐由盐河运往淮阴西坝,转运至安徽、河南、江西、湖南、湖北等销售口岸。

(三) 近代农工商的兴旺

晚清时期,海州乡贤沈云沛、赣榆乡贤许鼎霖等有识之士经常讨论海州经济与中国的通联关系,思谋开辟海州对外联系的途径,把海州变为开放型的商埠,把海州实业变为开放型的经济实体。1903 年 12 月,沈云沛与许鼎霖联名呈文周馥(署两江总督兼南洋大臣),请求奏报海州自开商埠。1905 年 10 月,确定海州自开商埠名为"海州关",设在大浦。由两江总督周馥查照各处自开口岸办法妥议章程开办;赣榆县的青口及其余各口,一并设立分卡。

1879 年,盐河、蔷薇河的海州鸿门及小圩码头先后竣工,沈云沛购置的江南机器制造局的三艘甡茂号火轮相继到港,名"甡茂一号""甡茂二号""甡茂三号",海州地区开始有了客货轮船。沈氏除了购进三艘火轮以外,还租用了几艘小火轮。与盐河贯通的每条河流都有轮船来来往往,每天晚上码头泊满了大小船只,舟楫如林。鸿门码头更是繁忙,每天都有船只装卸货物。

海州的船运航线还开通北至青岛、大连、天津,南至南通、上海、宁波、广州等地,后来大浦港开通后生意还做到了香港,并一帆向南至南洋各国。货物经火轮的运输到达中国香港及南洋各地,同当地建立贸易关系,把海州及其他地方的产品运到中国香港和南洋销售,回程时将中国香港和南洋的产品运到各口岸销售,还通过南洋的商行,把欧洲的货物转运到国内进行贸易。晚清及民国初期,海州沈氏和赣榆许氏的贸易商行遍及国内各地及南洋诸国,海州进出口量大增,造就了海州商埠和港口的繁荣。

1906年在海州石室书院的基础上,创办海州中学堂。19世纪末20世纪初美国、法国、丹麦等西方的传教士辗转到了海州创办了教堂、医院、护士学校、中小学校和孤儿院等,他们在海州传播了西方的科学技术,发扬了救死扶伤的人文精神,促进了海州与西方文化的交流,海州进入了近代文明时期。

(四)现代城市文明的发展。

1984年4月,连云港市作为获国务院批准的全国首批14个沿海对外开放城市之一,揭开了其全面对外开放崭新的一页。连云港市通过打造"一心三极",推动并引领"一体两翼"和市域发展,以行政、金融、商贸,以及信息服务、文化旅游和滨海高端居住等功能为发展重点。"一体"即连云港主港区,"两翼"即连云港主港区北翼的赣榆港区、南翼的徐圩港区及灌河港区。"一体"与"两翼"的建设用地之间均留有一定宽度的生态绿带,并借助平行于东部海岸线的快速路建起便捷的交通体系,以促进沿线的城镇与产业区拓展。

如今,以盐河水系为主体的新型城镇化体系已经形成,这个体系由一、二级城市,重点镇和一般镇四个等级组成。现在的盐河贯穿连云港市中心,分为东盐河和西盐河,商贸中心主城区新浦就在两条盐河中间。盐河两岸绿树成荫，花草遍地。沿河边建成休闲乐园、健身场所。盐河尾间近海滩涂之处，建成了湿地公园。古老的盐河见证了历史的变迁，也承载了连云港的城市文明和人文精神。

(作者单位：连云港工贸高等职业技术学校)

谈古道今说盐河

张锡春

江苏苏北沿海几个市、县,因有取之不竭的海水资源,加上气候适宜,又是产盐的好地方,所以全国著名的淮北盐场就在这里。

一、盐河应运而生

在漫长的岁月里,淮北盐场通往外界的小路上,男人们挑着盐担,妇女们背着盐篓,还有推着装满盐袋的独轮车的老汉,与那些驾着牛车、赶着毛驴的盐贩,拥挤在同一条道上。尤其是到了冬闲时节,陆路车马之声不绝于途。淮北盐场自古就是大盐仓,每年出产的原盐堆积如山,仅依靠人担驴驮的原始陆运方式,销量十分有限。盐业的兴盛,有力地促进了内河航运的发展。

唐垂拱四年(688),为解决淮盐运输困难,由朝廷投资,开凿了一条从泗州、涟水向北通往海州的"新漕渠",这就是盐河的前身。

明代以前,盐河称为官河,到了清末因盐运业务频繁而更名为盐河。清代以前,盐河在板浦以南的磨行口(今大柴市)西通新坝,与涟河、蔷薇河交汇。清初叶至中叶,由于黄河带来大量泥沙,使得海州境内的海岸线迅速向东北推移。在这沧桑巨变中,磨行口至新坝的航道淤塞湮灭,盐场和盐河也随着海滩陆地的延伸而向北发展。乾隆八年(1743),盐河从板浦延伸至卞家浦。嘉庆三年(1798),在卞家浦的东北设立了新浦盐场,并将盐河从卞家浦开凿至新浦,形成了盐河现在的走向。今日连云港市区新浦境内的西盐河段,已是新盐河的第四代"子孙"了。盐河南起淮安市淮阴区杨庄,经涟水县、灌南县、灌云县,北至连云港市连云区境内,全长 152.2 千米。盐河汇合了古海州地区几乎所有的河流,成为海州水运的枢纽,往南、往西皆可与京杭大运河相接,也是与江淮乃至全国水运网络连接的咽喉。

盐河的水运物资,历代首推食盐为大宗。唐代以后,由于产盐重心逐渐移向淮北,盐河成为淮北盐运的主航道。元、明、清三代淮北所产盐斤均通过这条航道。元代盐运管理逐渐严苛,中统二年(1261)规定:凡运盐河道,随处官民不得开决河水灌溉农田,以致水浅涩滞盐船,违者治罪;若河道之中旧立桩橛,令该沿河官员带人检踏尽行拔出,否则损坏盐船,一切损失由当地官府赔偿。盐河历经整治,畅通无阻。陈瑄编写的《海州志》描述其繁忙景象:"盐课所经,官舫估舶,帆樯相望。"

二、盐河的故事堪比浪花

盐河宛如长长的飘带,不仅把产盐区与销盐区紧紧连接在一起,而且对盐河沿岸的经济、文化、民俗等方面,都曾产生过潜移默化的影响。

盐河在古代除盐运频繁外,也是海州的漕粮转运和货物流通的重要通道。其流通物资以地产的石料、粮食、芦柴为主。两淮盐商每每在运盐湖广之后,船载当地的特产,如木材、毛竹、麻等货物,顺长江而下,销往东南地区。

北宋年间,淮北盐场所产原盐,除了供应海州地区外,还由盐船售往淮南、淮北、两浙、荆湖等路府。宋神宗时,石曼卿在海州任通判,为官清廉,办事干练,老百姓都爱戴他。不过,他嗜酒如命,喝酒喝穷了家。这年,曼卿文友范仲淹的儿子开船来海州装盐,见曼卿境况窘困,就转告了父亲。范仲淹甚是同情,让儿子连船带盐都卖了,所得银两,全部接济石翁。可是没过几年,那些亮花花的银两都化作曼卿杯中琼浆玉液,汩汩流入热肠。财罄杯空,石翁冒天下之大不韪,想了个歪点子,卖起了私盐。时人孔平仲在《读苑》偷偷记下一笔:"石曼卿,王氏婿也,以官职通判海州,满载私盐两船至寿春,托知州王子野货之,时禁网宽赊,曼卿亦不为人所忌,于是市中公然卖学士盐。"

盐河的故事比浪花还多。据传,一位盐官乘船沿盐河南巡至灌南张店,突然下起雨来。雨越下越大,分不清哪是河哪是岸。盐官此时正在发愁,忽然河两岸响起了悦耳的锣鼓声,打出了"蝴蝶穿花""三凤归巢""喜鹊噪梅"一些锣鼓曲牌。这声音虽来自四面八方,锣风鼓雨却是宫商自合。盐官甚是惊奇,便叫役夫下船沿河岸查个究竟。役夫查询一番后回来禀告,原来这个地方叫张店,属海州府管辖。平日里张店百姓爱打锣鼓,一般一个庄子备有一套锣鼓,班鼓、大鼓、大锣、小锣、大钹、小钹、哑铃7件为一套。因为这个村庄很穷,一家一户买不起一套,于是这家买面锣,那家购只鼓,没事儿大伙穷开心,吹吹打打凑个热闹。路过的盐船、盐商经不起诱惑,也爱在此歇个脚。让外地人惊讶的是,30米宽的盐河两岸,鼓家吹手雨天人不见面,各在自家打鼓敲锣,此起彼应也合谱儿。盐官闻报,当即传令嘉奖。后来不知什么缘故,竟将这句话的原意变成了相反的意思,意味着人心不齐,各行其事,七腔八调,流传下"张店锣鼓各打各的"歇后语。

三、盐河见证历史变迁

与盐相关的运输经营很多,获利甚厚。自乾隆五年(1740)各口岸开禁以后,直至清末,每年秋冬之际,赣榆朱蓬口的船只专门从事腌猪外运业务。先由"帮猪业户"到海口附近买猪宰杀,刳毛剖肚,去除内脏,用船装回,经盐腌制,聚到几千头时,用船装运出海到浒浦、浏河、乍浦等地出售。每年销售腌猪高达几十万头。为防海盗,多只海船结帮而行,故称"帮猪业"。清嘉庆、道光年间,青口为腌切口岸,春秋鱼蟹二汛,销盐千余引。腌切名目甚多,有春鱼船、孟河船、复水船、蟹船、北洋、南洋、下开、蓝包、自腌、酱园、歇子家等名目,请票自15引至100引不等。淮北盐区河网密布、纵横交错、白帆点点、风光绮丽,许多文人墨客由盐河乘船而下,即兴留下诗作佳句。雍正年间漕运总督杨锡绂乘船由新浦至新安镇途中写道:

盐河一线汐潮通,百里乘流向晚风。
马首正冲泥偃后,坐着明月海天空。

诗句生动地描绘了盐河沿途的自然景色,表达了诗人赞美盐河的感情。乾隆年间漕运总督管干贞描写帆船在盐河里的航行景象为"长风吹急浪,短艇一帆悬"。邱元武描写盐河的景象为"波摇星宿动,帆挂米盐来"。

有一次,中国近代实业家张謇乘舟淮北盐河上,发出这样的感叹:

舟车再易太匆匆,中运河千载短篷;

尽有春愁消不尽,船头听雨又听风。

他的另一首咏盐河诗蕴涵的则是别样的感受:

闻道河流足运盐,春来浮送不须钱;

何当一片西来水,流到梁园旧客前。

清末民初,由于先进运输工具的出现,淮盐运输发生了重大变化。清末,在盐河上航行的多为木帆船,一般有1~2条桅杆,载重3~50吨不等。河运无风靠人力拉纤,有风张篷乘风破浪前行。这期间,由济南盐场首雇木帆船在灌河口码头装盐海运至南方销售。后来出现的航海木船多为3~5条桅杆,载重30~100吨。

盐河,它流淌一方,带动着一方经济的发展;它驻足一处,都塑造出一方新兴的城镇。曾经市井繁荣、富甲苏北的板浦、大浦、陈家港,无不是托盐河之福。连云港市中心城区新浦就是从一个盐运集散海口,进而发展成为港城的政治、经济、文化中心,这个过程中盐河功不可没。

如今,盐河水迤波延,源头不尽,它不再是单一的盐运漕道,已成为沿岸市县沟通大运河的黄金水道。自二十世纪八十年代始,随着运输市场的开放和机动船舶的发展,盐河里的运输船只逐渐增多,日夜楫舟如织,机声不绝。盐河两岸楼房林立,绿树成荫。新浦城区境内西盐河一侧,建成了花园式的休闲场所,放眼望去,芳草萋萋、流水潺潺、亭阁玲珑、假山嶙峋,市民早晚徜徉其间,犹入仙境一般。

(作者单位:连云港市孝文化研究会)

漕运与沿线城市的繁荣

金志庚

漕,以水转谷也。

漕运是我国历史上一项重要的经济制度。"以水转谷",即是通过水道转运粮食,将征自田赋的部分粮食转运京师或指定的地方,以供朝廷消费、百官俸禄、军饷支付和民食调剂。这种粮食称之为漕粮。漕粮运输称之为漕运,分为河运、水陆船运和海运三种。狭义的漕运即是指通过自然河道或运河转运漕粮。自大运河凿通以后,漕运主要是通过大运河履行使命。作为地处大运河中段重要城市的淮安,能成为漕运的中枢,特别是明、清两代均将漕运总督部院设在淮安,则是顺理成章、实至名归。

漕运的起源很早,早在秦朝,秦始皇为攻打匈奴,即从山东向北河(内蒙古)转粮,攻打南越时,又凿灵渠沟通湘江与珠江,向南转运军粮。楚汉相争时,兴汉三杰之一的萧何,将关中粮食通过漕运以资军用。到了汉武帝时,通过漕运转运的粮食已达 400 万石。到了隋代,隋炀帝在春秋战国时期吴王夫差为北进中原而开凿的邗沟基础上,开凿了大运河,并沟通了长江、黄河、淮河、钱塘江、海河五大水系,从此中国历史上的漕运即进入大运河时代。

漕运作为维系封建王朝的经济命脉。当然要设立专门的管理机构,早在唐、宋时期即在大运河中段的楚州(今淮安),设立了转运使、发运使,到了明、清两朝则设漕运总督部院,一般派从一品、正二品官员担任漕督。明清两代漕督共 262 任,其中明代 122 任,清代 140 任,清代的施世纶、琦善、穆彰阿、恩寿等皇帝庞臣都担任过漕运总督。

漕运总督衙门除其本部及下属各种官吏外,还有1 790余公里的漕粮运输,江、浙、鄂、赣、湘、豫、鲁七省都归其节制。运河上有1.2万只漕船,12万漕军,沿运河设有粮仓数座,淮安的常盈仓,为大型漕粮中转仓,常蓄150万石粮食,堪称"天下粮仓"。清朝政府每年财政收入有7 000万两银子,其中5 000万两是通过漕运完成的,故漕运总督可谓位高权重,名震一方。

漕运堪称封建王朝,特别是明、清两代最重要的经济制度,不仅维系了朝廷生存的经济命脉,还在全国的经济社会发展中发挥了巨大的作用。

一、漕运连通了南北交通

打开中国地图,中国的水系走向一般都是东西向,长江、黄河、海河、钱塘江、济水等,莫不如是,电视连续剧《水浒传》中的主题歌第一句就是"大河向东流……",因大海在中国的东部,故河流大多都是流向大海,而南北向的河流不多。古代交通大多是通过陆路,即使骑马,也要花时多日,运输物品,车马劳顿,成本很高,故朝廷为转运粮食,依靠水运应是最佳选择,但当时的都城都在中原地区,到了元、明、清三朝,又转到北京,而地处南方的江浙乃富庶之地、天下粮仓,能有一条贯通南北的河道,方能将粮食运转至京城。于是,早在春秋战国时期,吴王夫差为北进中原,便从扬州连接长江之水和沿途河湖,开凿了一条人工河道,直达淮河之畔的淮安末口,古称邗沟,但因淮河阻隔,到了淮安只能将货物盘坝进入淮河。尽管邗沟成就了淮河南岸的北辰坊(河下)的繁盛,但仍不能贯通南北交通。到了隋代,隋炀帝开凿了一条大运河,经历代王朝不断修筑,形成了从杭州到北京通州1 800余里的京杭大运河,从此,连通了南北交通。特别是明代平江伯陈瑄在任总督漕运时,从淮安古运河向西北打通直达淮阴码头清口的水道,货船可直接进入淮河,则货船无须再盘坝入淮了。从此,南北大运河一路畅通无阻。大运河的贯通,结束了由陆地运粮的弊病:靠人力畜力运粮,运粮队伍边走边吃,没等到运到京师,粮食已吃完了,靠水运转谷,功莫大焉。大运

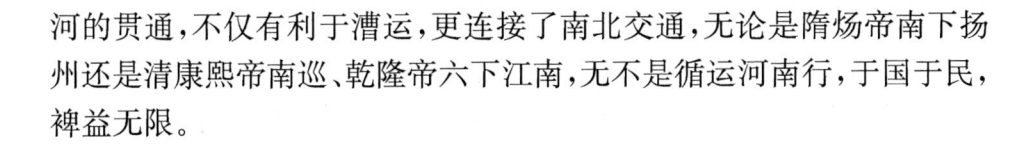

河的贯通,不仅有利于漕运,更连接了南北交通,无论是隋炀帝南下扬州还是清康熙帝南巡、乾隆帝六下江南,无不是循运河南行,于国于民,裨益无限。

二、漕运促进了文化交流

大运河的贯通,不仅成就了漕运事业的兴盛,也为运河沿线的文化交流和传播发挥了巨大的作用。

江南应是中国文化比较繁盛的地域,早在魏晋时学术研究成果就超越了北方。北宋时,南方人考取进士的远远多过北方;到了明代,进士名额几乎被南方人垄断,因此,明仁宗于洪熙元年(1425)制定了"南方取十之六,北方取十之四"政策。漕运沿途名人辈出,人文荟萃,许多文人学士多出自漕运运河两岸,很多文学作品的素材也多出自漕运沿途。中国古代的四大名著《水浒传》《三国演义》《西游记》《红楼梦》的背景都出于此,且作者几乎都是南方人,或曾生活于南方。仅漕运总督部院所在的淮安,《西游记》《水浒传》《三国演义》的作者,或为淮安人,或长期客居淮安,并在淮安完成他们的巨著。《西游记》作者吴承恩生于斯、长于斯,《水浒传》《三国演义》的作者施耐庵、罗贯中都长期客居淮安,他们的著书室至今仍保存完好。另据说《金瓶梅》的作者"兰陵笑笑生"也是漕运沿线上的人,他的作品描写的时空甚至语言同样都来自运河沿线地域。《三言两拍》中许多故事,大多与运河线有关,如《杜十娘怒沉百宝箱》的故事就发生于瓜洲(今扬州境内);关汉卿的名剧《窦娥冤》的故事,就发生于当年的楚州(今淮安),今天淮安城内仍有一条窦娥巷;《红楼梦》第120回贾宝玉拜别贾政的故事就发生在常州的毗陵驿;《水浒传》中的宋江曾任职楚州,并与花荣、李逵、吴用死于楚州蓼儿洼,今淮安城还有蓼儿洼的地名遗存,就是宋江被朝廷招安后,率军打方腊,也是沿运河边上的镇江、常州、无锡、苏州一路厮杀过去的。

漕运留在运河沿线的历史文化遗存可谓数不胜数,如苏州枫桥边上的寒山寺,一般寺庙大门都朝南,独寒山寺朝西,为的是方便过路香客乘船来朝拜进香。寒山寺因寒山和拾得二位名僧而得名,二人曾有一段对话,寒山问拾得:"世间有人谤我,欺我,辱我,笑我,轻我,贱我,如何处之乎?"拾得答曰:"只要忍他,让他,避他,由他,耐他,敬他,不要理他,再过几年,你且看他。"不知是传说,还是戏说,但颇有哲理。

文天祥抗元兵败被俘,元军用船沿运河押解其去北京,一路上他曾留下许多诗篇,在无锡黄埠墩留下"金山冉冉波涛雨,锡水泯泯草木春。二十年前曾去路,三千里外作行人"的遗恨;路过常州戈桥时留下"苍天如可问,赤子果何辜。唇齿提封旧,抚膺三叹吁"的慨叹;过淮安时又写下"九月初二日,车马发淮安。行行重行行,天地何不宽。烟火无一家,荒草青漫漫。恍如泛沧海,身坐玻璃盘。时时逢北人,什伍扶征鞍。云我戍江南,当军身属官。北人适吴楚,所忧地少寒。江南有游子,风雪上燕山"的诗句。

历代文人在漕运沿线留下的诗文可谓汗牛充栋。还有清康熙帝、乾隆帝南巡,每到一处都留下诗句。如康熙到淮安时,写《晚经淮阴》:"淮水笼烟夜色横,楼鸦不定树头鸣。红灯十里帆樯满,风送前舟奏乐声。"记录了他当年来淮安时,当地官绅迎驾的盛况。康熙在淮安城还留下《淮城晓霜闻雁》:"天际晨光水月连,带霜归雁向前川。盂城晓发寒仍在,谈笑春风杂紫烟。"乾隆曾六下江南,每次必到淮安,在淮安留下了16首诗,其中有一首专赐漕运总督杨锡绂:"转漕由来大政关,得人久任谓卿闲。四星储蓄天容与,千里北南岁往还。革弊深应体民隐,董媮兼欲恤丁艰。奉公尽职诚斯在,扈跸仪文尽可删。"乾隆到了镇江金山寺,问法磬住持:"长老知道每天有多少条船来往吗?"法磬答道:"只有两条,一条为名,一条为利。"乾隆愕然,为之折服。

总而言之,无论是小说、话本、戏剧乃至诗词,得运河之神,获漕运之韵,文学戏剧作品数不胜数。其中,既有帝王之作、文人之品,甚至民歌小调,都与漕运有不解之缘。漕运,无疑为沿途的文化交流和文化兴盛做出了巨大贡献。

三、漕运带动了城市繁荣

大运河的贯通,漕运进入了大运河时代,漕运不仅成为维系封建王朝经济发展的命脉，也影响了沿线的文化交流和文化繁盛，更重要的是带动了沿线城市的繁荣。

打开中国地图，我们可以看到大运河沿线布满了一座座城市，这些城市得运河水滋润，获漕运之利沐浴，就如同一颗颗珍珠镶嵌于运河两岸。

中国古代城市，大都集中于中原地区，比如洛阳、开封乃至秦汉时的古都西安。后得长江之利，沿江一些城市逐步形成，如重庆、武汉、南京等。到了大运河时期，运河沿线的都市立马成了亮点。由南往北，最南边的杭州，不仅成了南宋的都城，后又与运河线上另一城市苏州，得"上有天堂，下有苏杭"的美誉；接着就是无锡、常州这两座城市，今天得国际大都市上海的辐射，加之又在京沪铁路线上，现在的经济实力已不容小觑，但古时的地位也是举足轻重；镇江，既得长江之利，也得运河漕运之便，不仅为交通要塞，且留下许多名胜古迹；与镇江隔江相望的是扬州。扬州应是漕运的重要关口城市，隋炀帝当年南下扬州，被后人戏说是为了看琼花，其实驻扬州实为抵抗狼烟四起的反隋势力，到了明清时期，扬州又成为朝廷的盐斤集散地，一时盐商蜂拥而至，声名大振。清乾隆帝南巡也必到扬州。当地富可敌国的盐商们竭尽巴结之能事，想方设法讨皇帝的欢心，竟"吹牛"说扬州瘦西湖里也有一座与北京北海中相似的白塔，其实北海公园中的白塔乃是一座喇嘛教的建筑，是为藏、满、蒙、回等民族团结而建的。但在南方也有座白塔，乾隆当然感到惊奇，并提出要去看看。扬州盐商们既将牛皮吹出去，未曾想皇帝真的要看，情急之下，竟连夜用白花花的食盐垒成一座白塔，居然也骗得乾隆帝"龙心大悦"。史实也罢，传说也罢，你不得不佩服这些扬州盐商们，他们不仅有钱，也有智慧，当然，扬州城无疑也因漕运而成为当时运河线上十分重要的都市。

得漕运而致城市繁荣的当数淮安。淮安位居大运河中段，明、清时设淮安府，曾辖两州九县，实为苏北的政治、经济、文化中心，自设漕运总督部院之后，又在清江浦设河道总督，人称"天下九督，淮安独占其二"。明宣德四年（1429），朝廷为疏通钞法始设钞关，即税务机关。淮安钞关（又称榷关，在淮安称淮关）是时为运河沿线七关之一，设在淮安板闸。其关官一般都是皇亲国戚,故位高权重,淮安钞关当时的规模,甚至超过淮安府衙。明初,朝廷在扬州设两淮盐运使司,淮北分司署驻涟水城,明中叶时因黄河夺淮入海,涟水遭洪水威胁,使掣验所圮毁,于是将淮北盐运分司署迁移淮安河下,当时全国有四大盐商,三家都来到淮安。盐商的到来,使"淮北商人环居萃处,天下盐利淮为大",以致河下成为堪比扬州之繁盛。单河下一处,私家园林就达100多处,当时人称"一县三关",说的是山阳一县就设有"漕关、钞关、盐关"三个国字号的关卡盐商的到来当然也带动了地方的经济发展与城市繁荣,据《山阳县志》载,"淮城内外,烟火数十万家",由此可知,当时淮安应有百万居民,除了府衙、漕运总督部院、河道总督部院、钞关、盐关,还设大河卫、淮安卫等卫所,淮安府学、山阳县学等教育部门和学校,以及多处官衙商铺和名胜古迹,以致淮安城一下子成为与杭州、苏州、扬州并列的运河线上四大都市之一的"壮丽东南第一州"。

再向北即到徐州。徐州历来为兵家必争之地,因其地理位置特殊,故一直是古代、近代兵家展示雄才的战场,更因受楚汉文化影响和得漕运要塞之利,使得徐州城当然地成为运河线上的重要都市。

沿运河漕运沿线再向北,则到了济宁、聊城、德州、天津,同样是因漕运而促进了城市的繁荣。最后到达都城北京,北京通州就是运河的末端,当然更是漕运的目的地。元、明、清三代都在这里设立都城,其繁华为世界所瞩目。

漕运不仅连通了南北交通,促进了沿途的文化交流,更因此推动了大运河沿线城市的繁荣。

(作者单位:淮安市淮安区历史文化研究会)

洪泽湖水文化述要

许兆平

洪泽湖的形成和治理,是自然和人力的艰辛比赛过程,是水工技术和管理的探索衍生过程,是治水和人文的深度融合过程。笔者从洪泽湖水文化脉络中,收集整理了洪泽湖的几个水文化片段。

一、洪泽湖的形成文化

洪泽湖,古称富陵湖,两汉以后称破釜塘,隋称洪泽浦,唐始名洪泽湖。洪泽湖的形成,前期和堰水屯田有关,后期和黄河夺淮、大筑高家堰有关。

最早在西汉时期就有洪泽湖地区堰水屯田的记载。《汉书·武五子传》:宣帝时,"夺王(广陵厉王)射陂草田以赋贫民。"《三国志·陈登传》:"巡土田之宜,尽凿溉之利,粳稻丰积。"陈登筑高家堰,名捍淮堰,堰西为富陵湖,湖西通淮,并立陂塘。堰长三十里。《太平寰宇记》中记载三国魏时,邓艾筑石鳖城,修白水塘与破釜塘相连,立三堰,开八水门,置屯四十九所,灌田万二千顷,以充军储。

《新唐书·地理志》:"(宝应县)西南八十里有白水塘、羡塘,证圣(695)中开,置屯田。"《太平寰宇记》:唐代宗大历三年(768),"洪泽并置官屯,自后所收岁减,今并亭废"。《淮系年表》:"洪泽湖之名始见。时破釜、白水二塘不修,流泛成湖"。元代开成会通运河,使宋代运河改道,所以又在洪泽湖区大兴屯田。

由于元代的大规模的屯田,形成了比较完善的塘堰工程,从武墩至周桥,横亘百里。塘堰内洼地积水成湖,至明朝初年,有万家湖、泥墩湖、富陵湖、影塔湖、安湖等湖泊。这些湖泊中,以影塔湖最大,最大时长可达40里左右。到明正统年间(1450)以后,每逢汛期诸湖就汇合为一大湖,这就是洪泽湖的雏形。

宋高宗建炎二年(1128),金兵南侵,宋将杜充决开黄河,以水代兵,河水部分南流,由泗入淮。金明昌五年(1194)黄河决阳武后,黄河夺淮渐成趋势。明孝宗弘治七年(1494),刘大夏筑太行金堤阻断黄河北流,固定由泗水入淮,形成黄河全流夺淮的局面。

黄河南徙后倒灌入洪泽湖,同时由于淮河泄流不畅,在黄淮地区漫流,灾害连连。明万历六年(1578),潘季驯提出"束水攻沙,蓄清刷黄"治水方针,筑起武家墩至越城长60里的高家堰。康熙十六年(1677),靳辅堵塞高家堰各处决口,并对其进行全面培修,增筑周桥以南和武墩以北土堤。通过明清两朝的洪泽湖系统治理,高家堰不断加固加高,洪泽湖水位不断抬高,形成了平原地区的悬湖,其作为特大湖泊型水库也最终形成。

二、洪泽湖的治理文化

东汉建安五年(200),广陵太守陈登为防洪水入侵农田村舍,主持修筑一段长30里的土堤,名捍淮堰,以束淮水,该堰起于清江浦区武家墩,止于洪泽区西顺河,被视为高家堰的雏形。唐大历三年(768),筑唐堰,以利羡塘灌溉屯田。《淮系年表》载:"唐时,筑堰于山阳西南九十里,置萧家闸,蓄水灌田,曰'唐堰',后名其地曰'周桥'"。唐代武墩至周桥的堤堰格局,奠定了今天洪泽湖大堤的初基。

黄河全流夺淮后,黄河浊流便涌入洪泽湖;洪汛期间,黄淮并涨,黄强淮弱,黄河水由清口倒灌入洪泽湖,使水位迅速增高,频频冲决高家堰,冲毁里运河堤,在里下河地区漫流。淮河决溢,又往往"河躐淮后",洪水经由洪泽湖,从决口处流溢出去,造成小灾连连、大灾不断的局面。为治理洪泽湖水患,围绕治黄、导淮、济运和保漕等目标,明清两朝投入巨大人力、物力和财力,持续进行了大规模的河湖运治理,特别是修筑洪泽湖大堤,根治黄淮水患。

明隆庆五年(1571),工部尚书朱衡提出"以水治水",要根据两河涨落情况,采取防淤冲淤措施,并修筑高家堰。隆庆六年(1572)总河万恭提出"以人治河,不若以河治河也""借河水之力可以深河,可以淤滩",加强堤防建筑,可以实现"束水攻沙"的想法。万历三年(1575)黄淮并涨,再决高家堰,冲破宝应运河堤。次年,漕督吴桂芳主持开挖草湾新河,为黄淮下游分黄之始。万历六年(1578),潘季驯第三次出任总河,提出"就堤障河,束水归槽;筑堤障淮,逼淮注黄;以清刷浊,沙随水去"的治河主张,筑起武家墩至越城长60里的高家堰,切断淮河旁溢之路,抬高淮河水位,迫使淮河专出清口,冲刷清口对岸的门限沙和清口以下的河床淤垫。万历八年(1580),又经皇帝批准,创筑高家堰石工堤。

康熙十七年(1677),河督靳辅遍阅黄、淮形势及冲决要害,提出"治河之道,必当审其全局,将河道运道为一体,彻首尾而合治之,而后可无弊也"的治河主张,先疏通淮河下游故道使黄河归槽入海,再挑浚清口引河,使淮能刷黄,堵塞高家堰各处决口,并对其进行全面培修;增筑周桥以南和武墩以北土堤;创筑高家堰石工堤坦坡,并建造减水坝。乾隆元年(1736)高斌承袭潘、靳治河方法,创建"分黄助清"的措施,"开新运口,堵塞旧运口,进而避免黄河倒灌",取得了黄河安澜、淮水畅出清口、运河通畅、漕运无阻的"安澜"局面。

三、洪泽湖的水工技术文化

洪泽湖治理的水工技术,首推洪泽湖大堤石工墙(包括救生桩、水志等)。大堤始建于东汉建安年间,从明万历八年(1580)起,洪泽湖大堤的迎水坡就开始增筑直立式条石墙护面,历经明清两代171年形成规模。石工墙使用千斤重的条石及糯米石灰浆砌筑,共用条石6万多块,规格统一,筑工精细,充分显示了明清水利建设的高超技术,代表了当时世界的最高水平。

洪泽湖大堤石工墙主要由石工、砖柜、心墙等部分砌筑而成。

石工,即石工墙,为在大堤迎水面用条石砌筑的石墙。万历年间第一批石工墙长 3 110 丈,高 1 丈,叠砌 10 层,厚 2 层。清代石工墙厚 0.8～1.2 米,叠砌 17～23 层,高 7～8 米。石工错缝平铺,收缝砌筑,上层比下层朝里收紧,使得石工墙表面形成一定的阶梯状坡度。条石间缝隙用糯米汁和石灰、砂浆混合的胶浆黏合,形成灰白色块状凝结物。顶面条石均为丁铺,自第二层起,部分相邻条石之间用蝴蝶形铸铁扣(亦称"铁锔")扣连加固,铁扣表面或有"钦工""林工"等字,标明施工人员责任工段。

砖柜即砖墙、砖工,砌筑在石工墙后面,用来挡土,也作为石工和土堤的连接,使石工更加稳固。砖柜上部为碎石,下部为整齐砌筑的砖柜。河砖砌成,收缝砌筑,以丁砖立砌为主,穿插卧砌,砖缝间及整个砖面均用糯米石灰胶浆涂抹黏结。乾隆皇帝《命接筑高堰砖工诗以纪事》御诗碑立在码头镇石工头处上书:"武家墩迤南,湖水已到岸。皇考修高堰,卫民帑费竿。迤北岸离湖,筑土仍旧贯。癸酉几致危,易砖筹御捍。其长千余丈,运口将及半。今来一再视,预防慎思患。一律属运口,缓急庶几逭。劼劬事下策,忸怩怀永奠。"。

心墙位于石工墙和砖柜中间,采用夯土、碎石铺垫,并使用了三合土。《天工开物》记载"灰一分,入河沙、黄土二分,用糯米粳、羊桃藤汁和匀,轻筑坚固,永不隳坏,名曰三和土"。三合土对于保护土堤有很好的作用。

石工墙底部采用木桩基础,如同现代的管桩或水泥搅拌桩基础。木桩基础总宽度 1.8 米,由马牙桩和梅花桩两组构成,迎水面为马牙桩,内侧为梅花桩。木桩均为杉木,深埋水中或土中数百年不烂。

在洪泽湖治理中,坦坡技术亦属治水首创,为河督靳辅的成功创举。《治河方略》载:"虽狂风动地,雪浪排空,不能越百余丈之茂林深草而溃堤矣。"

四、洪泽湖的石刻文化

洪泽湖大堤石工墙上有大量石刻遗存,石刻镶嵌在大堤石工墙顶层,图案尺寸规格不一,因石而异。石刻图案根据题材内容与构图形式,分为工程记录类、器物类、庆词颂语类等吉祥图案,是洪泽湖大堤在特定的地理环境里产生的特有水利文化现象。百里石工墙是明清两朝钦定的国家级水利工程,关系到漕运和民生安危,期盼洪泽湖大堤"金堤永固""普庆安澜",是朝廷与百姓共同的心愿。

石刻图案大部分运用寓意的构图形式来表达主题思想,通常采用器物与动、植物名称的同声谐音加以解读。如:戟(级、吉)、笙(升、生)、瓶(平)、莲(连)、蜂(封)等。如"瓶与三戟、磬及马鞍与花篮"组合图案,寓意为"平升三级""吉庆安澜"。如"蜂巢与雀鹿猴"组合图案,寓意为"封爵封禄封侯"。在石刻图案中有关"平升三级""连升三级"的题材最多,其中寓意不仅是祝愿治水官员官升三级的意思,更重要的还是寓意着治水的伟大胜利。

石刻的图案题材内容、表现形式和艺术风格,富有鲜明的时代特征,水文化内涵积淀深厚,反映了古代劳动人民的智慧,和对淮水安澜、河清湖晏的治水愿景以及对美好生活的向往。

五、洪泽湖的镇水文化

在古代洪泽湖治理过程中,对于水的敬畏以及对水患根治的期望,也慢慢出现了镇水文化,文献记载的有明朝的关帝庙、淮渎庙和清朝的镇水铁牛、安淮寺等。

关帝镇水。关羽死后逐渐被神化,在沿海和大运河沿线地区,关羽被尊为镇水之神。据清朝梁章钜《楹联续话》和赵吉士《寄园寄所寄》记载,潘季驯在淮阴区陈集镇高堰段上,兴建了关帝庙,庙门楼上书有"威震湖濡"四个大字。关帝铜像由甘罗城掘得的古钱所铸,庙前有铁犀。在江苏省洪泽湖管理处现保存有一通题有"重修高家堰汉寿亭侯关帝庙碑记"的石碑,在淮安区博物馆也藏有一通明代漕军右营关帝庙碑,碑文绝大多数清晰可辨,主要内容与治水有关。这些都可以说明官方和民间都期盼关帝可以镇水。

铁牛镇水。康熙四十年(1701),由河督张鹏翮于高良涧铸造,共铸16具,分置于高家堰和黄淮运等河工险要段,借以镇水护堤防浪。我国古代以牛镇水,是有一定历史原因的,一是牛本为动物神之一,是陆地上的庞然大物,可以抵挡住洪水的侵袭,二是五行为古代的根本哲理,人们运用金木水火土解释世界,用五行相生相克来看待万物的兴衰,并把许多动物同五行结合起来,如牛属土,土能克水,因此牛能镇水,从而使牛成为镇水神兽。目前洪泽湖大堤上只存5具铁牛,其中三河闸有2具,镇水铁牛与真牛同样大小,2具铁牛上皆有铸文。镇水铁牛"翘首茫茫湖天,欲吞万顷波涛",但愿可以镇住"蛟龙",保黄淮"安澜"。

淮渎庙、安淮寺镇淮。嘉靖元年(1522),重修盱眙龟山淮渎庙,淮神像高一丈三尺,是铁铸的,取金能克木、蛟龙畏金之意。据说神座下就是支祁井。光绪《盱眙县志稿》载:道光十八年(1838),河督麟庆修淮渎庙,后易名为"安淮寺",并撰《重修安淮寺碑记》,并书寺联:"巫支祈井底深潜,澜恬洪泽;阿罗汉波间重出,福佑清淮。"

六、洪泽湖的祭祀文化

洪泽湖周边的水祭祀,主要有妈祖祭、龙王祭、治水名人祭、大王祭、禹王祭等。

妈祖祭是祭祀妈祖的。史料记载,洪泽湖周边妈祖宫庙分布密集,多数妈祖宫庙建在运河沿线附近,有的建在官署附近甚至衙门院内。惠济祠是洪泽湖周边最著名的妈祖宫庙,位于淮阴区码头镇,民间又称天后宫,明正德三年(1508)建,清乾隆十六年(1751)重修;灵慈宫位于清江浦,明平江伯陈瑄永乐初年所建,杨士奇撰《敕赐灵慈宫碑记》;淮安区河下妈祖庙,顺治年间始建,道光八年(1828)立《天上圣母碑记》,该碑现保存于淮安区勺湖碑园内;泗阳妈祖庙,建于康熙年间。淮安地方文献记载的妈祖宫庙还有三处:一在河道总督署,即现清晏园内紫藤花馆所在位置。在河道总督官衙内建立宫庙奉祀妈祖,足见朝廷对妈祖的尊崇。另两处分别见诸《乾隆淮安府志·坛庙》记载:"天妃祠,在察院西。""天妃庙,在官亭镇北界,万历四十年建。"

龙王祭主要是祭祀水神的。典型的是宿迁皂河的敕建安澜龙王庙,始建于顺治年间,后经康雍乾嘉朝复修扩建,曾是乾隆南巡行宫。祭祀的龙王是中国历史上影响最大、祭祀规格最高的水神——金龙四大王谢绪。谢绪是宋朝谢太后之孙,明代被敕封为"护国济运黄河之神金龙四大王"。正月初九是水神的成道日,每年都有众多善男信女,纷纷前来烧香拜佛,祈福纳祥。

治水名人祭主要是祭祀黄河运河治水名人的。典型的是清江浦的"陈潘二公祠"和"四公祠"。"陈潘二公祠"主祭的是明朝的陈瑄和潘季驯,"四公祠"主祭的是清朝的靳辅、齐苏勒、嵇曾筠和高斌。官员春、秋致祭,"用昭崇德报功之典"。

大王祭主要是祭祀治水官员或民间治水名人的,祭祀的治水官员或民间治水名人被称为"大王",祭祀的普通人被称为"将军"。光绪《淮安府志》记载清河县境内,有祭祀总河朱之锡的"朱大王"庙,祭祀河督栗毓美的"栗大王"庙,祭祀黄守才的"黄大王"庙。民国《宿迁县志》记载宿迁境内有张将军庙和镇黄刘王庙。

禹王祭主要是祭祀大禹的。传说大禹治淮水时,无支祁作怪,大禹擒获了无支祁,用大铁索锁住镇压在盱眙龟山井中。天启《淮安府志》载:"高良涧设有八大庙。堰上北有禹王庙、关帝庙、大王庙…"。

洪泽湖水文化既有物质的,也有非物质的,内容多元,形式多样,博大精深,影响深远。笔者所述洪泽湖的形成文化、治理文化、水工技术文化、石刻文化、镇水文化和祭祀文化,仅是只言片语,一鳞半爪。其他如水利建筑、治水名人、诗歌、书画、音乐等水文化,在《江苏水文化丛书》中有详细刊录。

(作者单位:江苏省水文水资源勘测局淮安分局)

人民性是江苏水文化的第一属性
——以淮河洪泽湖三河闸为例

张友明　曹恒楼

水韵江苏,"水"是江苏最鲜明的自然与人文符号。在悠久漫长的治水、用水历史实践中,特别是中华人民共和国成立以来,党和政府高度重视淮河治理,江苏人民善于利用大自然最美的恩赐,变水害为水利,建成防洪、除涝、调水、灌溉、挡潮等水利工程体系,为江苏经济和社会高质量发展提供了坚强的水利保障,同时创造了光辉灿烂的江苏水文化。

水文化的实质是人与水的关系,每个时代、每个阶段、每个地域的水文化都有其各自的特色和重点。江苏人民的治水管水实践,形成了以典型水利工程、治水管水制度、传颂的水利精神等为主要内容的水文化,从历史的维度印证了以人民为中心的新发展理念,因此,人民性是江苏水文化的第一属性。

一、人民性根植于江苏水文化的形成过程

江苏是水利大省,拥有着众多的水利工程,江苏水文化的发展始终以劳动人民建设的水工程为物质载体,以文化活动为抓手,坚持在建设中发展,在发展中传承创新。

(一)物质水文化

淮河原本安流入海,在经历661年之久的黄河夺淮后,虽经明清艰

难治理,淮河入海尾闾仍被淤塞,下游水系被打乱,淮河成了著名的害河。"倒了高家堰,淮扬不见面",1931年淮河洪灾,仅苏北里下河地区就死亡7.7万人,成为淮河灾难的真实写照。1950年,淮河突发洪水,中下游的安徽、江苏损失严重。毛泽东主席、周恩来总理多次召开会议,研究淮河治理方案,毛泽东主席发出"一定要把淮河修好"的伟大号召。江苏人民投身治淮会战,先后完成了苏北灌溉总渠、三河闸、淮沭新河、淮河入江水道等水利工程,为江苏经济和社会发展提供了可靠的水利保障。

苏北灌溉总渠工程于1951年10月开工建设,1952年5月竣工。119万民工仅用85个晴天,开挖出长168 km,河底宽60~80 m,堤顶宽8 m,堤顶超高1.5~2 m,以灌溉为主结合排洪700 m^3/s的苏北灌溉总渠,既可以灌溉里下河和渠北地区数十万顷农田,也为淮河增添了一条入海尾闾。

三河闸工程是淮河流域性骨干工程,位于洪泽湖东南角,是淮河下游入江水道的控制口门。它是中华人民共和国成立初期我国自行设计、自行施工的大型水闸,共63孔,每孔净宽10 m,总宽697.75 m,是新中国成立初期水利工程建设的一个奇迹。中央政府动员了全国各地的力量,在1.5 km^2的土地上汇聚了15.8万人民,调动30万t物资器材,于1952年10月动工兴建,1953年7月建成放水,仅用10个月就建成使用。在当时的工程技术条件下,15.8万人民完成了中国水利史上的一个伟大创举。

洪泽湖大堤是千年古堰,素有"水上长城"的美誉,始建于东汉,扩建于明清,加固于当代,是历代人民为保淮水安澜而建,全长67.25 km,是淮河下游的防洪屏障,任何时候都必须确保安全。明清洪泽湖大堤堤前设有条石砌成的石工墙,运用桩基技术,采取条石联结,铁锔咬衔的抗浪方法,按照波浪自然流向的破浪防浪原理筑成。洪泽湖大堤的筑堤成库规划和直立条式防浪墙坝工程技术,代表了当时世界的最高水平。

(二)制度水文化

任何制度的制定和执行都是文化的内在反映。水文化建设在很大程度上都要体现在制度上,只有建立了一整套完善规范的制度,才能提高组织的协调性和管理的有效性,才能更加深入细致地开展水文化建设工作。

洪泽湖大堤修筑与管理形成的防汛、维修、责任追究等规则延续至今,深入水利建设和管理者的思想。

明代昼防、夜防、风防、雨防和官守、民守"四防二守"法,铺夫制度、每岁加固制度、岁半物料制度等,至今基本沿用。三河闸院内有一块"新筑草子河堤碑",记载了1594年堤防管理制度,令沿堤官民划段防守,"遇有坍塌,旋即修复"。

如履薄冰、如临深渊的敬畏思想,源自清代对洪泽湖大堤决口的严厉追责,让治水管水者牢记于心。1824年,洪泽湖大堤十三堡、周桥等段决口,勘查原因为"御黄坝应闭不闭,五坝应开不开,蓄清过旺,以致溃决",时任江南河道总督张文浩"于工次枷号一月,遣戍新疆",不许释回,"卒于戍所"。

(三)精神水文化

淮河是最难治理的大河,中华人民共和国成立初期,百废待兴,又逢抗美援朝,人民群众以极大的热情投入治淮工程。无数人民群众为此献出青春和热血,为后人所铭记和传诵。

"天冷比不过我们心热,风寒赛不过我们的干劲",这是三河闸修建时17岁普通女民工高秀英所说。当时,三河闸下游引河有砂礓墩,俗称"鸡爪山",时值数九寒冬,高秀英和男民工一起挖土、抬泥,从未叫过苦、喊过累,激发了大家的斗志,按时完成了攻坚战,保证了三河闸1953年7月26日顺利竣工放水。

被称为洪泽湖"活地图"的江苏省洪泽湖管理处职工张敏,甘于埋头苦干、从不计个人得失,是全国水利系统先进工作者,代表了新时期干事创业、开拓进取的洪泽湖水利人。

一代代洪泽湖水利人的治水管水实践是我们今天的宝贵财富,更是"忠诚、干净、担当,科学、求实、创新"的新时代水利行业精神和"艰苦奋斗、团结奋进、开拓创新、争创一流"的江苏水利精神的体现,也是我们始终传承和发扬的精神力量,有力地推动了洪泽湖水利事业的繁荣与发展。

二、人民性体现在共享已有江苏水文化的建设成果

江苏水文化的建设与发展体现了人民群众需求,强调建设成果要为人民群众共享,把人民群众的根本利益作为水文化建设的出发点和落脚点,把解决人民群众最关心、最现实的问题作为水文化建设的优先领域,突出解决民生水利问题,提高水利服务民生的能力,保障水利建设和改革的成果惠及全体人民群众。

(一) 人民建的工程造福人民

历史上的黄河夺淮,给淮河下游地区人民造成深重的苦难。中华人民共和国成立以来的历次治淮工程,给洪水以出路,不断提高防洪标准,使"走千走万、不如淮河两岸"的古淮河幸福历史重现。

1953 年建成的三河闸工程拦蓄淮河上、中游来水,自建成以来,年均安全泄洪近 200 亿 m^3,使洪泽湖成为一个巨型平原水库,为苏北地区的工农业、人民生活用水提供了丰富的水源。洪泽湖大堤工程在中华人民共和国成立后,进行了 5 次较大规模的加固,持续发挥挡水作用。三河闸和洪泽湖大堤工程的建成与完善,极大地减轻了淮河下游的防洪压力,成功抗御了 1954 年、1991 年、2003 年、2007 年、2020 年等年份淮河大洪水,保证了苏北里下河地区 3 000 万亩农田和 2 600 多万人民不再受到淮河洪水灾害之苦,让人民充分享受骨干水利工程的社会效益。

(二) 人民创的历史教育人民

经历了艰难的治淮过程,参建的人民群众一直难以忘记当年的峥嵘岁月,喜欢去看看自己建成的水利工程,并用自己的思想和行动影响着后人。

2019 年 12 月 20 日,曾经报道三河闸建设过程的著名摄影家晓庄再次到访三河闸,纵使苍颜白发,依然精神矍铄,激动不已。"那时我才 20 岁,我从未见过这么大的工程,工地上人山人海,是党和国家的号召力把这些民工、战士调动起来,真的很了不起!"

管理处职工刘洪林的父亲是三河闸修建民工,苦于淮河流域水旱频发,喜于有幸参建三河闸工程,因此对三河闸工程充满了感情,对水利事业充满了热爱。正是受其父亲的影响,刘洪林在父亲的殷殷嘱托下女承父业,放弃城市的便捷生活,也选择在水利基层坚守与奋斗。如今,在洪泽湖水利战线上耕耘24年的刘洪林又将水利人的接力棒传递给了女儿,其女儿成了"水三代"。一代一代的传承,洪泽湖水利人用"坚定、传承、信念"见证了洪泽湖水利事业的发展。

扬州市广陵区水利局陈超也是三河闸建设者的后人(第三代),他的爷爷现年近百岁,提起那段历史,依然记忆犹新。

很多参加过三河闸建设、管理的老同志,纵使退休多年,也不断去看三河闸。他们在自己工作过的场所、住过的宿舍流连忘返,回忆曾经的趣闻轶事,感慨岁月流逝。

(三)人民造的文化滋养人民

三河闸和洪泽湖大堤工程依托深厚的文化底蕴,打造了一系列水文化景点,创成了国家一级水利工程管理单位、国家水利风景区、全国水工程与水文化有机融合典型案例、江苏最美水地标、江苏最美运河地标,产生了巨大的生态、经济、社会和文化效益。

三河闸和洪泽湖大堤工程在充分发挥防洪减灾效益的同时,激发了水利人的行业自豪感和成就感,更为当地人民提升了舒适优美的生活环境,为大众提供了游憩空间,提升了人民的幸福指数。

近年来,区域内生态环境明显改善,野生动植物数量和种类明显增多,大大带动了周边地区餐饮、住宿、交通、购物、娱乐等服务行业的发展,为当地居民提供了增收来源,让老百姓的钱袋子鼓了起来。

灿烂水文化的滋养,使人民群众获得感、存在感增强,精神上更加富足,增强了文化自信。通过水文化的传承,让老百姓有了新风尚,滋润内生的积极动力,为新时代中国梦的实现而努力奋斗。

三、人民性应体现在今后江苏水文化建设的全过程

在水文化规划建设中,应将江苏水文化历史人文理念贯穿全过程,

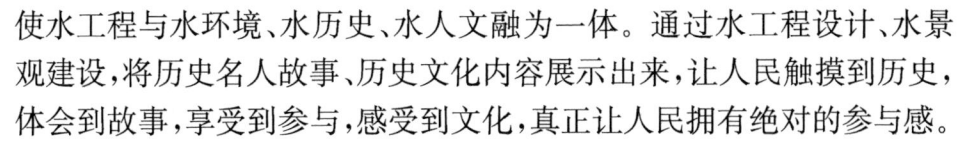

使水工程与水环境、水历史、水人文融为一体。通过水工程设计、水景观建设,将历史名人故事、历史文化内容展示出来,让人民触摸到历史,体会到故事,享受到参与,感受到文化,真正让人民拥有绝对的参与感。

(一)尊重人民群众对水文化的创造性

人民群众是物质财富的创造者,是精神财富的创造者,是社会变革的决定力量,因此,水文化建设必须尊重治水历史,不能"随意讲故事",甚至歪曲人民创造的治水历史。

"民族英雄"林则徐是近代一位杰出的水利专家。洪泽湖大堤周桥大塘220余丈的月堤工程,是林则徐在"丧母守孝、身患疟疾"的情况下现场督促修建的,他将国家的漕运和黎民百姓的生命财产安全放在首位,充分体现了其"苟利国家生死以,岂因祸福避趋之"的宽广胸怀。近年修建的洪泽湖周桥大塘遗址公园内,通过雕塑方式,重现了林则徐当年督促修建洪泽湖大堤的情景。

(二)强调人民群众对水文化的共享性

新发展理念强调共享性,江苏水文化的建设应体现开放和共享。不能将水文化景点刻意"藏在家里",封闭在围墙里,让人民无法去接触灿烂的水文化遗存。

目前,三河闸和洪泽湖大堤工程已成为周边居民和外来游客观光游览、休闲娱乐、锻炼健身的好去处。除工程运行控制核心区域,三河闸、镇水铁牛、礼坝遗址和洪泽湖大堤周桥大塘遗址公园、信坝遗址、古堰梅堤等景点均对公众开放。据统计,2019年三河闸接待游客10多万人次,洪泽湖大堤接待游客100多万人次。

(三)弘扬人民群众对水文化的先进性

治水管水过程中,水利行业涌现出许多英雄,不仅在抗洪抢险中,也在解决技术难题、保障安全和效益发挥中,我们不能忘记这些"水利英雄",应大力宣传他们的先进事迹。

三河闸老职工王守强在偏僻的三河闸工作21年如一日,始终保持着高昂的工作热情,1979年荣获全国优秀科技工作者称号,1982年,被评为江苏省劳动模范。他的工作业绩得到了社会的认可,他的敬业和创新精神是一笔宝贵的精神财富。王守强1968年开展科学试验的工作笔记目前在三河闸展示馆陈列展示。

有"洪泽湖大堤申遗第一人"之称的江苏省三河闸管理处原副主任朱兴华，是对洪泽湖水文化如痴如醉的水利人，曾以微薄之力，多方收集和整理与洪泽湖治理有关的文物资料，悉心保存洪泽湖水文化遗存。朱兴华及其事迹被洪泽湖水文化碑廊题记所记载。

水文化是由治水工程、治水制度、治水精神等组成的文化形态，人民建的工程和文化造福人民、教育人民、滋养人民，人民性是江苏水文化的第一属性。水文化建设应尊重人民群众的创造性，突出人民群众的共享性，弘扬人民群众的先进性。

（作者单位：江苏省洪泽湖水利工程管理处）

淮阴与河湖的古今嬗变

葛以政

淮阴地处淮河、沂水下游,承受安徽、河南、山东的部分客水过境,其历史与河湖密不可分。甚至可以这样说,淮阴的历史就是一部河湖史,就是祖祖辈辈的淮阴人与河湖相依相存、相争相存的历史;在清代康乾盛世,甚至是帝王将相封疆大吏共同参与,举全国之力、以淮阴为中心与河湖抗争的历史。这就使淮阴的政治、经济、军事、文化都带上了浓烈的河湖色彩。

一、淮水泗水交汇与水运交通

大禹治水,分天下为九州,以淮河为界,北为徐州,南为扬州。古淮河水自安徽东下经现洪泽湖所在地(黄河夺淮之前并未成湖),向北来到码头镇,再向北来到袁集桂塘附近折而向东,沿目前杨庄以东的废黄河再向东北入海。古代以水之南山之北为阴,因此淮河下游淮水以南的地方被称为淮阴。码头镇(今名)在先秦时代绿水环绕,草绿土肥,因此人群聚集,成为宝地。公元前223年,秦灭楚,秦国上卿甘罗在此筑城,设立淮阴县,淮阴的地名和区域便固定在以当今码头镇为中心的周围地带。

古代泗水河是淮河的支流之一,自徐州而来经泗阳之南(泗阳因在泗水之北而得名)到李义口附近,分为两支流入淮阴境内。北支流称为大清河,向东北蜿蜒来到袁集桂塘附近与淮河汇合,其入淮口因流量较大被称为泗口或清口(大清口);南支流称为小清河,向东南蜿蜒来到码头镇御坝附近(清代才有御坝)与淮河汇合,此处入淮口被称为小清口(明代嘉靖年间之后被称为清口)。由于吴王夫差开凿邗沟,陈登开凿邗沟西道,以及后来几经开凿形成运河,过往船只必经泗口(大清口)北上南下,因此泗口就成为交通咽喉和战略要地,在中国历史上书写出一篇篇兵家争战,赌全局输赢的战例:周亚夫扼泗口,终平七国之乱;祖逖出泗口,尽复河南失地;谢玄屯泗口,出兵援救彭城;吴明彻失泗口,轮为北周战俘;杨行密战泗口,形成割据势力;赵匡胤袭泗口,活捉南唐大员。古泗口也因此成为淮阴古代名胜的绝佳之地。

二、黄河灌泗夺淮与县治变迁

宋代之前,淮水、泗水自然交汇,清水荡漾畅行无阻。因此淮泗二水交汇处称为大清口、小清口,淮阴人少有水患之苦。南宋绍熙五年(1194)之后,由于自然灾害和战争的破坏,黄河多次决口,黄流南下,夺泗入淮,大量黄流经过泗水北支流来到泗口,然后夺淮(今杨庄以东废黄河)入海。经过几百年的泥沙沉淀,泗水北支流、泗口和淮河下游河床愈淤愈高,黄河之水也愈来愈受阻滞而向南漫延。因政治形势的变化,也因淮水清而泗水黄,官民思清厌黄,便于南宋咸淳九年(1273)析淮阴县为清河县。而咸淳十年(1274)南宋淮东制置使李庭芝为了抗元,在大清口(今袁集桂塘)筑起了清河县城。筑城仅二年,大清口县城就被元人占领。元朝泰定元年(1324),又因黄河决口,大清口县城被毁,县尹耶律不花又将清河县城迁到甘罗城。淮水南来,黄流北至,甘罗城地僻水恶,居民渐少。县治在此仅四年,于天历元年(1328)又迁小清口西北(今码头镇旧县)。明代嘉靖年间,大清口淤垫成陆,泗水北支流也渐被淤塞,被称为老黄河。以后泗水南支流变为主流,当时已被称为黄河(即今泗阳到码头镇的废黄河)来到小清口,运河口也移到此处,行水行舟皆出于此,码头镇成为水路要冲.而小清口西北的县治屡受水患,到明代崇祯元年(1628),终因水患和战乱又迁县治回甘罗城。清朝顺治三年(1646),清初大治,再次迁县治于小清口西北。又经过一百多年,由于黄河泥沙愈淤愈高,河堤也愈筑愈高,小清口西北的县城却愈

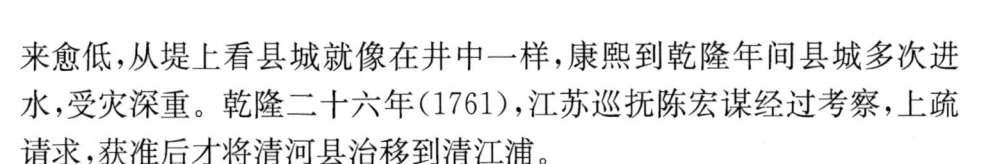

来愈低,从堤上看县城就像在井中一样,康熙到乾隆年间县城多次进水,受灾深重。乾隆二十六年(1761),江苏巡抚陈宏谋经过考察,上疏请求,获准后才将清河县治移到清江浦。

三、筑高堰成大湖与康乾治水

在宋代之前,洪泽湖并未形成大湖。为了蓄水灌溉农田,高家堰前身只有一些很低的土堰。黄河灌泗夺淮之后,淮河下游河床渐高,水流不畅而向南漫延,高家堰也逐渐加高,洪泽湖逐渐形成。到了明代嘉靖年间,黄淮并涨,大水齐发,泥沙淤积,湖水渐高,高家堰横亘南北,泗州城地势低下,多次被水围困冲淹,康熙年间终没水底。泗州城先是被水淹没,继而逐渐被泥沙淤没。洪泽湖便逐渐变成悬湖,其湖底的高程超过楚州城楼顶部,而有了高家堰大堤,里下河地区就有了屏障。"倒了高家堰,淮扬不见面"也是高家堰多次决口,形成水患的真实写照。因此在明清时代,朝廷重臣与治水大吏除了加高加固高家堰大堤之外,还在码头、杨庄、王家营一带采取了反反复复、重重叠叠的开河导流、筑坝堵流、建闸制水、兼通漕运的一系列连锁措施,甚至在更大的范围内导流入海。但毕竟杨庄以东水路不畅,高家堰也难挡洪水,致使高家堰仍然多次多处决口,殃及堤东城池与百姓。洪水甚至决堤南下,夺长江而入大海。至清朝康熙乾隆年间,淮阴治水已经成为康乾盛世的头疼之事。朝廷大员反复纷争,治河大吏驻节清河,屡次更迭,能治一时,难治久远,幸者升迁,殃者革职。以至于康熙皇帝六到清口,乾隆皇帝六临清河(淮阴),亲自蹚水勘察,乘舟巡视,这才有龙亭御坝的产生和一系列治水大计的出台。翻开《咸丰清河县志》和《光绪丙子清河县志》,其《旧县四境图》《新县四境图》中水网密布、闸坝丛生、工程鳞次栉比,可见当时水势之恶、治水之艰和措施之繁。而当时洪泽湖水直抵码头御坝处的小清口,运河又从码头镇的东面过福兴闸、通济闸和惠济闸向南而西再向北环绕而行。船舰之多和过闸之险使行船速度极慢,就出现了三天才能看清惠济祠东、南、西三面景观的现象。

人们都说,淮阴及其相邻的市县都与"水"字有关,到这里才找到了最好的注脚：淮阴在淮河之阴（南）；泗阳在泗水之阳（北）；泗洪取泗水泛滥，洪流四溢之名；洪泽取高堰筑堤形成大泽之意；淮安是淮水安澜之意，也是高堰大堤挡住洪水，堤东城池安稳、居民安居的形象写照；而盱眙从字面上看起来与水无关，而实际上是水淹泗州城，人们舍弃家园，登山避险，举目四顾，只见洪水，不见家园的惟妙写真。

四、清江浦王家营与南船北马

明代永乐六年（1408），平江伯陈瑄利用宋代乔维岳所开而已经淤塞的旧沙河，开渠造闸，改其名为清江浦，后来清江浦变为地名，河则称为里运河，成为南北孔道、漕运咽喉，在明清两代均设官驻守。自清河（淮阴）县治迁到此处，市镇日益繁荣。经康乾盛世之后，在道光咸丰同治年间，内忧外患，祸乱迭起。吴棠在此几进几出，由县令升到漕运总督，先筑土圩城墙而后筑清江浦石城。开漕运，立学馆，建文庙，清江浦仍屹为重镇。然而因为筑城在拆毁高家堰大堤石料的问题上引起了人们的非议。

黄河灌泗夺淮，贻害深重。明朝弘治年间之后，开引河济漕运的事情就很棘手，会通运河负载太重，只能让漕船航行而不让民船通过，只好易舟而车、另开新道。嘉靖之初，黄河改道出小清口，大清口淤垫成陆，因为王家营离大清口稍远，此时水陆分程地位更加重要。加上黄流合泗，逆水行舟，有风涛之险，明、清开河置闸，地倾流急，牵挽艰难，行人裹足，视为畏途。王家营居水陆要冲，南来北往之人，自清江浦舍舟登陆经石码头北行，渡过被黄流所夺的原淮河（今废黄河），来到王家营，再乘马或马车北上达北平。王家营清口驿是通往京都的十八个大驿站之一。东南江浙朝会，举家或结伴出游都要经过王家营，没有其他道路可与此媲美。就连湖北的襄阳和樊口也不见得超过此地。因此王家营的地理位置也被凸现出来，与清江浦南北呼应，成为交通咽喉，故有"南船北马"之称。

咸丰五年（1855），黄河北徙，漕运不畅，海上运输兴起，光绪年间又建成京浦铁路，南船北马渐稀，直到不再有问津者。清江浦与王家营因逐渐失去了交通咽喉的重要地位而被冷落了下来。

五、杨庄闸五河桥与水陆竞妍

经过历代特别是明清时代与河湖的抗争,淮阴大地上的河湖沟渠堤涵闸坝,塞塞开开堵堵疏疏。新河旧堤,古坝新闸,记不胜记,数不胜数。至今大多已成为历史遗迹乃至湮没,难现昔日风貌,难访古代名胜。然而,古代先贤治水的辛劳,史有所载、实绩犹存,民国政府也有凿河加堤之举。今人承接前人继续谱写新的篇章。

新中国成立后,为治理淮河、废黄河、洪泽湖,保障和改善水陆通行,修建了大量的水利工程,不仅畅通入海入江水道,彻底制服了洪水,而且将多处天堑变为通途。杨庄闸群是淮阴水利史上的辉煌篇章,是祖国和人民战胜自然的历史见证,特别是三十孔淮阴闸是几十年来淮阴人引为自豪的重要水利设施。淮沭新河、二河、盐河、废黄河、京杭运河五条河流交汇于此,在杨庄闸群的节制下各行其道,造福于国家和人民。而于2003年3月开工,已于2005年底竣工的宿淮高速公路五河口特大桥(该桥全长2 062米,净宽38.6米,双向六车道,主塔高137.1米,钢绞线拉索124根,总投资2.815亿元)已飞越五河口,与杨庄闸群相映生辉,这是淮阴水利和交通史上的重要里程碑。水上千帆竞发,桥上万车奔驰,现已成为淮阴区乃至淮安市一道最具魅力的风景。站在桥顶俯视淮阴,古黄河岸边绿树红花,樱花园、黄河广场、韩信广场、桃花坞公园镶嵌其中,各式花园居住小区如雨后春笋,现代建筑与自然风光融为一体,昔日的洪水走廊已经变成风光旖旎、人民安居、商贾云集、游人如织的苏北胜境,文人墨客吟咏河湖而歌颂淮阴的诗文也重新繁荣起来。

(作者单位:淮安市历史文化研究会)

从"水利金湖"到"水美金湖"的转变

姜瑞荣　杨登平

地处苏北里下河地区的金湖县,淮河入江水道纵穿腹地。全县总面积1 393.86平方公里,其中水面420.8平方公里,水面占总面积的1/3。全县拥有"四湖一水道",在江苏唯一。

金湖县地处淮河下游,承接着淮河上中游16万平方公里的洪水宣泄入江,历史上素有"淮水走廊"之称。金湖县的发展史,是治理淮河取得根本性胜利的见证,也是金湖县从"水利金湖"到"水美金湖",发生天翻地覆变化的见证,更是金湖人民发扬"愚公移山""大禹治水"精神,顽强拼搏,默默奉献,让"淮水安澜"的见证。

淮河发源于河南省桐柏山,古代淮河上游来水丰富,下游河道深阔,畅流入海,给人们带来舟楫与灌溉之利,时有"江淮熟,天下足"之美誉,也留下了"走千走万,不如淮河两岸"的民间谚语。然而,南宋绍熙五年(1194)黄河阳武段决口,夺泗夺淮,是淮河从"利"到"害"的根本性转折。至明朝中叶,黄河更是形成全面夺淮之势,多年来的黄水带来大量泥沙,使淮河下游日益淤塞,河水在泗州及淮阴、扬州三府的低洼地区漫流,猖狂肆虐。清康熙三十五年(1696),终于发生了"水漫泗州",使泗州城彻底被泥沙和洪水埋没。之后宝应湖、白马湖、高邮湖及整个里下河地区更是水灾频繁,民不聊生。

千百年来,桀骜不驯的淮河水像一匹脱缰的野马,曾经制造过多少人间悲剧。尤其是洪泽湖下游——横贯金湖的三河进入高邮湖一段,河道弯曲,泥沙淤塞,宣泄不畅,十年九灾。翻开当地史籍,"堤岸决,田禾尽没""七月决堤,一片汪洋,无分河海"等记载连篇累牍,令人触目惊心。1938年,国民政府炸开了花园口黄河大堤,黄水夺淮,两水争道,直扑淮河下游,不到一夜工夫,金湖境内300多个圩口全部沉没。洪水席卷了所有村庄,在一片白茫茫的激流里,到处漂浮着房料、柴草和人畜尸体,单是唐港德兴圩一处就淹死200多人。在地主家做长工的丁厚喜,心急如焚地赶到自家的村庄时,只见大水早已围住了他家的茅草屋,站在沉没的小圩上,遥望妻儿伏在即将坍塌的屋顶上呼救,他捶胸、哭喊也无济于事,只得眼睁睁地望着一个浪头后没了一家四口的生命。"芦柴把子芦柴墙,芦柴捆子做大梁,洪水一冲净大光,家破人亡去逃荒。"这就是当时金湖地区人民饱受水患苦难的真实写照。

1949年10月1日,毛泽东主席在天安门城楼向全世界庄严宣告,中华人民共和国成立了!中国人民从此站立起来了!淮河治理也开始上升为国家工程。1950年10月14日,中央人民政府政务院颁布《关于治理淮河的决定》,周恩来总理提出了"蓄泄兼治"的治淮方针。1951年,毛泽东主席发出了"一定要把淮河修好"的号召,极大地振奋了淮河两岸人民治理淮河的信心和决心。周恩来总理童年有12年是在淮河岸边的淮安度过的,早年生活的艰辛和淮河的洪灾,在他幼小的心灵中留下了深刻的记忆。早在1916年,周恩来在《避暑记》文中写道:"淮皖大水,家乡波及。"这里"淮皖大水"讲的就是从河南经安徽而来的淮水造成的洪水灾害。

实际上,黄水夺淮700多年,淮水入海无路,入江不畅,70%以上的淮水都是经三河入宝应湖、高邮湖,再缓慢入江,金湖地区受害最深,受灾最重,金湖地区成为名副其实的淮河洪水走廊。久而久之,这条水路渐渐被人们称之为"淮河入江水道"。

1951年夏,根据周恩来总理的指示,水利部部长傅作义、副部长李宝华,顾问、苏联专家朱可夫等人,从治理淮河的全局出发,专门来到地处淮河下游的金湖,进行实地考察和调研。他们认为:"入江水道和里运河存在的问题很大,看来入江水道在黎城河必须改道走金沟河直线势在必行。"为此,国家紧接着治理淮河上中游,王家坝、三河等节制闸建成后,开始发挥着"平时蓄水、集中泄洪"的作用,但这还没有从根本上解决淮河下游的洪水出路问题。

金湖地区人民从千百年与淮水作斗争的历程中,更加深切地体会到国家治理淮河的决策是正确的,党中央、国务院与淮河流域人民的心是相通的,水利部部长傅作义等人的意见是符合淮水出路规律的。因此,金湖地区人民不等不靠,发扬自力更生的精神,沿着由水路冲击的河道,浚深筑圩,兴办淮河入江水道的雏形工程。1958年11月上旬,宝应湖西工委(金湖县前身)组织民工20 610人,当时湖西地区总人口182 000人,劳动力92 200个,出工劳动力占总和的近23%,可见金湖地区人民的行动之快、决心之大。经过122天连续作战,筑成总长45.5公里的大堤雏形,共完成土方261.34万立方米。但仅凭借金湖地区一地之力,人力物力严重不足,以致工程标准偏低,没有真正发挥行洪作用。对于这一雏形工程,圩堤虽然很长,而顶部只有一丈宽,远远望去,就像一条扁担,所以被当地人称为"扁担圩"。但就是这条"扁担圩",体现了金湖地区人民与党中央、国务院同心同向的治淮意志,也体现了金湖地区人民的超前意识、雄伟胆略和自力更生、艰苦奋斗的精神。

1959年,金湖县建县以后,多次向中共江苏省委及国家水利电力部提出兴建淮河入江水道的要求,但由于当时国内正经历三年困难时期,国民经济困难,兴办淮河入江水道工程一度被搁置而拖延下来。但是,周恩来总理始终没有忘记淮河流域的人民和治淮工作。在周总理的关心下,1955年春,国家淮委编制了淮河治理规划,对淮河洪水安排问题作出了充分论证,确定了"以江为主、入海为辅"的方针。在这期间,根据周恩来总理的要求,国家水利电力部部长钱正英也专程来到金湖县,进一步了解和落实淮河入江水道工程事宜。1967年8月,江苏省军事管制委员会具文上报国家水利电力部,要求批准兴办淮河入江水道工程。由于处于"文化大革命"期间,有些人一时拿不定主意。周恩来总理根据毛泽东主席"抓革命、促生产"的指示,多次催促相关部门抓紧办理。1967年9月27日,国家水利电力部提出了淮河入江水道初步规划以及设计任务书,报国家计划委员会。1968年底,国务院批复国家水利电力部,"同意江苏省兴办淮河入江水道"。1969年10月,江苏省革命委员会在金湖县召开淮河入江水道工程全面开工大会。参加施工的有六合、扬州(含现泰州市)、淮阴(含现宿迁市,现为淮安市)三个专区,下属金湖、六合、仪征、盱眙、高邮、邗江、淮阴、淮安、宿迁、涟水、灌云、灌南、沭阳、泗阳等20多个县。当日,20多万民工云集金湖,还有华东水利学院(现河海大学)的教授、讲师和越南留学生参加开工典礼和施工劳动。工地上标语遍布、彩旗招展、播音嘹亮、人声鼎沸、气势恢宏、古今少有。当时,还动用了直升机拍摄了壮观的施工场景。金湖人民要求兴建淮河入江水道的夙愿终于实现了。

淮河入江水道主体工程,分两期施工。第一期从开工之日起,开挖东、西偏泓河道及行洪道内拆迁、清障,在宝应湖韩家滩挑筑移民庄台,新筑三河拦河大坝及加高培厚三河南北大堤,新筑大汕子隔堤以及加筑淮水改道段东西大堤。三河拦河大坝是南北向的堤坝,拦腰斩断三河,使淮水不能循旧道入宝应湖而是从西侧改道直下高邮湖。正坝全长2.1公里,坝基筑在5~8米深的淤泥上,民工以独轮车为运土工具,向水中倒土,踩坯前进,在河中间合龙,坝底的游泥被强力挤走。1970年4月大坝筑成,完成土方280余万立方米。大汕子格堤是横在大汕子河上的堤坝,西起张尖,东接运河西堤,东西相距12公里。这里水草丛生,茫茫一片,民工们必须在齐腰深的水里筑堤。他们自带3 000余艘小船,以船为家,驻泊水上。他们头顶蓝天,脚踩草滩泥水,挖土运土距离3~6公里。经过80多天的艰苦奋战,筑成了古今少有的大隔堤,完成土方398万立方米,从而实现了阻隔高邮湖水返流宝应湖。从此,大汕子隔堤与三河拦河大坝一道,使宝应湖广大区域及相应的运河大堤不再受洪水威胁。大汕子隔堤又成为金湖至高邮、宝应的陆上通道。

第二期工程于1970年10月开工,工程项目是在夹沟荡穿筑新堤,加固高邮湖大堤。夹沟荡新堤也是在水中筑起的,南起高邮湖大堤的夹沟坝,北至复兴圩农场刘圩拐的扬水站,全长4.75公里。民工们吃住在船上,先筑成围堰排除内部积水,再开挖纵横降水沟1.35万条,为正堤施工创造了条件,共完成土方188.2万立方米,缩短防洪战线7.6公里。金湖人民顾大局,舍小家为大家,在兴办淮河入江水道时,涉及到金沟、卞塘、塔集等4个公社中的97个生产队2 790户11 676人、房屋7 821间需要搬迁。大家响应党和政府的号召,仅用了20多天时间就全部搬迁完毕。来到地处宝应湖畔的韩家滩,成立淮胜人民公社,意为"治淮胜利"。移民们在这里展开了一场新的改天换地斗争。1973年1月16日,《新华日报》头版头条发表长篇通讯,题目是《举纲带目绘新图,垦荒三年超纲要》,介绍了他们的事迹。

淮河入江水道竣工后,宝应湖变为内湖,境内洪水入江线路缩短了200多公里,防洪圩堤由275.5公里缩短至115公里,设计防洪标准提高到三河闸泄洪量每秒1.2万立方米。这使包括金湖地区在内的整个里下河地区摆脱了洪水威胁,更重要的是为淮河上游泄洪开辟了顺畅的通道。

想当年,兴建淮河入江水道所挖的土方,如果按照1米见方连接起来,可以绕地球一周。雄伟壮观的三河拦河大坝,把淮河旧道拦腰斩断,从三河闸奔腾而来的滔滔淮水,到了大坝下就低头改道南行。全长115公里的淮河入江水道巍巍大堤,挟持波涛汹涌的洪水,按照人们的意志而吞吐。在那烟波浩渺的高邮湖湖面上,延绵30多公里的大汕子隔堤,宛如一把倚天长剑,把高宝湖一劈两半。昔日险象丛生的宝应湖,成了一个平静的天然水库。三河拦河大坝北侧的石港翻水站,不仅可以翻水泄洪,而且成为南水北调东线工程的一个梯级泵站,保证一泓清水向北流。登高远望,水清岸绿,郁郁葱葱;稻香鱼跃,生机勃勃。人们可以自豪地说,淮水吞吐不由天,牵龙入江绘新图。

摆脱了水患的金湖人民,发扬艰苦奋斗精神,在这片土地上加紧社会主义建设,在改革开放的进程中创造了一个又一个奇迹。1983年11月11日,新华社发出通稿,《人民日报》头版显著位置登载:"江苏省金湖县粮食总产6.5亿斤,向国家交售商品粮3.5亿斤,全县平均每户生产粮食10 500斤,每人生产粮食2 400斤,售粮1 300斤,成为江苏省第一个户产万斤粮、人产一吨粮、人售商品粮超千斤的县。"经《半月谈》杂志全国各省市自治区改革开放五年来五大成就评选,"金湖县户产万斤粮"被列为江苏省改革开放五年来五大成就之一。

从地图上人们可以清楚地看到,桐柏山是淮河之源,金湖则是淮河之尾,淮河上游的大量洪水,正是从金湖这片坚实而多情的土地上宣泄入江,年复一年,日复一日,永不停歇。金湖人民顾全大局,顽强拼搏,用深情和行动成就了"淮水安澜"。

从"水利金湖"到"水美金湖"的转变

1991年6月的淮河,洪涝严重,扼守淮河通道的三河闸不得不把53孔闸门全部提起,每秒泄洪量超过9 000立方米,上游400多亿立方米的洪水涌进淮河入江水道。大面积农田被水淹没,19个圩区遭水围困。金湖人民面临着内外洪水夹击,腹背受灾的严重局面。在60多个日日夜夜里,金湖人民战洪魔,缚苍龙,在淮河入江水道上打下了345万根木桩,更是筑起了一道堤外之堤。在英雄的金湖人民面前,淮水苍龙也不得不低下了头。金湖人民也用行动创造了"万众一心,自力更生,顽强拼搏,艰苦奋斗,顾全大局、团结协作"的具有金湖特色的治淮精神。

"我爱家乡金湖美,美就美在金湖水。"金湖县坚持"生态优先,绿色崛起"的理念,打好生态牌,走好特色路。2019年,金湖县粮食总产量突破10亿斤,是建县初期的10多倍。金湖人民以"绿水青山就是金山银山"的习近平新时代生态文明思想为指导,全面推进创新、协调、绿色、开放、共享五大发展理念,做到绿色发展方式与绿色生活方式齐头并进,实现生态美与生活美、生产美"三美共融",探索走出一条既符合生态文明特征,又推动金湖科学发展之路。

金湖人民一步一个脚印,实现了从"水患治理——水利金湖"到"人水和谐——水美金湖"的蝶变,让昔日"因水而灾,因水而贫"的金湖,变为"因水而安,因水而兴"的金湖。水美、景美成为金湖人的骄傲和自豪,从城市到农村,以流域性工程带动全县中小型水利工程,把淮河入江水道建成集水利科普、滨水游憩、运动休闲、生态度假等多功能于一体的生态、文化、经济长廊,成为国家级"水利风景区"。

利用湿地和低洼地区建成的"接天荷叶无穷碧,映日荷花别样红"的万亩荷花荡景区;在滩地上挖沟垫土、抬田降渍,坚持不懈植树造林,形成"树绿水清、天然氧吧、鸟禽天堂"的万亩水上森林公园景区,双双获得国家级4A级景区称号;"十里果园""马草滩景区""白马湖湿地公园"等建设,在全县范围内形成沿淮金线观光农业风光带;还有以江苏省首批特色田园乡村——塔集镇黄庄村带头的乡村旅游,形成水上体验、观光、娱乐区,健康生态度假区,渔家风情展示区,水文化、荷文化体验区等,从而串连起全县众多特色水美乡村,美丽渔村。以淮河入江水道 115 公里为基础发展而成的 300 公里金湖绿道不仅美了环境,而且富了百姓,已经成为展现金湖以"治理淮河、淮水安澜"为主要内容的历史文化风景的窗口。金湖县以生态文明为"金扁担",一头挑着"绿水青杉(水杉)",一头挑着"金湖银山",成功实践着"产业沿着绿道布,项目沿着绿道建,空间沿着绿道调,功能沿着绿道优,民生沿着绿道优"的金湖发展模式,使金湖成为国家第一批生态文明示范县,国家首批全域旅游示范县。

金湖地区 70 多年来的治淮实践,不仅承担了"淮水安澜"的地理和历史重任,而且在同洪水作斗争的过程实现从"水利金湖"到"水美金湖"的转变。在"水韵江苏"精神指引下,金湖的水文化会越来越丰富,金湖的明天会更美好。

(作者单位:金湖县政协)

擦亮"安澜"水文化符号

陈凤朝

一、江淮大地古来洪水为患,淮安之名因澜而生

江淮之地素有"洪水走廊"称谓,既有自然地理原因,也有人祸相叠的因素。从大禹治水关于无支祁的传说,我们不难看出,淮河自古以来,对中下游百姓的洪灾祸患就一直十分严重。淮河古称淮水,与长江、黄河和济水并称"四渎",是中国七大江河之一。淮河发源于河南省南阳市桐柏山,全长 1 000 千米。地处淮河下游的洪泽湖区,面积为 3 700 平方千米,却要承接中上游流域 15.8 万平方千米的洪水。在生产力十分低下的远古时代,包括封建时代,人们想要战胜如此巨大的洪水,其成功的概率注定是十分渺茫的。

淮河的灾难影响,可以说数不胜数。我们且不说发生于公元前 132 年的汉武帝"瓠子堵口"事件,我们就谈 330 多年后的东汉年间,献帝建安五年(200)广陵太守陈登于射阳县西筑堰一事,就足可看出,当时的淮河下游地区受水患影响之深。如果不是水患频仍,陈登何苦要劳民伤财修建这 30 里长堤?陈登当年修筑的是一道土堤,它对于后来的黄淮叠加水患,只不过是杯水车薪而已,但这在当时的生产力水平之下,已经是一项耗费巨大的瞩目工程了。

就在陈登筑堰之后的 280 多年,南齐武帝永明七年(489),发生了一件值得淮安人永远铭记的事件——光禄大夫吕安国向齐武帝奏称:请皇帝准许割盱眙郡直渎县破釜涧以东和淮阴镇下流民户 100 户置淮

安县(位置约相当于现在的洪泽区和清江浦区交界一带)。吕安国当时奏称设置的,还包括其他郡置,但由于是在战争年代设立,面积小人口少,不久后就被废弃,唯独"淮安"这个地名却永久地载入史书,这也是淮安市境内首次出现"淮安"这个地名。这个地名出现在淮水灾难频仍的时代,其祈求淮水安澜、免受洪患的意愿不难理解,同时由于安澜中还包含着水波平静,时世太平祥和之意,因此也得到地方百姓的喜爱,被一直沿用至今。

二、修筑高家堰,清口理漕治河,明清两朝为黄淮安澜、漕运畅通拼尽国力,功败垂成

陈登当年修筑的30里土堤,为后来延续近2 000年的治黄、治淮、治运工程开了先河。北宋熙宁十年(1077),黄河大决于澶州,北流断绝,河道南移,黄河正式开启了它长达778年的南侵夺淮史。明孝宗弘治八年(1495),刘大夏堵黄陵岗等处决口,筑大行堤成,黄河全流入淮。至此,中国版图之内"四渎"中的两渎,完全共处一个下游。由于黄河流经黄土高原,河水中夹带大量泥沙,因此造成淮河下游流域全部入海通道的壅滞堵塞更加严重。史载:黄河全流入淮,会于淮阴,奔腾浩渺,东溃西决,治河者自此疲于奔命。

黄河全流入淮,不仅让江淮地区百姓年年苦于水患,而且给当时担负朝廷漕粮运输任务的大动脉运河带来致命威胁。当时南来的漕船,都要在淮阴甘罗城之西的清口,也就是黄河与淮河两大巨渎的交汇处,逆出里运河口,再沿黄河北上进京。黄河全流入淮后,清口水势猛增,淮河尾闾(即现今杨庄以东废黄河)被泥沙垫高,黄水入海不畅便冲入洪泽湖,也冲入里运河,导致运河、运道堵塞。

为了治黄、治淮,保运理漕,明清以来的历代皇帝,都将河务和漕运,列为当时国家要政来管。朝廷设置河道总督,每年都拨付大量款项,用于治河。

明万历六年(1578),河道总督潘季驯提出"束水攻沙,蓄清刷黄"方略,增高培厚洪泽湖大堤高家堰,并适应水情不断完善清口枢纽,这成

为之后历代朝廷治淮治黄理漕的基本方策。万历八年(1580),朝廷开始为高家堰加筑石工墙。此工程一直进行到清乾隆十六年(1751),历时170余年,才最终完成。据史料记载,时大堤北起码头镇石工头,南至蒋坝镇,全长120里。包堤石料皆取自徐州,长90厘米,宽、高各45厘米,石块之间联结,有石灰勾缝,部分石缝有铁钩爪相连,规格统一,筑工精细。如此巨大的工程,不仅在当时属国家治水首务,即便放眼世界,也是首屈一指的巨型水利工程。江淮民间素有"西有都江堰,东有高家堰"的俚语流传,说的就是洪泽湖大堤及与之相连的清口枢纽在中国水利工程建设史上的重要地位,难怪《人民日报》曾著文,将其称之为400年前的三峡工程。

可让人永远难以忘怀的是,尽管封建时代的最高统治者如此重视治黄治淮,可大自然却丝毫也没有给人们以一丝一毫的怜悯。黄河、淮河就犹如两条交相逞凶的恶龙,年复一年地在江淮大地上肆意行虐。史载,"康熙七年(1668),黄水尽注洪泽湖,湖水大溢,决清水潭,高邮环城水深近二丈。六月十七日戌时,地大震,声如雷鸣,由西北传来,地软如绵且热,顷刻如万车齐发,摧城裂碟,泗州及淮安府属各县均有颓败,官署民房倒塌无数,人民压死者以万计"。"乾隆十八年(1753),七月,淮扬运河决开车逻坝,上下河尽淹,秋九月连雨,湖河涨没田庐。同知李大亨、守备张兵帑侵帑决工,上谕著即于该工正法,并着将河督高斌等载赴行刑处所,令其目睹刑讫再行释放。"

康乾时期尚且如此,到清朝中晚期,景况则更加凄惨。上游黄河决口频繁,黄河通过多种渠道进入洪泽湖再到清口,致使清口两头遭遇黄水,运河出口处严重淤积,漕船迟滞难行。清廷万不得已,只得陆续采取"借黄济运""灌塘济运"等无奈举措,清口枢纽运行艰难到了无以复加的地步。

这种惨状,一直维持到清咸丰五年(1855)六月十九日,黄河在铜瓦厢决口,北涉改道,由利津经渤海入海,这才始得年年受尽洪水折磨的江淮百姓,从苦难中稍稍得到一点喘息的机会。但由于洪泽湖经过黄淮交相肆虐之后,早已变成一座地上"悬湖",一到暴雨季节,这把悬留在江淮百姓头顶上的洪水宝剑,威胁仍然是巨大的。民国政府在成立之初，也曾进行过一些维持性、疏通性的治理，但起不到什么作用，到抗战爆发便全都停止了。1938年，蒋介石政府军为阻止日军西进，竟然采用"以水代兵"策略，炸开花园口黄河大堤，致黄河水入洪泽湖，再由洪泽湖南流漫溢，造成豫、皖、苏44县大灾，被淹土地5 400平方公里，受灾1 250万人，死亡89万人，形成"黄泛区"达9年之久。由以上可见，在国运惨淡、兵匪横行的旧中国，想要实现"淮水安澜"，那真的只是一个无法企及的梦想。

三、入江入海，分淮入沂，江水北调，新中国一系列治淮工程让"淮水安澜"千年梦想实至名归

新中国成立后，党中央、中央人民政府将兴修水利作为恢复经济的首要任务之一，实现"淮水安澜"，迎来充满希望的春天。

1950年10月14日，中央人民政府政务院颁布《关于治理淮河的决定》，淮河成为新中国第一条开展全面、系统治理的大江大河。1951年5月4日，毛泽东主席发出"一定要把淮河修好"伟大号召，极大推动了新中国的水利事业，治理淮河成为当时解决江河水患最突出的中心任务。

1951年10月，全长168千米的苏北灌溉总渠开工修建，至1952年5月完工。总渠西起洪泽湖高良涧进水闸，东至扁担港入海口，设计流量800立方米每秒。它既是淮河洪泽湖以下排洪入海的通道之一，又是废黄河以南地区引水灌溉渠道，同时兼有排涝、航运、发电等多项功能。

1952年10月1日，洪泽湖最大排洪口门三河闸水利枢纽动工兴建，有近16万人参与施工，1953年8月建成。三河闸位于洪泽湖东南淮安市洪泽区蒋坝镇附近，是洪泽湖控制工程中最大的建筑群，由节制闸和船闸组成。节制闸总设计泄洪能力为12 000立方米每秒，闸身为钢筋混凝土结构，共63孔，可将淮河上中游70%以上的洪水排泄入江。节制闸下接淮河入江水道，为淮河下游主要排洪河道，全长157.2千米，河道经三河段、金沟改造段，入高邮湖、邵伯湖，再经多条归江河道从三江营入长江。三河船闸上闸首切洪泽湖大堤入洪泽湖，下游经入

江水道三河段、南运西船闸连通大运河。其主要功能是通航，兼顾防洪和抗旱输水。

1957年11月11日，洪泽湖大堤二河闸动工兴建。二河闸是"分淮入沂、淮水北调和淮沂互济"的跨流域调水的关键工程。闸宽401.8米共35孔，每孔10米，设计流量4 000立方米每秒，1958年6月30日竣工建成。1958年4月、10月，分淮入沂工程二河段、淮沭河段相继开工。河道全长98.2千米，宽1.04千米，南接二河闸，北通沭阳新沂河，同时建造淮阴闸、沭阳闸等控制工程。河道开挖期间，淮阴地区计有27.8万民工参与，1960年底完工。该枢纽工程的建成实现了跨淮河和沂沭河流域调水，增强了利用新沂河相机排泄淮河洪水的能力。

1998年10月28日，淮河入海水道（近期）工程开工，至2002年年底主体工程完工。淮河入海水道（近期）工程是扩大淮河洪水出路，提高洪泽湖防洪标准，确保淮河下游地区2 600万人口、近200万公顷耕地防洪安全的战略性骨干工程。入海水道西起洪泽湖东侧二河闸，东至扁担港注入黄海，全长163.5千米，设计（近期）最大泄洪流量2 270立方米每秒，结束了淮河800多年来无独立排水入海通道的历史。2003年6月，淮河流域发生了自1954年以来的最大洪水。淮河防汛防旱总指挥部命令，淮河入海水道启动行洪，最大泄行洪量1 870立方米每秒，行洪33天，为2003年淮河流域防汛抗洪全面胜利作出重大贡献。

以上所列四项治淮工程，加上淮河原有的入海河道废黄河，构成淮河下游泄洪入海、入江的主要通道。这四条泄洪通道的全面建成，再加上淮河中上游相继完成的石漫滩水库、佛子岭水库、王家坝闸、梅山水库拦河大坝等，使洪泽湖的防洪标准提高到一百年一遇的水平。

解决淮河防洪问题，还不是淮河下游水利事业的全部。从20世纪50年代起，江苏水利部门便针对苏北雨量分布地区间不平均，南丰北枯，且年际变化大的实际，着手进行"江水北调"工程规划和设计，并从60年代初开始实施。江水北调工程以长江为源头，以京杭运河为输水干线，由9个梯级16座大型泵站构成调水体系，形成长江与淮河、洪泽湖、骆马湖区域水资源互济互调，年调水规模达100亿立方米以上，有效保障了江淮地区的供水和水资源安全。现在，洪泽湖湖区水稻面积已达 1 100 万亩,约占全省水稻总面积的四分之一。

新中国的治淮成就,彻底改变了淮河千年为患的历史。古老的洪泽湖大堤,犹如一串宝石项链,镶嵌在江淮大地水韵绿野之间。"淮水安澜",这个江淮儿女祈盼千年的美丽梦想,终于在新中国成立后化梦为真,实至名归。

四、写实写活"淮水安澜"水文化新篇,为江淮崛起,建设强富美高新江苏泼墨添彩

江淮大地发生如此众多与"淮水安澜"相关的历史事件与实物遗存,这既是江淮儿女与洪水猛兽奋勇搏斗的真实记录,也是一笔需要认真保护并加以充分挖掘利用的宝贵遗产,写实"淮水安澜"水利文化的新篇。

首先要树立起与"淮水安澜"相匹配、相照应的水利文化展陈载体,并将这一文化概念可视化,建成为一处展陈高地。最能展示和陈现"淮水安澜"精神内涵的实体,莫过于在清口枢纽遗址、洪泽湖大堤、苏北运河等适宜地点,建设一座较大规模的"中国安澜治水博物馆(展览馆、文化馆)"。具体就是以清口枢纽遗址、洪泽湖大堤、苏北运河风光带作为可视化概念的主背景、主场地,然后再依傍这些景点新建一座"中国安澜治水博物馆(或展览馆、文化馆)",馆内可将所有与"安澜"相关的全国的治水历史、治水故事、治水工程沙盘、最新水利工程科技应用成果、相关遗存实物等,尽最大可能集中一批,布置成展馆。这样,既可以为中国历代治水方略、治水名人、治水故事、水工技艺等提供一处集中相连展示平台,也可为对此有兴趣的旅游者、研究者们,提供一个标志性的集结地,研讨地,然后再以其作为一个纽带,与其他以水利为主要工作范围的机关、公司,以及以治水为特色主题的文化旅游单位,建立点对点联系,随时与他们保持完善的接待能力,做到让他们来此一趟,就能对中国的治水历史、治水名人、治水工程、治水技艺有一个总体的了解,并可在此进行一些会议研讨、学术交流之类的事项。

清口枢纽遗址、洪泽湖大堤,包括初成规模的运河风光带,是到目

擦亮"安澜"水文化符号

前为止,在全中国乃至全世界都不可多得的治水历史实物遗存聚集地,具有丰厚的历史文化底蕴,完全具备作为主场地的资格和实力。走进遗址大堤沿线,就如同走进一座中国治水博物馆一般。这里既有古代遗存下来的清口枢纽遗址、卞家汪石工、天妃坝石工、周桥大塘、九龙湾、信坝遗址,也有清康熙、乾隆两代皇帝6次南巡,12次到清口,登天妃闸巡视所留的40通御笔碑刻,还有新中国成立后,党和国家领导人视察洪泽湖大堤,留下的众多宝贵图片实物。不仅如此,在洪泽湖大堤沿线,还分布有新中国成立后,陆续建成且正在运行使用的诸多水利设施,如三河闸、二河闸、高良涧闸、淮阴闸等。这些闸群背依浩渺大湖,面朝千里稻浪,绿化规整,人水和谐,风景如画,十分适合旅游休闲。来这里旅游,既可以一览帆樯点点的大湖风光,也可以在稻浪千重、田田莲蓬之中,自在品尝鱼虾蟹鳖,给人一种十分独特的体验。

清口枢纽遗址、洪泽湖大堤已于2006年5月25日被中华人民共和国国务院公布为第六批全国重点历史文物保护单位。2014年6月22日,世界第38届文化大会上,清口枢纽遗址、洪泽湖大堤又被纳入世界文化遗产名录。在如此重量级的世界文化遗产近旁,建设一座侧重介绍中国数千年治水历史的博物馆,笔者认为意义十分重大且完全必要,作为国家水利事业的主管部门,更有这方面的义务。

写活"淮水安澜"水利文化文章,多做一些"安澜"类概念推广和文化产品开发工作,让"安澜"这一民生愿景词意升华为一种文化概念。概念推广主要是依托全国全省的水利主管部门,举办一些以"安澜"冠名的水利工程项目评比、水利设计奖项命名,以及水利系统各种先进评选的冠名等;文化产品开发,则主要是与国内其他以水利治理为特色的旅游单位,建立线路冠名、文旅纪念用品开发冠名等,并尽最大可能将江淮地区的美食、文化类的消费内容包含进来。总之,经过一段时间的努力,我们一定可以让"(淮水)安澜"这一民生期盼用语,成为一种让较多人记得住、入脑深的文化概念,从而在崛起江淮,建设"强富美高"新江苏的事业中,发挥出新的文化推动作用。

(作者单位:淮安市历史文化研究会)

河下古镇与水文化

王福林

河下古镇位于淮安市淮安区西北隅,是一座有着 2 500 年历史的古镇。在历史的长河中,她曾得益于古淮河、古邗沟、古黄河、里运河四大水系水文化的哺育,曾经是一座经济昌盛、市井繁荣、人文荟萃、闻名遐迩的重镇。

古淮河的水文化孕育了古镇(从远古到邗沟通淮前)

古淮河由安徽进入江苏后,先向东北流,经淮阴南,然后自草湾急转南下,经山阳湾,再向东北,最后在云梯关(属响水县)入海。所谓山阳大湾,是指古淮河从草湾向南,经钵池山东侧南下,直抵山阳县城北,后转弯向东北到季桥,这段河床大体呈 U 字形的弯道,基本上在山阳县境,故称山阳大湾。河下古镇北临淮河,位于山阳大湾的凹岸顶部,是南船北马的交汇地带,地理位置非常优越;加之古镇位于南北气候分界线上,气候温暖湿润、四季分明、雨量充沛,南濒湖荡,有利于农业生产和水产业发展,适宜人群居住,有利于繁衍生息和人群聚集,有利于船舶停靠和商业发展。

古镇并不大,最初也就是几个小村落,或者小渔村。山阳大湾上有个小河湾,住着姓相的人家,故称相家湾,正是这个小河湾,让淮河上往来的船舶,能够停泊,躲避风浪,上岸休息,补充给养,因此,在相家湾周围的淮河大堤上就开始有了商店。当时淮河以南,山阳与淮阴之间,旱路就是淮河大堤。东西往来的行人也都在此歇息脚。

古镇就在古淮河水文化的哺育下,在得天独厚的水环境和气候环境中诞生了。

古邗沟的水文化加速了古镇成长(从邗沟通淮到黄河侵泗夺淮)

春秋战国时期,诸侯图强争霸。吴王夫差欲北上伐齐,于是开邗沟,通江淮,以利军队和粮草北运。邗沟经山阳口(今淮安城)到末口入淮河。两大水系沟通后,南北船只往来频繁,淮河航运量迅速增加,尤其是河下古镇北边自清口至末口的淮河段,简直是黄金水道。在以水上交通为主的农耕经济社会,百业皆因运而起,航运业的兴盛,带动了农业、手工业、商业和渔业等行业的发展,长江、淮河下游的社会经济逐渐繁荣昌盛。古镇得益于邗沟的开凿,淮河航运业的兴旺发达以及南北物资的交流,使得以手工业为主的集镇,在河下这块土地上迅速形成。

淮河大堤上随船而来的船夫和承担陆上运输任务的车夫、挑夫需要的各种小吃店、饭店、面店、米店、茶馆、老虎灶、理发店、洗澡堂、杂货店、钉鞋铺等小店铺,像雨后春笋一般出现在大堤两旁。后来因街上有不少估衣店,而得名的"估衣街"是古镇建在淮河大堤上最早的街道。

随船而来的手艺人在此谋生,带来了南方传统的手工技艺,大大促进了古镇手工业的发展,一个个手工作坊在估衣街南侧陆续兴建。兴起的手工作坊主要有:染坊、毛巾(粗巾)作坊、腰带作坊、绒花绢花作坊、箱柜作坊、盆桶作坊、印刷作坊、香烛作坊、鞭炮作坊、烟草作坊,酱制品作坊、豆制品作坊、铁匠铺、铜匠铺、银匠铺、刻字铺等等。

邗沟水文化为古镇带来了作坊文化,作坊文化的发展,促进了古镇社会经济的兴旺。随着来河下谋生、做生意的人越来越多,估衣街南侧由东到西,先后建起了八九条巷陌。为了满足山阳与淮阴之间往来的需要,在这些巷陌的南端又开辟了一条东西向的大通道,这就是后来的竹巷。集镇人口越来越多,集镇规模也越来越大。古镇在淮河和邗沟船夫的号子声中迅速成长。

经济社会的繁荣,促进了文化诸领域的兴盛,佛教文化、道教文化先后传播到古镇。唐朝时期,古镇上就创建了佛教的通源寺,道教的古天兴观。

在这一历史阶段中,河下还诞生了我国汉初文学家枚乘,他因善写汉赋而知名,被誉为汉赋鼻祖,《七发》是其代表作。其子枚皋也是汉初有名的辞赋家。"枚皋故里"就坐落在河下莲花街萧家湖畔。

黄河夺淮给古镇带来灾难也带来机遇(从黄河夺淮到清江浦开凿)

南宋建炎二年(1128),为阻止金兵南下,东京守将杜充扒开黄河大堤,虽然没能阻止金兵南下,却给淮河下游带来了巨大灾难。随后,黄河又决堤于阳武,主流循道南下,全面侵占淮阴以下淮河入海水道,这是黄河第四次大改道。

从此,古镇北边的淮河入海水道,不仅要承担自西而来的淮河水东流,而且要承担自北而来的黄河水下泄。一条河承载两条河之水,经常泛滥成灾,加之淮河中游也频遭黄河扰乱,因此水灾为害更为频繁。古镇遭受了黄河455年的侵扰,黄河的水文化给古镇带来了巨大的影响。古镇名称"河下"二字,就是因为黄河泥沙淤积,堤防加高,镇低于河而得名。

黄河夺淮后,黄淮合流,水量增大,古镇北边的山阳湾,水势湍急,不宜漕舟行驶,漕船损伤严重。为避山阳湾风涛之险,明洪武初年,淮安知府姚斌,于新城东门外柳淮关,建筑仁字坝;明永乐二年(1404),平江伯陈瑄,又建造义字坝与仁字坝相连,在新城东北角建造了礼字坝、智字坝、信字坝,三坝相连。五座坝既是防洪护岸工程,又是转运码头。当时漕运总督府规定,官民商船北上,分别从不同的坝上盘坝过淮,起旱车运至清口,再由水运北上。

这一规定给古镇带来了繁荣机遇,从五座坝上卸载的货物,转车载或人担,都必须经新城西门口的苹果桥,沿估衣街过石工头,出西围门,沿淮河大堤运至清口。估衣街上车水马龙、人来人往,一片繁华景象。估衣街成了古镇最早繁华的街道。

明永乐七年(1409),陈瑄任漕运总督时,为便于补充和修理漕船,在淮安府山阳县西北兴建了造船厂。造船业的兴起,又大大促进了河下手工业生产的发展,成为漕船零部件加工基地,竹巷、钉铁巷、打铜巷、摇绳巷、小绳巷、扁担巷、风箱巷、夹板箱巷等等,皆因当时营造漕船配件而得名。

在这一历史阶段中,河下古镇的儒学发展很快,元朝时,山阳县儒学就设在河下,到了明朝洪武年间才迁入县城。

里运河贯通使古镇步入漕运盛世(从清江浦开凿到淮河断流)

永乐十年(1412),当时江南漕舟北上京畿,抵淮安新城后,舟船需盘坝过淮,不仅效率低,而且费事、费时、费力,陈瑄甚为忧虑,他走访当地老人并采纳了老人们的建议,由淮安城西管家湖向西北凿河20里,至淮河的鸭陈口,引湖水通漕运,进入淮河,与北岸的清河口相对,所开新河称为清江浦。随后,他再次西移邗沟,使得从扬州经邵伯、高邮、宝应、淮安到清河口的里运河于永乐十三年(1415)全线贯通。

里运河贯通后,南北行驶的船只,包括漕运的粮船,不再经末口入淮河,节省了时间和费用,结束了漕船在末口上下游盘坝过淮的历史,缩短了漕船在淮河中逆水行驶的路程,使漕运更加便利安全,推动了漕运业的发展。

此时,漕船和官民商船,不再经邗沟入黄淮河,除仁、义二坝尚有淮盐转运任务外,礼、智、信三坝,不再有货物转运,使得估衣街的繁华景象有所冷落。但估衣街以她独特的产业经济和领先的产业地位,仍然保持着兴旺和昌盛。

里运河就在古镇南缘的管家湖,随着贯通,湖嘴码头、中街码头航运业的兴起,又给古镇注入了勃勃生机,估衣街和湖嘴大街的先后昌盛,带动了整个河下的繁荣。鼎盛时有"扬州千载繁华景,移至西湖嘴上头"之美誉。

漕船和官民商船在此停靠,南北方的物资在此交流,河下的土特产、手工业产品也可以南下苏杭,北上京都。此时的河下已经发展成一个繁华的商埠。

从永乐十三(1415)年清江浦开凿到明万历十一年(1583)黄河草湾改道的168年间,随着河下经济的不断发展,人口也迅速增加,很多有识之士,纷纷来此落户,一些文人学士也来此办学。吴承恩就是在这一历史阶段随祖辈从安徽桐城高甸,迁徙到淮安府的。明朝嘉靖年间古镇还出了一位状元沈坤,他是淮安历史上第一位状元。

盐河开挖又使古镇成为全国盐业中心(从淮河断流到盐河枯竭)

明万历四年(1576),黄河泛滥,大水直冲淮安三城,为缓冲城北淮河相家湾急流,根据兵备副使舒应龙的建议,由北部草湾开支流三十里,裁弯取直,以杀其势。

明万历十一年(1583),黄河夺草湾新河而东,漕运总督吴桂芳、兵备副使舒应龙、知府邵元哲等,于徐杨筑坝堵住黄淮主道,迫使黄河水由新开的草湾新河(今废黄河)流向东北,经安东再东行入海,使支流变成了主流。

黄河过这次改道后使淮安三城就远离黄河。此时,淮阴以下的淮河入海水道已被黄河泥沙淤垫成"地上河",使得淮河水不能再回归故道,淮河断流。

古镇北的黄淮河故道,水缓沙停,渐渐淤塞,尚存旧河,形如淀。由于山阳湾是一个U形大湾,主流靠凹岸,自钵池山至新城北门外,河槽较深,尚可行舟。人们便疏通并利用故道里尚存的河沟、河汊运送海盐,这些河沟河汊就成了"盐薪要道",被世人称呼为盐河,河汊较小者,被呼为小盐河。在高滩上堆放海盐,河滩变成了盐场。

到明洪武年间,两淮盐为32 000余引,占全国产量的三分之一。两淮岁入太仓的盐银60万两,当时全国税银总数才120余万两,两淮占其一半,可见盐业的兴盛。到清朝康熙年间,仍然是"天下盐课两淮最大"。

封建统治者为确保盐运、漕运的畅通无阻,在河下分别设置相应的衙署,管理盐运和漕运。据《淮安河下志》记载,在河下这一弹丸之地,分别设有盐运分司署、批验盐引所等五处衙署。

盐河的开发使古镇俨然成为全国的盐业中心,淮盐的集散地。

在这一历史阶段中,盐务文化得到迅速发展。大量海盐运至河下,堆放在河北岸的高滩上。卸船、搬运、堆放、分装、装船,聚集了大量盐务劳力。为了便于盐河两岸的往来,盐商在盐河上建筑了程公桥,河北大街逐渐形成。古镇因此成了北方乡镇通往县城的陆上唯一通道。

漕运文化和盐务文化使古镇进入鼎盛时期
（从明永乐十三年到清光绪十一年）

古镇独特的地理位置、优越的水环境使其成为盐务、漕运的要冲,重要的商埠,苏北大地上一颗璀璨的明珠。从1415年到1885年的470年中,是古镇经济繁荣的鼎盛时期。

经济繁荣带动市井兴盛,自明嘉靖至清乾隆年间,山西、陕西、安徽、江西、福建等省大批商人,纷纷来淮投资盐业,不少富商大贾还卜居于此。河下地处淮安城西北隅,仅五里之遥,大批外地盐商云集河下,特别是徽州盐商。

为联络乡谊,进行商业交流,盐商们还在河下及其周边,建立了很多会馆,如新安会馆、福建会馆、镇江会馆、山西定阳会馆、宁波四明会馆、江宁会馆、江西会馆等。

古镇规模不断扩大,当时河下已有108条街巷,44座桥梁、102处园林、63座牌坊,55座祠庙。富商们的豪宅甲第连云。康熙年间还改造了市面,街道由程姓徽商捐资,购条形麻石铺设而成。石板街两侧均为明清时青砖小瓦建筑,古色古香,别具风味。另外,还在估衣街上建筑了二帝阁,在竹巷街上建筑了魁星楼、文昌阁。

经济繁荣带动文化兴盛。当时的河下镇人文荟萃。据不完全统计,仅明清两朝,河下就出了67名进士、123名举人、12名翰林,有10余人在《明史》《清史》中有传。而且状元（沈坤）、榜眼（汪廷珍）、探花（夏曰瑚）三鼎甲齐全。历史上出生于河下、或与河下息息相关的著名人物众多,有的人任过翰林、侍郎、尚书、御膳房总管、光禄大夫,也有人做过皇帝的老师,有些还是当时社会上很有影响的人物。

古镇文化底蕴十分深厚,有自己的志书《河下志》共16卷,这在全国也是少有的。

佛教文化方面,除了恢复闻思寺,还兴建了湖心寺、赞真寺、广福寺、关帝庙、财神庙、火星庙等。

道教文化方面,也兴建了莲花庵、弥陀庵、药师庵、清妙观、联云道院等道观。

经济繁荣也带动了饮食业的兴盛。我国八大菜系中的淮扬菜,明清时就兴盛于古镇。当时富商众多,食客如云,厨艺大师们就发明各种美味佳肴来满足富人的要求,如文楼餐馆的蟹黄汤包和涨蛋,篆香楼的玉兰片,宴乐酒楼的长鱼宴等。其中长鱼宴用长鱼原料竟能做出108道菜肴。梁红玉在淮河边抗击金兵时,鼓励士兵用以充饥的蒲耳菜,也被厨艺大师们制作成三洋蒲菜等佳肴。

古镇的衰落与新生(清朝末年以后)

清朝末,盐河的水源匮乏,海盐无法运至河下,朝廷决定改由涟水运至淮阴王家营,淮北盐的集散中心移至王家营西坝,从此,古镇失去了全国盐业中心的地位,逐渐衰落。盐河枯竭,几成废河。

清同治元年(1862),应山(阳)盐(城)士民农田灌溉用水之需求,水利专家殷自芳建议,重建永利闸,疏浚盐河,从乌沙河引水,灌溉农田,改名为新市河。但这也挽救不了古镇走上衰落的命运。

清光绪十一年(1885),山东长青等县黄河溃决,改从会通河入海,运河堤防冲毁,运道梗阻,漕粮由河运改为海运,自此漕运停止,古镇进一步衰落。

尽管盐务文化、漕运文化都告一段落,但里运河中的官民商船仍川流不息,商业文化在河下古镇仍旧延续,两千年的作坊文化也在延续。因此,从清朝末年到民国期间,甚至到新中国成立初期,河下古镇的社会经济,虽然没有鼎盛时期那样繁华,但仍然比较昌盛。

随着社会的进步,机械制造取代了手工作坊,河下古镇的作坊文化也逐渐画上句号。1959年里运河裁弯取直,大批船只都往来于运河新道,只有少量船只仍航行在里运河上。嗣后又在淮安城西南的里运河上建设了闸坝,从淮阴到淮安的里运河上已无船只往来,至此,古镇的商业文化也基本上画了句号。

从古镇坎坷的经历,我深深地感悟到,水文化就是母文化,从古镇不同阶段的作坊文化、盐务文化、漕运文化、商业文化、宗教文化、饮食文化等等来看,无一不是与水文化息息相关。

古镇依水走过的辉煌历程,是值得人们研究的,古镇不同历史阶段的文化遗存,也是值得人们观赏的,开发古镇的旅游资源,是很有意义、很有价值的。

2006年5月25日,国务院将河下古镇定为国家重点文物保护单位。

现在古镇是淮安历史文化名城保存比较完好的历史街区,至今街区仍保持着明清时的建筑风格,历史风貌基本保存完好。韩信钓鱼台、漂母祠、韩举人故居等古名胜、古建筑,也保存完好。河下的每一条街巷,每一座桥梁,都有丰富的文化内涵,是全国所有古镇中文化底蕴最为丰厚的。

淮安市和区政府都很重视古镇旅游事业的开发,近年来,先后整修了湖嘴大街、花巷大街、石工头、估衣街的街面和石板路面;修建了吴承恩故居和纪念馆、猴王陈列馆;修建了吴鞠通国医馆、沈坤状元府第、梁红玉祠;重建了闻思寺、程公桥;又开辟了萧湖公园,进一步美化古镇周围的环境。如果能大作古镇南里运河的文章,把河南岸建成里运河漕运公园,使这段里运河成为镇中河,就更为理想了。

人们期盼着,优美的水环境映托着这座千年古镇,在旅游大潮中获得新生!

(作者单位:淮安市淮安区历史文化研究会)

盱眙水文化渊源略述

马培荣

盱眙，背都梁山而临淮河水，是典型的山水城市。千万年来，淮河水滋润养育了盱眙，孕育了盱眙水文化。

择水而居，奠定淮夷文化的底蕴

盱眙临水设邑，淮河是母亲河。淮河古称"淮渎"，是华夏"四渎"之一。虽然它没有黄河那样"九曲回转、天际横流"，没有长江那样"横亘万里、波澜壮阔"，也没有济水那样"三隐三现、神秘莫测"，但却有它自己的独特之处：一是亚热带与暖温带的气候分界，二是江淮平原与黄淮平原的地理分界，三是低山丘陵区与沿海平原区的地貌分界。淮河到了盱眙地界又是入大湖（洪泽湖）的衔接地界，因而较其他三渎在地理上、气候上、地形上、植被上都有着更为丰富的内容。

淮夷部落——择水而居的先民

在四五万年以前，下草湾人可能是第一批"择淮水而居"的最古老的先民。在漫长的生存繁衍过程中创造了与仰韶文化、大汶口文化、河姆渡文化处于同期的文化——青莲岗文化。

古人认为世界"天圆地方"，周遭为南蛮、北狄、东夷、西戎。淮渎之地，属东夷之土。当人们尚未完全脱离愚昧，对神奇的自然界无法进行科学解释时，所诞生的"淮夷文化"便充满了神话的色彩，并构成独特的文化标识——"夷人"图腾。"夷"的象形字，便是站立一"人"，身背一"弓"、横担一"箭"而组成。"夷"不仅是种族之名、部落之名，也是一种图腾。夷人择淮水而居形成部落,时称"淮夷"。始建都城于梁山,谓之"都(于)梁山",山名亦然。后因禹封若木于淮岸以建"徐国",亦称"徐夷"。秦始建县,而称"盱台"(台音怡),或因此音转。

善道临淮——分立淮岸的古邑

择淮水之畔而城者,尚有许多。在淮河盱眙段,分立淮河两岸有两个村落渡口:南岸善道邑(今盱城),北岸临淮渡(今泗州城遗址),成为淮渎上一双孪生的渡口、一对联袂的驿站、两颗璀璨的明珠,并逐步发展成会盟之地、争战要地、经济重地,日益繁荣,形成规模。水不仅携起淮河两岸的村落,还串起了淮河沿岸的各个村庄,犹如一串珍珠。

春秋盱地属吴,为吴"善道邑",是会盟首选地。鲁襄公五年(前568),鲁国仲孙蔑、卫国孙林父与吴使会于善道。又载孟献子、孙文子会吴于善道。鲁襄公二十九年(前544),吴公子季札亦经此渡淮,北访齐、鲁、晋、卫诸国,途径徐国留下"季札挂剑"的千年佳话。1985年在旧铺出土的春秋铜匜上刻有"工庐季生乍其盥会盟"铭文,是为善道之途实证。

射水丹山——地理异象的诠释

古人对大自然中的许多现象无法解释,最先便想到神灵,因而对神顶礼膜拜。在盱眙,有射水、直河两条河和老子山有别于他,故以神话诠释。

"后羿射日"是盱眙的一个古老的神话。1974年8月在东阳出土的"星象图"距今2100多年,中有"羿王射日"之意。图中描绘有彗星,这难道与科学家赵丰教授关于"后羿射日是彗星撞击事件"的研究成果不谋而合?在所有与"后羿射日"故事的纪念地考证中,这应该是最早的实证。传说:后羿逐日至东海之滨,立于云山之巅,射落九日,因力竭而衰、弓箭掉落、仰身倒地。弓落砸出大河一条,河为"射水"(县境内今为维古河);箭坠砸出长渠一道,渠为"直河"(今古河);身倒砸出洼地九里,名曰"九里荒"。

而老子山的山石褐红,明显不同于其他的黄土石山,且石上有圆坑数枚,甚是奇异。于是,古人就想到了老子:因老子在此架炉炼丹,炉火烘烤而使山石褐红;坐骑青牛踩踏,而留下圆坑蹄印。故而以山石色泽取山名为"丹山",以石上圆坑取名"青牛印"。

这些口口相传的神话传说,奠定了淮夷文化的基石。通过射日的故事崇敬后羿的勇敢,通过丹山的故事崇敬老子的思想,这本身就体现了与恶劣环境的争斗、循道法自然的意念,使文化根基坚实、向上!

临水而立,形成崇水文化的特色

对于水的崇敬,不仅仅是对于水的力量的敬畏、对水的奇幻的叹服、对水的养育的感念,同时也是对水的哲理的认同。盱眙人崇水,也塑造了自己水一般的禀性。在旧志记载和现实存在中,都体现了这种文化特色。

沿淮三山——"儒释道"分山而立

在临水而居的现实中,在盱眙沿淮却又有着更深的文化内涵。盱眙向北沿淮有山,均临水而立,其中有3座山峰却彰显神秘的色彩,这就是圣人山、下龟山和老子山。3座山上均建有庙宇,但并非同宗,而是以"儒、释、道"分山而立,各显特色:圣人山为儒家圣地,上有至圣殿,祀至圣先师孔子;下龟山为佛家净地,上有淮渎庙、安淮寺,祀淮渎神与僧伽大圣;老子山为道家天地,上有炼丹台、凤凰墩、青牛印,下有仙人洞,祀老聃塑像。

像这样"儒释道三家分立,临山水一字排开"的状况,在其他地区很是少见。这正是盱眙宗教信仰与淮水文化一种特别的体现,或曰"教理虽可相融,教坛泾渭分明"。

儒道相融——孔子与老子"对话"

在盱城第一山,"儒释道"得以融合:中为文庙供奉孔子是为儒;右为石佛寺供奉观音是为佛;左为瑞岩观供奉碧霞元君是为道。在盱山还建有文昌宫、龟山寺(明改龙山寺)、五塔寺、玉皇宫、东岳观等许多寺庙、道观,亦显儒释道的相融与共存。

儒释道三教相拥一起,这与盱眙人"包容兼纳的水的禀性"和"融会贯通的水的文化"不无关系。早在汉代,盱眙即有人以著书传播儒释道义:临淮徐小季著《经说》以传《老子》,临淮太守孔安国撰《尚书注疏》以释孔儒,泗州郡吏陈宠父子纂《辞讼比》《决事比》以传律法,临淮都尉严佛调译佛经著《沙弥十慧章句》以弘扬佛法,也证实了儒释道教义传承的自然。

敬畏水神——淮河水患的理解

淮水温顺滋养造福了淮民,淮水澎湃不羁又祸害了淮民,淮水的善恶两重性在古人心目中成为谜团,于是,对淮水的认识与理解,成了淮水文化的重要基石。谁是淮水的主宰?盱眙人有典籍资料的依据,也有自己心中的认识,如《古岳渎经》及其他不同版本的文学故事,如水漫泗州、僧伽降服水母、支祁井锁水母、小白龙探母等等。盱眙人敬畏、尊崇淮河之神,所以在下龟山建"淮渎庙"祀之。尽管人们都将巫支祁视为"淮河水怪",但盱眙人却把巫支祁称为"水母娘娘",视为"淮河水神",甚至将巫支祁演化为护佑唐僧西天取经的齐天大圣孙悟空。

古盱眙有祈雨习俗,且有"知县亲至水母井求雨必验,但必失一至亲"的传闻。清乾隆年间知县郭起元为民祈雨,亲至龟山,不料真的折损亲孙,今仍有其孙郭端亮小冢立于盱山,墓碑为证。由此可见盱眙人崇水、敬水之俗。

与水共舞,塑造治淮文化的精神

淮河水患由来已久,禹贡时已淮患日盛。据史料,淮河洪涝干旱发生频繁,已超"三年两淹、两年一旱"的频次,灾年占90%以上,且大多年份旱涝并存。因此,从上古开始,人们就开始对淮河实行治理,数千年来,从未停止。

大禹治水——开创治淮的先河

最早的治淮记录是在禹贡时期。"大禹治水"是众所皆知的故事,《史记》《山海经》《庄子》《古岳渎经》等古代典籍均有记载。大禹治理了黄河,也"开九州、通九道、陂九泽、度九山",留下许多治理淮河的传说和遗迹。禹治淮水,三至桐柏,降服巫支祁,锁于龟山,留有禹迹。

禹王古河——沟通淮江的尝试

二十世纪七十年代开凿的"淮河入江水道"是治淮工程的一大创举,其实,早在千年之前,先人就作出了"凿淮通江"的尝试。盱眙圣人山侧的"禹王河"即传为大禹治水、导淮入江古道,今沿途遗迹尚存。清代泗州知州莫之翰曾有《请开禹王古河详文》,叙其旧迹。先人为"避长淮之险",还开修"龟山运河",沿淮河之右,开凿从下龟山至洪泽镇之运河,将龟山与陆地分离,使得龟山成为淮运之间的一个孤岛。

截淮悬水——古代水战的范例

以水作为战争的利器,古已有之,最为人知晓的就是《三国演义》中"水淹七军"的故事。在淮河则有截淮悬水的故事。

一是春秋末年的"堰淮灭徐"。《春秋左传·昭公三十年》载:"吴子怒,冬十二月,吴子执钟吾子,遂伐徐,防山以水之。己卯灭徐。"据顾炎武考,防山为今盱眙陡山。吴王筑堰截淮,水冲徐城,二十三日(己卯)灭徐。徐国国君被执,百姓四处逃散,整个徐城被夷为平地。

还有一次是南北朝梁时的"堰淮灌寿"。《南史·康绚传》载:因北魏占据寿阳(今安徽寿县),天监十三年(513)梁武帝萧衍命"役人及战士有众二十万"筑浮山堰,十五年(516)四月堰成。又凿山开湫,注水寿阳,淹数百里,"寿阳城戍稍徙顿八公山,居人散就冈垄"。

以淮河之水作为"天堑",或焚桥阻敌、或架桥通兵,亦常为战事之举。从南北朝至清初,造、焚淮河浮桥的记载就有十数次。

屯田筑堰——先人治淮的探索

洪泽湖前身为"破釜塘",为盱境河道射水(即今维古河)流经的浦泽。东汉初平三年(192),陈登开破釜塘屯垦,造洪泽桥通径,"尽凿溉之,利秔稻丰积"。三国魏正始二年(241),魏将邓艾又"筑石鳖城以营田",开白水塘以蓄灌,将破釜、白水两塘相连,"开八水门,立屯溉田一万二千顷"。此后,先人治水兴农从未停息:唐初大历二年(767)于洪泽陂置屯田;元初至元二十三年(1286)设万户府,"以兵三万屯此,岁得米数十万斛",等等。明万历六年(1578),河臣潘季驯为保漕运,提出"束水攻沙"和"蓄清刷黄"之策,创修高家堰,自始"洪泽之水愈大,遂旁合万家、泥墩、富陵诸湖而为一"。清又按"五常"之意分筑"仁、义、礼、智、信"五个减水坝,还在大堤上建寺堡、铸"九牛二虎一只鸡",借牛虎之力维土制水、镇奠淮扬,并派汛兵3 000巡护堤防。但因筑堰抬高水位,终在清康熙十九年(1680)泗州州治沦没。

长藤结瓜——农田水利的奇葩

面对不羁淮水,盱眙人民从未屈服,世代抗争,并在千百年的治水抗争中总结教训、积累经验,探索治水的有为之举。新中国建立后,毛主席发出了"一定要把淮河修好"的伟大号召,从此治淮从未间断。盱眙人民也根据地形特点,在农田水利上创造性地总结出了"库塘渠站连成网,长藤结瓜稼禾丰"的新思路。

(1) 水库塘坝。从1956年起,经过30多年努力,全县建成中型水库5座、小型水库140座,总库容达3.4亿立方米,可灌溉农田70.7万亩,并形成4.95万亩的可养殖水面。全县共开挖、疏浚塘坝4 740面,蓄水量5 120万立方米。

(2) 机电灌站。本着"扎根淮河建设西灌区"和"扎根洪泽湖建设东灌区"的思路兴建了以"清水坝三级电灌站"为龙头的西灌区和"堆头三级站"为骨干的东灌区,再加上东阳、官滩、三河、河桥、淮丰和管鲍6大灌区,形成覆盖全县的农田灌溉体系,清水坝三级站提升水位50米。堆头三级站提升水位39米,使得"水往高处流"的神话成为现实。

(3) 灌区与渠道。由长达450公里的干渠和3 000多公里的支渠将全县的机电灌站、水库、塘坝连成一气,构成以东西两大灌区为主体的整体网络,可灌面积89.7万亩。

数千公里的主、支、干、毛渠犹如蔓延全县瓜藤,145座水库、204座固定、192处分散机电灌站、4 740面塘坝犹如结在长藤上的大大小小的"瓜",如此"长藤结瓜"使盱眙地区的农田灌溉有了基础,农业生产有了依靠,农田丰收有了保障,农民增收乡村振兴有了支撑,盱眙人也做足了水文化的文章。

牵水而行,创造淮汴经济的奇迹

因水而滋生的文化总是与因水而催生的经济相辅相成,这一点在盱眙尤为突出。盱泗(盱眙、泗州)城市经济因水而兴、又因水而废,讲述着一个让人振奋又令人悲情的故事,而这段文化的传承,则让我们记住盱泗间那幅曾经的"清明上河图"——淮汴经济的奇迹。

隋唐运河——盱泗繁荣的动脉

隋大业元年(605),隋炀帝为巡幸南游,发河南淮北诸郡民百余万,开通济渠,连通黄、淮二河以达扬州。在盱眙,凿通济渠(汴河)入淮、浚淮河已通邗沟,建离宫名曰"都梁行宫"。《太平寰宇记》称其奢华至极。宋代诗人吴宗旦作《都梁宫》诗云:"从来香草骚人咏,晚作离宫炀帝游。三殿重重锁秋色,七泉脉脉贯中流。"不仅为盱眙平添一景,更将盱眙名声远扬。唐朝将运河用于漕运,则使得通济渠与淮河的价值陡升,开元二十三年(735)泗州徙治临淮(今泗州城遗址),盱、泗两城隔河相对,分设"都梁山仓"和"泗州仓",大量物资在此转运,城池日益繁华,二城成为物资、商贾、旅客的集散中心,淮河上舟船如梭、帆樯如云;街道上店铺林立、彩幡招展;店铺中琳琅满目、应有尽有;街巷中人头攒动、接踵摩肩。因此两城也被誉为"淮上金陵渡""江北小秦淮"。唐元和十四年(819),殿中侍御史沈亚之作《淮南都梁山仓记》记其事。

漕运中止——盱泗衰落的厄运

北宋末,金兵南侵,宋廷南迁,金占泗州,宋金"划淮为治",淮北半壁江山落于金人之手。宋金隔岸对峙,剑拔弩张,战事一触即发。漕运废止、汴河淤塞,战事频繁、人心惶惶,盱泗皆为"边城",经济一落千丈,城池百孔千疮。清康熙十九年(1680)的"水漫泗洲",泗州沉沦水下,而盱眙也失去了光泽,成了孑立淮岸的孤城。因水而盛、因水而衰,这个命中注定的魔咒,却让盱眙承受了下来。

文化聚集——都梁文脉的滋生

经济兴盛时文化得到相应的发展,而当经济衰退时,文化又会以另外一种形式得以发展。在盱眙水文化的发展中,也经历了这样的过程。

(1)隋。隋炀帝命凿通济渠通淮,在盱眙都梁山建都梁行宫,这在建筑史上是一件大事。尽管在后来"为孟让贼于此置营,遂废",但作为建筑文化尚有遗存,且杨广作《早渡淮》诗遂有洪泽湖而名。

(2) 唐。漕运使盱眙成为水陆交通要道,文人墨客络绎不绝,留下了许多名篇佳作、传世诗词,其诗词内容主要是羁旅、风光、游览与赠别等,风格也多显祥和与欢快。有明确记载的就有骆宾王、常建、韦应物、白居易等 64 人。其中有许多诗词堪称绝句,如常建的《泊舟盱眙》收录于《唐诗三百首》,白居易的《长相思·汴水流》都是令人难忘的佳句。

(3) 北宋。北宋漕运繁华,文化交流亦繁盛,更多南来北往的官家文人都会驻足盱眙,留下珍贵的墨宝和感人的故事。像宰相王安石,军事家岳飞、韩世忠,大诗人苏轼、潘阆,知名琴师崔闲,四大书家"苏黄米蔡"等,都曾在盱眙留下故事,史有记载的就有近百人。这个时期也多以风光、游历、诗为主。苏轼作《行香子》词且书刻于秀崖。米芾作《都梁十景诗》且题"第一山"巨碑,更为盱眙添彩增色,盱眙南山亦因改名"第一山"。

(4) 南宋。宋金划淮而治,盱眙成了"边城"。各地官员文人再莅盱眙,心情却是沉重,此时出现的大量诗词,皆以嗟叹、悲愤、爱国为主旋律。张釜的《行香子》则与苏轼的词意截然相反,充满失国悲愤的心情。此时的文人还把第一山侧的"半边庙"易名"西域寺",以示悲情。

南山题刻——山水文化的遗存

在盱眙第一山留有大量摩崖留题、诗文碑碣、石刻图像,现存石刻 166 块,堪称"石刻天书",为全国重点文物保护单位。在诸多石刻中,宋代题刻占据要位,尤以南宋为多。时宋廷为修议和,卑躬屈膝、称臣于金,每年向金纳"岁贡"银绢,故建"岁币库"于盱眙宝积山下,各地押运银绢运至盱眙,常隔河望叹、游历都梁、题诗勒石。国信使郑汝楷叹曰:"忍耻包羞事北庭,奚奴得意管逢迎。燕山有石无人勒,却向都梁记姓名。"著名词人周密作《淳绍岁币记》中也曾记录此事。

文脉绵延——淮水文化的延伸

盱眙一小邑,但文脉绵延千年而不中断,传承有序。入编《四库全书》盱眙作者与著作就有 19 人、32 种典籍、678 卷(尚不含志书类)。四大名著皆与盱眙有缘:《三国演义》写有刘备盱眙大战袁术,《水浒传》未出书前即有盱眙画师龚开作《宋江三十六人赞》,《西游记》第六十六回专门描写盱眙风景,清末吴克岐研究《红楼梦》作有《读红小识》《犬窝谭红》《红楼谜话》诸书。在《二言三拍》《聊斋志异》中亦有盱眙故事。明万历间泰州人柳敬亭在"盱眙市中,为人说书,已能倾动市人",遂成著名说书艺人。清末盱眙女史汪藕裳撰弹词巨著《子虚记》,是中国历史上百位女杰之一,与班昭、蔡文姬、李清照并称中国古代四大才女。

  千百年来,盱眙人依水居水、恋水慕水、爱水惜水、写水歌水,水文化在盱眙不仅根深蒂固,且源远流长、世代传承。水,自然成为盱眙人性格的代表、精神的象征。

(作者单位:盱眙县历史文化研究会)

黄河故道淮安段的开发建设与思考

周金晶 石文静 曾曾 于坚

一、河道概况

黄河故道被国内外旅游专家赞叹为"古老的水上长城""北国水乡""绿色长廊(城)""迟到的发现",不仅拥有丰富的景观资源,同时具有优越的人文历史和环境资源优势,是一个可供综合开发利用的资源宝库。黄河故道是江苏北部淮沂水系的分水岭,以杨庄为界分为上、下两段。上段河槽主要排泄老堤以内的一些地面径流,杨庄以下段还要承担分泄淮河流域洪水任务。两岸高出两侧地面4~7 m,个别地段多达8 m,沿河基本没有支流汇入,但有多座排涝泵站向河道内排水。该河以多泥沙而闻名,长期以来,由于受历史和自然条件的限制影响,黄河故道沿线仍然是一条发展较为滞后的贫困带,同时,也是一条绿色生态走廊和历史文化长廊。其河道行洪流量200 m^3/s,在流域下游行洪河道中占比不高,没有进行过系统治理。河道主要功能为防洪、排涝、供水。水功能区划为水源地保护区和保留区。河道特点为,一是土质较差,易冲刷,沿线险工隐患段较多;二是沿线地势高亢,灌溉条件和亲水性较差;三是河道与周边的融合性不足,表现为城区段对河道占用过多,农区段未进行适当改造。

二、治理情况

新中国成立后,按照洪、涝、砂、旱、碱综合治理,全面开发的原则,对黄河故道全线实施分段整治。上段河道治理采用"分段整治、自找出路"的办法;下段因行洪需要,修建了控制性建筑物,实施沿线险工段加固处理等,没有对河道沿线进行系统治理。

新中国成立后,对杨庄以上段废黄河国家没有统一的整治方案,沿线市、县自力更生做了许多工程。宿迁境内废黄河则整治和开发利用并举。先后三次大规模开挖中泓,结合修建、加固两岸圩堤,堤防岸线实施水土保持,城区段兴建沿河公园。在河道堤脚外至高地截水沟之间建成圩区,种植水稻或者养鱼,截水沟之外高滩地,发展粮、果、林、桑生产,呈立体开发状态,取得较好效果。1987年,当时淮阴市根据"梯级开发、分段治理、排水供水自找出路"的治理原则,统一布置沿线按照设计中泓底宽 50 m,两岸滩面宽各 20 m,边坡 1∶3,整理开挖中泓,各县交界处河槽维持现状,不得设障阻水。为避免废黄河携带泥沙淤垫二河及中运河,于 1974 年 4 月,在码头镇西 3.5 km 处,兴建瑶河闸,将废黄河原排入二河涝水引入张福河进入洪泽湖。

杨庄以下段废黄河为原淮河故道,"水深阔,行巨艨",泄水行于地面以下,两岸并有堤防。黄河夺淮以后,洪水挟带大量泥沙,日益积淀,使河床逐渐抬高。淮河下游故道的严重淤垫是从黄河入淮路线固定以后形成的。至 18 世纪末期,河床淤高达 10 m 以上,由地下行水变为地面行水,已无力承泄黄河洪水。现状河道除承担河槽区间内排水外,还承担 200 m³/s 行洪任务。新中国成立后,1951 年治淮委员重建了杨庄闸,以控制淮沂泗入废黄河水量,节制中运河航运水位,按最大行洪 500 m³/s 标准施作。1976—1979 年,在杨庄闸北侧建活动坝水电站 1 座,常年向下游送灌溉水 60 m³/s 发电。1978 年以后,废黄河一般只用作送灌溉水和排涝,在特大洪水年份排洪 200 m³/s。

2013 年以来,江苏加大对黄河故道开发利用,淮安先后实施黄河故道一期、二期综合治理工程,累计投资 5.52 亿元。工程旨在通过河道岸坡防护、险工及雨淋冲沟治理、水土保持措施，以及必要的防汛道路等工程，稳定河势，消除险工，减少水土流失，提高防洪排涝能力，解决黄河故道存在的防洪排涝标准低、水资源不足、农田水利设施差等问题，为黄河故道地区综合开发提供水利基础支撑，促进了区域经济社会发展。

三、存在问题

（一）**河道缺乏省级层面统一管理**。黄河故道横贯苏北4市16县（区），全长约500 km，为流域—区域性重要河道，河道管理保护涉及多县区、多部门，为地方分级管理，至今没有设立省级管理机构。目前黄河故道治理基本仍是延续分段治理的模式，沿线各地负责各自境内河道整治、开发、利用工作，缺点在于不能很好地兼顾上下游、左右岸之间的关系，未能形成治理、保护合力，甚至存在肠梗阻现象，水资源有效利用率不高，不能充分发挥工程效益最大化。

（二）**滩地水土保持能力较差，生态环境脆弱**。黄河故道沿线均为黄泛冲积土，地面以下12 m左右土质均为粉沙土，凝聚力差，易冲易淤，加之河道泓深滩高，滩面高程变化大，坡度陡，面上工程不配套，沿线土壤砂性重，水土保持能力较差，加之林木等植被稀少和不合理的经济活动，致使河坡坍塌、雨淋沟遍布，水土流失十分严重，是水土保持工作的重点区域之一。滩地的土壤地貌特征导致了黄河故道滩区洪、涝、渍、旱、沙、碱等灾害交错发生，且频率较高，自然生态环境显得十分脆弱，抵御自然灾害的能力依然偏低。

（三）**产业结构不合理**。黄河故道地区地貌形态较复杂，且同一种产品生产规模较小，特色产品的比较效益分量不大、优势不显。滩地土壤贫瘠，有机质含量低，不适应传统农作物生长需要。沿线农业综合开发性项目较少，特色农业、生态观光农业、农业深加工等起步较晚，产业结构不尽合理。

四、相关建议

（一）成立黄河故道保护委员会。建议由省政府统筹省水利厅、农业农村厅、自然资源厅、生态环境厅等部门成立省级黄河故道保护委员会，统一规划管理、部署和协调黄河故道沿线地区保护利用相关工作，消除各地市间河道治理"各自为政"的局面，理顺上下游、左右岸关系，为做好河道保护奠定基础。落实人员、经费，组织开展黄河故道保护、利用专题研究，为黄河故道地区生态保护和资源开发利用提供科学依据。

（二）设立黄河故道省级自然保护区。黄河故道地区植被中常绿树种稀少，沙生植物丰富，其中以杨树、水杉、苹果、板栗、银杏、山楂、葡萄等树种最为普遍。目前沿线区域生态保护薄弱，因此，考虑沿黄两岸的社会经济发展，在黄河故道约2 000公顷尚未开发利用的地段，建立自然保护区以保护黄河故道的沙地，这对研究景观、推广人工自然沙生植被的演替具有重要的科学应用价值。目前沿线多地已陆续开展河道生态建设规划，通过实施黄河故道沿线生态建设工程，故道两侧"绿色生态走廊"建设和黄河故道区域生态林、经济林和农田林网建设等一系列生态工程，可以有效减缓黄河故道区域内土壤沙化、盐碱化趋势，逐步恢复土地种植、环境承载和蓄水固水的生态功能。建议结合省级自然保护区进行规划建设，做到保护和开发利用并重，将黄河故道地区设立为省级自然保护区，全面提升黄河故道沿线生态环境。

（三）全面系统开发旅游资源。黄河故道区域历史文化积淀深厚，古迹众多且拥有良好的生态环境、富有特色的故道风情和人文景观，具有发展旅游产业的天然优势。旅游资源开发按照政府扶持、社会协作、市场推动的思路，以改善生态环境和基本生产、生活条件为基础，提高综合生产能力。转变发展观念，创新发展模式，提高发展质量，以科学的发展观为指导，把黄河故道变为具有特色和优势的新生基础产业和高效农业产业带。坚持因地制宜原则，分期实施，逐步推进，把黄河故道建成"百里无公害蔬菜、百里林果生产示范带、百里旅游休闲观光带"。特色旅游资源的开发可以带来更多的就业岗位和创收渠道，拓宽沿线周围人民群众致富增收渠道，帮助沿线人民脱贫致富，促进沿线经济社会和谐健康发展。

（四）加强古淮河绿化风光带景观提升工程建设。淮安市应在市区段重点对杨庄闸以上段长约 3 km、承德路大桥以东段长约 1 km，河口两岸 100 m 范围内适当拆迁后，进行绿化风光带建设，其他部分节点进行景观提升。涟水城区段重点对南门大桥上、下游各约 1.5 km，上游至淮浦路大桥，下游至古淮河水利枢纽的左右岸进行绿化风光带建设，其间点缀小品、驿站等，并逐步打造为青莲岗文化公园。古淮河右岸菱陵一、二站之间长约 1.6 km，一站出水引河上游，二站出水引河下游各 200 m，共计 2 km 河岸实施生态景观提升工程。

黄河故道是宝贵的生态资源，在做好保护的前提下，充分利用河道生态优势和丰富的历史文化内涵，挖掘旅游资源潜力，既能提升城市的品位和地位，促使河道沿线形成健康、稳步、可持续发展的格局，又能带动沿线区域经济绿色、可持续发展。

（作者单位：淮安市水利规划服务中心）

淮安漕运文化保护与开发现状及对策

于 坚 徐 清 夏虎成

淮安地处中国南北分界线上,位于大运河与淮河交叉口,是全国第二批历史文化名城。淮安有丰富多彩的历史文化,漕运文化是淮安文化的重要组成部分。与运河沿线上的其他城市不同,淮安是漕运枢纽城市,是明清两代漕运管理最高权力机构漕运总督府所在地,是无可争议的漕运之都。

一、淮安漕运文化资源

漕运文化丰富多彩,有物质层面,也有非物质层面。这里着重论述淮安漕运文化中具有显著漕运属性的部分:漕运物质文化资源。

在淮安,最具代表性的漕运物质文化资源有:

(1) 清江浦楼。淮安有两个清江浦楼,真正历史悠久的清江浦楼,位于清江浦区河南西路,淮阴卷烟厂北面运河堤边。清江浦楼始建于清雍正七年(1729),据记载,原楼两层,青砖细缝,斗拱飞檐,屋面嵌以黄绿琉璃瓦,饰双龙戏珠,色彩绚丽。

(2) 漕运总督府遗址。漕运总督是明清两代主管漕运的官员,掌管着长达1 790公里的漕粮运输,江浙鄂赣湘豫鲁七省归其节制。漕运总督不但掌管漕运,而且兼管巡抚与河道,集政治、经济、军事、文化、刑法、漕运为一体,职能广泛,历史地位非常显赫。作为中央一级机构,漕运总督衙门规模宏大。民国三十二年(1943),遭敌机轰炸而成废墟。2002年8月,在修建市民广场施工中发现明清漕运总督署遗址,遂兴建漕运总督府遗址公园。

(3) 码头古镇。码头镇(2018年后改名"马头镇"),又称御码头,位于淮安市区西南郊10公里。码头镇始建于公元前221年。公元前223年,秦置淮阴县,治所在码头镇或其附近。从那时一直至清康熙年间,县治除宋元年间51年在袁集桂塘外,均在码头镇境内。所以,"码头"历称"淮阴故城""古楚淮阴",亦称"安澜马头镇",是历史悠久、名副其实的千年古镇。马头镇是汉初大军事家韩信、汉赋大家枚乘故里。作为历史文化厚重的千年古镇,马头镇具有它独特的魅力。

(4) 板闸古税关码头和石驳岸。淮安古税关(简称淮关)位于板闸镇(今属淮城镇)。明清时期,淮关十分繁荣。当年,外地商船"牵挽往来,百货山列","市不以夜息,人不以业名,富庶相沿"。光绪以后,淮关税收日少,到民国二十年(1931)终被裁撤。现淮关石驳岸基本保存,另外还有两个古码头保存较好,这对研究明清时期漕运以及税务制度有非常重要的参考价值。

(5) 清晏园。清晏园位于旧城区南部,其前身是河道总督署的后花园,康熙十七年(1678),河道总督靳辅驻节于此,在明管仓户部公署旧址"凿池植树,以为行馆",名曰"淮园"。清代历任河督、漕督在明管仓户部公署的基础上,都进行了精心修建。清晏园几经易名,今称"清晏园",取"河清海晏"意。清晏园是明清两代漕运史上唯一保存下来的官衙园林,有很高的艺术价值和历史价值。

(6) 河下古镇。河下古镇位于淮安市西北部,是淮安市一颗璀璨的明珠,中国罕见的进士镇,也是当年大批徽州盐商的聚集之地,迄今仍然保持着明清时期的小镇风韵。镇上80%以上的民居系民国以前的砖木结构,清代以前的建筑占70%以上。石板路面占90%,历史风貌基本保存完好。具有代表性的街、巷、桥有:湖嘴大街、估衣街、花巷、茶巷、罗家桥等。

(7) 高家堰。又名洪泽湖大堤,北起淮阴区码头镇,南迄洪泽区蒋坝镇,全部用石料人工砌成。大堤始建于东汉建安年间,至清乾隆年间方建成。2006年5月25日,洪泽湖大堤作为汉至清代的古建筑,被国务院批准列入第六批全国重点文物保护单位名单。

(8) 中国漕运博物馆。中国漕运博物馆坐落于淮安市楚州区漕运广场内的漕运总督署遗址附近,是国家唯一的漕运博物馆。主要由总督漕运公署遗址和中国漕运博物馆组成。

(9) 清江大闸。清江大闸,位于清江浦中洲岛西侧。明永乐年间陈瑄所建,至今仍保存完好。它是我国运河史上极为罕见的一项大工程,反映了我国古代劳动人民的智慧和才能。漕运兴盛时期,每当运粮季节,漕船"帆樯衔尾,绵亘数里",蔚为壮观。

以上仅是比较有代表性的漕运物质文化遗存。其实,在淮安,与漕运有关的物质文化遗存还有很多,如属于水利工程遗产的各种运道、运口、堤坝、涵闸、津渡,其他与漕运有关的古遗址、古建筑、古墓葬、石刻铸造、庙宇、公署等,属于运河聚落遗产的古城、古镇、历史文化街区、古村落等。这里就不一一列举了。

二、淮安漕运文化保护与开发现状

(一) 保护现状

由于申遗成功,现有漕运文化遗存得到了较好的保护。能有幸列入全国重点文物保护单位名单的文物,自然会得到比较妥善的保护。即使未能列入国家级文物保护单位,若能列入省级也应该属于幸运。最让人担心的是市级和区级的文物,由于级别低,在某些特殊需要下,会出现文物保护让位于经济建设的情况。

(二) 开发现状

近年来,随着大运河文化越来越受到重视,淮安市在漕运文化的开发方面,不断推出新的举措。

(1) 打造里运河文化长廊。里运河文化长廊景区包含世界文化遗产——中国大运河的两处遗产点(清口枢纽、清江大闸)和一处遗产河道(淮扬运河淮安段)。景区分为"起""承""转""和"四大板块,集高端论坛、文化旅游、生态养生、商务休闲以及特色主题乐园等多功能于一体。

(2) 建设中国漕运城。中国漕运城项目位于里运河文化长廊八亭桥至运河大桥（宁连公路桥）段。该项目以漕运文化为切入点，结合淮安浓郁的历史文化基础，突出淮安漕运的文化新品牌，打造文化旅游新商圈，依托淮安漕运中枢、运河之源的历史地位，以国家大运河文化旅游为传承创新区、以江苏古运河风情文化旅游带为先导区、以淮安文化旅游新增长极为目标定位；以漕运文化为核心，为游客呈现出一个集漕船盛景（开启从春秋至明朝的漕船文化之旅）、漕御盛世（体验康乾盛世帝王南巡的繁华市景）、千年漕粮（感受千秋漕粮托天下苍生的美盛宴）天下为主题的文化体验；按照最漕运、最淮安、最市井的原则构建文化旅游消费体系。该项目现正全力推进。

（3）持续打造河下古镇。至2019年，淮安区已累计投入20多亿元先后对河下古镇、萧湖景区等进行了修缮保护、传承和开发利用。将河下古镇建成了"河湖相间、两街一坊"的连片景区。为保持原有的古韵味，河下选择了"外围开发、内围保护"的方案，保留住原汁原味的民风民俗。

（4）加强对外宣传。①通过新媒体宣传漕运文化。网站方面，主要有里运河文化长廊网站；微信公众号方面主要有"文旅淮安"等。②通过宣传片宣传漕运。纪录片《千年漕运》由淮安区委区政府与南京电影制片厂共同出品（共3集）。该片在央视《探索·发现》频道播出，很好地宣传了淮安漕运文化。

三、淮安漕运文化保护与开发存在问题

客观地讲，淮安市在漕运文化的保护与开发上做了不少工作，取得了显著的成效。但与飞速发展的时代要求相比，与其他传统文化保护得好的地区相比，仍有不小的差距。具体表现为：

（一）概念不清

淮安漕运文化在宣传上存在概念不清的问题。这突出表现在"淮安"与"老淮安"这组概念上。在淮安，"老淮安"指的是现在的淮安区，过去的楚州区、县级淮安市、淮安县。老淮安于1986年获批"历史文化名城"。2001年2月，淮阴市更名为淮安市，原县级淮安市改为淮安市

楚州区,后又更名为淮安区。所以,在21世纪的今天,若说"淮安是历史文化名城",这"淮安"当指的是"老淮安",即今天的淮安区,而非今天的淮安市。在论及淮安的悠久历史时,不可把只属于老淮安的历史移植到其他县区,也不能用其他县区的历史代表历史上的淮安。有关部门和个人在宣传淮安历史时,没有严格区分"淮安"与"老淮安",有意无意间误导了公众。

类似的概念不清还表现在"淮安市区"与"淮安市域"、"运河文化"与"漕运文化"等概念上。

(二) 特色不显

作为运河之都,与扬州、杭州、济宁、天津等地相比,淮安的特色在哪?是有漕运总督府遗址,有漕运博物馆,有河下古镇、码头镇、清江浦,有里运河文化长廊,有五河口、古末口、亚洲最大水上立交等吗?这些似乎都很难给人留下深刻印象。是有王瑶卿、周信芳、宋长荣等京剧大师吗?显然也不是。

那么特色到底是什么?淮安人似乎一直没有搞清楚。

早在2013年,央视《文化中国》之淮安第二集《漕运之都》,就曾把淮安作为漕运之都来宣传。尽管在该片的解说词里没有一次提及"漕运之都"(多次提"运河之都")。之后,在2014年7月12日,央视《探索发现》在《中国大运河》四集专题片的第四集《千年漕运》里又重点介绍淮安,称淮安是明清两代漕运最重要的城市。在时隔5年之后,《探索·发现》又于2019年11月播出了《千年漕运》三集专题片。在第一集《漕兴国运》里讲到:"中国的运河就像一根金扁担,一头担起的是权力中心,一头担起的是给养中心。……而这根金扁担的核心着力点,位于中国南北分界的淮安。"

显然,"漕运之都"适合作为淮安的名片向外界进行宣传。可惜的是,有关部门虽然也认识淮安具有"漕运之都"的历史地位,但在对外宣传上,并没有特别重视这一点。

我们的观点是,淮安的特色应该是漕运文化,应该坚定不移地使用"漕运之都"作为淮安的主要文化标签。淮安当然也是"运河之都",但"漕运之都"更具有说服力,也更能代表淮安。在漕运之都的旗号下,我

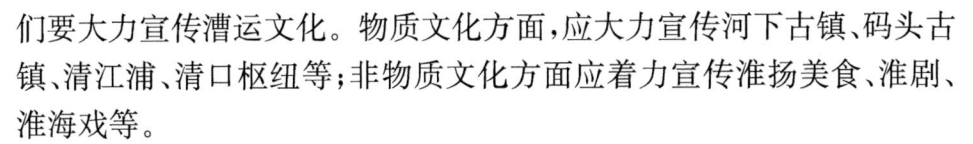

们要大力宣传漕运文化。物质文化方面,应大力宣传河下古镇、码头古镇、清江浦、清口枢纽等;非物质文化方面应着力宣传淮扬美食、淮剧、淮海戏等。

(三) 重视不够

这具体体现在:①静多动少。不少遗产点都只有静态的实物,徒有简单的文字说明,缺少视频介绍,更缺少互动环节。②重建轻养。不少景点,建得高大上,刚建成时漂漂亮亮,服务也不错。但是,过了一段时间后,由于管理跟不上,各种设施往往不能使用,成为摆设。③宣传乏力。很多漕运景点不为外界所知,这与管理方宣传不够有很大关系。曾有报道,一个外地人来淮安游玩,想去淮安河道总督府,问了好多淮安人,却没有一个知道。他自己也无法通过网络查询到具体位置。无奈中选择放弃,后来他去了清晏园,游玩中突然想起清晏园是河道总督府的后花园,才寻着这个想法找到了河道总督府。

四、弘扬淮安漕运文化对策

如何弘扬淮安漕运文化,我们的总体思路是以"漕运之都"为抓手,突出宣传漕运文化。以"漕运之都"为总纲,物质文化方面突出漕运古迹,饮食方面突出淮扬菜,戏曲方面突出淮剧。具体对策有:

(1) 物质文化遗产与非物质文化遗产相结合。将漕运物质遗存与非物质遗存结合起来,当是拉近漕运文化与游客的一个不错的选择。譬如在相关场馆安排淮剧、淮海戏演出。游客一方面欣赏到了静态的物质文化,另一方面又欣赏到了与之密切相关的动态的非物质文化,旅游体验会大幅度提升。

(2) 变静为动,让文物说话。随着现代科技的发展,不少文化场馆都设计了人性化的声光电设备。让游客在观赏文物的同时,可以听到语音讲解,或者直接看到视频画面。淮安漕运文化部分场馆也使用了这种方法,但多数场馆则没有,或者使用不够充分。

(3) 借力新媒体。在当今,要想吸引受众,首先要做好网络平台。可以是专题网站,可以是微信公众号,只要能方便受众获取、了解信息即可。应该说,有关方面已经注意到了这一点,但做得还很不够。

（4）借助影视作品。淮安市在推介漕运文化时,应该多考虑运用影视手段。应该说,有关部门已经注意到这种手段,并已经取得不俗成绩,但仍有不少工作可以做。

（5）挖掘漕运廉政文化。由于漕运的特殊地位和作用,明清漕运总督是集军事防御、政治、管理、经济、水利功能为一体的管理大员,责任重大,在这些封建社会的官员身上我们可以充分认识封建社会的廉政文化。在漕运文化中廉政的事迹、人物众多,有关部门可组织力量编写这方面的材料,并加以合理利用。

（6）精心打造旅游线路。一个漕运线路往往覆盖多个地方,也因此,在保护方面多地应有协作意识,通过联动、协作,将漕运文化资源有效串联起来,产生合力和更大影响力,让漕运文化绽放光彩。淮安要想充分利用漕运文化资源,发挥出它的最大效应,就需要打破狭隘的地方保护主义。

（作者单位分别为:淮安市清晏园、淮安市淮泗涵闸管理所、淮安市防汛防旱指挥部）

盐城串场河与大运河水系不可分割

黄兴港　于海根　井　慧

中国大运河由隋唐大运河、京杭大运河两大部分、十段河道组成，是世界上开凿时间较早、规模最大、线路最长、延续时间最久的运河。大运河江苏段纵贯江苏8市，但作为主要物流通道，大运河已经串起和打通了江苏境内所有的大型水系，包括长江、淮河、太湖、洪泽湖、黄海、东海等，同时还通过长江、淮河、通扬运河（运盐河）、盐河等串联起南京、泰州、南通、盐城等沿海、沿江城市。可以说，大运河滋养了江苏城市体系，是江苏城市的"母亲河"、持续推动社会发展的"生命河"、创造奇迹的"文化河"。

盐城地处江苏中部里下河地区，西起里运河，东至串场河，北自苏北灌溉总渠，南抵新通扬运河，总面积1 350平方千米。盐城因盐而起，也因盐而兴。为便于运输，古人开凿了运盐河道—串场河，它绵延200千米。串场河俗称下河，它初为唐代修筑海堤时形成的复堆河，是盐文化的摇篮。从宋代开始，沿新修捍海堤（世称范公堤）一线有十二大盐场。串场河以东台海道口为界，分南北两段，由海安（原东台紫石乡）向北流经富安、安丰、梁垛至何垛场，为南串场河；由海道口向北流经丁溪、草堰（原属东台北乡）、白驹（原属东台北乡）、刘庄（原属东台北乡）、伍佑、新兴、庙湾，为北串场河。因复堆河将这十二大盐场串联起来，所以称串场河。盐商将盐由水路向南运往长江与大运河的交汇处，向北运往黄河与淮河的交汇处。虽然盐城不分布在大运河主干道河岸上，但是盐业自古为中国之经济命脉，运盐业就成为推动运河主干道不断疏浚扩容、南北延长的重要因素，因此盐城作为"制盐之都"，与淮扬运河存在与生俱来的共生联系,与大运河文化带(江苏段)建设不可分割。盐城作为国家沿海发展和长三角一体化两大战略的交汇点,"京沪东线"的重要节点必将在大运河文化带建设中发挥独特的作用。

一、盐城与大运河历史渊源深远

在古代,盐城在邗沟(里运河)东面。里运河是连接长江与淮河的运河,最初在公元前486年,吴王夫差利用江淮湖泊,开凿邗沟,沟通江淮,为原盐运输创造了有利条件。后经历代整治,遂成古代盐城向南运盐的重要枢纽。《后汉书》记载"东楚有海盐之饶",道出古代盐城产盐之盛。汉武帝元狩四年(前119)因制盐业繁荣而置"盐渎县",不设县令,只设盐铁官。东晋义熙七年(411)因"环城皆盐场"而设"盐城县",始有"盐城"之名,直至今天。

盐城历史上产盐量一直居于全国较高位置,海盐利税也一直居于全国前列。《新唐书》上说,"天下之赋,盐利居半"。而"两淮盐税甲天下"则说明盐城产盐利税对历朝历代政府的特殊贡献。同时历代朝廷高度重视对盐的水路运输。隋炀帝开通济渠河、淮运河;唐宝应年间,刘晏在海陵、扬州、盐城设立盐监,并在漕运要道专设涟水场仓,以接收、转运淮盐。淮盐是指以淮河为界海盐的统称。淮河以南以盐城为主,淮河以北以连云港为主。淮盐经过串场河与里运河向南运往仪征,在十二圩集中,商贾云集,一度成就了扬州的繁华。仪征县十二圩是盐业运输的中转港站,清同治十二年(1873)太平天国战争结束不久,两江总督曾国藩为整顿两淮盐务和筹饷裁兵,即在十二圩设立淮盐扬子总栈,规定凡运销扬子四岸(皖、鄂、湘、赣四省)的淮盐,必先运至十二圩,再用帆船运往四岸及本省外各地。

二、盐城与大运河地缘空间紧密

宋元以来,为了南粮北运、淮盐南运,大运河向北延伸至北京通州,向南延伸至浙江杭州,后又至宁波,京杭大运河经济命脉繁荣,促使盐城一度成为水运枢纽,是海运与河运的交汇点。海上运输的船只要进入大运河,或是大运河的漕运要出海,都必须经过盐城响水境内的云梯关。云梯关是我国迄今唯一幸存的海关遗址,同时也是上游大运河支流的入海通道。为了保证大运河的漕运通畅,历代政府在遇到大水时,不惜打开里运河东堤的"归海五坝",分泄洪水,把里下河地区变为泄洪区。盐城境内出海河道包括淮河、黄河夺淮的废黄河、灌河、射阳河、黄沙港、新洋港、斗龙港、泰东河、川东港等,还有中华人民共和国成立后开挖的苏北灌溉总渠、通榆运河,这些湖泊组成了里下河"上抽、中滞、下排"的排水体系和江水东引北调的"两河引水、三线输水"水资源配置体系。

近年来,盐城市在京杭大运河宝应金氾水段开辟放心水源,将长江之水引入盐城,惠及盐城500万人口。这些都充分表明盐城与大运河水系紧密相依、不可分割。

三、盐城与大运河文化底蕴深厚

大运河是漕运的重要通道,也是运盐的重要渠道。海盐在串场河与大运河运输过程中所形成的文化遗存、码头设施、运销凭证、度量衡器、寺庙古刹、遗址遗迹等,都是大运河文化带建设的重要构成。海盐文化是盐城城市的主流文化,是这座城市的"根与魂"。据调查,海盐文化遗存达2 000余处(件),物质和非物质文化遗产十分丰富。其中物质类文化遗产101处,国家级文保单位1个,省级文保单位17处,省级文化保护区1处;非物质文化遗产60多项,国家级非物质文化遗产3项,省级24项,市级30项;国家级4A旅游景区15个;国家级自然保护区2个;中国海盐博物馆1个,县级博物馆6个。这些资源分布在盐阜大地,反映出盐城历史悠久,人文荟萃,地域文化特色显著,文脉传承源远流长,具有内涵独特的文化遗产带,具有观赏价值的文化景观带,也是最有发展潜力的文化产业带。在唐代,盐城云梯关是我国主要的出海口,《新唐书》《旧唐书》均有记载,朝鲜、新罗(韩国)、日本等国的遣唐使、僧侣等,均渡黄海在盐城登陆经转大运河西去长安。这些僧侣途径

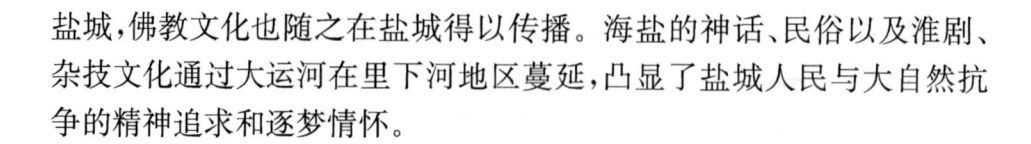

盐城,佛教文化也随之在盐城得以传播。海盐的神话、民俗以及淮剧、杂技文化通过大运河在里下河地区蔓延,凸显了盐城人民与大自然抗争的精神追求和逐梦情怀。

四、盐城串场河与大运河文化带建设前景广阔

按照习近平总书记关于大运河文化带建设的重要指示精神,"保护大运河是运河沿线所有地区的共同责任",盐城人应当抢抓机遇,主动作为,勇于担当,积极投身到大运河文化带(江苏段)建设中来,以规划引领,以保护为主,以项目支撑,以经费保障,以法律护航,打造江苏文化建设高质量的鲜明标志和闪亮名片。

(一)提高政治站位,创造发展机遇

根据习近平总书记要求,进一步提高对串场河与大运河文化带(江苏段)建设的认识,增强参与串场河和大运河文化带建设的历史使命感和时代责任感,彰显"不到长城非好汉"的坚定意志和非凡决心,创造发展机遇,搭建建设平台,列入省级文化保护传承利用规划。

(二)强化机构建设,提供组织保障

各级政府切实履行串场河与大运河文化带(江苏段)建设的主体责任,组建领导机构与工作机构,强化顶层设计与实践操作相结合,发挥领导与专家两个积极性,科学规划,规范实施,稳步推进。建立联席会议制度和专家评议制度,发扬民主,充分酝酿,集体决策,确保出台的方针政策的科学性、严肃性,为政策的落地提供组织保障。

(三)梳理保护体系,落实保护责任

根据串场河与大运河文化建设带(江苏段)的总体框架,系统提出盐城与运河相关的保护体系,编入保护规划,明确保护范围,列出项目清单,落实保护责任。参照"核心区"的做法,对串场河与中国大运河世界文化遗产江苏段遗产构成、历史文化名城名镇名村、主河道(支流)各河段现状、文化保护传承利用重点项目进行一一梳理排查,将盐城境内的串场河与大运河文化带(江苏段)建设纳入省级层面,接受省级指导、辐射全国,共享国家大运河文化带(江苏段)建设与串场河文化带建设

成果。

（四）加强法治调研，出台地方性法规

串场河与大运河文化带（江苏段）建设是一项长期的、系统的工程，具有历史性、长期性、复杂性和艰巨性，涉及面广，投资额大，还没有经验可供借鉴，因而必须加强法治调研，率先在江苏省级层面上出台地方性法规，制定"串场河保护条例""大运河江苏段保护条例"，推动大运河文化带江苏段法规建设走在全国前列。

（作者单位：盐城市海盐文化研究会）

仪扬河运口通航设施变迁考

杨玉衡

仪扬河,古称欧阳埭,距今已有1 600多年历史。曾名漕河、官河、真楚运河、仪征运河、淮南运河、里河、淮扬运河、里运河、古运河,新中国成立后始称仪扬河。《水经注》云:"自永和中(345—356),江都水断,其水上承欧阳埭,引江入埭,六十里至广陵城。"欧阳埭即今仪扬河运口之古堰,引江水入埭至广陵城,说的是邗沟西延至仪征,即有今仪扬运河之始。

一、水工技术,处于领先

仪扬河开挖以后,成了由江达淮的主要运口,如何使船只由江进入内河,或由内河进入长江,在古代没有船闸的情况下,首先使用埭作为助航设施。欧阳埭则是扬州运河最早用于连接江淮的过船设施。随着历史的前进,千百年来,仪征运口助航水工设施不断革新,技术不断进步,在漕运时代一直处于领先地位,走过了埭—斗门—堰—二斗门—木闸—石闸—五坝—四闸—套闸—现代化船闸的演变革新过程。

1. 345—356年,首用欧阳埭为助航设施

欧阳埭位于今仪征城东仪扬河与长江相交处,建于东晋永和年间(345—356)。古代也称埭为堰、软坝、牛埭、车船坝,具有蓄水、引水与助航的功能。扬州境内设埭曳船始于此。它是利用坝上下游的两侧坡面,建有斜坡道,斜坡道由土石料或软木草料组成,顶部平缓呈弧形,作上、下游坡面的过渡段,使船只从坝的两侧坡面上下。先卸下货物,用

人力或畜力绞拉辘轳,将船只拖上坝、翻过坝,再将货物装上船,所以称为盘坝或车盘。其构造与运用,明代著名河臣潘季驯在他所著的《河防一览》中做了如下详细记叙:"建车船坝,先筑基坚实,埋大木于下,以草土覆之,时灌水其上,令软滑不伤船。坝东西用将军柱各四,柱上横施天盘木各二,下施石窝各二,中置转轴木各二根,每根为窍二,贯以绞关木,系篾缆于船,缚于轴,执绞关木,环轴而推之。"当然,只蓄水不通船的坝就不加做过船的设施了。此时是中国历史上南北朝对峙的特殊时期,因此欧阳𫘤主要为军事服务。

隋代虽有开挖山阳渎、疏浚邗沟之举,但在仪征运口,未建助航设施。

2. 730 年,唐代使用斗门控制仪征运口

唐都长安,而关中号称沃野,然其土地狭,所出不足以给京师,备水旱,故常转漕东南之粟。据《旧唐书》记载,开元十八年(730),裴耀卿上书陈奏江南漕运事项时,就讲"正二月上道,至扬州入斗门(所谓斗门即单闸)",这时伊娄河(今瓜洲运河)还没有开挖,说明在今仪征境内的仪扬河上开始用斗门控制运口助航,并说"四月已(通以)后,始渡淮入汴,常苦水浅,六七月乃至河口,而河水方涨,须八九月水落始得上河入洛,而漕路多梗,船樯阻隘",反映了当时水源紧缺,在扬州要停一个多月以后才能渡过淮河,进入汴河,到达京师时间更长。于是创"转般法",即分段运输,使江南之舟不入黄河,黄河之舟不入洛口,沿线设仓,"节级转运,水通则舟行,水浅则寓于仓以待,则舟无停留,而物不耗失",最终使江淮漕粮顺利运达京师,平均年漕 230 万石。斗门在漕运中发挥了重要作用,它与埭相比较利用斗门启闭过船,不用拖曳,技术上前进了一步。

大唐开创了东南漕粮由仪征运口转漕抵达京师的历史,也为宋、元、明、清开创了漕粮输送京师的先河。

3. 960—983 年,宋初以堰助航

宋朝定都长安,漕运沿袭大唐的做法。随着漕运量的增加,仪征运口通航设施一直处在革新之中。宋初,从建安军(964 年以迎銮镇为建安军),自江北至淮河边有五堰,"运舟所至,十经上下"(谓过坝),其重载者皆卸粮而过,说明宋初仪征江口,是以堰助航,又恢复到以前的与埭通航一样,只是叫堰不叫埭,其过船方式都是拖曳。

4. 984年，仪征运口以二斗门通航

由于舟过堰，"其重载者皆卸粮而过，舟时坏失粮，纲卒缘此为奸，潜有侵盗"。为方便行船和节省航运水源，最有效的办法就是改堰为闸。太平兴国九年（984），江淮制置发运司发运副使乔惟岳建成复闸，即"二门（上下闸首）相距五十步（约77米），覆以厦屋（闸室），设悬门（垂直启闭的闸门）积水，俟潮（临江引水）平，乃泄之。建横桥（今称交通桥），岸上筑土累石，以牢其址"。自闸建成以后，去除了以往的弊端，极大地方便了来往的船只。它比唐代裴耀卿时的斗门又加了一座斗门，类似于今日船闸。这是世界上最早船闸的雏形，是水利科技的一大进步，比欧洲1373年荷兰运河出现的覆闸要早380余年。

5. 1026年，仪征运口以木闸通航

天圣年间，因为过往船只较多，航运水源紧缺，为缓解这一状况，监管真州排岸司、右侍禁陶鉴来到仪征，提议将真阳堰改建为二木闸，成为复闸，于天圣三年（1025）开工，次年竣工，建成两座木闸，一为外闸，一为内闸，形成闸室，名真州闸。闸成既节省航运水源，又省过埭盘剥之劳。运载能力大大提高，运舟旧载米三百石，闸成四百石，其后达七百至八百石，又省盘剥之费。复闸的出现，是古代水工技术上的一大飞跃，使仪征运口又发生了一场新的水工技术革命。为此，主持兴建复闸的陶鉴得到了"优迁"。著名科学家、政治家沈括在《梦溪笔谈》中作专文为此介绍。

6. 1201年，南宋仪征运口以石闸通航

南宋初，由于金人南侵，为使运道不被金人利用，绍兴四年（1134）宋高宗下令，焚毁真州、扬州堰闸及其陈公塘。堰闸成了战争工具，一时俱毁。

北宋时所建木闸因年久朽坏，南宋嘉泰元年（1201），仪真郡守张頠将其改建成石闸二座，其西通江，名为潮闸，东曰腰闸，两闸相隔630米，潮闸之名由此而来。潮闸建在运河与天然河道相交地段，它由运口河滩港岔上的闸或与坝组成，两闸之间的河段称为塘，由于更近于江边，充分发挥了引潮与借潮行运的功能，借潮水的上涨以抬高水位，使停泊在河港的船只顺利进入运河。它与腰闸之间的蓄水虽然有限的，

但可起到调节作用，复闸则不能。

宋朝水工技术革新与智慧同行，进步尤为明显，尤其北宋创造了以塘潴水、以渠行水、以坝止水、以涵泄水、以澳归水、以闸平水过船通航的水工建筑联合运用的新局面，船闸技术水平居世界前列。

7. 1383年，明初仪征运口出现三闸、五坝过船

明定都南京后，为恢复漕粮北运支持前线，洪武十六年（1383）新建清江闸、广惠桥腰闸和南门潮闸三闸，主要用于蓄水："上达运河，以入扬楚之境"。为便于漕运，同时又在澳河（曾称莲花池，即仪扬河经城南通江河道）南侧建一、二、三、四、五坝，用于车盘。而五坝由上游的东关闸控制水位，形成完善的运用系统服务于漕运。三闸因为水浅滞流，已经难以过船，清江、广惠二闸已不复用，过船主要靠五坝。

8. 1474年，仪征运口建成"四闸"，超过宋代的通航能力

明永乐迁都北京后，漕运更趋繁忙。成化十年（1474），为免除盘坝艰难，建成里河口、响水、通济、罗泗（又名临江闸）四闸。此系改造河道，开通旧有江港河建闸，通称五里闸河，创造坝闸联合运用的先例，为漕运、节水作出重要了贡献，超过宋代的通航能力。但由于地方奸豪失去了昔日盘坝的既得利益，以河水易于下泄，竭力阻挠开闸通航，力主以盘坝维持通航，致闸运行不正常。弘治四年（1491）以后，各闸擅启难禁，不能蓄水利，下令船只盘坝。

9. 1501年，建成拦潮闸，形成三级套闸，运输效率大大提高

由于四闸距离长江口较远，而长江口没有闸，潮水不能拦蓄，上游的闸门一开，河水注入长江不能挽回，同时下游江潮不能抵达坝下，船也过不了坝，所以于弘治十四年（1501）一举再举，新建拦潮闸，名江北第一闸，以拦蓄潮水，便于粮运。闸成后，与里河口、响水、通济和罗泗四座闸形成三级套闸，拦潮闸为仪真闸首，而尾为里河口闸，相距五里许，可容二千艘。潮至启拦潮闸，船随潮进，鳞次而待潮，既平即下拦潮闸板，启河口闸，"拽船而上，扬旗伐鼓，运数十艘于饮食谈笑间，可谓欲天能为人能矣"，为宋元所不及。

四闸发挥作用，运道无阻，清代继续沿用。乾隆四十年（1775）以后，仪征运河渐淤，粮船改道瓜洲，仪征四闸遂废而不用，以致消失。到

了民国后,仪征运河淤积更趋严重,"夏秋之季水大船只皆可通行,冬春水小,则大船不能通行"。运口处于敞口无节制的自然状态。这是继隋、元以后,再次出现运口无控制建筑物,行水听其自然的状况,容易引起水旱灾害,致使仪征运河濒临瘫痪。

说起仪扬运河的淤积,还得说一下前人所做的努力。明代隆庆以后,黄河水由清口南下流入运河,由瓜洲(比仪征运口晚近400年,始凿于唐开元二十六年即738年)、仪征等运口排入长江,由于瓜洲潮位较仪征稍低,加上瓜洲运河原来就比仪征运河既宽又深,所以淮水至三汊河涌向瓜洲,这样一来,三汊河至仪征的水位不仅偏低,而且河道易于淤积。为了分流仪征,明隆庆六年(1572年),河臣万恭担心"瓜(河)之夺仪(河)",他讲:"三汊河水势,大趋瓜洲,未免分夺仪真河流,以致浅阻。"于是在三汊河创建吊桥一座,"束流水势,务令平分",就是控制部分水流经由仪征排出,防止仪征运河的淤积。名为吊桥,实为"桥口如闸制",做到既能束水又能过船,达到瓜、仪两河均能有利于船只通行。但其效果不明显,虽然后来仪征运河又经过多次疏浚,也无济于事。万历初年,实施实行"蓄清刷黄"的河策,七分刷黄,三分济运,带来大量泥沙,加剧了仪征运河的淤积。更有甚者,清乾隆、嘉庆时运河水量不足,"引黄济运",使扬州运河处在淤积之中。清乾隆三十四年(1769),将吊桥改为束水草坝,并立下三年一修的规定,以使漕船、盐船、铜船由三汊河至仪征入江,减少冒险绕道长江的风浪之险。乾隆三十七年(1772)十一月,发现束水草坝有塌陷,由两淮盐政负责进行修理,为了使有更多的水流入仪征运河,将坝口又加宽。但从此以后,对坝的维修不力,工程草率,淮水多由瓜洲入江,引用江水、山洪带来的泥沙当然也是影响因素,仪征运河由此而衰。在水运为主的时代,因河而兴的仪征也因河而衰。

10. 1949年后,旧貌换新颜,现代船闸出现在仪征运口

新中国成立后,仪征运河始定名仪扬河,东起湾头,西至仪征泗源沟入江口。后因湾头至高旻寺段改称"古运河",仪扬河则东起高旻寺(仪征段东自乌塔沟),西至泗源沟节制闸外长江口。1958年扬州运河全面整治,1959年运河改道,自湾头瓦窑铺新辟航道至六圩入江,自

此,仪扬河成为大运河的支流和地方性河道。

1958—1960年在运口建成泗源沟节制闸,计7孔,中孔宽5米用于通航,其余各孔均宽4米。1972—1973年,建成泗源沟套闸,位于节制闸南侧,可通航800吨船队。1981年1月停航待修,1985年加固维修复航,1996年再次停运断航。1998年重建下闸首,加固上闸首,2001年投入运行,成为名副其实的船闸,更名仪征船闸,闸室宽度10.2米,闸室长度127.9米,设计通船吨位250吨。

二、支流南延,再立新功

2013年,仪扬河新的支流诞生,为分泄山洪再立新功。为解决城区山洪威胁,1970年扬州提出将乌塔沟穿过仪扬河南延至长江分泄山洪,但未能如愿。2006年扬州市再次提出《扬州市仪邗地区综合整治工程乌塔沟分洪道工程项目建议书》,并获准通过。作为仪扬河新的支流乌塔沟分洪道工程于2008年开工,用机械平地开凿新河,分山洪入江,同时建成仪扬河闸,2013年竣工,为扬州西城区筑起一道防御丘陵山区洪水的坚固防线。河成润泽扬州,故竣工前夕将乌塔沟分洪道更名为润扬河。2016年入梅后遇强降水过程,6月28日润扬河闸首次开闸泄洪达每秒170立方米,减轻了市区防洪压力,再立新功。

三、结语

千百年来,仪征运口埭、堰、闸一直处在变革之中,直到新中国成立后才出现现代化船闸,实现了船只进出自由的愿望。1959年大运河改道由六圩入江,仪征运河降为地方性河道,但仍然是承担扬州市城市防洪任务和西部引水、排洪任务的重要区域性河道,也是汇集仪征、邗江山区洪水入江和引江、淮水的主要河道,成为集防洪、灌溉、排涝、航运于一体的骨干河道,其功能不减当年。

(作者单位:扬州市水利工程建设中心)

扬州古运河三湾片区文化景观的成功实践

莫 昕

从公元前486年吴王夫差开邗沟至公元605年隋炀帝杨广以邗沟为基础开挖南北大运河,直至2014年牵头运河沿线35市将中国大运河成功申报为世界遗产,有着"中国运河第一城"美誉的扬州市始终承担着重要角色。扬州地域的风土人情、文学艺术、价值观念等也均有着浓厚的运河烙印,形成了独具地域特色的扬州运河文化。

运河三湾片区位于扬州城东南郊,人文底蕴深厚。2014年始,扬州市委、市政府将三湾片区列为与瘦西湖南北呼应重点打造的运河风景名胜区,片区范围3.35平方公里。近年来,扬州市委、市政府深入贯彻落实习近平总书记关于大运河保护传承利用的一系列重要指示精神,全力整治三湾片区生态环境、开展全域规划、推进项目建设,三湾片区已经成为扬州建设现代公园城市、国际文化旅游名城、新兴科创名城的战略性城市片区,并正向着世界运河历史文化城市示范片区阔步前行。笔者以三湾片区为案例,就其历史文化、当代保护传承利用和未来发展等作三方面探讨。

一、历史上三湾片区的水文化特色——风浪自此平,绿野藏仙踪

从扬州古运河共分为城区、三湾和瓜洲三部分。三湾水文化有着运河水文化、扬州水文化的普遍特征,又有着独特的文化特色。

（一）泽被后世的水利工程

古运河东南郊段一直是进出扬州之门户。古运河三湾段开挖前，河道相对较直，因扬州地势北高南低河水直泻，过往船只经常遭遇险阻。清道光年间《扬州水道记》引《明史·河渠志》："（万历）二十五年（1597）四月，江都运河南门二里桥一带，水势直泻，为盐漕梗。巡盐御史杨光训请檄扬州知府郭光复，开自二里桥河口起，入西折而东，从姚家沟以入旧河，名宝带新河。此即扬州城南运河之新河湾也。"时扬州知府郭光复通过开挖"新河湾"，将原 100 多米长河道变成近 2 公里，以增加河道长度、曲折度方式来消除地面高度差和减缓水的流速，使船只再不搁浅。这亦成为扬州先民尊重保护自然、利用自然的水利工程典范，"三湾抵一坝"成为著名典故流传至今。

（二）丰富多元的人文资源

三湾蜿蜒狭长的水道是历代文人墨客、商贾高僧、异域友人进入扬州的主要水路，清代康乾时期更是成为两代皇帝南巡之水道。从唐宋元明清一路走来，三湾两岸有着乔氏东园、九龙桥、文峰寺、天宝观、福缘庵、宝轮寺、龙衣庵、静慧寺等灿若星辰的名胜古迹，鉴真、刘伯温、钱谦益、曹寅等名人雅士亦在此留下了诸多传说典故、轶事、文章。

康熙四十九年（1710），晋商乔逸斋在三湾东岸修建了被誉为"清初第一名园"之东园。东园建成后，曹寅、王士禎、宋荦等名士纷纷为之撰文吟诗。著名宫廷画家袁江还为东园作《东园胜概图》一卷，现藏于上海博物馆。有学者认为，东园正是曹雪芹笔下大观园的原形。

位于七里河闸之上的九龙桥，相传为朱元璋巡查江北时所赐，又传说是康熙帝南巡时不慎将九龙杯落入古运河而得名。

唐代高僧鉴真东渡有 3 次在文峰寺山门前码头启航。明末清初大学者钱谦益曾有《广陵登福缘庵佛阁》诗。静慧寺住持道忞被顺治帝赐"弘觉国师"。龙衣庵传说是康熙帝晒龙袍之处，为"六月六、晒红绿"民俗之源头。天宝观内以藏有明代皇宫御制图箓而闻名。三湾片区南端的高旻寺，曾为康熙行宫，是闻名海内外的禅宗四大丛林之一。

（三）逐渐消失的水运要津

清嘉庆中后期及近代以来，伴随着铁路、海运兴起，曾是南北交通大动脉的大运河渐渐湮灭于岁月中。20世纪50年代,京杭运河扬州段航道拓宽,改道由六圩入江。从茱萸湾至瓜洲这一老河段包含"三湾"一并淡出了运河航道,遂被称之为古运河。此后至2010年前后的半个多世纪里,三湾区域河道逐渐狭窄,河岸两侧成为乱搭乱建的棚户区,周边又聚集着扬农化工、联环药业等厂区和各式各样的仓库、码头,点缀其间的还有垃圾船、僵尸车和垃圾场。《新华日报》曾刊登:大运河申遗时,联合国教科文组织到沿线现场考察,凝聚着中国古代水工智慧的三湾并未被列入考察点,一个重要的原因就是这段河道上停泊着大量垃圾船,实在有碍观瞻。

二、当代三湾片区的保护传承与利用——清泓绕南城,三塔映三湾

(一)防汛排险设施加固阶段

20世纪中叶,在中华人民共和国成立之初的治水热潮中,三湾尚未受到应有关注。此后,三湾河道逐年变窄,河床普遍淤积,坡岸坍塌严重,堤防标准不足,沿线闸坝建筑老化、损坏严重。由于地势低洼,三湾沿岸民居雨季经常遭受水淹,群众的生命财产受到威胁,同时对城市形象与社会经济发展也造成极大阻碍。从20世纪50年代起,扬州市邗江、郊区政府均对三湾沿线安全隐患进行了排查整治,如1956年采用抓斗式挖泥船对三湾全线挖泥浚深,1983年对三湾横沟河支流、宝塔湾等处进行块石护坡,完成土方1 742立方米,耗用块石2 140吨。20世纪末,经过治理后的三湾基本达到了城市防洪防汛要求。

(二)片区环境综合整治阶段

世纪之交,针对古运河沿线水质、空气质量下降,生态环境遭受破坏的状况,1998年扬州市启动了为期10余年的集河道治理、环境整治与生态绿化为一体的城区古运河综合整治系统工程,工程涵盖了航道疏浚、河岸护砌、配套闸站翻建、房屋征收及河滨绿化等内容。其中最具代表性的是搬迁三湾片区各类医药化工厂、养殖场、食品工厂和小作坊、废品收购站等60余家,并将扬农化工集团列为搬迁企业,彻底切断

古运河污染源。2017年9月,三湾片区整治工程的重点项目三湾湿地公园正式开园。三湾公园建设充分融入了现代生态修复技术,以海绵城市的建设理念,公园水体可以实现自我净化。公园另有禁止游客进入的280亩"核心保护区"。2017年,三湾公园已经成为扬州市十大生态中心之一,被誉为"扬州城市南部的绿肺"。2018年3月,三湾片区生态环境2次被央视《新闻联播》关注"点赞"。

（三）文化旅游项目推进阶段

近年来,三湾湿地公园不仅是运河生态修复的典范,还是扬州城南的风景名胜。三湾公园内的建筑、桥梁都有深厚的运河文化和水文化韵味,剪影桥、凌波桥、津山远眺、听雨榭等市民青睐的热门景点有20余处。同时,扬州市委、市政府也将三湾片区作为城南发展的"引擎",通过文旅项目开发等,带动片区的服务业和其他社会经济的发展,将之打造成为与城北瘦西湖景区交相辉映的扬州南部核心。2018年三湾湿地公园升格为运河三湾文化风景区,为世界文化遗产、国家水利风景区,2018年12月20日被评定为4A级景区。

2019年5月5日,中国大运河博物馆奠基仪式在运河三湾风景区举行,由中国工程院院士张锦秋领衔设计,博物馆总用地面积200亩,建筑面积8万平方米,整体建筑风格呈现唐代风韵,其中主塔大运塔距文峰寺的文峰塔约1.2公里,距高旻寺的天中塔约4公里,三塔一线,形成"三塔映三湾"的文化景观。2020年8月28日下午,大运塔成功封顶。

围绕中国大运河博物馆,片区还有四大项目集聚板块同步建设中。1800亩的文化公园将建设以运河体验、水上风光为核心的休闲空间。未来游客可以乘坐水上巴士在中国大运河博物馆门前码头上船,观赏古运河风光,一路直达东关古渡的老码头,并可一直驶向城北的瘦西湖景区。公园内将规划建设"大运河国际非遗文化博览园"项目,同时建设有2处总计约1215亩的文创街区、1处510亩的科创产业孵化基地。此外,依托文峰寺、高旻寺和扬子津古镇等人文资源,三湾片区及其周边将陆续规划建设七里河公园、运河禅修小镇、玖龙湖健康城、南部体育公园、新城时代商业广场等文旅项目,这些项目仿佛三湾两岸一颗颗珍珠辐射和带动整个扬州城南社会经济的转型发展、跨越发展。

三、未来三湾片区建设前景的展望——长河逢盛世，不负第一城

未来的三湾片区将贯彻落实习近平总书记关于大运河文化带建设的一系列指示批示精神，将片区打造成为体现运河文化、再现扬州历史辉煌的运河生态文明示范中心、运河文化遗产保护中心、运河数据管理展示中心和运河文化高端教研中心等4大中心，让三湾成为中国大运河沿线乃至运河城市国际交流的示范片区，不负古城扬州中国"大运河第一城"的美誉。

（一）运河生态文明示范中心

2019年2月，中共中央办公厅、国务院办公厅印发的《大运河文化保护传承利用规划纲要》明确，扬州古运河三湾片区列入"绿色生态廊道建设工程"。未来三湾片区将继续深入贯彻落实习近平总书记对大运河保护一系列重要批示精神和践行"金山银山就是绿水青山"的"两山理论"，立足于运河三湾景区已经成为国家4A级旅游景区、国家水利风景区，按照三湾片区既定规划，围绕生态空间优化、生态环境提升、生态制度完善、生态生活改善、生态经济发展、生态文化培育等6个方面，坚持一张蓝图干到底，常态化长效化开展片区生态环境整治和修复。一方面，确保三湾片区垃圾分类治理、污水管网设施、大气污染防治等生态环境高质量发展指标始终领先；另一方面，在片区内坚决杜绝影响生态环境的配套项目建设，保持片区永久的湿地资源和绿色生态文明，将三湾片区打造成运河生态文明示范中心。

（二）运河文化遗产保护中心

中国大运河沿线有着丰富的历史人文资源，沿线山水园林、民族宗教、宫廷市井、红色革命遗址遗迹、文物保护单位众多，并衍生出工艺美术、歌舞音乐、戏曲曲艺、民风民俗、传说典故等非物质文化遗产，可谓文化形态精彩纷呈，资源十分丰富。要充分利用中国大运河申遗牵头城市和世界运河历史文化城市合作组织（WCCO）秘书处设在扬州的便

利条件，借助 WCCO 153 个会员力量和三湾片区中国大运河博物馆及其文物保护、演艺中心、其他文旅项目、文创产业集中的优势，将三湾片区建设成为运河文化遗产展示中心。要常态化开展大运河系列文博展览、非物质文化遗产展演展示，编排推出一批影响力大的以大运河为题材的传统戏曲、影视作品、文艺曲目等精品力作，讲好大运河故事、讲好中国故事。要发挥好 WCCO 和片区文创产业集中的平台作用，在三湾片区举办世界运河城市文化嘉年华、文化论坛、文化（非物质文化）遗产博览会、电视电影节等活动，一方面将中国大运河的悠久历史和丰富的人文资源充分展示，另一方面加强世界运河城市之间文化交流，以充分发挥运河文化在世界文明交流互鉴和经济全球化发展中的重要作用。

（三）运河数据管理展示中心

要以建设"云上运河"信息管理系统为载体，将三湾片区打造成运河数据管理展示中心。一是以"云上扬州"智慧城市信息系统为基础，编制整理大运河扬州段数据库和管理系统，完成"云上运河（扬州段）"信息平台建设。二是以省内为主，联合中国大运河沿线城市和省、市水利、交通、生态以及文化等部门，建设中国大运河数据管理展示平台，如将沿线省、市现有的"互联网＋航运"、生态环境污染防治、数字城管、文化遗产数据库等系统实施整合，通过一个数据平台进行信息展示。三是借助 WCCO 和片区科创、文创企业，如为联合国教科文组织搭建非遗数据库的永新华集团等，不断充实完善"云上运河"数据管理系统平台建设。要加强地理遥感、视频监控、区块链技术等在运河文化带保护利用中的技术应用。通过大数据能够迅速对涉及运河保护利用中的多个专业、多个领域、多个角度实施数据集中分析，并为解决大运河文化带建设中存在的问题提供大数据支持。

（四）运河文化高端教研中心

运河文化及其保护、利用与传承工作涉及历史、文学、艺术、经济、社会等人文科学学科，也涉及生态环境、水利交通、智能数据等自然科学学科。运河沿线的众多高校、科研院所已纷纷投入运河文化教育研究中，如江苏成立大运河文化带建设研究院，山东聊城大学成立运河学研究院等。三湾片区要依托 WCCO 秘书处和中国大运河博物馆等，并借助片区南端大学城高校、科研院所集中以及三湾片区文创、科创园区的场所优势,加大涉及运河文化的科研项目攻关和开展,如"运河学者"等高端人才的培养工作,将片区建设成为运河文化的高端教育研究中心。要联合国内外运河文化研究的高等院校、科研机构、学术社团组织在三湾片区开展各类高端人文学术研讨、自然科学研究以及文化教育论坛等。要以中国运河第一城的责任与担当,并借助扬州大学、扬州科技学院(筹)、南京邮电大学通达学院等在扬院校的支持,在片区南端大学城区域大气魄规划筹建运河大学,运河大学将融合中国乃至世界运河文化学术科研的最新最全成果,成为世界运河文化最权威的教育研究高等学府,三湾片区也将成为运河文化高端教育研究、传播的中心。

(作者单位:扬州文化研究会)

刘宝楠与刘文淇研究扬州运河水道之成就

张连生

在清代著名学者中,刘宝楠和刘文淇被并称为"扬州二刘"。他们俩在经学、文学、历史学、地理学、文献学乃至水利工程等方面都取得了不少成就。在史学方面,刘宝楠的《宝应图经》与刘文淇的《扬州水道记》都是研究扬州运河史的重要成果,具有重要的历史地理学价值。

一、刘宝楠《宝应图经》对古邗沟的研究

刘宝楠所著的《宝应图经》六卷,虽然是一部地方志著作,却具有和普通方志不同的特色,其中不设置一般方志涉及较多的职官、衙署、学校、赋役、物产、寺庙、古迹、艺文等门类,只分为城邑、疆域、河渠、水利、封建、人物六门,其中第三卷《河渠门》与《水利门》在书中所占比例超过全书的五分之一;而其中记载当时现有河渠、湖泊、池塘状况的文字,仅占全文不足五分之一,却用大量的文字揭示、考证宝应段邗沟入淮水道演变的历史。书中把宝应境内邗沟水道的变迁过程归纳为"十三变",基本理清了这段运河的发展线索。

《宝应图经》为了考证邗沟水道的变化,引用各种专著达78种,另外还有大量唐宋元明清人所写的有关邗沟情况的诗文、碑记等资料。刘宝楠这种旁征博引、追根寻源、正讹纠谬的研究方法,以及认真总结历代治水经验教训以利民生的精神,为后来刘文淇的《扬州水道记》所仿效。

正是由于刘宝楠敢于挑战困难,在大量已有资料的基础上辨误取真,摘疑存信,因而考明了扬州历史地理方面的许多重要问题,他在古

邗沟的研究中,从三个重要方面提出了自己的独到见解。

1. 关于"古代扬州南高北低,江水北流入淮"的问题

在古代很长一段时间,长江之水可以经过邗沟,流经射阳湖,到末口进入淮河。清代学者胡渭、阎若璩等曾提出有关江水是否能够北流入淮的问题。如胡渭《禹贡锥指》中曾经怀疑说:"窃疑高邮、宝应,地势最卑,若釜底然。邗沟首受江水,东北流至射阳湖而止。"刘宝楠在《宝应图经》中,多次反复论证前朝与清代情况不同,江水当时确实是北流入淮的。

关于古代邗沟渠水是否高于淮水的问题,他肯定地指出:"唐以前渠水高,而淮水低,渠水辄泄入淮,梗运道。"接着进一步说:"宋时渠水犹高于淮。《宋史·向子諲传》:'宣和初,除江淮发运司,淮南仍岁旱,漕不通,有欲浚河与江淮平者。子諲言:自江至淮数百里,河高江淮数丈,而欲浚之使平,决不可。'"说明唐宋时期邗沟的水位一直是高于江水的。

刘宝楠还进一步讲到唐代以后,甚至到明代嘉靖年间,仍然存在江水北流的问题。他说:"至于水本北流,李习之《录》云:'自淮阴至邵伯,三百有五十里,逆流。'此其确证。盖水道变迁,今古互异。明嘉靖时,淮河已南下,而《嘉靖惟扬志》云:'仪征坝五座,瓜洲坝十座,各坝悬于江水之上,若口一决,则一泻千里,邗江河湖,涸可立待。宜为重闸,使小有关锁节制。'案:此则嘉靖时,淮河之流,尚不能南及瓜、仪,而江口之水,尚北流也。"可见刘宝楠对于古代长江之水北流入淮的问题,研究得十分透彻。

2. 关于"陈敏穿沟"与"陈登穿沟"的问题

关于邗沟开凿以后的第一次改道的时间问题,清代学者有不同的看法。刘宝楠在讲到宝应境内邗沟第一次变化时,就利用《水经注》所引蒋济《三州论》曰:"淮湖纡远,水陆异路,山阳不通,陈登穿沟,更凿马濑,百里渡湖。"接着,他解释说:"此据《水经注》旧本。近赵一清《水经注释》本云:'陈敏穿沟,更凿白马濑。'盖以上文有陈敏,下文有白马湖,故增改之……《水经注》称'晋永和中陈敏',而《蒋济传》'作《三州论》以讽帝','帝'谓魏文帝,其时不得有陈敏。汉建安五年,陈登为广陵太

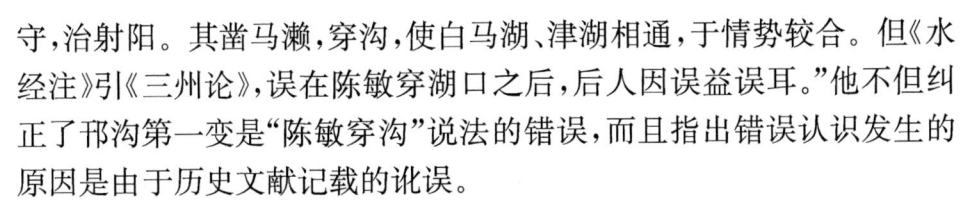

守,治射阳。其凿马濑,穿沟,使白马湖、津湖相通,于情势较合。但《水经注》引《三州论》,误在陈敏穿湖口之后,后人因误益误耳。"他不但纠正了邗沟第一变是"陈敏穿沟"说法的错误,而且指出错误认识发生的原因是由于历史文献记载的讹误。

在论及邗沟第二次变化时,他又说:"(《水经注》又)云:'永和中,患湖道多风,陈敏因穿樊梁湖北口,下注津湖迳渡,渡十二里,方达北口,直至夹耶(刘宝楠注:谓陈登所穿沟)。'由此,津湖南与樊梁湖相连,江淮复通。此邗沟再变也。"刘宝楠根据《水经注》的善本和《三国志·蒋济传》的内容,正确地提出:最早一次邗沟的改道应该是"陈登穿沟",而第二次改道才是"陈敏穿沟"。

3. 关于"唐代平津堰"究竟是河堤还是堰坝的问题

在顾炎武的《天下郡国利病书》等地理名著和一些地方志中,认为明清时期的运河河堤就是唐代李吉甫修的平津堰。刘宝楠在讲到这个问题时,明确地说:"或谓今运河堤为唐平津堰,非。"然后加以分析说:"《郡国利病书》:'运河堤自黄浦至界首,长八十里,即唐李吉甫平津堰。'又云:'李吉甫筑堰于高邮,所谓平津堰也。'案:《新唐书·李吉甫传》:'为淮南节度使,漕渠庳下,不能居水,乃筑堤阏,以防不足、泄有余,名曰平津堰。'《食货志》:'初,扬州疏太子港、陈登塘,凡三十四陂,以益漕河,辄复湮塞。淮南节度使杜亚乃浚渠蜀冈,疏勾城湖、爱敬陂,起堤贯城,以通大舟。河益庳下,水下走淮,夏则舟不得前。节度使李吉甫筑平津堰。'案:此则平津堰乃拦河蓄水,以济漕运,当在江都境内,非高、宝湖堤也。宝应湖堤始筑于宋张纶,详后。《漕河志》曰:'宋向子諲言:唐李吉甫废闸置堰。'则吉甫之平津堰非高邮一带湖堤,尤信。"可见,刘宝楠对平津堰性质的分析是正确的。

刘宝楠在邗沟的名称概念、平津堰与运堤的关系、扬州地势与邗沟流向的变化、邗沟改道中陈登的作用等问题上,精思博考,不囿成见,发前人所未发,对扬州水道史的研究作出了重要贡献,其研究成果,为后来刘文淇写成《扬州水道记》开了先河。

刘宝楠之子刘恭冕在《宝应图经书后》一文中说:"家君著《宝应图经》……自汉唐以来,城邑之沿革,河湖之变迁,漕运之通塞,与夫民生利病所可考而知焉者，无不了了如指掌。至谓邗沟、山阳渎于扬州、淮安两郡为统名，非邗沟专属江都，山阳渎专属淮安；扬州运堤非李吉甫所筑平津堰；而扬州地势，唐宋以前南高北下，邗沟水北流入淮，以故自昔江淮之间止患水少，不患水多，至蓄高堰内水，始南流入江；皆至详确，无所复疑者也。"刘恭冕所说确非虚言。

他还说："《嘉庆志》所载，据今闸水言。然诸闸洞皆在东岸。由城东诸湖荡，历兴、盐入海。今古形势不甚悬殊，举其隅可以三反，夫闸洞之利大矣。"充分肯定了闸洞在水利建设历史上的作用。此外，他在引用陈煟《治水或问》的治水观点以后，又深表赞成说："陈君之言，深切著明，言水利者，宜知所究心焉。其明代开浚支河及射阳诸湖及海口，其得失略《河渠》中。"由此可以看出，刘宝楠在探寻宝应段邗沟水道变化时，还特别关注水利工程的得失利弊。

二、刘文淇《扬州水道记》对运河水道的进一步研究

刘文淇和刘宝楠是一对学术挚友。《扬州水道记》是在刘宝楠《宝应图经》对邗沟研究的基础上作了进一步拓展。

刘文淇的《扬州水道记》是道光十六年（1836）受即将离任的两淮盐运使李兰卿之邀所作。当年，他花了三个月时间，查阅图书接近万卷，才开始动手编辑。第二年，又花了八个月时间，成《运河考》八卷，后仍定名为《扬州水道记》四卷。

刘文淇在《扬州水道记》中不仅没有埋没刘宝楠的贡献，而且多处突出他的朋友刘宝楠的学术成就。刘文淇在他的《扬州水道记后序》中告诉世人，他在编纂《扬州水道记》时，已经参考了刘宝楠《宝应图经》，吸收了其中对邗沟演变过程研究的成果。

同时，刘文淇在《扬州水道记》的行文之中，也多次说明自己引用了刘宝楠《宝应图经》的内容，并且对刘宝楠的观点表示赞成。

据笔者统计，《扬州水道记》引用刘宝楠《宝应图经》的文字共有17处，基本上都是说明出处，并且作为正面依据来引用的，没有一条表示自己有反对意见，至多也只是说明自己在文字方面重新处理的理由，例

如卷四《宝应运河》的一条是这样说:"此条《请开越河》诸奏疏及后条《越河兴工奏疏碑记》,《宝应图经》已详载,但彼书杂叙他事,此则专录'议开越河'及与越河有涉者,汇为一则,俾观者了然耳。"可见,刘文淇是非常尊重刘宝楠及其著作《宝应图经》的,丝毫没有掠人之美的意思。

从《扬州水道记》的具体内容看来,刘文淇并非抄录刘宝楠《宝应图经》的文字,而是进一步做了大量的开拓和深入研究的工作。从地域方面来说,刘宝楠《宝应图经》的卷三《河渠门》与《水利门》部分,主要篇幅都用来考论宝应段邗沟变迁的历史,把宝应境内邗沟水道的变迁过程归纳为"邗沟十三变",理清了宝应段运河的发展线索;而《扬州水道记》则把重点放在对整个扬州地区水道沿革过程的分析方面,全书四卷中,仅有一卷为《宝应运河》,另外三卷则为《江都运河卷一》、《江都运河卷二》与《高邮运河》,全面叙述扬州运河的发展变化过程。刘宝楠的《宝应图经》所记载的水道变迁,仅到明代为止,而《扬州水道记》的叙事一直延续到清代道光年间。刘文淇选择了整个扬州运河变迁与治理过程中的若干重大事件,叙述了扬州至淮安运河水道的变迁及沿革,追根寻源,正讹纠谬。他还记录了围绕水道治理问题,历代朝廷与地方、水利与漕运部门之间的不同意见、纷争与协调的过程,旁征博引,资料丰富,其学术价值、文献价值都极高。因此,《扬州水道记》的研究范围远远超出了《宝应图经》。

从深度方面来说,刘文淇《扬州水道记》并不是停留在《宝应图经》的论述水平上,而是对《宝应图经》提出的一些重要问题,作了进一步的探讨,其"援据之博洽,剖析之精核",是有过之而无不及的。它不仅能够"博稽载籍,详加考证",而且能够"凡有沿革,具著于篇",把重点放在对整个扬州地区水道沿革过程的分析、解释方面,特别是他选择了运河变迁与整治过程中的若干个标志性事件,作为运河发展史上的一座座里程碑,使人对之一目了然。例如书中写道:

《左传》吴城邗沟通江淮……此扬州有邗沟之始。

《水经·淮水篇》:淮水又东,过淮阴县北,中渎水出白马湖东北注之。此汉建安后邗沟达淮之故道也。

《水经注》:自永和中江都水断,其水上承欧阳埭,引江入埭,六十里至广陵城。此邗沟引欧阳埭江水入运之始。

《寰宇记》云:《晋书》太元十年太傅谢安镇广陵,于城东北二十里筑垒,名曰新城,城北二十里筑堰,名邵伯埭,此邵伯立埭之始。

《隋书·文帝纪》:开皇七年夏四月于扬州开山阳渎以通运。《通鉴》:炀帝大业元年发淮南民十余万开邗沟……此邗沟由江都茱萸湾入高邮樊汊以达于淮之始。

《旧唐书·齐浣传》:开元二十五年迁润州刺史……又开伊娄河二十五里,此邗沟运道由瓜洲入运之始。

《新唐书·地理志》云:江都有爱敬陂水门,贞元四年节度使杜亚自江都西,循蜀冈之右,引陂趋城隅,以通漕运……此邗沟运河借塘水济运之始。

《新唐书·食货志》:节度使李吉甫筑平津堰,以泄有余,防不足,漕流遂通。此邗沟运河有平水堰之始。

《旧唐书·王播传》:自城南阊门西七里港开河,东向屈曲,取禅智寺桥,通旧官河……此邗沟运河由城南引江水济运,漕船不复由城内官河之始。

《宋史·河渠志》:筑扬州江都县至楚州淮阴县堤三百六十里。此扬州运河邵伯以北,湖东有堤之始。

《明史·河渠志》:永乐七年开扬州白塔河,此扬州开白塔河转漕之始。

《明宪宗实录》:成化十一年十二月置仪真河港三闸……此仪真外河建闸,不用车盘之始。

《明会典》:隆庆六年题准……建瓜洲通江闸二座,自此漕艘始免车盘之苦,此扬州瓜洲废坝为闸之始。

由上述内容可以看出,刘文淇《扬州水道记》实为《宝应图经》中有关邗沟变迁过程的补充与扩展,刘宝楠侧重于对邗沟入淮一段河道变迁规律的阐述,而刘文淇则注意对整个扬州段邗沟的水道、水源及埭堰、隄岸、闸门等各类设施的研究。《扬州水道记》不仅考证精详,而且更加注意全方位把握运河演变的过程,实际成为一部扬州运河发展史。

自从刘文淇的《扬州水道记》问世以后,得到许多学者的好评。当时，阮元、黄承吉、吴文镕等人都先后为此写了叙、跋和书信，热情赞扬刘文淇在扬州古代水道和历史地理研究方面取得的成就。例如黄承吉的序中说："考证著书莫难于地理，非考证一时地理之难，乃确征夫古今迁变地理之难也，而水道尤难……刘君孟瞻近著《扬州水道记》见示。扬州运河自瓜洲江口上溯达淮，北高南下，是为淮水入江久矣。阎百诗《四书释地》谓水流与前相反，始于隋文帝之开山阳渎、炀帝之开邗沟。是主于今日之堤道以立言也。孟瞻则考明：明以前不独淮水不能达江，江亦不能径达于淮。中间数百里济运，乃由高邮、宝应诸湖迤逦入淮；至淮水建瓴入江，则在黄水夺淮身高之后，并非自隋已然……又考明：建安以前，运道由射阳湖西北达淮；建安以后，运道由白马湖东北达淮……又谓唐时扬州水利，止患水少，不患水多，高、宝皆由湖运，无事堤防。以志书谓'扬州运堤即李吉甫之平津堰'为非。"

阮元也在序文中说道："《扬州水道记》综《吴越春秋》《汉书·地理志》以下诸书，证明唐宋以前，扬州邗沟山阳渎地势南高北下……其尤为确据者，则在李习之《来南录》云'自淮阴至邵伯，三百有五十里，逆流'十四字也。今由淮安下扬州之水，势如建瓴，愚者亦知北高南下矣。不知此水乃蓄高堰内水，至一丈八尺之高，堰底古淮身更不知低几丈尺，始能如此建瓴耳……所以《汉志》云：'江都渠水首受江，北至射阳入湖。'云'受江'，非'入江'也。云：'北至射阳。'可见唐时南高北下也。又其辨证永和、宝历等年运道通塞，及瓜洲、瓜步水陆变迁，博览而又有识，故皆精覈矣。"

吴文镕则在他致刘文淇的一封书信中评论道："尊著援据之博洽，剖析之精覈，阮、黄两叙尽之……地有定而水无常，今之黄、淮分流之不同于昔，犹之昔之南高北下不同于今。有事者得悉其本末，不狃于目见，乃可以通其变而宜之。然则，是书之裨益后人者，岂徒舆地之学已哉！"

总之，刘宝楠和刘文淇是研究扬州水道方面的杰出学者，他们为扬州运河史的研究开辟了道路，他们严谨的学风和求实的精神值得后人认真加以总结。

（作者单位：扬州文化研究会）

水与扬州

方 亮

作为人类文明的标志,城市与水有着密切的关系,扬州就是一座与水关系极为密切的城市。本文从水与城市关系的角度,略谈扬州的水文化。

一、水与古代扬州

第一,水对于扬州城市产生、发展、繁盛起着至关重要的作用,其中运河是推动扬州城市发展、经济繁盛的重要动力。

已有的研究充分表明,地势平坦、交通方便的河湖之滨是人们建设的理想之地。考"扬州"之名,出自《禹贡》"州界多水,水扬波"。当然,这里的扬州还不能完全等同于今天的扬州,但可说明扬州与水的渊源。

扬州建城始自公元前486年,"吴城邗,沟通江淮"。吴王夫差所筑的"邗"就是最早的扬州城。同时,吴王还开凿了一条连接长江和淮河的渠道,因这条渠道起于邗城之下,故名邗沟。邗沟成为后来大运河最早的一段,奠定了扬州城市繁盛的基础。西汉,汉高祖封侄儿刘濞为吴王,王城即时称广陵的扬州。刘濞在封国内采铜铸钱,又在扬州东部海滨地区煮海水为盐,为了运盐的方便,他向东开凿了一条通往东部产盐区的运盐河,将其与邗沟相连。明末顾炎武在《天下郡国利病书》说:"(刘)濞以诸侯专煮海为利,凿河通道运海盐而已。"刘濞因此积累了大量财富,国力强盛。南朝鲍照在《芜城赋》中所描绘的"当昔全盛之时",即是描绘的刘濞时期,文中"柂以漕渠"当指的是邗沟及刘濞所开运盐河。夫差开邗沟,扬州得以立;刘濞兴盐,扬州得以富。扬州城的产生与初次繁盛与水分不开,而扬州自此亦与水结下了不解之缘。

自汉代至隋朝,扬州的发展离不开水的滋养哺育。汉代广陵太守张纲开沟引水,灌溉田亩,造福百姓。人们为了纪念他的功绩,称这条沟为张纲沟(张王沟、张公渠)。汉末广陵太守陈登尤重水利,"浚塘筑陂,周回九十余里,灌田千余顷,百姓德之,因名(陈公塘),亦曰爱敬陂"。东晋名臣谢安筑埭便农济运,民称颂,因名"召伯埭"。这些水利工程的修筑,无疑推动了扬州经济发展和社会进步。

隋炀帝开凿大运河,虽滥用民力,但从后来的历史来看,却是利在千秋的大功业。就扬州而言,运河的开凿为唐代扬州的发展繁荣准备了条件。安史之乱后,唐王朝对东南财富的依赖大大加强,所谓"赋之所出,江淮居多"。关中与江淮之间主要是水路交通,处于长江、运河交汇之处的扬州成为转运中心,成为全国重要的经济中心。史书记载:"江淮之间,广陵大镇,富甲天下。"又有"扬一益二"之谚,由此可见扬州之繁盛可见一斑。唐代扬州商贾云集,这些商人主要有盐商和茶叶商。他们把盐、茶运到扬州,然后从扬州沿运河北上。四川的蜀锦、江西的木材则通过长江,运到扬州。发达的水运,使唐代扬州造船业十分发达。清代,扬州居交通冲要,是中部各省食盐供应的基地和南漕北运的咽喉,逐步发展成为全国著名的城市,在经济、文化、艺术等方面均取得了辉煌成就。

第二,水赋予扬州独特的自然景观。秦汉时期,长江上的广陵潮便已是一大名胜奇观,西汉大文学家枚乘在《七发》中描绘:"春秋朔望辄有大涛,声势骇壮,极为奇观,涛至江北,激赤岸,尤更迅猛。"唐代诗人对扬州江景更是称赞不已。如张若虚在《春江花月夜》中生动描写了扬州扬子江渡口春江夜月景色,其开首写道:"春江潮水连海平,海上明月共潮生。"刘禹锡则有诗句"扬子江头烟景迷"。扬州城内多水,称之为"水城"当不为过。唐代姚合在《扬州春词》中有"园林多是宅,车马少于船""市廛持烛入,邻里漾船过"句。扬州河堤多植杨柳,成为别样景观。明代王恭写过一首《隋堤柳》,其中有"君不见长堤柳,何袅娜。广陵二月三月时,两堤人看青丝鞿"。写出了春季扬州运河柳色之美。清代郑板桥也有词赞:"第一是隋堤绿柳,不堪烟锁。"

第三,水使扬州形成了具有鲜明地方特色的城市园林文化。这集中表现在清代康乾时期形成了北郊湖上园林。瘦西湖是由隋、唐、五代、宋、元、明、清等不同时代的城壕连缀而成的带状景观,并始终与大运河保持着水源相通的互动关系。清代,瘦西湖多次得到疏浚整治,对于瘦西湖水文景观的形成具有重大意义。今天,瘦西湖作为大运河世界文化遗产的重要遗产点,成为游客向往的风景名胜。

第四,扬州优美的水环境使扬州市民形成了亲水、乐水的传统,并在此基础上形成了具有浓郁地方特色的游赏习俗。清人臧谷在《续扬州竹枝词》中形象描绘出一幅扬州人的亲水图,其诗写道:"皮市之街称水乡,家家端坐阁中央。鸥波宜额书斋内,鱼饵频投卧榻旁。"北郊保障湖,风景秀丽,也是扬州人喜爱的游玩之地。孔尚任在《红桥修禊序》中写扬州人出游盛况:"至三月三日,天始明媚,士女袚禊者,咸泛舟红桥,桥下之水若不胜载焉。"王士禛诗写道:"红桥飞跨水当中,一字阑干九曲红。日午画船桥下过,衣香人影太匆匆。"卢见曾亦有诗句:"绿油春水木兰舟,步步亭台邀逗留。"王士禛、卢见曾等人还在红桥举行修禊活动,成为文化盛事,令后世称道。端午佳节,很多地方有龙舟竞渡的活动,而扬州的龙舟竞渡习俗颇盛。据记载,唐代扬州竞渡在扬子津一带举行;明代,瓜洲江面竞渡场面壮观;清代,瘦西湖、东关城外古运河及黄金坝水域均举办过竞渡活动。

二、水与近代扬州

第一,水路交通地理优势丧失成为近代扬州城市衰落的最重要原因。由于运河受阻,咸丰时,江浙漕粮经由上海,通过海路运至天津。这表明,随着上海的崛起,海运取代河运,同时津浦铁路的开通又极大地扩大了华北区域与长江下游区域的物资流通量并大大提高了流通速度,进一步取代了运河的运输功能,更加大了河运的衰落,从此扬州丧失了传统水路交通地理的优势地位,城市衰落不可避免。隶属扬州的高邮曾号称"水陆之通衢,扬楚之咽颔",商业发展"颇极一时之盛"。近代以来随着漕运改道,商业受到沉重打击,城市随之衰落。

第二,近代扬州水灾频仍,人民深受其害。扬州地处长江中下游平原,河湖密布,水域面积广阔,水灾成为扬州地区最主要、最频繁的天灾。仅光绪年间,发生的大大小小的水灾就四五起。如光绪九年(1883),扬州地区即遭遇水灾,高邮、江都地区水灾尤重,"本年江苏、江淮等属雨水过多,湖河泛涨,田禾被淹,并被风雨摧折,收成均形歉薄"。光绪十四年(1888),扬州地区再遭水灾,"江苏江淮等属,本年夏秋之交,高田被旱、被风,低区被水"。光绪二十四年(1898年),扬州地区再次遭遇水灾。近代扬州水灾频仍,人民深受其害,背后有深刻的原因,主要在于水环境的恶化。一是黄河改道后,江河水位不稳;二是晚清洋务运动及帝国主义侵略带来的近代化生产,严重破坏了长江流域的植被,导致长江中上游水土流失加剧,下游一带水灾频繁。

第三,近代扬州城市水系缺乏整治,荒凉破败。民国时期,扬州水质恶化,浑浊污臭,令人震惊。如舒新城在《瘦西湖里三小时》中说:"有位老者告我们,谓瘦西湖不过一湖污水,有什么可游!"扬州人洪为法在《扬州续梦》里不无痛心地写道:"现在的瘦西湖如与过去情形相比,便应该改为病西湖,因为她又横被摧残了多年扬州旧梦,已是憔悴得可怜。"著名作家郁达夫在《扬州旧梦寄语堂》中写道:"西园的池水以及第五泉的泉路,都还看得出来,但水却干涸了。"扬州内城河境况同样不堪入目。洪为法写道:"所谓内城河,也变成了小沟,两岸为垃圾所独占,无复绿荫掩映。"

三、水与当代扬州

进入 21 世纪,扬州以人为本,确立"治城先治水"的建设发展理念,以深入推进水生态文明试点城市建设为抓手,大力推进一系列水生态治理和修复工程建设,成效显著。

第一,加强河湖水环境整治,重现亮丽面貌。2000 年,市政府启动瘦西湖水环境整治工程。通过此项工程,从根本上改善了瘦西湖水环境,实现了瘦西湖主要观光水域"死水变活,湖水变清"的目标,江南名湖得以重现光彩。同时，对市区20多条、长50多公里的河道进行系统整治，使城区河湖相通、活水长流、河水常清，让城市水系成为清水走廊和亲水乐园。

第二，建设城市水景观，开展水文化旅游。在整治河湖水系的同时，扬州注重营造水景观，如古运河风光带，亭台楼榭，垂柳依依，疏密有致、情趣十足，成为市区一道亮丽景观。扬州还依托整治后的河湖改造，新建和整治了一批城市公园，如荷花池公园经过整治后成为开放式公园，湖面清波荡漾，荷花映日，岸上绿荫掩映，风景优美；2014年新建成的宋夹城体育休闲公园，河湖环绕，水质优良，自然生态佳，为市民与游客所醉心钟情；近年来依托生态良好的古运河及丰富的人文资源，倾力建设的运河三湾景区，已被评定为4A级景区。扬州在对水利工程进行改建、新建时，充分挖掘相关自然人文景观资源，让原本功能单一的水利工程区，变为可供游览的水利风景区，如江都水利枢纽风景区是国家南水北调东线工程的源头，其中江都抽水站规模和效益为远东之最，世界闻名。旅游区占地160公顷，集科普教育、观光游览、休闲健身于一体，以宏伟的水利工程、丰富的自然植被、秀美的江河水景著称。

第三，聚焦聚力，打造运河文化之都。扬州是一座与运河同生共长的城市，因运河而兴，相依千年。扬州相继牵头大运河申遗、倡导WCCO设立。作为国家文物局确定的牵头城市，扬州率先出台大运河保护地方法规，建立大运河监测预警中心，在大运河《世界遗产名录》中，扬州有151公里河道、10个遗产点列入，为全线拥有运河世界遗产最多的城市。打造大运河文化带，保护好、传承好、利用好大运河这一祖先留给我们的宝贵遗产，是新时代党中央、国务院作出的一项重大决策部署。在推动运河保护精细化、运河传承活态化、运河利用科学化、运河文化交流国际化等方面，扬州积极作为，全力将扬州打造成为"世界运河文化之都"，成为世界人民向往的国际文化旅游名城。

扬州河湖密布，水网纵横。水曾赋予扬州美好生态，孕育扬州灿烂文化，成就了扬州名城地位。扬州要复兴，要重视水，做优水文章，下大力气建设水文化强市，以此促进地方文化旅游和社会经济发展。一是继续加强水生态治理和修复工程建设，加强水景观建设、改造、提升，以丰富城市景观肌理;二是传承创新扬州水文化,彰显城市历史文脉,通过水景观讲好扬州故事;三是抓住大运河国家公园建设的机遇,利用扬州优势,深入挖掘展示运河文化,将扬州建设成为"世界运河之都"。

(作者单位:扬州文化研究会)

前事不忘,后事之师

——对 1931 年高邮特大洪灾的思考

倪文才

江苏省委书记娄勤俭去年考察宿迁水利遗址公园时说:"江苏发展史也是与水患作斗争的历史,变水患为水利的历史,不断创造水文化的历史。我们要从历史中汲取治水的经验教训,尊重自然、把握规律,因势利导、科学治水,努力实现人与自然的和谐共生。"江苏的灾情水患、抗洪救灾的历史是水文化的一个重要组成部分,值得好好研究。近来我研阅了 1931 年高邮特大洪灾的历史资料,灾情的严重性以及抗洪救灾的场景既让人感到震撼,也发人深省。

高邮位于江苏省中部、大运河畔。西面是 780 平方公里的高邮湖,为淮水行洪走廊,湖底海拔 3.5～4.5 米;东面是里下河平原,海拔为 1～3 米。里下河包括高邮、兴化、宝应、东台、泰县、江都、盐城等 8 个县市,14 000 平方公里,上千万人口。高邮湖和里下河中间隔着大运河,运河堤就成了里下河的一道生命线。

1931 年 6 至 7 月份,淮河流域连降大暴雨,造成各大河流齐涨。由于雨量大,上游泄洪量多,加上受江水顶托,高邮湖、邵伯湖水位滞涨不已,并漫入里运河,到了 8 月 15 日,高邮湖水位达到 9.46 米,运河西堤沉没露齿,东堤水平堤顶,运堤一线岌岌可危。8 月 26 日凌晨,突然起了西北风,高邮湖发生湖啸,湖水由西向运堤直冲而来。到了凌晨 5 点,城北挡军楼、庙巷口、御码头、七公殿等地方的堤坝先后溃决。洪水直扑城北、城东,声音似山崩地裂,高邮城瞬间一片汪洋。时隔不久,里下河各县尽成泽国,千万百姓遭受灭顶之灾。而逃过水灾一劫的灾民接着又遇到瘟疫流行,病死者不计其数。据《运工专刊》记载,这场灾难导致里下河地区有1 320万亩农田颗粒无收,倒塌房屋213万间,物产损失达2亿元以上,受灾民众约58万户350万人,有140多万人逃荒外流,77 000多人死亡,其中被淹死的19 300多人。

虽然这场灾难已经过去89年,但留给我们的教训和启发却是深刻的。

一、水政管理要科学、清明

运堤决口的直接原因是连日暴雨,淮水南下,高邮湖水暴涨,加之狂风湖啸,造成运堤不堪重负而崩溃。但研究发现,当时水政腐败、政府决策失误,也是重要原因。灾情发生后,当年9月,国民政府监察院委派查灾专员高一涵、洪兰友对江北堤工进行了调查,二位专员调查后呈文监察院。这份《呈文》比较客观地分析了运堤决口的人为因素:一是治运经费收支存在问题;二是水利体制存在弊端;三是春修夏防严重疏忽;四是河工人员渎职;五是省政府决策有误。

从这篇《呈文》中我们知道,当时治运经费以亩以货计捐,每年有40万元的收入,但因各县截留,上缴很少。以后几经整顿,到1930年,全年收入只有81 000多元,而这些钱大都没有真正用到水利上。

从组织体制上来说,江北运河工程处隶属于水利局,水利局又隶属于建设厅,建设厅隶属于省政府。因此,江北运河工程处的地位异常卑小。工程处没有指挥县政府调动民工的权力,即使水利局对县政府也不能直接下达命令。同时运河沿线的县政府,也不能命令水利局和工程处。水利局与各县文书来往都用公函,双方如果没有省政府的命令,无论分工还是合作都不可能。遇到紧急情况,水利局不能召集民夫,县政府也因无材料经费,爱莫能助。

就水利局本身来说,也是人浮于事。局内人员很少参与运河工程的实际工作,下级人员也大都有名无实。运河官员自民国以来,经常盗卖所垦之田,敲诈百姓财产,甚至民间耕牛,偶尔在堤上吃草也私自罚款。每年春修夏防经费,大部分被分肥,营私舞弊、上下相蒙。出险前,河工人员雇轮船停泊西岸，日日生火待发，头头们在8月24日就托故乘轮船先行离开了。到26日凌晨荷花塘等处出险，群众鸣锣告警，但河工人员均擅离职守，逃避一空。

省政府在江北灾情严峻，运堤未决之前，对防险问题没有给予足够的重视，尤其是对开启归海坝问题迟疑不断。7月28日省政府决定，水位一丈七尺三寸时，开启车逻坝，先开一半，如水仍涨再开一半。实际上，归海坝一经启口，无论坝口宽狭，必定全部放水，只开半坝，实为事实所不许。可见省政府的决策完全不符合实际。

中国水灾频繁，水政科学管理至关重要。中华人民共和国成立后，中央人民政府即设立水利部，行使水利行政管理的职责，各级地方政府也都设立水利厅（局），统一管理水利行政事务。国家制订了《中华人民共和国水法》《中华人民共和国水土保持法》《中华人民共和国防洪法》等，水政管理走上了依法治理的轨道。我们要认真汲取1931年高邮特大洪灾的教训，要特别注意水利部门与地方政府的配合协调，要加强执法监督，推进清廉水利建设。

二、应对灾情要制定应急预案

为什么一场洪水损失这么严重，淹死那么多人？这与灾前没有应急预案有很大关系。

在运堤岌岌可危的态势下，省政府、省建设厅水利局、高邮县政府都没有拿出可行性预案，也没有组织老百姓撤离到安全地区，只是动员老百姓上运堤保堤。城市市民自发地在家里搭起"水阁子"，但这些水阁子全都经不起洪水的冲击。有好心人敲锣示警，要人们搬到高地避难，但市民舍不得家里的坛坛罐罐，不愿离开。

8月15日，高邮御码头水位达9.46米，为那一年的最高水位。8月20日，高邮湖水位开始下跌，至23日御码头水位已落到9.3米，于是人们产生了麻痹侥幸思想。乡民们在七公殿等处搭台演戏酬神，全城其他庙宇寺院，也都拜佛求签，举办"七七"道场。当时有些人迷信龟蛇，拜蛇为"龙王"，拜乌龟为"大元帅"，他们捉了5条活蛇装入缸中，于高台供奉,香火日夜不绝,求"龙王"保佑。全城到处锣鼓喧天,钟磬齐鸣,香烟缭绕,喃喃的念佛声不绝于耳,祈祷上苍退水保堤,幻想靠神的力量化险为夷,平安地度过水灾。

当高邮湖水位快速上涨之时,要保证运堤不溃决,除了维修加固,还有一项措施就是开启归海坝。归海坝是清代就在运河堤上设置的、为保护运堤安全的减水坝,到1931年运堤上有3座归海坝。7月25日,御码头水位达8.3米时,高邮人请求开坝,兴化派代表来高邮保坝。7月28日,省政府做出先开一半,水仍涨再开一半的决议。但会议之后,高邮与里下河其他县对归海坝的启闭争执渐趋严重。7月30日高邮御码头水位达8.9米,省建设厅驻工人员开坝未成,连夜回省报告。8月2日御码头水位达9.15米,省电令开坝,但仍受阻没有开成。直到8月4日三坝齐开,但已失去近10天的泄洪时机,运河水仍然不停地上涨,最终酿成决堤惨剧。

应急预案指面对突发事件,如自然灾害、重特大事故、环境公害及人为破坏的应急管理、指挥、救援计划等。包括完善的应急组织管理指挥系统;强有力的应急工程救援保障体系;综合协调、应对自如的相互支持系统;充分备灾的保障供应体系;体现综合救援的应急队伍等。1931年高邮特大洪灾警示我们,在灾情发生之前要编制好应急预案。应急预案有利于做出及时的应急响应,降低灾难后果,有利于对突发事件进行应急指导,并及早准备和演习,有利于提高风险防范意识和防范能力。

三、慈善事业要重视发展

大运河决堤后,《申报》于9月1日刊登江苏水灾义赈会万分紧急启事:"滔天大祸,从古罕闻,好生诸公,从速救命!"《新闻报》9月4日也发出高邮灾民向国民政府及民众团体的强烈呼吁。面对严重灾情和社会的强烈呼吁,国民政府从扬州赶制干粮,急运灾区。各方善士慨赈食物。上海华洋义赈会给高邮送来"花旗"面粉,还做成火烧饼、馒头、京江脐发给灾民。地方也组设水灾临时救济会,分别进行救生急赈及善后事宜,燃眉之急,稍有缓解。

饥饿问题缓解后,面临的最大问题是运河堵口、重修。如果溃决的各决口不及时堵上并修好,淮河之水经高邮湖会一直向东流灌,已经形成的"内陆海"则难以消失,来年不能种庄稼,那样饿死的人将会更多。而要实施运堤的修复工程,需要的资金巨大。时任江苏省政府主席顾祝同1932年1月在《告在工人员省款济工文》中说:"江北运河善后工程据勘估,非筹有四五百万巨款,万不能修复全堤,挽回浩劫。惟丁兹时局,筹款困难,达于极点,最近数月中,江苏省政府财政拮据,仅能就省库筹得百数十万元,不及估表所列之半额,余数正多方筹集,俾济工需。"在这样困难的情况下,驻上海的华洋义赈会向高邮伸出了援助之手。

华洋义赈会(全名为中国华洋义赈救灾总会)是一个以中外合作为主旨的国际性救灾、防灾非政府组织。这个组织从1921年成立以后,立足于本土,有效利用海内外资源,从事防灾工程、农业研究、急赈救灾以及合作运动,并且随时调整发展策略,以图在中国建立防灾救灾网络。那时有一位林隐居士毁家纾难,给华洋义赈会捐了20万银圆,指定"移赈江北",同时泰县福音堂牧师托马斯·汉斯伯格(美国人,中文名何伯葵)向华洋义赈会提出拨款修堤建议。经华洋义赈会董事会研究决定,高邮运堤6大决口,由华洋义赈会拨款40万银圆予以修复,还决定聘请何伯葵先生担任督工,聘请江北运河工程善后委员会委员、高宝段东堤工务所主任王叔相先生负责工程技术。何伯葵、王叔相不要一分钱报酬,兢兢业业工作,以工代赈,组织民工,经过一年多时间的努力,完成全部运堤修复工程。

从现存史料中我们知道,高邮1931年灾后运堤修复除了当时政府的支持外,主要得益于华洋义赈会的帮助,由此我们看到慈善事业的重要性。"一方有难,八方支援",这是中华民族的优良传统。纵观历史,千百年来,中华民族的慈善事业对改善贫苦困难群众的生存状况,缓解社会矛盾和提高社会的凝聚力发挥了重要作用。历史发展到今天,我国的慈善事业有了一定发展,但不可否认也存在许多问题,如:许多人慈善意识淡薄,慈善捐赠水平较低,慈善组织不够健全,善款使用不太规范、不够透明等等,这些需要我们加以积极宣传和引导,要逐步解决存在的问题,有效推动慈善事业向前发展。

四、历史文化要记载、传承

高邮1931年特大洪灾这段历史,大都存在于人们的口口相传中,《高邮县志》只是记载了一个大概,总共只有300多字。我们想知道那场灾难中高邮本县的死亡人数,乃至灾情的具体统计,想了解高邮地方政府灾后是如何组织自救的,社会各界给高邮哪些捐助。遗憾的是找不到这些资料,因为当时社会处于政治动乱和自然灾难之中,历史没有得到详细记载。2004年高邮市政府组织了一个小班子对1931年特大洪灾这段历史进行了深度挖掘,从中国第二历史档案馆查找了大量资料,并与当年参与运堤修复的牧师托马斯·汉斯伯格的孙子史蒂夫进行合作,将1931年高邮特大洪灾和运堤修复历史清晰地梳理出来。高邮市政府于2005年在文游台布置了一个"水鉴馆",展现这段历史;出版了《故事里的故事——1931年高邮特大洪灾和运堤修复历史再现纪实》;在运堤军楼决口处建起了一座"祭水坛",设立了一块纪念碑;中国气象台拍摄了《1931年高邮大水——风云纪录历史篇》;中央电视台拍摄了专题片《汉斯伯格家族与高邮》,在中央电视台九频道播放了十多次。历史在这里得到记载,文化在这里得到传承。

前事不忘,后事之师。历史发展到了今天,大运河经多年修整,已经非常牢固,并经受了2003年洪水考验。但不管大堤如何坚固,高邮湖是"悬湖",是淮水入江水道没有改变;高邮头顶一湖水,里下河的海拔高程没有改变。天有不测风云,大自然实际上是难以驾驭的,百年一遇的洪水还有可能再度发生,我们仍然要有危机意识。2005年,生活在海平面以下的美国新奥尔良市,遭受卡特里娜飓风袭击,大坝破溃,整个城市被淹。其情形与高邮1931年经历的洪水非常相似。因此我们要牢记1931年高邮特大洪灾的历史教训,警钟长鸣。要加强自然生态的保护,加强高邮湖堤和大运河堤的整治和维护,做好各项防灾抗灾的准备工作,永远不让历史的悲剧重演!

(作者单位:高邮市文化研究院)

浅析西津古渡水文化神祇崇拜的社会功能

张 轩 张峥嵘

镇江西津渡是长江上著名的交通枢纽,又是长江下游南来北往的重要渡口。自唐代以来即是交通要道、商贸旺集之地。时至近代,自1861年5月10日镇江正式对外开埠通商后,帝国主义国家在这里设立了租界,许多外国洋行在此设立公司。他们倾销洋货,收购各种农贸产品及原材料。国内南北各帮客商也纷纷来交易。南方广潮各帮客商也带着糖和南方杂货接踵而至,如檀香、胡椒、苏木、桂圆、荔枝、茴香等。他们推销糖与南货,然后带走北货。又有北方较大客商和漕运粮船合伙经营,利用漕运粮船可免征税厘,于放空南下时顺带北方土特产到镇江南运。于是镇江就成为糖、南杂货和北杂货互换贸易的中心。由于市面日益繁荣,商旅往来频繁,镇江的商业步入了"黄金时代"。

西津渡是渡口,南来北往的客商,无论是官府还是百姓,"过江行船三分险",平安过江是第一要义。而那些在镇经商的各路客商,所从事的职业大都与江河行船有关,追求平安、富足,无困顿厄难之艰是他们的最大愿望。而在传统社会种种因素的综合影响下,这些过江旅客、经营的工商业者,面对长江天险及各种无法预料的灾难,往往祈求神灵的佑护,创造了许多有关神祇的形象,建造了许多有关的寺庙,流传了许多神祇(海神、江神、水神、涛神、潮神等)的传说,而他们所崇拜的这些神祇大都与水有关,且自成系列,具有明显的地域特征。

一、西津古渡有关水文化诸神塑造的传说概况

西津渡紧靠长江,与江北瓜洲渡相向而望,由于航线江宽、水险而使欲渡江者望水兴叹。面对天险,人们在渡江北上时唯有向神灵祈祷许愿以求平安而渡,于是一座座大小寺观及充满宗教文化内容的建筑相继产生,使得整条街从头至尾寺观林立,充满了宗教文化的色彩。

在镇经商的外地各路客商,为了业务上的便利,就抽收税厘,兴建同乡会性质的会馆或公所;不仅可供同乡聚会、住宿、堆放货物,办理乡友间的互助,而且可以互通信息,对贸易也大有裨益。于是,在此期间,在镇先后建起且比较有名的是河南、河北、山东、山西、安徽的北五省会馆(在市北五省会馆巷)以及福建会馆(在市黑桥小学)、古闽会馆(在市曹家坡)和龙亭会馆(在市新河街龙亭巷)。特别是西津渡街区及周围,各种会馆比比皆是:广东会馆(在市中华路)、广肇公所(在市伯先路)、庐州会馆(在市小街附近)、江西会馆(在市小码头街)、浙江会馆与宁波会馆(在市二道巷)、江汉公所(在市江汉里)等。这些业缘会馆大都兴建了馆舍会址,馆内普遍设立神台,供奉本业的神祇。神祇崇奉是近代西津渡业缘会馆宗教民俗活动中最为重要的内容,并且与本业的多数重要事务有着密切关联,因而具有多种社会整合功能。

(一) 江神的传说

据《光绪丹徒县志》记载:"玉山龙王庙在江口。《方舆纪要》:玉山临江耸立,上有龙王庙。《宋史》:建炎四年,韩世忠屯焦山,以邀兀术归路。谓诸将曰:是间形式,无如金山对岸龙王庙,寇必登此,观我虚实)"据此可知,韩世忠曾在此埋伏,差点活捉金国统帅兀术。

西津渡紧靠江边,船民和渔民很多,他们大都供奉"镇江王爷",即龙王。民间有镇江王爷系二郎神或宋杨业次子之说。

根据以上史料,古街上百姓将"龙王"或"杨泗将军"拜为"江神"。他们四时烧香,祈望江神保佑他们的生命与财产安全。

(二) 潮神、水神的传说

据当地的老人传说,潮神就是伍子胥。相传伍子胥被吴王夫差刚

成肉泥,抛入长江,心中非常不平,于是化作江中怪兽,在长江上兴风作浪,过往船只深受其害。玉皇大帝知道此事后,派遣使者,敕封伍子胥为潮神,又名昭公。于是潮神一改过去暴戾性格,为过往普通百姓的客货商船保驾护航,而对贪官污吏专干坏事的船只毫不留情。西津渡街上的百姓为了感谢潮神的功德,在西津渡街上建造了昭关,并建立昭关庙,祭祀伍子胥。同时修建的还有晏公庙(祭祀水神)、天妃庙(祭祀海神)。除晏公庙后改为救生会外,其余两座庙已毁于战乱,但有关伍子胥和潮神的故事却长期在民间流传,成为西津渡历史街区民间文化的一部分。

镇江救生船和打捞业拜晏公为行业神,成立"晏公会",近代镇江都天庙会上也可以看到他们的身影。

(三) 海神的传说

云台山东麓,宋代建有天妃庙,又称天妃宫、天后宫、妈祖庙。凡是经过西津渡的过往旅客,无不在此烧香膜拜,祈求平安。

天妃是道教海神名,也称"妈祖""天后""天上圣母"等。据传天妃原名林默娘,为宋代都巡检林愿之女。相传她常穿朱衣,云游海上,显灵救护遇到灾难的渔民和客商。自宋代以后,妈祖就作为海上之救难女神,受到沿海人民的供奉。

北宋宣和年间,宋臣路允迪出使高丽,途中遇到飓风,在茫茫大海之上,行船几乎沉没,幸遇女神妈祖相助,得以平安返回。路允迪回国后向朝廷报告了这件事,宋徽宗赵佶特敕封妈祖为"顺济夫人",御赐庙额。镇江人翁榴红随路允迪出使高丽,也大难不死,便在舍宅建天妃庙。宋淳祐年间,他的重孙贡士翁戴翼迁创于此。

(四) 其他有关水文化神仙的传说

近代以前,走在西津渡街上,观音形象深入人心,除了观音洞供奉观音,道观供奉慈航真人(道教对观音的尊称)外,还可以看到许多千姿百态的观音塑像,可以听到许多乡间里巷的观音传说,还可以看到数不胜数的观音佛龛。

西津渡江阔浪险,过江旅客为了祈求神灵保佑平安渡江,从唐代开始,先后在这里建有众多寺观教堂,梵宇琳宫,巍然相望。仅据志书记载,西津渡建有佛寺16座、道观11座、基督教堂3座。凌江阁、玉皇

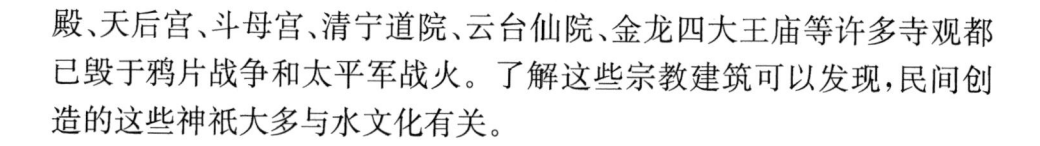

殿、天后宫、斗母宫、清宁道院、云台仙院、金龙四大王庙等许多寺观都已毁于鸦片战争和太平军战火。了解这些宗教建筑可以发现,民间创造的这些神祇大多与水文化有关。

二、水文化诸神崇拜的社会功能

西津渡流传的这些民间神话及建筑,是以一种特定文化形态存在的人文精神或人文传统,其核心价值取向是平安商旅、和谐生活。南来北往的渡客与商贾"过江行船三分险",平安过江是其最大愿望。不论滞留客居还是商贸旅行,"在家千日好,出外时时难",平安居留都是其美好祈求。因此,平安商旅、和谐生活的价值取向,是这些神祇崇拜的核心,也是其传统文化的精髓。

近代以来在西津渡进行神祇崇拜的除了广大百姓以外,还有在镇经商的各路客商,其崇奉的社会功能,综合各种因素,可以归纳为对内和对外两大方面。

对内而言:第一,以神集众,增强同业乡人在异地的凝聚力。由于普遍存在着规模较小、实力较弱、社会地位低下、土客矛盾不断等因素,远涉他乡的外地客商,具有较为强烈的团结协作需求。例如小码头街上的江西会馆旧址就是这样一种情况。江西人在全国各地乃至世界各地早期修建的江西会馆或江西同乡会都是以万寿宫命名的,规模小的虽然不叫万寿宫,但供奉的神灵是许逊——许真君,民间称之为福主菩萨,这不仅仅是一种神灵崇拜,而且是一种向心力,出门在外要互相帮助,以求平安与顺利,并且许逊治水的精神一直是江西人秉承的一种人文精神。在镇江经商的江西商人建造了铁柱宫和江西会馆,并供奉许逊像,设铁柱镇锁蛟龙图腾,以此来集聚同乡同行。显然,业缘会馆在宗教民俗活动中反复强调"聚桑梓""笃乡谊"等,最终目的均希望能以神的威力"固同盟",强调同人的团结与协作精神。

第二,为了加强内部制约。同一行业,既有对外协作共同谋利的一面,又有相互竞争各计私利的一面。近代西津渡业缘会馆认识到商情涣散,铺面、行店利权各有所失。故有成立商会以"一其利"的必要。但商会成立后,怎样才能杜绝假公济私,防止出现"面和心不和"的现象呢?当时的手工业商会已有限制竞争的规定。但除了这些必要的行规、店规外,业缘会馆的普遍做法是"凭神议事",试图依靠神灵的"无所不在"来加强行业条规的约束力。

第三,从业商人心理慰藉的需要。在传统社会种种因素的综合影响下,工商业者常常会遭遇许多难以预料,同时凭一己之力也难以解决的困难和问题,因而普遍感觉到难以把握自己的命运,无奈之下,只得多多祈求神灵的佑护。西津渡的木材业老板进行开簰,也要进行"祀神"活动,"开簰时称为开门红,要选吉日,杀猪宰鸡,着神头(即童男子)焚香烛,烧神符(即敬神),鸣鞭炮。民国初年,著名的恒记木号鼎盛一时。……行簰时真宛如行军,簰上高竖大旗杆、悬天灯,另挂'杨泗将军'(即龙王)和恒大木号的大灯笼"。显然,祈求神灵佑护,也就是寻求心理上的慰藉,乃是工商业者创建会馆,择时祭祀的一个重要动力。

除了对内的社会功能之外,西津渡街上的宗教民俗活动还有对外的意义。其中,首要的任务是获取社会认同。从传统农业社会中脱身出来的工商业者,需要远涉异地他乡,他们在商业经营与日常生活中,往往都能感受到外乡人生存的压力。因此,获取当地社会的认同,在一定意义上成了异籍工商业者能够立足和谋生的首要前提。这种需要突出地表现在会馆神祇的选择与排位上。许多会馆都将民间公认的大神,包括如来佛祖、观音菩萨、真武大帝,以及关圣帝君、天妃等供奉在神殿的显赫正位上,而自己真正重视的祖师神反居其次。典型的如救生会,以文昌神居楼上,而晏公神在楼下。又如已毁的天妃庙,从1252年开始,直到七年之后,迁建的天妃庙才算全部建成。迁建好的天妃庙,主神为天妃和龙王,而"青衣师,朱衣吏"与"灵威、嘉祐朱侯兄弟"位左右,缀位两旁。以上这些会馆、庙宇神坛上这种主次颠倒的位置安排,与其说是满足设坛人自身的需要,不如说是为了显示他们对大众信仰的尊重,以及与主流神谱合拍的社会心态,是为了融入当地社会而作出妥协的典型事例。

其次是为了争取行业的社会地位,以神自立。传统社会中,工商从业者虽然具有了一定的经济实力,但社会地位相对低下,并不能从根本上改变其位居"四民"之末的状况。因此,以神圣的光环来争取社会地位的心态非常普遍,也就是所谓的"借神自重",且越是社会地位低下的行业,借神自重的心理也就越重。这在各行业的祖师神谱中尤为突出。许多有作为的帝王将相和历史名人都被"追认"为行业的祖师,例如浴池业奉南极长老大帝,瓦工业奉张班,木工业奉鲁班,涤带业奉哪吒,靴鞋业奉孙膑,玉器业奉丘处机等。从业者之所以选择这些似是而非的人物,其实际都是为了借以显示本行业来历不凡,来头不小,是值得尊敬的行业。近代镇江每年都会举行都天庙会,其时,每一会堂都有一两件主体的香亭或銮驾作为争奇斗胜的主要器件。

通过近代西津渡业缘会馆神祇崇拜的研究,得出了以下几点启发:

(1)西津渡业缘会馆神祇崇拜,既有中国业缘会馆宗教民俗活动中的共性:如山西商人崇奉关圣,闽浙商人崇奉妈祖,江西商人崇奉许逊;也有其个性:如各行各业根据其需要,有的崇奉晏公(水神),有的崇奉昭公(潮神或涛神),有的崇奉杨泗将军(江神)。在西津渡经商的商人业主,所从事的职业大都与江河行船有关,他们追求的是平安、富足、无困顿厄难之艰。

(2)西津渡业缘会馆神祇崇拜,反映的是在科学不发达的情况下,人们欲征服自然、认识自己而未能,由此产生的对于神灵的崇拜和依赖。因此,明清以来西津渡业缘会馆神祇崇拜只是一种历史,要把它作为一种民俗文化现象来研究,而在研究的时候,也必须剔除其落后消极的一面,用科学的态度来慎重对待。

(3)明清以来西津渡业缘会馆神祇崇拜,是中国工商业历史进程中的一个断面,也是西津渡特定历史时期和特定文化氛围的产物,是当时广大工商业者心智神与物游的结果。面对西津渡口江宽浪急的恶劣条件,行船如蚁的危险境况,在西津渡生活的人们,用他们的"诗性"智慧创造了西津渡神祇崇拜文化,并能自成一家,自圆其说,深深扎根于西津渡民俗文化之中,成为西津渡水文化的一部分。这种崇拜智慧构成了西津渡文明的源远流长及水文化的恒久凝聚力。

(作者单位:镇江和信商务策划有限公司 镇江西津渡文化旅游公司)

镇江漕运文化的历史考察

张永刚

东汉许慎《说文解字》云:"漕,水转谷也。一曰人之所乘及船也。"唐司马贞《史记索隐》则曰:"车运曰转,水运曰漕。"由此观之,"漕运"在不同时期有着不同的诠释,汉代特指以水运谷;唐代则水运皆可称"漕",并未有明确运输何物。明代的丘濬指出:"自古漕运陆、河、海三种皆有。"因此,对漕运还不能简单地理解为运粮,且水运亦有河运、海运、河海联运等形式,对漕运的客观理解,应置于历史长河中去观照。镇江漕运因其地利起始甚早,且呈现出不同的历史状貌,在中国漕运发展史上应有一席之地。

一、河海联运的漕运交通文化

镇江漕运不止涉及河运,更有一种河海联运的方式。历史上的镇江曾是海上丝绸之路的一个重要门户,有"海门"之称。《嘉定镇江志》卷三《攻守形势》记载:"京城因山为垒,望海临江,缘江为境"、卷六《地理·山川》记载:"焦山,在江中,去城九里。旁有海门二山。"卷六《地理·水》记载:"京江水,在城北六里。东注大海。"《至顺镇江志》云:"焦山,或亦谓之浮玉山,上有罗汉岩,旁有海门二山。"多位诗人在此留下了临江望海的诗词歌赋,体现了镇江的"海门"形胜。唐代王昌龄《宿京江口期刘眘虚不至》:"霜天起长望,残月生海门。"李涉《润州听暮角》:"惊起暮天沙上雁,海门斜去两三行。"南唐李中《秋日登润州城楼》:"水接海门铺远色,稻连京口发秋香。"北宋王安石《次韵平甫金山会宿寄亲友》:"天末海门横北固,烟中沙岸似西兴。"

唐宋时,海船已经可以直达北固山下的甘露渡,江海通道得以打通。南宋时,镇江通江达海的交通港口地位日渐重要。《宋会要辑稿·食货五十》载,建炎三年(1129)三月四日,有官员指陈:"自来闽广客船并海南蕃船,转海至镇江府买卖至多。"直接反映了当时镇江河海贸易联运的盛况。元明以后,运河全线贯通并承载了更多的漕运功能,镇江漕运枢纽的地位愈加重要。黄仁宇在《明代的漕运》中说:"明代宫廷对它(运河)的依赖程度是前所未有的,远远超过了以前的历代王朝。"

二、江河交汇的漕运渡口文化

镇江地处江南,隔江北望扬州,是南北交通中转的必经之地。王安石曾有《泊船瓜洲》:"京口瓜洲一水间,钟山只隔数重山。春风又绿江南岸,明月何时照我还。"描绘了当时由瓜州渡船到京口,再到钟山这样一条交通线路。不仅如此,扬州到镇江这段过江通道,也是西北到江南大通道的重要组成部分。史学家白寿彝指出,"上都—华州—潼关—虢州—东都(洛阳)—郑州—汴州—宿州—泗州—楚州—扬州—(瓜洲渡—蒜山渡)—润州—常州—苏州—杭州—越州—明州"这条线路是唐代六大交通干线之一。扬州一侧称为瓜州渡,镇江一侧,在"唐时亦曰蒜山渡。宋置西津寨于此,俗谓之西马头,即江口也。亦曰京口港"。更为重要的是江河在此交汇,"南唐徐知诰尝游蒜山,除地为广场,大会僚属,其下为漕渠所经。宋庆历中,疏蒜山漕渠达江"。交通的便利带来了南北往来贸易的繁荣,"乐史曰:京口西距汉沔,东连海峤,为三吴襟带之邦,百越舟车之会"《读史方舆纪要》。

西津渡地处长江与京杭大运河的交汇处,是漕运干线的必经之道。唐宋时期,京口以漕运为主体的水运进入鼎盛时期,"唐时漕运,最重者京口,京口江淮之粟所会,是诸郡咽喉处"(《光绪丹徒县志》)。故西津渡有"七省粮道""漕挽咽喉"之称。每到春季,漕船如过江之鲫,一片繁忙。自唐起,西津渡著称于东南运河线上直至清代。

三、门类多样的漕运商贾文化

隋炀帝大业六年(610),长江以南运河古道被重新疏通拓宽,形成江南运河,"自京口至余杭郡八百余里,水面阔十余丈"(顾炎武:《天下郡国利病书》,自此以后,大江以南,黄河以北,转输无阻。镇江作为江南运河的起点,贯通长江南北,漕运转输功能大大增强。唐开元二十二年(734),润州刺史齐浣"于京口埭下,直趋渡江二十里,穿扬州伊娄河二十五里,于江口设埭立斗门以通漕运",至于"岁利百亿,舟不漂溺"(郑肇经:《中国水利史》)。出于商品转运的需要,朝廷在京口设立常平仓,用于存储商货与调节市场,设置众多机构征收贸易税,诸如榷货务、江口税务、都商税务、都酒务、都仓厅、江口税关厅、转般仓监厅、大军仓官厅、织罗务、贡罗务等。商贸大宗往来,促使镇江出现了"大市、小市、马市、米市、菜市",形成了专门市场,如"玻璃巷、木场巷、石灰巷、斗笠巷、腰带巷"等,体现了商业种类专门化的趋势。

四、蔚然成风的漕运救生文化

因西津渡北对瓜洲,东连海口,江面广阔,金山屹立中流,盘涡旋激,险恶尤甚,且江上常有劫财不义之徒,"视人性命轻若蝼蚁",对客旅"邀阻横索",又"民间以小船渡载,每遇风涛,必有覆溺之患"。《陶思炎:江苏特色文化》唐天宝十年(751),大风驾海潮,渡江船只数十艘覆于江。宋绍兴元年(1131),西津渡一渡船载44人,离岸还没有到金山,风作舟没,旅客和篙工无一生还。明万历十年(1582),大风坏漕舟、民船千余艘。为加强对西津渡的安全管理,宋乾道年间,镇江郡守蔡洸在西津渡"命置巨舫五,仍采昔人遗制,各植旗一,以'利、涉、大、川、吉'为识,其受有数,其发有序。又别浮轻舫以送邮传,故鲜有风涛之患",这是兼具官渡与救生性质的水上机构。明正统年间,巡抚侍郎周忱"作舰二,金水工三十余,以济渡"(《光绪丹徒县志》)。康熙二十六年(1687),清政府"责令江镇道督率文武官……催护过江。如遇大风,督令标兵操舟预备,遇有江心船只不能近岸收口者,设法挽救"(福趾:《户部漕运全书》),并仿效民间救生船的成式,官造护漕船10艘,分泊于长江南北两岸,漕船遇风,出救护。康熙四十二年(1703),京口蒋元鼐等15人力"劝邑中输钱,救涉江复舟者"(《乾隆镇江府志》),共捐白金若干,在西津渡观音阁成立"京口救生会"。其后官私救助蔚然成风,道光年间,焦山救生总局成立。清代阮元曾写《宗舫》诗二首,序云:"予旧造红船,取宗悫长风之义,名曰:宗舫,为金山上下济渡救生诸用,三面使风,最为稳速。"

五、复杂多元的漕运宗教文化

漕运往来,带动了人员交流,推动了宗教信仰的传播。如妈祖信仰原本为福建沿海渔民祈求出海平安的地方信仰,与镇江相去甚远,但到南宋淳祐年间,镇江已修建了祭祀妈祖的天妃庙,拥有了为数不少的信众。宋朝淳祐年间,太学博士李丑父对此做出解释:"妃为莆明神,庙于京江之湄,且十余年,迁于江口土山龙津之西侧。淳祐辛亥(1251)闰十月既望,越一日壬申,经始京口,距莆三千里,祭不越望,山川犹然,况钟山川之奇,为人之神乎?妃林氏,生于莆之海上湄洲……金、焦之闲,龙君水府所宫,妃之庙于此又宜。浙、闽、广,东南皆岸大海,风帆浪舶焉依,若其所天。比年辇下江潮为患,赖妃竟弭。"《至顺镇江志》卷八载:长江中下游分为上、中、下三个水府:马当为上水府宁江王,采石为中水府定江王,金山为下水府镇江王。宋代祥符年间,金山下水府庙被赐额"显济"。嘉定二年(1209),镇江大旱,守臣史弥坚于此庙中祈祷,有灵验,故重修此庙。西津渡更因江阔浪险成为宗教景观丛生之处,为祈求平安渡江,自唐起,先后在这里建有寺观教堂,如铁柱宫、观音洞、昭关石塔等,其中以昭关石塔最为突出。塔本是佛教建筑,而此塔有一定喇嘛教的色彩,外观呈圆瓶形,体现了文化的融合。

六、历史悠久的漕运移民文化

地处长江南岸的镇江，由于区位的原因，是移民历史较早和较多的城市。自隋唐大运河开凿以后，镇江作为漕粮集散中心和转运枢纽的地位日益突出，逐渐形成舳舻林立、商业繁盛的景象，有"银码头"之称，吸引了大量的人员往来，商贾辐辏，使得有些客商成为移民，定居此处。明清时期，由于镇江漕运愈加繁荣，其政治经济地位更加重要，吸引了大量驻军。清顺治元年(1644)，清兵占领镇江后，强圈旗营，驻扎旗兵，称为京口驻防，郑成功北伐失败后，京口驻扎改为蒙古八旗，兵力加强，旗兵的家属和后代称为旗人。这些人及其后裔也留在了镇江。咸丰十一年(1861)5月10日，镇江开埠通商，北方漕船大量由山东、苏北沿北运河南驱镇江，又由河北、皖北经淮河渡洪泽湖，再取北运河向镇江集中，随之而来的客商，在镇江形成了"北五省会馆"，包括河南、河北、山东、山西、安徽五省，其中河南帮和山西帮在淮河、运河沿线，所设贩运北货的商号，如保泰昌、丰冶通、锦丰焕、三合成、两宜昌等十余户，都在四合公挂牌设社。

七、星光熠熠的漕运文人文化

隋大业六年(610)，隋炀帝杨广"敕穿江南河，自京口至余杭八百余里，广十余丈，使可通龙舟，并置驿宫、草顿，欲东巡会稽"(《嘉定镇江志》)。京口成为连接长江与运河的交通枢纽，呈现出一派"舳舻转粟三千里，灯火沿流一万家"的繁华景象。王侯将相、达官贵人、迁客商贾、文人雅士，南北往来皆需以西津渡为通津，待渡时便登山临水，抒怀吟咏。唐代诗人许浑在西津渡留下了数首送别之作，如《京口津亭送张崔二侍御》："爱树满西津，津亭堕泪频。素车应度洛，珠履更归秦。水接三湘暮，山通五岭春。伤离与怀旧，明日白头人。"表达了送别友人时的离愁别绪。唐代诗人张祜移居丹阳曲阿之地筑室隐居，从扬州途经润州时，因江面风大浪险未能过江，写下了"金陵津渡小山楼，一宿行人自

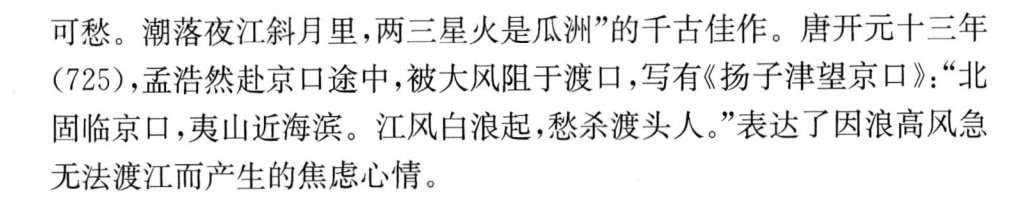

可愁。潮落夜江斜月里，两三星火是瓜洲"的千古佳作。唐开元十三年（725），孟浩然赴京口途中，被大风阻于渡口，写有《扬子津望京口》："北固临京口，夷山近海滨。江风白浪起，愁杀渡头人。"表达了因浪高风急无法渡江而产生的焦虑心情。

八、卓有影响的漕运民俗文化

明清以后，随着漕运的繁荣，运河沿岸市镇的商业也出现空前繁荣的局面，商品交易往来频繁，促成了江南庙会的日臻成熟与普及。镇江的都天会兴起于康雍年间，是本地最盛大的庙会之一，是为崇祀被清朝皇帝敕封为都天大帝的唐代睢阳太守张巡。庙会由各商业行会出资举办，时间在每年四月中旬，会期开始前，各家会堂都要有仪仗相随，在街上演会游行，抬着神像到都天庙"参庙"，如船业抬出的神灵是杨泗将军（道教水神），救生打捞业供奉的是晏公（妈祖部下），而依赖江河转运的木业则信奉龙王。都天会往往长达一月，其间各路客商云集而来，本地商人借机交易，谋取巨额利润，据记载仅木材、京广杂货、洋货、五金、五洋等几个行业的洽谈贸易总额，便可达五六百万两。近代都天会高峰时，赴会者不下 20 万人，旅馆、公所人满为患，繁荣的景象可见一斑。道光十九年（1839），龚自珍辞官南归，在镇江都天庙逗留数日，应邀作祈雨诗一首，即著名的《己亥杂诗》："九州生气恃风雷，万马齐喑究可哀。我劝天公重抖擞，不拘一格降人才。"

丰富多元的漕运文化是镇江文化的重要组成部分，见证着镇江漕运的兴衰和文化的发展，对新时代弘扬和繁荣镇江文化，增强文化自信，有着重要的现实意义。

（作者单位：镇江市高等专科学校）

传统优秀水文化
在城市发展中的创造性转化
——以江苏省泰州市为例

蒋建林

泰州,一座历经 2 100 多年的古城,素有"水秀文昌,祥泰之州"的美誉。江、淮、海三水在这里激荡和汇聚,形成了得天独厚的生存空间和发展环境,造就了海江湖河、荡圩沟渠的自然水系和独特的水文化。乐于亲水、善于治水、巧于用水,是泰州水文化生态的灵魂和源泉。

一、泰州众人治水、以水兴邦的历史延续千年

正如"泰"字象形"人"在"三水"中,泰州这片土地上众人治水、以水兴邦的历史源远流长,留下了深刻的时代印记。一是水网密布的自然风貌。泰州境内有大小湖泊2.4万多个,水面面积近千平方公里,在生产生活的演替中逐步形成了"垛—菜(林)—沟—渔"的传统农业生态系统。二是治水兴水的历史遗存。流经泰州的老通扬运河,最初是由西汉时吴王刘濞主导开凿的运盐河,作为世界上最早的水利工程之一,作为盐运和漕粮运输的主要通道,历代王朝一直视老通扬运河为生命线,非常重视对该河的疏浚和治理,少则二三十年,多则百年,就对其整治一次,几未间断;兴化留存至今的垛田,是明后期为应对黄、淮河流所造成的严重水患而筑,同样为我国古老的农田水利工程;历史上,范仲淹、孔尚任等众多名人也都曾在泰州治水。三是傍水而居的城镇格局。泰

州城依水而建,哺育世代泰州人的凤城河,是全国为数不多保存完整、水系活、水质好的千年古护城河;"水城一体、街河并行、主干道十字相交、街巷排列有序"的古城格局更是独具特色。四是因水而兴的汉唐古郡。泰州古称海陵,"以其地傍海而高"故名。当时属吴国的海陵县,为淮盐主产区,因此是吴王富可敌国的主要财富来源之一。同时,这一带又是重要的粮食产地,吴王刘濞的太仓——海陵仓,就建于此。所谓"转粟西乡,陆行不绝,水行满河,不如海陵之仓"(《汉书·枚乘传》)。"海陵红粟,仓储之积靡穷;江浦黄旗,匡复之功何远!"(骆宾王《为徐敬业讨武檄》)均指此。秦汉时期海陵之富有,于此可见一斑。五是融合交汇的淳朴民风。受地理环境、盐务、漕运等影响,泰州民风民俗既有楚风,又有吴俗,兼具广陵遗韵。梅派京剧等高雅艺术与兴化茅山号子等特有的民俗精粹并存,它们与有形的历史遗存相互依存、相互烘托,凸显了泰州人的独特气质。

二、泰州之"水"具有丰富多维的精神内涵

进入新时代,泰州积极利用丰富的水资源、水文化推动经济社会发展,打造"水城水乡"的城市名片,赋予了泰州之"水"更加丰富多维的精神内涵,粗略归纳,至少有以下几方面。

一是秀美灵动的生态之水。泰州自然之水不仅多,而且形态丰富,境内既有水网纵横的湿地水系,如姜堰溱湖国家湿地公园系全国第二家、江苏省首家国家湿地公园,也有跨越千里的江岸风貌——长江岸线泰州段长达96.3公里;兴化更是里下河地区著名的生态水乡,千垛菜花远近闻名。可以说,泰州城无水不成景,水城互为景。

二是兴邦富民的发展之水。历史上,从唐至清的一千多年间,国家财政有30%~50%的盐税征自泰州运盐河,所谓"天下盐赋,两淮居半"。宋元以来泰州所辖盐场居两淮盐场首位,南宋时泰州盐仓创下了一年流转1.2亿斤的全国纪录,因此有"两淮盐税,泰州居半"之说,运盐河不但繁荣了泰州这座城市,而且对国家财政乃至国家安定举足轻重。现如今,泰州正积极依托丰富的水生态、水景观、水文化塑造城市

特色、发展文旅等相关产业,辖区内的"水",继续为泰州城市发展作出重要的贡献。

三是厚重丰韵的人文之水。泰州是中国历史文化名城,自古就有"水陆要津,咽喉据郡"之称,也曾"儒风之盛,素冠淮南",诞生过胡安定、刘熙载、施耐庵、郑板桥、梅兰芳等名人,在历史变迁中,留下了丰厚的文化遗产。唐代诗人王维惊叹泰州"浮于淮泗,浩然天波,海潮喷于乾坤,江城入于泱漭";孔尚任在这里写作《桃花扇》;以王艮为代表的泰州学派更是中国思想史上唯一以城市命名的学派,首个真正意义上的思想启蒙学派。

四是勇毅果敢的红色之水。泰州处于苏中要冲、军事要害,自古英雄辈出,岳飞屯兵抗金、文天祥奋勇抗元、陈毅三进泰州城等都发生于此。境内的靖江市,是渡江战役千里战线东线的起点;1949年4月23日,中国人民解放军华东海军在泰州白马庙宣告成立,从此改写了人民军队没有海军的历史。悠悠的长江水,见证了泰州人民大义凛然、不屈不挠、可歌可泣的革命精神。

五是有滋有味的生活之水。泰州的水,不仅仅体现在环境,更传达着一种独特的生活方式。早上,泰州人从干丝早茶、鱼汤面开启"皮包水"的悠闲舒适生活;晚上,泡一回大池澡堂,用"水包皮"的方式,卸去一整天的奔波和疲惫。意大利旅行家马可·波罗曾对泰州作出"这城不很大,但各种尘世的幸福极多"的评价。富庶、安闲的生活,也塑造了泰州人骨子里与世无争、温柔敦厚如水般的性格。

六是和谐平安的吉祥之水。泰州是全国首个吉祥文化之乡。古泰州曾因佛教而兴盛,历代名僧大德辈出,泰州话被称为佛教界的"普通话"。佛教于泰州又与水结缘,凤城河边的光孝寺有全国唯一的"最吉祥殿",南山寺供有世界罕见的释迦牟尼真身舍利子,溱湖的古寿圣寺是全国唯一的药师佛水上道场。千百年来,泰州一直风调雨顺。星云大师特意为泰州题赠:"祥泰之州,佛光普照!"

三、推进传统优秀水文化创造性转化，做好做足"水文章"，为泰州城市发展赋能

水是泰州的城市灵魂，也是泰州最宝贵的财富。呵护好、利用好、开发好水资源禀赋，实现传统优秀水文化的创造性转化，有利于厚植泰州发展的新优势。

（1）坚持生态优先，持续深入开展城乡水环境综合整治。坚持标本兼治，一方面，持续实施市域重点河道的疏浚、修复治理，加强滨河绿化景观建设。全面推进落实河长制，全面治理河道管理范围内乱占乱建、乱垦乱种、乱排乱倒等问题，维持河道生态用水需求，提升河湖水系连通性。另一方面，突出源头治理，全方位、多角度、立体式开展城镇生活污染治理、农业农村污染治理，保障水环境安全，加强水资源节约保护等工作，重点加强雨污分流等环境基础设施建设，全面排查管道破损、漏接、错接现象，通过抓源头、补短板实现固本清源。同时，加大涉河违法行为的查处力度，倒逼水资源保护意识的提升。

（2）坚持融合创新，以水为媒做大做强优势特色产业。一是深耕大健康产业。积极拓展大健康产业内涵和路径，构建"医、药、养、食、游"大健康产业链，增加优质健康产品供给；以凤城河、溱湖、古运盐河等区域及其周边为核心，发展集养生、养老、理疗、运动、保健、休闲、度假等功能为一体的现代服务业。二是促进文旅融合。策应市域范围内"沿江大江风光带""城北生态经济带""里下河水乡风情带"等不同发展定位，深度开发水乡特色游、湿地生态游、凤城河风情游、滨江岸线游、红色教育游、风味美食游等系列旅游产品，积极塑造以水为题、因水成趣的"水城慢旅"旅游品牌；进一步布局完善食、宿、行等旅游基础配套设施，为过夜游、多日游打通"堵点"；抢抓动车直达上海、北沿江高铁建设等机遇，进一步加深与长三角城市群旅游资源的错位和互动。三是发展生态经济。放大生态资源禀赋优势，加快建设里下河生态经济示范区。着力做好"生态＋"文章，串连各种优势资源，发展生态＋旅游、生态＋农业、生态＋文化创意、生态＋健康服务等一整套生态绿色产业

体系,把以兴化为代表的水生态区域打造成全省的大公园、大农场、大湿地、大氧吧。

(3) 坚持文化为魂,激活提升古运盐河千年风韵。泰州古运盐河作为一条大尺度、跨时空、复合型的线型文化遗产,沿线有很多富有历史、文化、艺术价值的遗产资源。要抢抓大运河文化带建设契机,扎实推进古运盐河文化带建设。要做好具有泰州特色的佛教文化、名人文化、红色文化、吉祥文化、教育文化等的整理挖掘这一基础性工作,充实古运盐河文化带建设的文化内涵,力求形成一批有质量的研究成果,并建立相应数据库、资料库,以提高规划和项目建设的文化品位。比如,按照"独一无二运盐河"的理念思路,将运盐河沿线盐税文化亮点挖掘出来、串连起来,建设独具韵味的盐税文化水上历史长廊;以里下河文学流派打造为重点,推出一批反映古运盐河文化的舞台艺术、小说诗歌散文、影视作品及书法摄影美术作品等。要以核心区的建设为重点,以历史遗存、景点比较集中、基础较好的河段为主,与重点河段的疏浚整治、植树造林结合起来,与有关特色乡村建设、全域旅游、大健康产业布局等结合起来,实现资源共享、整体提升,真正把古运盐河文化带的核心地段打造成高品位的历史文化标志区、全天候的优秀旅游目的地。

(4) 坚持城建惠民,以满足群众亲水近水需求为导向,提升城市滨河空间品质内涵。更加注重水利工程综合功能的发挥,更加注重经济、社会、生态效益的彰显,更加注重文化植入。充分发挥河网密布、水系发达、历史文化底蕴深厚的优势,将水工程、水景观建设与展示水文化内涵相结合,将具有特色的水文化、盐文化、税文化、桥文化有机串连到城市水工程中去,大力塑造以水为题、以水为景、以水为乐,独具特色的水文化,创造出具有时代特色和泰州特点的滨水人文景观,满足人民群众日益增长的美好生活需要。

(5) 坚持整体塑造,将"幸福水天堂"打造成泰州最亮丽的城市名片。面向基本实现现代化,面对"十四五"时期城市间更加激烈的竞争,城市特色、城市品牌的打造更显重要。从泰州城市的自然禀赋、建筑风格、文脉渊源、风土人情等方面综合考量,以"幸福水天堂"为切入点打造城市名片比较可行,与当地党委政府的定位也是吻合的。下一步,建议进行深度研究,将"幸福水天堂"的品牌,体现到城市整体设计中。依托现有自然资源禀赋,进一步将"水元素"嵌入城市规划、建设、管理的各个环节,呈现到城市建筑、城市景观、城市空间的各个方面,融入城市文化培育、市民精神文明建设之中,真正以水为魂提炼城市精神。体现到城市政策体系中。紧扣增强人民群众的幸福感、获得感,将城建惠民的理念进一步融入城市治理,增强城市就业、医疗、养老、教育、体育等公共服务功能;制定城市公共政策时,更加突出以人为本、精致体贴,重视为青年和人才提供更多融入城市的机会和辅助服务,从而不断提高城市知名度、舒适度和美誉度,力求给人以认同感、自豪感和归属感,让所有来到这里的人行得顺心、吃得放心、住得安心、留得下来。体现到城市形象宣传中,将"幸福水天堂"固化为城市对外宣传口号,进一步丰富内涵、拓展外延,形成覆盖生产、生活、生态的系列品牌。既要积极运用短视频等新媒体宣传手段增加曝光度,打造城市网红,分享流量经济红利,也要重视做好城市品牌形象管理,更多在练好"内功"上下功夫,推动关注红利真正转化为发展红利。

(作者单位:泰州历史文化研究会)

泰州"街河并行"彰显水城特色的思考

范观澜

"著名的城市必然都相伴着一条著名的河流",这已成共识。有河必有街,它们不仅承载了人类文明,更增添了城市的妩媚与灵气。"让居民看得见清水,望得见绿荫,记得住乡愁",这是以人为核心的新型城镇化建设的要求。泰州作为水乡,是如何彰显水城特色的?怎样才能"看得见清水,望得见绿荫,记得住乡愁"?笔者对此进行了专题调研。

一、泰州"街河并行"的理念和实践意义

"街河并行"是古人尊重泰州特色的结果,这种布局充分体现了河道作为交通脉络、贸易脉络和生活脉络的功能。如今,虽然河道的交通脉络、贸易脉络功能有所弱化,但是生态脉络、旅游脉络和休闲健身脉络等功能不断强化。因地制宜把河道作为空间规划的脉络,在整个城市平面空间将河道资源作为公共资源来统一开发利用仍极有必要。

"街河并行"首先是指"街"在"河"边,让水脉作为一个连贯的整体充分展示,有利于形成近水亲水的生态休闲景观;第二,"河"在"街"边,可以充分让河道绿化和街道绿化融合起来,透绿见水,既提高了绿化的景观效果,还能让人方便快速地亲水近水、赏景休闲;第三,河道、街道和建筑三个层次的布置,形成层次丰富的滨水天际线,空间景观更加开阔,由低到高,可以让每一层次的建筑物都能观赏到水景,让城市空间景观融为一体,实现水、城一体的特色。可以说,"街河并行"在最大程度上处理好了人、水、路与环境的关系,处理好了建筑、空间与环境的

关系。

"街河并行"的布置，还可以结合街道建设布置各类管网基础设施，可以形成综合基础设施走廊，进一步节约土地资源，减少管网之间建设的交叉，节约建设成本。与此同时，街道还为沿河顺路的地下各类管网以及自身提供了快捷便利的综合管理通道，而且降低了建设维修时对周边建筑物的影响。另外，由于泰州不少地区处于里下河地区，防洪排涝的压力较大，往往由圩堤保护，在这种情况下，可以因地制宜形成"堤路结合"的格局，这样既满足了防洪排涝的需要，也实现了"街河并行"，让里下河水乡风貌能全景展示。

"街河并行"是一个文化概念，它体现在"遥想当年，南北商旅，舟楫相接，街河并行，桨声桥影，水音市语，欢然交融，此泰州水城千百年生活之长卷也"；也是一个规划概念，它体现在滨水空间的超前、科学的立体管控；也是一个建设概念，它体现在预留、有序、节约式的精致化实施；也是一个管理概念，它体现在方便、快捷、高效、综合、低成本的运行维护，助推城市繁荣发展。

在人类历史长河中，"街河并行"是人们处理建筑、空间与环境关系的常见形式。笔者曾通过认真研究国外如欧洲的塞纳河、莱茵河，亚洲的新加坡河、清溪川，以及国内如上海的黄浦江、聊城的古运河、苏州的平江河、扬州的古运河、南通的濠河等"街河并行"的相关实例，并对部分案例进行了深入的实地考察，感受颇深。

二、泰州"街河并行"的历史风貌及实践探索

自吴王开挖邗沟，将淮河淡水输送到泰州，于西汉元狩六年（前117）开始置县，泰州到目前已有2 100百多年的历史，这段历史既是经济社会发展史，也是治水史和水文化发展史，绵延千年留下了江、淮、海三水交汇激荡的厚重与豪情，留下了"绕廊居然一水通"的水城一体、城水融合的特色水韵。

汉代以后，大海东移、里下河平原逐渐形成，泰州可以说是"从海水里逐渐长起来的城市"，现在又成了江、淮两大流域交界处的城市；运盐

河历史上是盐运和漕运的主要通道,助推着泰州的千年发展;"双水绕城"固定了泰州核心区的百年格局。

当下,泰州的引江河、凤凰河、凤城河和草河等已经部分体现了"街河并行"的特色和优点。在此理念的基础上,泰州水利局海陵分局2018年启动了"街河并行"专项规划的编制工作,2019年底编制完成了《泰州市海陵区"街河并行"河道规划》,并获海陵区政府批复实施。此规划根据河道功能定位、水体现状、岸线利用现状等评价标准,将河道共分为六大类,分别为"河路纵横、移步换景的田园风光河道""流水潺潺、枕水河畔的特色乡村河道""水音市语、街河相映的美丽乡镇河道""健身休闲、水岸交融的社区精致河道""波光粼粼、文化荟萃的城市品质河道""舟楫相接、车辆穿行的大河风貌河道"。根据分类设计了 6 种城乡河道的"街河并行"典型断面,又从河道断面、滨水空间、地下管线、配套设施、历史文化和休闲旅游等方面分析研究各类河道,结合相关规范、规划和标准,进行点、线、面空间立体化的布局,通过统筹规划设计,明确河道两侧各类基础设施之间的技术关系,对河道断面的设计、建筑的高度和间距、地下管网的布设、配套设施的布局等提出了控制性意见,有效引导河道的生态治理、周边土地的开发、文化景观的设置和基础设施的布置。

依据这一理念,海陵区在对鲍马河、杨庄大河、铺头庄河等城乡河道整治工程中,进行了较为成功的实践,取得了一定的成效,生态环境效益显著,为百姓们营造了生态宜游、宜养、宜居的小环境。

三、泰州铸造"街河并行"特色的路径思考

在现代城乡建设的过程中,泰州如何围绕"街河并行"这一理念做到"形散而神不散"？如何打造出"河网相通、街河并行、水城一体、人水和谐"的城市水环境,彰显城市人文历史,促进泰州旅游发展呢？对照国内外一些城市的做法,泰州铸造"街河并行",彰显水城特色只有打破条线分割的旧思维,进行统筹规划、建设和管理,持之以恒,打响"水"品牌,改变"只闻其名不见其兴"的状况,才有可能真正让人流连于"水城

慢生活"。

（一）注重"街河并行"的理念

建议在海陵、姜堰、高港以及高新区多推行"街河并行"的理念。将此作为一个城市的建设特征。特别是海陵原是双水绕城的布局，曾有中市河、玉带河、稻河、草河等的"街河并行"的盛景，如今盛景虽不复存在，但有些景象在城市改造建设过程之中，还有望恢复。

（二）制定实施规划及配套措施

建议规划部门协调其他相关部门做出一个全市"街河并行"的实施规划，力求将泰州打造成高品位的生态视角走廊，做出一个重赋城市神韵的开放景观。要配置一系列具体措施来保证规划能够执行到位。在规划管理方面，一是高起点规划编制。在泰州市城市总体规划的框架内，编制泰州市"街河并行"规划，统筹全市水城水乡建设空间布局。二是坚定不移，严格执行。通过顶层设计形成的总体布局或规划是具有科学性的，如果上升到政府意志，也就具有了法律权威性和严肃性。建议不要轻易地改变，如果确需调整，必须经过充分地论证，而不是"拍脑袋"就改变，避免对经济、社会资源造成巨大浪费。三是加强统筹规划管控的力度。涉及的各执行部门需要保证规划信息的一致性，树立蓝线管理的权威性，同时有效沟通协调，保证在执行内容和标准上可控，不能有偏差。四是实现互动式管理。牵头部门需第一时间跟踪掌握执行效果和存在问题，同时执行部门在过程中及时反馈给牵头部门，由其协调矛盾和纠正偏差。

（三）精选"两个水系"重点打造

根据相关规划，结合当前泰州市主城区城建重点项目实施情况，建议对九龙河和罗浮山公园周边水系重点打造出"街河并行"的特色。

1. 九龙河（扬州路至新通扬运河段）

九龙河全长8.38公里，是承担城西街道和罡杨镇生态活水、防洪排涝功能的区级河道，且是泰州主城区的西大门，同时是国家大运河文化带老通扬运河的重要分支。该河道扬州路至新通扬运河约3公里河段，村庄挤占河道严重，污水直排入河，两岸环境脏乱差，西北化工区生产对水体质量影响也较大，是海陵区容易黑臭的33条高风险河道（段）

之一,严重影响泰州西大门形象。市、区两级人大代表连续10多年提案,请求对该段河道进行整治。

建议将"街河并行"河道规划在九龙河落地落实,在该段高标准打造社区精致河道,也作为河长制样板河道;打开河道两侧空间,结合沿河的孙龙珍戍边事迹的红色文化、储罐葬母的忠孝文化和泰来面粉厂的民族工业遗产,形成一条融入当地历史文化的生态景观廊道和宜居宜游的幸福河道;实现沿河污水收集全覆盖,确保污水不再入河,彻底实现水岸同治。

2. 罗浮山公园周边水系

罗浮山公园周边水系主要是五叉河和卤汀河。五叉河段长约1.1公里,位于公园南侧;卤汀河段长约2公里,是泰州主城区的北边门户,位于公园的东侧。由于罗浮山公园的规划建设以及青年路北延、运河路、森园路等几条主干道路基本形成,原来位置偏僻的五叉河和卤汀河暴露在主干道的两侧,加之该段卤汀河两岸丰乐安置区、青年路西侧海发集团拟上市地块的陆续开发,无论从防洪保安还是从区域水环境的角度,打造与道路和未来城市发展相匹配的河道岸线迫在眉睫。

建议五叉河治理充分依托已有的罗浮山公园总体规划,将"街河并行"河道规划落地落实,将大河风貌和城市品质的"街河并行"理念融入其中。

卤汀河两岸按照"街河并行"的理念统筹两岸岸线的建设风貌,由地块涉及的部门和属地,在统一的治理思路和风格的框架下自行、分步实施到位。

(四)统筹各方长效管理

建议在长效管理和统筹各方面力量上下功夫。当前的公共基础设施管理在区域上主要集中在城市,而更加薄弱的是乡村。同时,管理单位条线分割,存在缺位的地方。"街河并行"的建设需要打破条线分割的思维,形成综合基础设施走廊的系统综合管理。同时,在"城乡一体化"的背景下,基础设施建设延伸的同时,后期管理也要同步延伸,这需要管理手段的高效化和管理体制的融合。

因此,一是要最大程度整合各种资源,完成纷繁复杂的管理任务。

在管理体制上要打破部门利益,形成一个统筹协调的工作机制,保持对发现问题、解决问题的跟踪管理,防止互相推诿、扯皮现象的发生。二是要充分利用信息技术等科技手段,提高管理水平。在这方面,数字化城管已取得了较好的效果,今后可以考虑在此基础上进一步强化河网、路网、绿化、管网等重大基础设施的管理,从而第一时间发现问题,反馈情况,对处置结果进行考核评估,实现精细化管理。三是要形成联合执法的机制。发现违法违规行为,政府要整合执法力量,可以一个部门牵头、多个部门参加,进行联动执法,既整合了执法力量,也强化了执法效果。

历史之绵长,河湖之秀美,生活之安定,是泰州人一直引以为傲之处。今天的泰州人更喜欢把他们的性格与"水"联系起来,"水的泰州"是关于泰州最好的称谓。水,就像是泰州的血脉,流淌着泰州城悠久的历史、璀璨的文化。《南水门遗址志略》中描绘的"街河并行"场景,栩栩如生宛在眼前。河河相通、人水相近、街河并行,使人们生活在亲水的美景之中,朝夕享受祥泰之州带来的惬意与欢愉。

(作者单位:泰州历史文化研究会)

清代兴化圩田的修筑及影响

曹生文

圩田又称"围田",是指由数十里甚至上百里的圩堤围出一片区域,农田村舍都在其中,以此来抵御洪涝灾害。清朝之后,随着黄淮泥沙的进一步淤积,以及"济运保漕"力度的加大,里下河逐渐沦为泄洪区。为保障漕运安全,运河"归海五坝"频繁开启,坝水所到之处,冲毁村舍,淹没粮田,常常引发严重水灾。为抵御洪水,里下河各州县纷纷修筑圩田,在此背景下,兴化圩田开始出现。

一、兴化圩田的修筑

兴化圩田的兴建相对较晚,一直到清乾隆二十年(1755),兴化东北安丰镇一带才开始修筑圩田。由于是兴化修建最早的圩田,所以称"老圩"。此后兴化各村镇纷纷效仿,《民国续修兴化县志》记载:"兴邑有圩围,昉自乾隆初年,嘉、道以来,筑者踵接。按其部位,在唐港东串场河西、界河南、海沟河北者曰'老圩'(即梁志安丰东北圩)。西邻夹于东西唐港间者曰'中圩'。再西夹于西唐港、渭水河间者曰'下圩'。度海沟河而南,东为'合塔圩',东抵串场河,西为'永丰圩'。西迄东唐港,两圩之间,界以横泾河,南境则白涂河,河南在东唐港西者为'福星圩'(即梁志唐子镇圩)。越东唐港而东,为'苏皮圩'。又东越古子河为"林潭圩"。又东越横泾河为'韩窑圩'(又名安丰圩)。再东越塔寺河迄串场河,为"新庄圩",各圩南境为车路河。又咸、同以后,范堤西有'三角圩'(在老圩东北隅,东界串场河,西北抵新河,南濒界河)。范堤东有'双龙'‘南洼'‘七灶'‘六灶'‘八东'‘八西'等圩。西北乡有'合兴圩'（合兴圩内有冯家垛、大兴垛、南宋庄、戚家舍，又有南邹庄、周滩口、东旺庄、东沙沟）。"

兴化圩田主要集中于兴化东部地区，这一区域的前身是古老的射阳湖东部洼地，稻作业历史非常久远，是兴化粮食的主产区，因此出于农业生产的需要，这一地区率先修筑圩田。

与无圩之田相比，圩田因水涝灾害所造成的损失大为减轻。自从修成圩田之后，绵延近百里的圩堤挡住了汹涌而来的坝水，每逢秋收季节，即使圩外白浪连天，圩内仍是一派黄云满野的丰收景象。

高邮、泰州、东台、盐城等邻市圩田数量很多，相比之下，兴化圩田的规模就有些相形见绌。《民国续修兴化县志》载："旅行者自南而北，自东而西，邻邑圩堤屹然。独入吾境，则平衍萧散，河道宽扩，漫无约束。只东乡少数圩田，此实相形见绌，亟应建设。居患地而不谋防患，将何以自全？"

受制于地形因素，兴化境内圩田数量相对较少。在兴化西部中堡、沙沟一带分布有大片湖荡，取土不易，与其筑圩，不如堆泥成垛建造垛田；兴化县城附近以垛田为主，也不具备修筑圩田的地质基础；兴化中部如竹泓、钓鱼、大邹等地，地形相对零碎，所修筑的只是一些小型圩田；兴化南部圩南地区，清代时还隶属于泰州、东台，因此不在统计之列。综上所述，那种能够将村庄田亩都围在其中的大型圩田，只能分布于兴化东部地区，换而言之，兴化很难做到如邻近州县一样的"遍境圩田"。

二、兴化圩田的管理制度

兴化圩田有一套严密的管理制度，大致涉及三个方面。

其一，圩田管理组织的建立。大型圩田由村民推选出总董7到8人，中型圩田总董5到6人，段董各10余人，总董全权负责整个圩田事务，段董作为总董的下级，分管其中的某一段。无论总董、段董，都必须不怕苦不怕累，恪尽职守，为老百姓出力。

其二，圩田的日常维护。每年要趁农闲时组织村民加固圩堤，同时筹集相应款项，购买木桩、笆斗等必要的工料，分段堆放，以防不时之需；遇有突发情况，总董、段董要率领圩田内的全体村民上堤抢护，如果因不法行为造成损失，总董、段董可以带领受害人到县衙申诉，追究相关人员责任。

其三，圩田内矛盾的处理。坝水侵袭时，如果村民们都已尽力抗洪，但是还有因洪水而蒙受损失者，必须各安天命，不允许寻衅闹事，否则交县衙法办；水情紧迫时，由于在圩田内取土，一些田亩出现损耗，要酌情对相关村民做出补偿，特别是只有十几亩土地的小家小户，更要给予照顾。

以上制度"明订规条"，显然是官府和民间共同协商后的结果。兴化圩田的兴建，并非是官府行为，从"亲民之官，劝民筑圩，以卫田庐"的记载也可以看出，这是一项由官府倡导，由民间自行组织实施的农业工程，体现出清代后期兴化民间力量的成熟与壮大。

三、兴化圩田的耕作制度

清代中后期，兴化水稻种植具有某种抢种抢收的特征，多数在立秋之前就已完成收割。这其中的原因和"归海五坝"的开启规则有关。清代规定，立秋后3天即可开坝泄洪，为此里下河各州县在修筑圩田的同时，纷纷培育选择能避开秋水的早稻品种，兴化的"秋前五""随犁归""急猴子""吓一跳"等都是抢在立秋之前完成收割。

"秋前五""随犁归""急猴子"等早稻品种的种植，给兴化的耕作制度带来严重影响，由原先的稻麦相济或是双季稻，逐渐改为单季稻，一年一熟，只为度荒果腹。

兴化耕作制度由两熟制向一熟制的退化是在清嘉庆九年（1804）前后。到晚清民国时期，兴化大部分地区仍然种植单季稻，一年只收获一次，每年立秋前后，稻谷入仓，此后不再种植谷物，秋冬季节都任由稻田浸泡水中，称作"沤田"。自当年八月至次年四月，其沤水期长达200多天，换而言之，兴化农民每年用于耕种的时间只有短短100天左右，因此就有很长的一段农闲期。在此期间,兴化农民通常外出务工,有两种形式,一种是渡江南下,作为短期雇农,帮助江南农民完成田间收割,主要是一些青壮年劳力。《江苏省之农产区域》说:"江北一带之劳动阶段,每于收获后,渡江南下,求佣于江南农家,晚稻收获后,方再北回。似此短期移殖之劳动阶级,不特于其个人生活,得有额外之收益,对于江南农事,尤有极重要之助力。"还有一种是进入县城,在大户人家从事洗衣做饭等杂活,主要是一些乡间的劳动妇女。《民国续修兴化县志》载:"其贫农家无恒产之妇女,除在家编制簾摺,津贴工食外,每当秋谷登场后,来城服炊爨浣濯之役,藉博工资,补助家计。"

沤田在兴化的历史,至少能追溯到东汉时期,东汉时里下河采用"水耨"的耕种方式,本质上就是一种"沤田"。沤田的好处有二点:其一,去盐碱化。历史上兴化濒临海滨,土壤盐碱化程度较高,可视为滨海盐渍土。沤田通过长时间淹灌和排水换水的方式,来淋洗和排出土壤中的盐分,从而实现改良土质的目的。这一做法成效显著,兴化海滨有大量土地由盐碱荒地转化为膏腴良田。其二,恢复地力。沤田实际上是一种休耕方式,水退之后沉积下来的淤泥,能够改善土壤结构,增加土壤肥力,同时长期水浸还能杀死田中虫卵,预防虫害。对于沤田的好处,前人论述颇多,元代《陈旉农书》载:"平陂易野,平耕而深浸,即草不生,而水亦积肥矣,俚语有之曰'春浊不如冬清'。"

关于沤田的具体耕作过程,民国《兴化县小通志》之《农时篇》中记载有一首名为《劝农歌》的民谣,从中可以看出兴化农时:

一月里来小寒到大寒,罱泥垩田莫惰懒。
二月里来立春到雨水,早早春耕泥再罱。
三月里来惊蛰到春分,修车耕垡不宜晏。
四月里来清明到谷雨,耕垡宜了把种撒。
五月里来立夏到小满,栽秧管水防水患。
六月里来芒种到夏至,收麦薅草修圩岸。
七月里来小暑到大暑,修船做场也莫慢。
八月里来立秋到处暑,且割且耕乃好汉。
九月里来白露到秋分,大事耕垡须好看。

十月里来寒露到霜降，农户耕垡犹未晚。

十一月里立冬到小雪，加耕加垡也习惯。

十二月里大雪到冬至，寓泥寓渣好出汗。

沤田所种早稻，名为"三十子"，每亩的收成约二三百斤，《民国续修兴化县志》载："附城田地每亩约收稻两石五斗，距城六十里以内者每亩约收稻两石，六十里以外者每亩约收稻一石八斗。"若是一个寻常农家，夫妻二人合力耕种 20 亩水田，一年的辛勤劳作之后，可收获稻谷 6 千余斤。全家所有日常开销，购买种子，缴纳赋税，一日三餐所需口粮，都取自这点微薄收获，缴税还债之后往往所剩无几。假如这户人家不是自耕农，而是没有土地的佃户，那么在这些收成里，还有十分之三四，甚至多至一半，要作为田租缴纳给地主。秋收之时，地主来到晒谷场上，用笆斗和佃户平分收获。

需要说明的是沤田只占兴化全部耕地的 6 成左右，还有近 75 万亩的土地受坝水影响较小，所以仍保留稻麦两熟制，这些田亩主要集中在兴化东部圩田地区，兴化也因此成为里下河的小麦主产区之一。

四、兴化圩田的社会生活

兴化圩田面积广大，圩内还存在很多纵横的河沟，这些河沟又称做"内河"，内河将圩田分割成许多相对独立的田块，起初在这些田块上居住、耕作的，只是一些零散的家族，组合成规模很小的"三家村"。经过数十年乃至数百年的生息繁衍之后，家族日益壮大，人口逐渐增多，最终发展为数十人或者数百人的宗族，并在此基础上形成一个个聚族而居的村落，进而构成以宗族为主体的兴化乡村社会。这些村落通常以姓氏为名，兴化农村也就出现了很多如"朱家圩子""刘家圩子""赵家田""卢家田"等地名。

兴化圩田的主要经济形式是"庄园经济"，这是一种自给自足的自然经济，它的好处在于能够维持乡村社会的稳定。

地主在出租田地时，族人享有优先权，并且经长期租赁之后，又演变成主佃双方都默认的"永佃制"，这种租赁关系有时能绵延数代。随着土地权属的确定,地主与佃户之间的关系也变得融洽,佃户收获后为表谢意给予地主馈赠,地主接受后也要回礼,谦和礼让,仁爱孝悌,构成合乎儒家思想的传统乡村社会。此外,人数众多的同姓族人聚族而居,一起拓荒垦地,兴修水利,共同抵御饥荒、盗贼,也使这种经济形式更为稳固。

不过作为一种传统的小农经济形式,庄园经济也具有负面性。清代以来,里下河各州县重农轻商的观念非常盛行,几乎所有县志、府志都有记载。如泰州"多不事商贾",高邮"不事末作",宝应"只以田为业",兴化"以农渔为业",淮安"惮于远涉"。此种观念的形成,与里下河以圩田庄园为主的农耕经济不无关系。庄园经济自给自足的特性,村民们聚族而居的生活方式,使得里下河乡村日趋保守,在河流圩堤的阻隔下,所见所闻只限于眼前的一亩三分地,很难接受新鲜事物。近代以后,兴化工商业的落后,经济转型的迂缓,都和这种小农经济迟迟无法解体有关。

在兴化乡村社会里,人与人之间并不仅仅局限于以上所说的经济关系,还有血缘、姻亲、宗族等其他关系掺和其间。

首先是地主与佃户的关系。有些地主虽然是土地的拥有者,在经济上占主导地位,但是在宗族中按辈分排序,他却有可能是某个佃户的晚辈,由此形成一种混杂了经济和伦理的主佃关系。要处理好这种复杂的人际关系,需要整个社会从法律、道德、乡俗等多方面加以引导。总体而言,在兴化乡间,宗族、亲属之间的礼仪要优先于主佃之礼,佃户见到地主,如果彼此之间存在宗族、亲属关系,那么宗族、亲属关系优先,也就是说在某些重要场合,比如婚丧嫁娶、宗族祭祀时,甚至会出现地主向佃户行礼的场面。此外从道德、文化的层面来说,一直以来,体恤农民、以农为本的传统理念在兴化非常盛行,人们普遍认为,地主与佃户之间应该是一种平等的"宾主关系"。郑板桥在《家书十六通》中曾记述:"愚兄平生最重农夫,新招佃地人,必须待之以礼。彼称我为主人,我称彼为客户,主客原是对待之义,我何贵而彼何贱乎?"

其次是村民之间的关系。兴化村庄受圩田地形的限制,相对较为封闭,村民们祖祖辈辈生活在同一个村落,"生于斯,长于斯,老于斯,祖宗子孙世代坟墓安于斯"。即使不属于同一个宗族，也会因为姻亲等其他原因而结成亲密的乡里关系，简而言之，他们彼此之间都是亲戚。此外在日常生活中，由于生产力的落后，同一个村落的村民必须相互合作，一起从事经济生产，或者共同耕种田亩，或者协作张网捕鱼，或者集体出资延请教书先生，又或者村中有红白喜事出份子钱……当然邻里之间也会出现各种纠纷，但这并非主流，历史上兴化圩田内部极少发生大规模的械斗，总之合作与互助贯穿了乡村生活的全部。兴化人常用"本庄的"一词来描述这种亲密的人际关系，由此可见，兴化乡村社会实际上是一个相对平和的人情社会。

兴化圩田内部除稻田、麦田之外，另有草田、圃岸以及高田。草田也称"荒田"，长满芦苇，秋天时农民收割苇草，装满船舱，运回家生火煮饭，多余的柴草卖给草行；圃岸和垛田类似，种植各种瓜果蔬菜；高田圩岸旁种各类经济作物，如黄豆、芝麻、大麦、棉花等，黄豆做酱、做豆腐，芝麻榨香油，大麦酿成酒，棉花织衣被。柴米油盐酱醋茶，衣食住用各方面物资，除食盐之外，几乎都可以关起门来百事不求人。这种封闭的自然经济模式与中国历史上其他时代、其他地域并没有本质的区别，自秦汉以降至晚清民国的两千多年间，里下河兴化地区一直都是以自给自足为特征的传统农业社会。

（作者单位：泰州历史文化研究会）

探索基层水管单位水文化发展路径
——以"大美引江"水文化品牌为例

王昕炜

江苏省泰州引江河管理处(下文简称为"管理处")位于素有"汉唐古郡、淮海名区"之称的历史文化名城泰州,自建立以来,就高度重视水文化建设,紧紧围绕"抓文化、促发展、树形象"的思路,凝练精神文化,完善制度文化,围绕人民群众对水安全、水资源、水生态、水环境的文化期盼,深挖水文化底蕴,弘扬历史文化传统,传承范仲淹等先贤治水精神,建设了独具特色的引江河水文化。特别是充分挖掘泰州本土的凤凰文化,发展"凤凰引江"特色文化,建立"大美引江"水文化品牌,充分发挥文化塑造形象、凝聚人心、引领发展的综合功能。独具特色的水文化品牌,增强了职工的认同感和向心力,坚定了水利人的文化自信,为"水韵江苏"建设凝聚合力,彰显了水文化的时代价值。

一、物质水文化"铸筋骨",打造环境优美、功能齐全的水工程

1. 将工程建管、水利实践与水文化相结合

现代水利工程是形,文化是神。在水利工程建设管理过程中,必须注重突出文化底蕴、赋予现代气息、体现人文精神,把水利工程与水文化有机结合,努力使水利工程成为独具风格的水利建筑精品,成为展现先进施工工艺和现代化管理水平的典范。泰州引江河高港枢纽是运用环境美学处理个体水工建筑、枢纽工程与管理范围内环境之间的关系

的经典设计。相对全国其他大型水利工程，规模不算大，却别具匠心、独树一帜。远观高港泵站工程，如一艘远行的巨舰，象征高港枢纽在现代水利事业航程中乘风破浪、劈波远航。泵房的大型壁画《治水宏图》，总面积202平方米，展现泰州引江河的巨大功能，展示现代水利人的壮志豪情。船闸工程注重个体建筑与主体建筑的衬托协调，南北闸首4个闸室，一改常规建筑造型，呈倒八字风帆型。二线船闸闸首建筑造型"叠帆月影"的文化创意与一线船闸闸首建筑造型"风帆远航"的深刻寓意遥相呼应，成为长江边一道亮丽的风景线。

高港枢纽不仅工程造型充满水韵、水美，更传承了曾在泰州治水的北宋名臣范仲淹的治水思想与精神，发挥了巨大的工程效益。高港枢纽近三年年平均引江水约50亿立方米，江水通过引江河流向苏北、东部沿海及里下河地区，流量可达每秒600立方米，受益耕地达300万公顷；扩大江水北调能力，长江水通过高港枢纽，经新通扬运河、三阳河、潼河，由宝应站抽入里运河北送，增加南水北调送水量每秒200立方米，把江水源源不断地送往水资源缺乏的北方地区；提高防洪排涝标准，可抽排里下河腹部地区涝水每秒300立方米下泄入江，确保江淮安澜兴盛。高港船闸是江苏水利最大的船闸，也是泰州地区最繁忙的船闸，年通航量达1亿吨，为加速区域物资流通、推动江淮区域经济联动发展作出巨大贡献。

2. 打造水文化宣传、传播的物质载体

依托现代水利工程，管理处打造高标准水利风景区、水情教育基地，建成意识形态馆、廉政文化园、法治文化园、水文化主题公园等，成功创建"国家水利风景区""国家AAA级旅游景区""全国中小学生研学实践教育基地""国家水情教育基地""全国水工程和水文化有机融合案例""江苏最美水地标"，开展主题活动和常态宣传，借助多媒体沙盘、声光电交互设施、门户网、微信公众号等形式，全方位展示"大美引江"水文化，为来访游客提供游览、科教、休闲为一体的综合性服务，推动水利科普旅游和水情教育，展示江苏治水成就，让受众了解水利工程发挥的引水、灌溉、排涝作用以及对长江经济带航运发展的巨大贡献。

3. 提升工程环境的文化内涵与品位

高港枢纽及引江河河道沿线围绕"引江带河的新通道、融汇古今的新运河"的文化主题,实施了高标准的水土保持和绿化防护工程,栽种植物 130 多种,按区域分别营造出观花、观叶、观果和闻香的效果,设置了石榴园、梅园、紫薇园、木兰园、海棠园、樱花园等六处植物园,十大名花、银杏之舞、飞轮、畅游、翱翔、渔网构架等六处雕塑作品,构建了"桃李争春、绿荫护夏、枫叶染秋、红梅暖冬"的美好风光,形成了 24 公里水文化长廊。

引江河高港枢纽与周边环境协调统一,管理处注重工程、文化、景区建设的有机结合,按照"一横三带四区"的规划思路,对管理处进行统一形象策划,在管理处环境建设过程中,做到建一个工程,就增一个景区,建一个景区,就添一处文化。既有洋溢着浓郁水文化的三月潭、引凤湾、"樱鸿帆远"等景点,尽显水清、水美、水韵;又有融入本土文化的"凤生水起""凤凰引江"等文化景点,为"凤城"泰州代言;还有"岳飞抗金""绮霞垂钓""爱莲亭""孝廉墙"等历史景点,凸显人文情怀与刚正气节,传扬家国文化、孝廉文化等传统文化。

宏伟的水利工程、优美的自然风光、鲜明的文化景点组成了生态环境美、景观效果好、经济效益佳的综合性大型水利园林示范区,展现了一幅生态与文明融合发展的美丽画卷。管理处多次获得省部级表彰,被评为"全国水利系统文明单位""江苏省文明单位""国家级水利工程管理单位""水利安全生产标准化一级单位"等,塑造了现代水利的良好形象。

优秀的物质水文化,让职工感到由衷的自豪,坚定了水文化自信,也更加坚定了在党中央和省委省政府、省水利厅的正确领导下,积极投身现代水利事业发展的信心和决心。

二、制度水文化"淬灵魂",营造依法治水、依制度管人的良好氛围

习近平总书记指出:"核心价值观是文化软实力的灵魂、文化软实

力建设的重点。这是决定文化性质和方向的最深层次要素。一个国家的文化软实力,从根本上说,取决于其核心价值观的生命力、凝聚力、感召力。"管理处将践行社会主义核心价值观与建设制度水文化相结合,卓有成效。

1. 依法治水

水法律法规是制度水文化的重要组成部分,因此,作为基层水管单位,依法治水、管水成为建设制度水文化的重要举措。管理处立足水政执法和河湖管理职能,依法开展河湖管理,推进水事违法案件查处,定期巡查督促违建违章查处,开展"河长制""湖长制"相关工作;强化联合执法基地建设,建立执法会商平台,积极探索两法衔接切入点,努力实现两法衔接的新突破;加强水利法治建设和普法宣传,结合每年"世界水日""中国水周",组织开展"保护引江河""关爱里下河湖泊河荡""节水护水·志愿先行"等形式多样的志愿服务活动。拍摄水政微电影《引江水政情》,建设"引江·法韵"文化园,组织开展水情教育、水法制宣传进学校、进社区、进乡村、进湖区、进企业活动,通过发放倡议书、设置警示牌、张贴宣传画、面对面宣传讲解等形式,开展水利普法活动。

2. 健全规章制度

制度建设是水文化贯彻执行的重要抓手。加强制度水文化建设,既有利于规范职工的文化行为,又有利于增强职工对制度的认同,自觉遵守制度。近年来,管理处贯彻"以人为本"的理念,将践行社会主义核心价值观和弘扬优秀水文化落实到制度建设中。针对岗位职责、目标考核、财务管理、物资管理、工程项目、职工教育、绩效分配等方面,开展"规范制度管理年"活动,建立健全规章制度,逐渐形成了富有引江河文化特色的管理制度和管理环境,有效地规范、引导职工行为。在制订管理制度前,通过问卷调查、座谈会等渠道倾听职工心声,了解职工想法,对重要的规章制度提交职代会审议通过,充分体现人性化管理,在提高管理水平的过程中使职工普遍理解和认同新的规章制度,并感受到个人价值的充分实现。在制订制度时,善用奖惩,例如,印发了《信息宣传工作考核激励办法(暂行)》,对成绩突出的单位和个人给予物质和精神奖励,以充分调动干部职工参与水文化宣传工作的积极性和热情。在制度出台后,加强政策宣传和思想引导,注重体现"上善若水""厚德载物"的精神。

3. 廉政建设

文化建设引导廉洁从政,廉政建设又补充和丰富了水文化。管理处严格落实两个责任,履行"一岗双责",深化岗位廉政风险防控,狠抓船闸行风建设。严格落实党委主体责任和纪委监督责任,深化岗位廉政风险防控,重点监管工程项目、物资采购、重大经费支出和船闸通航等;不断改进作风,规范公务用车和接待管理。特别是,编印发放《〈中国共产党廉洁自律准则〉〈中国共产党纪律处分条例〉漫画读本》,建设廉政文化园,以文化宣教的手段占领思想阵地。

优秀的制度水文化,让社会主义核心价值观内化于心、外化于行、固化于制,为水利人的文化自信提供制度保障。

三、精神水文化"炼精髓",激发水利人的干事创业、担当作为的激情

精神水文化是水文化的精髓,是现代水利发展的精神支柱和力量源泉。

1. 凝练引江河精神

在水利改革发展进程中,管理处结合实际,根据"忠诚、干净、担当、科学、求实、创新"的新时代水利精神和"艰苦奋斗、团结奋进、开拓创新、争创一流"的江苏水利精神,凝练总结了引江河精神——求实、竞争、创新,创建了全处干部职工共同的价值观,并以这种精神为引领,指导全处上下同心协力、不断奋进。

2. 吸纳古今优秀的水文化

加强对古今中外优秀水文化的研究,包括历史治水名人、经典水利工程和水文化作品,特别是传承长江、大运河等江河水文化,从中汲取营养和精华,创新发展。

3. 挖掘身边的先进典型

为弘扬"求实、竞争、创新"的引江河精神,管理处每年评比文明单

位（班组）、文明职工，开展"最美引江人""文明职工""文明新风户""引江好青年""最美半边天"等评选活动，及时推出先进典型，通过在管理处网站宣扬、创建展板宣传、邀请宣讲员在道德讲堂、晨会例会上宣讲他们的先进事迹，充分发挥榜样的示范带动作用。鲜活的先进典型潜移默化的教化模式具有很强的亲和力和说服力，容易被水利人认同、理解和接受，并产生深远和持久的影响力。

4. 开展丰富的文体活动

管理处组织职工以普遍参与的形式大力开展文体活动，力争做到活动经常化、形式多样化，开展"我们的节日"系列之春节联欢、元宵灯谜、清明祭扫、端午采风、中秋赏画、"传承五四精神 承担青春使命"五四青年座谈、"传承红色基因、积极担当作为"八一建军活动、"庆国庆·爱国大声唱出来"快闪活动、庆祝新中国成立70周年、纪念五四运动100周年、庆祝引江河建处20周年活动等，陶冶了职工情操，丰富了职工文化生活。举办干部素质教育培训班，开设道德讲堂，举办"党员大家讲"活动，组织开展植树、献血等党员志愿服务等。充满正能量的集体活动培养了职工的团队意识、竞争意识、合作意识，提升了职工队伍的凝聚力，形成了更加昂扬向上的精神风貌。

5. 创作、传播优秀的水文学、水艺术作品

脍炙人口的水文学艺术作品所宣扬的，可以是"水滴石穿"的坚韧，可以是"涓涓细流汇聚成海"的团结——管理处持续开展水文化系列创作，创作了《清清引江河》《走进引江河》等歌曲；编制了管理处视觉识别手册；开展"美丽引江"系列摄影作品和短视频征集，制作《大美引江》《流光溢彩引江河》《风华正茂引江河》画册；由河海大学出版社正式出版发行《大美引江——江苏省泰州引江河管理处水文化作品集》；微电影《有一个地方》获得水秀江苏微电影大赛一等奖；微视频《大美引江——你好河长》在水利部"河长制"公益微电影·微视频征集活动中获入围奖；抖音短视频在全省"寻找运河记忆"短视频大赛中获得优秀奖；原创情景剧《"80"后与80后的对话》被多家主流媒体报道；微视频《70年·三代人》被人民网、中国共产党新闻网刊登。在水文化作品创作中，管理处充分发挥了广大干部职工在水文化建设中的主体作用，激

发群众参与水文化建设的积极性、主动性和创造性。

优秀的精神水文化，有一种"润物无声"的强大力量，让水文化融入日常生活，深入职工群众心中，成为不可磨灭的印迹，为水利改革发展提供内生动力。

（作者单位：江苏省泰州引江河管理处）

1949年前沭阳境内的沭河变迁

刘振青　蔡猛

沭河原名沭水,俗名茅河,原为入泗后接入淮河的支流。北魏正光年间(520—525)齐王萧宝夤镇守徐州,立大堨(大坝),遏沭水改道,进入沭境,并改称沭河。经黄河夺泗、夺淮、河道演变和历史治理和地质构造运动,今沭河源自沂山南麓,南流经山东沂水、莒县、莒南、临沂、临沭、郯城和江苏东海、新沂8个县市,于新沂市口头村入新沂河,全长300千米。

《嘉庆海州直隶州志》中记载:"《汉书·地理志》:沭水出琅琊郡东莞县南。至下邳入泗,过郡三,行七百一十里。青州浸。《水经注》:术(沭)水出琅琊东莞县西北山,东南过其县东,又东南,过莒县东。又南,过阳都县东,入于沂。沭水自阳都县又南会武阳沟水,东出仓山,山上有故城,世谓之盐官城,非也,即古有利城亦。沭水又南经东海郡厚邱县,故春秋祝邱也。《郡国志》曰:自东海分属琅琊。沭水又南径东海厚邱县,王莽更之'祝其亭'也,分为二渎西南出,今无水,世谓之枯沭;一渎南经建陵县故城东,汉景帝八年封石绾为候国,王莽更之曰'付亭'也。沭水又南径建陵山西,魏正元中,齐王之镇徐州也,立大堨遏水西流。两渎之会,置城防之曰曲沭戍。自流三十里,西注沭水旧渎,谓之新渠自厚邱西南出左会新渠,南入淮阳宿预县,注泗水,《地理志》所谓'至下邳,注泗'者也。《经》言'于阳都入沂',非矣。沭水左渎,自大堰水断,故渎东南出,桑堰下水注之。水出襄贲县,泉流东注沭渎,又南,左合横沟水发渎右,东入沭之故渎。又南暨于堰,其水西南流,经司吾山东。又西南,至宿预,注泗水也。沭水故渎,自下堰东南,经司吾城东。又东南,历柤口城中。《郡国志》曰:逼阳有柤水,柤水而南,而乱于沂而注于沭,谓之柤口,城得其名矣。东南至朐县,入游注海也。"(今案)沭水自州西北来,行数百里,绕出西南,入沭阳境,为总沭河,分为分水沙河,北合青伊湖。其经流至沭阳城西,分为二,出城南者,为前沭河;出城北者,为后沭河。前沭河东北流,宿迁之凌沟口,沙礓河注之,经韩山东。后沭河经其西,合于州境之湖东口,入涟河归海。与郦注所称'两渎'及至朐入游,千有余年犹如故也。惟涟河旋疏旋淤,夏秋雨涨,两沭与青伊泛滥,大为州境西南之患,所当急谋宣泄者也。"

《沭阳县志》:"《河防志》载:沭水出沂山三泉,历莒州,会马耳诸山之水,由穆陵关澎湃而下,直抵马陵山口,旋折而南,过沭阳,达海州入海。是沂为黄占,北侵夺沭,而沭遂改此道。明季沭忽冲入白马,合流南下,三水合一,郯有啮城之危,旁及峄、沂、邳、宿,咸罹其害。考厥所由,郯之东七里许,昔有台曰钓鱼,一名逼水,俗呼禹王台。相传禹治水凿山使西,复建台逼之南下,历数千年而沭不为患。

明正德年间,郯令黄琮毁台取石,甃城垣,沭遂无所御,与沂合。清康熙二十八年,南巡阅视,河督王新命奉勅建竹络坝,于坝上建台以存古迹。雍正八年,坝溃台圮。十二年,嵇文敏曾筠复筑坝,南北接修土堤,立庙貌于帅军台,碑志可考。是沭不可与沂合流,古有明鉴。沭性挟沙而行,湍急流暴,几与黄等。只可为独立之大川,而不可与沂合流,合则两害,亦如河与淮合,合则俱病也。游水故道湮没无考,即青伊湖下注之旧涟河,亦不可复治,仅余一线蔷薇,以达临洪,且河槽浅隘,日就淤垫。青伊亦大半成陆,沭水之去路几绝。每当伏秋之际,又挟西来诸山刷冈之水,与宿桃砂礓河下注之水及六塘因坝阻倒灌柴米河之水,上极邳宿,下达海赣,九县区域,不下数千百万方里,洪涛巨浪,揭地掀天,平均计时,亦需五阅月而可涸。此北条之大纲因混合而致弥漫也。"

沭河最初为直接入泗的天然河道,受黄河多次夺泗、夺淮和人类活动的影响,沭河被迫多次变更自己的入海通道。

秦汉以前,沭河经山东南流,进入泗水入淮入海。《水经·泗水注》记载,泗水发源于山东泗水县东陪尾山,西流经泗水县、曲阜市、兖州市,然后折西南流,经今鱼台县东南,穿今南阳湖而过,经丰县、沛县、徐州市。沿途有洙水、菏水、汴水、睢水、沂水、沭水注入其中。东汉永和年间(136—142),沭河一股入泗,由泗入淮。

在公元477年之前,有史记载的黄河最早夺淮为汉文帝十二年(前168)。《汉书·文帝纪》记载"河决酸枣,东溃金堤",此次决河"河溢通泗",使黄河由泗入淮。又过了36年,即汉武帝元光三年(前132),这一年"夏五月,丙子,复决濮阳瓠子,注锯野,通淮泗,泛郡十六",河通于淮泗。此次决口,河水向东南流去锯野泽,顺着荷水流入泗水,更下而流到淮水,经淮水入海。由于武安侯田蚡为丞相,其奉邑鄃,河决而南则鄃无水灾,邑收入多。所以在田蚡阻挠下,致使"二十余载不复塞,梁楚之地又被其害"(梁楚地相当于商丘、砀山、徐州等地),后郭昌龄率数万人塞瓠子口决口。这次河决造成的危害性极大。

黄河另一次较大南决是在王莽始建国三年(11),河水在魏郡元城(今河北大名县东)决口,泛清河以下数郡,直到东汉明帝永平十三年(70),才在王景的主持下治河成功,河行其道。王景治河使得黄河河道进入了一个相对稳定的阶段。但其间由于黄河夺泗加之地震和人为因素等共同作用,使得沭河入泗通道被堵塞,改由单股进入沭阳境。

北魏太和后期(477—500),沭河独股由沭阳境内入涟河,南入淮水、北经临洪口入海。从王景治河至唐代,黄河无疑是一个较为稳定时期。河患既少,则黄河南泛造成的河患也变得少了,泗水河道所受的影响也就相对减少。其间黄河也处于安静期。北宋正和年间(1111—1118)沭河单股经由沭阳入境,进入涟河入海。

在黄河全流夺泗、夺淮的1128年之前,《沭阳县志》对沭河以及灾害的记载:梁武帝天监二年(503)三月,士民张高率500余人凿溪,引沭水灌溉百余顷,俗称红花水。唐玄宗开元十四年(726)七月三日,海潮暴涨,海州、沭阳被淹。唐宪宗元和十四年(819),楚州刺史李听率兵攻涟水,县令梁侗以县降李听,后决龙苴堰,以水代兵,攻取海州。在黄河全流夺淮之前,沭河在沭阳相对比较平静。据载,唐朝时的沭河有一分支从今东海的山左口,穿过桃林,辗转流入桑墟湖。

宋以前,由于黄河夺泗、夺淮都能够得到填淤,作为淮北沂沭泗流域的沂河、沭河相对比较安静,而自南宋建业二年(1128)以后的700多年里,黄河在淮北一带疯狂肆虐。由于黄河为多沙河流,其洪水携带大量泥沙进入淮北诸河,或堵塞河道,或淤塞湖泊,或迫使河流改道,更使得沭阳的地形地貌发生了根本性变化,造就了沭阳的大片平原。

明万历中期(1573—1629),沭河彻底失去入泗通道,下游涟河近于淤塞,沭河在沭阳境内分为数股,一股入桑墟湖,一股入硕项湖,一股进入涟水入黄河入海。其间是沭河变异最大的时段,《沭阳县志》主要记载的事件为:明熹宗天启元年(1621),沭河决口四处,时飞蝗过境,遮天蔽日,庄稼、树木尽被吃尽。

清顺治六年(1649),沭河决口;清康熙六年(1667)春夏大旱,蝗害,黄河决烟墩口,洪水漫流,沭阳成泽国;清康熙七年(1668)六月十七日,郯城地震,沭阳南城墙崩塌,民无完舍,二十七日,海潮倒灌,后沭河决口;清康熙八年(1669)黄河决口,县南北淹;清康熙十二年(1673)黄河决口,洪水过境,致使沭河决口;清康熙三十五年(1696)沭河决口,免灾区田赋;清嘉庆十一年(1806)黄河决口,沭阳、海州被淹;清道光二十年(1840)总沭河许口处决口,洪水吞没大片农田;清道光二十五年(1845)宿迁中运河决口,洪水过境,前沭河决口;清光绪十年(1884)后沭河胡道口决口,十三年始堵;清光绪十六年(1890)总沭河决口,后沭河仲湾决口;民国五年(1916)夏,后沭河聂家湾等处决口,口门长达600米,深4.3米,东至官田河(七雄)、南至上寺庙、北达州界,皆成泽国。

民国十四年(1925)夏,后沭河、分水沙河、北六塘河相继决口,沭阳全境汪洋一片,庄稼尽淹;民国二十三年(1934)后沭河决口,受淹庄稼大约120万亩。

沭河的成长、变迁、消亡与黄河夺泗、夺淮,漕运、中运河的开挖、沂河改道、盐河运道和海水倒灌以及人类活动的影响等都密切相关。

从先秦到金元前,大约从公元前221年到公元1128年。在早期,沭河从山东南下汇泗入淮入海,为泗河的支流。其间,黄河虽未大规模夺泗、夺淮,但侵淮现象也时有发生,泗河作为南接长江,北入黄河的运道,也经过多次人工整治,沭河入泗通道逐渐被淤塞,于是改道东流经沭阳境内入游水(涟河),然后南向进入淮河,北向进入临洪入海。宋金对峙时期,战争不断,人为决黄河时有发生,黄河数十次迁徙不定。其中南宋建业二年(1128)东京留守杜充为阻止金兵南下,人为决开黄河,河水自泗入海。金大定八年(1168)河决李固渡,水溃滑州城。这一阶段,黄河决溢频繁,河势不断南移,金章宗明昌五年(1194)八月,河决阳武故堤,灌封丘而东,经长垣、曹县以南商丘、砀山以北至徐州入泗水,从金元至明嘉靖后期,时间为1128年—1855年,即从黄河全流夺淮到黄河改道东流的727年间开启了黄河全流夺泗、夺淮的漫灌淮北的时代。

　　黄河改道,使得沭河受到压抑和破坏。在沭阳分为五股,一股入涟河入海,一股入桑墟湖,其余三股入硕项湖。由于黄河北岸在宿迁和泗阳之间大量分黄,致使桑墟湖、硕项湖两湖淤淀,沭河无法入湖,同时涟河归还出路全部淤淀,入涟河的沭河分支也无路可走,沭河只得转向东北经蔷薇河入临洪口入海。一些原来入泗水的支流,如沂河、沭河等渐渐失去入泗通道,不得不另外寻找自己的出路。

　　沭河受新构造运动影响也发生过改道或迁徙的过程。沭河自山东沂蒙山区发源,沿北马陵山东侧南下,由于北马陵山的抬升以及山左口北西向张扭断层的错动,致使河道自山左口向北西向急剧转弯,经由马陵山西侧后,又折向南流,原山左口以下的河道废弃。根据废弃河道残存的砾石层之层位对比,与中新统泊岗组下部相当,故推测河道改道发生于晚更新世至中更新世。另外,据钻孔剖面对比,新沂南埋藏有宽约50公里的古河道带。如此大的侧向迁徙均由晚更新世不均匀的升降运动引起。

　　沭河在南宋以前入泗入淮,北魏正光年间(520—525)在郯城东北筑堤,遏水西南流。公元六世纪南北朝时,齐王萧宝夤镇守徐州,截断入泗通道。此后,沭河主要东流经沭阳东向,由游水(涟水)入淮、入海,沭阳亦由此成名。明正德年间(1506—1521),郯城县令毁禹王台取石筑坝,沭河重新向西南汇白马河等注入沂河入骆马湖。明万历二十三年(1595)杨一魁分黄导淮,自桃源(今泗阳)开300里黄坝,从灌河口入海。清康熙二十七年(1688),为了防止沭水侵沂和减轻骆马湖洪水负担,以保漕运安全,在禹王台筑竹络坝,迫使沭水全流南下,在沭阳西北龙堰分南北两支,北支由分水沙河入青伊湖,经由蔷薇河临洪口入海。

1949年前沭阳境内的沭河变迁

南支在沭阳城西又分为两支,一支(即后沭河)再分两支,向北入青伊湖,向东经由古泊阳河由埒子口入海。另一支(即前沭河)过沭城镇,至十字桥与西来的砂礓河、大涧河会合后东入硕项湖,经灌河口入海。清乾隆二十五年(1760),砂礓河、大涧河下段河道淤塞,后浚挖称柴米河。洪水时,柴米河也经官田河、港河入蔷薇河及古泊阳河、卤河(今古泊善后河),分别由临洪口和埒子口入海。

沭阳人民对沭河亦进行多次治理疏浚。梁天监二年(503)三月,土民张高率500余人,引沭水灌田200余亩,俗称红花水。东流入涟河。宋皇祐六年(1054)沈括任沭阳主簿,率县民疏沭水(知县缺),修百渠九堰,得上田7 000余亩,沭人多称顺。

从1948年开始,随着新沂河开挖,沭河在沭阳境内已经消亡,但其踪影尚存,分水沙河现在作为沭新河的支流仍然比较活跃,扎下分水村(现在的王庄大桥附近)为前后沭河的分支源头。分水即为两条河流分家的怀抱。在分水村王庄闸上游原有龙王庙。前沭河被新沂河拦腰截段,现在的沭城环城河即是前沭河的前身。目前的新沂河、南沭河由于后开柴米河、北六塘河,已经不见踪迹。后沭河的两支向北入青伊湖的一支经由扎下东向仅龙庙西、华冲西、桑墟东尚存,但已经断流变成废弃河塘。进入华冲北段由于古泊善后河的开挖向北被阻断。桑墟大沟即为原后沭河的前身。这段沭河在解放战争前还很宽阔。据扎下刘姓老人讲,解放战争时期,这段沭河可以走三个桅杆的大船,这说明当时沭河还兼海州南下的漕运。在解放战争时,解放军为了阻击国民党军北上增援,在现在的扎下街东沭河北岸阻击驻沭阳的国民党军过河,大约两个连的兵力全部阵亡。当时两岸河堤还很高。后沭河的另一支经由韩山东向经吴集由埒子口入海,这一段现在零星分布有废弃河道。在韩山南大约两公里有一条较为宽阔的古河道。1990年我参与了南京大学地质系林风勋教授对这一带古河道的调查并做物探,确认这一古河道的存在。

解放后沭河在沭阳境内已经完全断流,只能追踪一些原来河流的残迹。现在的沭河从山东沂山南麓南流经山东沂水、莒县、莒南、临沂、临沭、郯城和江苏东海、新沂8个县市,于新沂市口头村入新沂河。上中游沂山源头至大官庄称为沭河,下游大官庄至新沂河口称为老沭河。水利部门实施东调南下、导沂入沭、分淮入沂,在山东临沭大官庄开挖了新沭河,由石梁河水库东下经临洪口入海,从洪泽湖二河闸开挖一条淮沭河由沭阳闸通新沂河,从新沂河北王庄开挖沭新河至蔷薇河入海,这三条河流——新沭河、淮沭河、沭新河也算是对古老沭河的慰藉和纪念吧。

(作者单位:江苏省水文水资源勘测局宿迁分局)

以"大保护"绘就水韵宿迁
——骆马湖生态保护的实践与启示

班业新

推进美丽江苏建设,擦亮"水韵江苏"人文品牌,必须要维护水生态健康。宿迁地处淮沂沭泗水系下游,洪泽湖、骆马湖、成子湖、京杭大运河、古黄河、六塘河……昼夜不舍,蜿蜒流淌,滋润着宿迁这片土地。宿迁还是全国唯一具有"两湖两河"地理标识的设区市,曾获得全国水生态文明城市等一系列荣誉称号。

早在1999年,宿迁市委、市政府就提出了在全市范围内创建国家级生态示范区的目标,将宿迁市规划发展理念定位为"环保型、园林化、可持续发展的湖滨特色生态城市",努力打造"生态宿迁,绿色家园"城市品牌。近年来,宿迁市认真贯彻落实习近平总书记"绿水青山就是金山银山"的发展理念,坚持生态立市战略,发挥"项王故里、酒都宿迁、水韵名城"的优势,特别是把骆马湖生态环境保护摆在重要位置,在全面落实河长制工作的基础上,积极推动骆马湖生态优先、绿色发展,凝心聚力形成"大保护"格局,谱写了水韵宿迁生态华章,构筑了人水和谐的旖旎风光。

综合治理,实行修复性保护

紧扣"江苏生态大公园"和生态经济示范区的发展定位,按照全域规划、全域设计、全域配套、全域修复、全域清流的"五全"治理思路,坚决贯彻"在发展中保护环境和在保护环境中发展"的工作策略,多措并举打好骆马湖生态修复攻坚战。

推进生态还湖工程。印发《宿迁市生态河湖行动计划(2018—2020年)》,立足生态河湖三年行动计划,排好河湖系统治理的任务书、路线图、时间表,以项目化推进、清单式管理来激发活力,针对总面积约26平方千米的骆马湖宿迁大控制三角区进行治理,做好三角区生态修复工程前期工作,推动骆马湖退圩还湖规划批复,编制实施方案,加快退圩还湖进程,通过总面积约18.2平方千米的工程建设,恢复三角区蓄水和湖泊功能,涵养骆马湖水体品质。2018—2019年,顺利拆除骆马湖宿迁水域网围4.82万亩,妥善安置渔民289户,规划建设生态养殖安置区1.38万亩。到2020年,宿迁市已恢复湖泊水域面积达30平方千米,全市主要湖泊渔业养殖面积压缩到10万亩以内。

推进生态系统修复。编制了《洪泽湖、骆马湖水污染防治规划》,出台了《宿迁市骆马湖水体生态环境保护实施方案》,洪泽湖、骆马湖被列入全国365个水质较好湖泊保护范畴。以改善骆马湖水环境现状、改善流域生态环境质量为基本出发点,以骆马湖生态修复、水源涵养林生态保育、入湖河流生态修复、生物多样性保护为重点工作,提升农田径流污染物以及城镇农村生活污染物自净能力,保障骆马湖流域范围内环境质量和生态系统健康,保障饮用水源和源头水质。修复骆马湖生态区受破坏的自然湿地,每年治理水土流失面积不少于15平方公里,有效发挥河湖生态缓冲带功能。建立保洁维护日常管理制度,对麦黄草等水草定期实行机械化打捞。2019年,出动人力约3 000多人次,机械650余班次,打捞转运麦黄草及垃圾8 000余吨,有效保障了湖面整洁及水源地水质安全。

加强渔业资源养护。认真贯彻落实《中国水生生物资源养护行动纲要》,坚持实施禁渔期制度,通过人工干预、生物调控、自然恢复等多种措施,修复水生生物栖息地,打通鱼类回游通道,丰富生物多样性。自2012年骆马湖"净水网箱"工程开展以来,强化网箱养殖标准化、景观化,实现了水质净化与渔业养殖、生态保护与渔民增收之间的协调统一。2019年,据中国科学院水生生物研究所测算,骆马湖"净水网箱"

每年通过放养鲢鱼可固氮76.3吨、固磷5.6吨、消耗藻类25 840.5吨、输出碳汇1 372.8吨,年生态效益价值1 006.9万元。目前,骆马湖所有"净水网箱"投放鲢鱼覆盖率、网箱小区化管理覆盖率、全漂浮式网箱覆盖率均达到100%,实现了"以水养鱼"到"以鱼养水"的重大转变。同时,加大骆马湖水域珍稀物种和重要经济鱼类的放流力度,2017—2019年,增殖放流活动71次,放流各类水产苗种3.51亿尾(只),通过多年规范操作,湖区渔业资源稳步修复,放流效益日益显著,产生了良好的生态效益和经济效益。

管治并举,实行防控性保护

紧扣骆马湖基本实现"无污水直排、水域无障碍、堤岸无损毁、水面无垃圾、绿化无破坏、沿岸无违建和水质无超标"的总体目标,大力开展重点领域整治、点面污染治理、惠民工程建设、管理能力提升四大行动,全面完成水污染防治、生态河湖建设任务。

加强综合整治力度。着力构建以党政领导负责制为核心的责任体系,建立骆马湖生态保护工作联席会议制度,落实部门监管责任和地方属地责任,建立健全重要信息及时共享、重大事件集中会商、重点案件联合执法督办机制,形成上下联动、齐抓共管、合力推进的工作格局。深入推进河长制管理,率先出台河长会议、一线巡查、定期述职、交办督办、联动协调、信息共享6项制度,统筹推进控源截污、河岸整治、调水引流、生态修复,先后清理畜禽养殖场288个,关闭排污口49处,清理码头、拆除违建619处,清除阻水障碍194处,推动骆马湖水质全面达标、河湖空间明显改观、河湖生态有效修复。同时,发动社会力量参与,组织开展"乡贤义务护碧水",管护好骆马湖周边"五小"水体,提升公众参与热度,营造全社会关爱河湖的良好氛围。

攻坚岸线突出问题。全省"清四乱"任务69项中宿迁市有48项,其中骆马湖占27项。宿迁市加大对上协调争取力度,2019年底完成全部整治任务,得到水利部、省水利厅的高度认可和肯定。2018年5月启动骆马湖东线保护范围调整优化研究工作,出台《京杭运河宿迁城

区段沿线及骆马湖东岸环境综合整治实施方案》，发布划界公告，重拳整治京杭运河宿迁城区段沿线及骆马湖东岸环境，优化岸线功能布局，依法依规将骆马湖东岸保护范围线由海拔26米等高线优化至25米等高线，推行节约集约利用，既为进一步加强骆马湖管理明晰了范围边界，又化解了一批民生项目问题，释放了11平方公里的城市建设空间。

严格推进执法维护。加大水行政执法力度，全面实施河湖禁采，先后出台《市政府办公室关于推进全市水务综合执法的实施意见》《宿迁市打击河湖非法采砂责任清单》《宿迁市打击河湖非法采砂行政问责办法》等，通过系统摸底排查，形成河湖"两违"整治工作任务清单，其中涉及骆马湖34项，整治任务2020年内全部验收销号。同时，成立骆马湖非法采砂整治工作领导小组，配足执法人员，配强执法装备，建立上下联动、流域区域互动、联合执法打击非法采砂的长效机制，按照"标准不降、禁采不松、力度不减"的要求，纪检、公安、属地多头齐管，执法人员24小时"三班倒"昼夜连续值班巡查，持续巩固骆马湖禁采成果，取得了显著防护效果。

科学利用，实行发展性保护

从城市总体规划的角度审视骆马湖在全市城市定位、空间架构、功能和用地布局等方面的重要作用，编制《环骆马湖生态廊道建设规划》，打造高质量生态融合发展示范地，推进骆马湖发展性保护，让生产、生活与生态和谐交融，实现社会效益、环境效益、经济效益、绿色效益有效结合。

凝聚绿色发展共识。全市上下真正把"绿水青山就是金山银山"的发展理念贯彻到推动经济社会发展的全过程，更加注重生态服务的功能，将环境指标纳入绩效考核，把生态文明建设摆在与经济建设同等重要的位置，以改善生态环境质量为核心，以解决群众反映强烈的突出生态环境问题为重点，出重拳、下猛药，以硬措施完成全年治水、治气、治土的硬指标，打好污染治理与生态修复攻坚战，推进全市生态环境质量持续改善。

加快新旧动能转换。骆马湖是宿迁中心城区重要的饮用水水源地,宿迁市以系统化思维持续深化生态环境制度改革,建立完善的骆马湖水体保护机制,突出规划环评,发展绿色产业。2019 年以来累计劝退严重污染项目 16 个,涉及投资数十亿元,依托全市良好的生态环境,着重发展生态经济,大力推进健康养老、现代保险、大数据、电子商务、文化创意等现代服务业,骆马湖沿湖经济结构实现了由传统的捕捞业为主向多元、绿色的现代结构转变,从源头推动绿色发展,提升 GDP "绿色化"水平,全力创建国家级旅游度假区和全域旅游示范区。

彰显水城人文风情。聚焦水韵宿迁文化品牌,挖掘展示骆马湖水文化价值,彰显城市品格。一是用活水资源,写好"融合文章"。骆马湖畔的三台山有项羽破秦、薛仁贵抗高丽入侵、韩世忠抗金、宿北大战三台山阻击战等遗存,京杭大运河宿迁段是世界遗产项目的重要组成部分,保护骆马湖、黄河故道、六塘河等水景观环境,利用相关河湖景观、水利遗产等建设宿迁历史博物馆、宿迁水文化展示馆、宿迁水利遗址公园等,为水文化遗产的保护与利用提供新的支撑载体,同时积极融合湿地文化、渔家文化、美食文化、运河文化等元素,提升生态与文化建设标准,一体化展示宿迁因水而兴的历史和现实。二是顺应新发展,写好"特色文章"。骆马湖距市区仅 10 多分钟车程,将骆马湖纳入中心城市规划,2012 年经省政府批准设立宿迁骆马湖旅游度假区,规划面积 39.6 平方公里;沿骆马湖 13 公里东岸线,坐拥 12.7 平方公里的三台山国家森林公园,建成湖滨浴场、园博园、罗曼园、湖滨度假村、戴场岛湖心旅游岛等旅游休闲设施,打造水陆交融、蓝绿交织的骆马湖滨湖风光带;举办骆马湖国际沙雕节、中国生态四项公开赛等大型文体活动,以骆马湖的山水绿廊支撑起湖滨新城的生态脉络格局,发挥湖滨城市因水而兴的特点,打造沿湖地带城市夜生活和休闲中心区,实现自然生态系统和人文生态系统的和谐统一。目前,宿迁骆马湖旅游度假区在江苏省 46 家省级旅游度假区中排名第 4 位。三是厚植新理念,做好"宣传文章"。注重保护、挖掘、传承河湖历史文化,持续创新现代水文化,形成"爱水、惜水、护水"的良好社会风尚。一方面深入调查研究骆马湖河湖水系的历史变迁,挖掘整理治水智慧和经验,开展水文化遗产调查研究工作,申报宿迁市水文化遗产保护名录;另一方面,开展水文化遗产解读,编著《骆马湖记忆》《潇潇骆马湖》《清清骆马湖》《神秘骆马湖》《骆马湖传说》等文化文史读本,创办《骆马湖文学》刊物,依托宿迁柳琴剧团、市剧目工作室等文艺文化团体,创作形式多样的新编历史传奇剧,对骆马湖历史文化、区域民俗风情以及生态文明建设进行全方位、多角度的宣传,讲好水城故事,传承乡愁文脉,厚植保护理念。

思考与启示

习近平总书记强调,"人不负青山,青山定不负人"。近年来,宿迁以"大保护"为主抓手,着力打造水韵名城,骆马湖实现了水清鱼肥,水质持续改善,达到历史最好水平,各种珍稀鸟类重新回到湖心岛结巢。这是运用"两山论"实现发展与保护协调统一的生动案例,处理好了生态保护与高质量发展之间的关系,实现科学发展、有序发展、高质量发展,为统筹解决经济社会发展和资源环境问题提供了样本。

生态环境保护的出发点是为了保障人民群众长远利益,为经济可持续发展提供强有力的生态保障。我们在实践中深刻认识到:先进的生态文明理念是价值取向,发达的生态经济是物质基础,完善的生态文明制度是激励约束机制,可靠的生态安全是必保底线,良好的生态环境是根本目的。这也要求我们,要把经济可持续发展和生态环境容量之间的关系理清楚搞明白,既要绿水青山也要金山银山,既要实现经济红,也要保护生态绿,坚决以"大保护"防止一哄而上,刹住无序开发、破坏性开发和超范围开发,实现科学、绿色、可持续发展,具体在水生态环境保护实践中我们得到的启示:一是必须确立水生态文明的发展理念。正确处理经济社会发展和水资源可持续利用的关系,主动适应水资源和水环境承载能力,以水定需、量水而行、因地制宜。在城市的规划和建设中,树立尊重自然、顺应自然、保护自然的理念,充分考虑到本地水资源、水生态条件,强化保护优先,统筹考虑水事务,科学编制水系规划和河湖整治方案,维护水生态健康。二是必须全面加强河湖水域管护。从严控制河湖水域占用,建立健全湖泊保护联席会议制度和河长制,建立长效管护机制,河湖岸线开发利用应统筹考虑水生态、水景观要求,留出一定范围的生态隔离带,建设生态廊道。加大对非法侵占水域、采砂取土及取水排污等破坏河湖生态健康行为的打击力度,确保公益性功能不衰减,水域面积不减少。三是必须加强水生态文明能力建设。积极开展水资源和水生态等指标监测,建立健全水生态监测评价相关技术标准体系。强化重要控制断面、水功能区和地下水水质、水量、水位监测能力建设,以此作为考核的重要依据。同时,重点区域推行水生态补偿机制,鼓励各地开展多种形式的水生态补偿探索。

"大保护"源于理念转变,重在建设落实。宿迁市将坚定不移贯彻落实新发展理念,像对待生命一样对待生态环境,珍爱呵护水资源,加快新业态发展步伐,着力绘就古今辉映、和谐共生的水韵宿迁新画卷。

(作者单位:宿迁市政协宣教中心)

整合成子湖文化资源
走好旅游扶贫新路子

泗阳县文史研究会

泗阳境内成子湖，面积约229平方公里，湖岸线长74.3公里，片区辖卢集、高渡、裴圩3个乡镇，有39个行政村，人口13.32万人。历史上由于地处水系末端，属行洪通道，加之水涝灾害频发，湖岸土壤肥力较低，适耕性很差。同时，受到水利设施老化、灌溉能力不足、交通闭塞、信息不畅等诸多因素制约，成为江苏小康路上"短板中的短板"，被江苏省列入扶贫开发重点片区。

十三五期间，成子湖辖区共有省定经济薄弱村11个，低收入户6 654户，共1.98万人，为有效提升片区整体帮扶水平，泗阳县委、县政府抓住省政府设立成子湖旅游度假区的契机，发扬坚决啃下硬骨头的精神，不断创新工作思路，聚焦重点难点，从基础设施、产业发展、民生改善、文旅融合等方面入手，奋力脱贫攻坚，至2020年底，列入帮扶的所有低收入户、经济薄弱村全部达到省定小康标准，探索出旅游扶贫的新路子。

一、成子湖旅游扶贫资源分析

成子湖旅游度假风景区天蓝、地绿、水净、景美，负氧离子含量高，是可以深呼吸且充满神奇、有故事的地方。

整合成子湖文化资源 走好旅游扶贫新路子

1. 丰厚的文化资源,彰显成子湖万般风情

成子湖物产丰饶,既是淮河流域大型水库、航运枢纽,又是湖鲜、精特水产、禽畜产品的生产基地,素有"日出斗金"的美誉。

这里有一个美丽传说。相传很久以前,洪泽湖东北部有个石花县,该县有个力大无比的孤儿叫憨愚,被县官收为义子后,县官就告诉憨愚说:"离县城八十里地那里有个黑龙潭,潭里有条金船,如我儿能将金船捞来,可造十个石花县,全县人民都能过上幸福美好的生活。"于是憨愚就去打捞金船了,正当憨愚捞金船时,被看管金船的龟精发现了,龟精将憨愚和金船一起压进了黑龙潭,将黑龙潭的水搅起,兴起丈余高的水浪,淹没了石花县城,石花县一片汪洋,变成了湖泊,后被人们称为成子湖。成子湖源头朱墩更是块风水宝地,传说夏天没蚊虫、苍蝇,十分神奇。当地有个习俗,刚出生的孩子,要用湖水洗一下,据说可以去毒气和晦气,将来才能成子、成人、成才;新婚夫妇喜结良缘之前用湖水沐浴,可为婚后带来好运,财源广进,全家安康。湖中还有抱墩岛、龙眼滩等人文旅游资源。美丽的传说,不仅赋予了成子湖神秘的色彩,而且彰显了泗阳人民勇敢勤劳的美德和追求幸福生活的美好愿望。

农耕文化世代相传。历史演变过程中,先民们创造了绵延久远的农耕文化、民俗文化、非物质文化遗产等。成子湖传说、妈祖文化、淮海戏、琴书大鼓、云渡桃雕、新袁舞龙、裴圩舞狮、高渡跑驴、里仁花船、穿城腰鼓、画糖画、吹糖人、捏面人等,这些优秀的历史文化资源仍在成子湖片区得以延续和传承。

红色文化薪火不绝。成子湖片区裴圩镇地处淮海、淮南和淮北抗日革命根据地结合部,是抗日战争、解放战争时期华中局,新四军军部与第二、三、四师部联系的交通要道。1940年8月,中共党组织决定在裴圩建立淮泗县政府。陈毅、彭雪枫、张爱萍等老一辈无产阶级革命家曾在此运筹帷幄、决胜千里,横扫日寇顽敌,谱写了一曲曲惊天地、泣鬼神的革命壮歌。为缅怀先烈、铭记历史,在裴圩镇建起占地22亩的烈士陵园和洪泽湖斗争纪念馆等设施,这处成子湖畔的"沙家浜",不断启迪后人,不忘初心、砥砺前行。

2. 完善的配套设施,为成子湖片区脱贫腾飞夯实基础

成子湖片区交通便捷、生态优良、特色产业鲜明、服务设施完备,为成子湖发展旅游扶贫提供了必要条件。

快捷交通方便到位。徐宿淮盐高速穿境而过、运河泗阳港近在咫尺,距淮安机场、徐州观音机场分别为半小时、1小时车程,辖区内建成的330省道、滨湖公路以及农村公路提档升级工程,使成子湖片区"内部循环、外部畅达、快速便捷"的交通格局基本形成。

生态修复保护到位。建成100米宽环洪泽湖生态廊道,实施退圩还湖4万亩,扩大自由水面3.2万亩,恢复防洪库容约1 800万立方米,为涵养水源、生态修复和游客近距离观水听潮提供了方便。

农田水利建设到位。全面完成黄河故道干河治理工程、成子河分洪闸工程等重点项目建设,新建防渗渠67.3公里,基本实现"渠相通、路相连、涝能排、旱能灌"目标。

土地整治复垦到位。加大土地增减挂钩、千亿斤粮食工程、高标准农田建设等项目投入,累计整治土地2.48万亩,片区高标准农田占比超80%。

特色产业初步形成。坚持走产业化扶贫之路,提升片区造血功能。按照"建基地、强合作、联农户"思路,建成5万亩沿省道330林果产业带和滨湖玫瑰花海两大特色产业,推动片区与苏花食品、贵嘴米业等龙头企业合作,建成花生、稻米等基地5 000亩,带动200余户低收入人群就业脱贫。

公共服务设施不断完善。按照省定标准,在片区新建、改扩建18个社区综合服务中心,建成32个村级人力资源社会保障服务站。新建12家省示范村卫生室,片区所有学校均达省定义务教育办学标准,实现"四类群体"搬迁安置全覆盖。建成3个居家养老服务中心、5个残疾人之家,为弱势群体撑起了服务保障网。

3. "五方挂钩"联动,不断破解扶贫难题

随着成子湖片区扶贫工作地不断推进,以"五方挂钩、对口帮扶"为重点的脱贫链条不断延长,省委办公厅、省财政厅、省民政厅等单位先后担当重点牵头单位,一支支帮扶力量的强化、一个个资源要素的保

障、一条条扶持政策的落实、一项项帮扶项目的落地,不断在成子湖片区集成,汇聚了磅礴的帮扶力量。

高渡镇高渡村,三面环湖,地处洪泽湖北岸的一个"半岛"上,曾经是成子湖片区中的"洼地"。在江苏省委扶贫工作队的协调下,引进总部位于南京高淳的江苏帅丰集团的鲈鱼养殖项目,占地334亩,除了土地流转收入,省委扶贫工作队还为村里入股50万元,每年保底分红10%,从2009年村集体负债13.5万元,到2018年盈余近30万元,实现整村脱贫。

4. 旖旎的成子湖风光,旅游助力脱贫

随着沿湖的交通经脉打通,人流、车流、信息流、产业流,不断向成子湖周边集聚,片区脱贫、产业发展突飞猛进,生态旅游为脱贫致富插上了腾飞的翅膀。泗阳拥有省级旅游度假区1家,省工业旅游示范区1家,国家3A、4A级景区6家,省三星级以上乡村旅游点13家,并配套建设了多家星级酒店、星级社会餐饮企业和旅行社。通过优先在低收入户中招录保安20人、保洁15人,公益性岗位安置一批;在玫瑰花海和桃果基地旅游项目招录200名低收入户,用工一批;在酒店、民宿、餐饮、旅游等服务性行业安排150余人,旅游服务就业一批。当地年接待游客200万人次,为旅游扶贫找到了金钥匙,过去的发展洼地,如今变为旅游旺地。依托、整合得天独厚的自然资源,真正让绿水青山变成老百姓的金山银山。

多元文化引领,打造旅游品牌。持续放大泗水汉文化、运河文化、妈祖文化、杨树文化等地域文化品牌,泗阳旅游微信、微博和旅游网三大平台不断推介,平原林海山地自行车越野赛、骡马街庙会、流行音乐节、"看淮海大戏·品美味龙虾"文化广场龙虾美食节、阳光下的似水年华等系列旅游营销活动,在帮助村民脱贫致富的同时,助力乡村振兴,好风景带来好光景,旅游+扶贫让成子湖更加亮丽、更具魅力。

二、成子湖旅游扶贫现状及存在的问题

成子湖生态环境优美,拥有森林、湖泊、湿地、温泉、休闲渔业、观光

农业等自然旅游资源以及古石花县遗址、抱墩岛、龙眼滩、洪泽湖斗争纪念馆等人文旅游资源。这里可赏大湖风光,看日出日落,感受碧水蓝天的美好画卷;还可以品绝美湖鲜,体验原汁原味的地道农家宴,是观光、赏荷、戏水、品鱼、采摘的绝佳场所。泗阳县依托省级旅游度假区的金字招牌,创新体制机制,以脱贫致富为着力点,整合要素资源,拓展旅游扶贫的新路径,围绕"一湖六湾八景"主题,建成小街渔村、T型台、环岛自行车赛道、生态渔港、万亩荷花荡、万亩玫瑰园、生态采摘园、游客接待中心等旅游项目。投资30亿元的高湖嘴欧洲小镇、豪华游艇项目已签约。度假区现有从业人员4620人,其中吸纳下岗职工2516人,转移农村劳动力1023人,先后成功举办了乡村文化旅游节,放鱼节,成子湖风车节,第六届全国(泗阳)平原林海环成子湖公路自行车公开赛,龙舟赛,中国泗阳成子湖青虾美食节暨第八届江苏省创新菜烹饪技术比赛等节庆活动,2019年接待游客量达249.5万人,同比增长13.4%,实现旅游总收入22.06亿元,同比增长16.1%,逆袭走出了一条文旅融合发展的蝶变之路。

突出规划引领,规划编制不断加强。紧紧围绕扶贫开发这一中心目标,在产业发展规划上,确立玫瑰产业作为度假区的主导产业,规划种植1.3万亩玫瑰,通过玫瑰花的种植、加工、销售、观赏,实现第一、二、三产业的高度融合,拓宽群众的增收渠道。年产值效益达30亿元,带动700余人就业。按照玫瑰花海相遇、相恋、结婚生子、终老一生的总体规划理念和脉络,依托度假区的地热和花海资源,已完成一期18.78平方公里的规划编制,涵盖婚庆和亲子项目,养生养老等业态。

坚持基础先行,配套设施不断完善。小街渔村、成子湖游客服务中心、综合服务区广场、生态停车场、滨湖公路、游客中心停车场至330省道连接线、旅游公厕等工程全面竣工并投入使用,提升了景区配套服务功能。

突出生态优先,经济效益不断释放。牢固树立绿水青山就是金山银山的发展理念,投入资金6亿元,完成成子湖退圩还湖、成湖湾清淤、新桂湾水系整理,实现扩大水域面积31.7平方公里,新增土地占补平衡指标9000亩。积极呼应江淮生态大走廊和环洪泽湖生态廊道建设要求，围绕打造生态保护引领区，按照珍贵化、彩色化、效益化原则，启动沿湖10公里生态廊道，完成绿化景观、水生植物栽培等工作。通过生态涵养工程的实施，度假区生态环境明显改善，绿化覆盖率达87.3%，成子湖水质达到国家二类标准，被农业农村部列为洪泽湖青虾国家级水产种质资源保护区，进一步擦亮了成子湖的生态品牌。大力发展生态循环水产养殖，年产各类优质水产品6.5万吨，通过"公司＋合作社＋农户"模式带动2 000名群众增收，切实将生态效益转化为经济效益。

加快项目建设，扶贫带动能力不断增强。成子湖T型台、千亩玫瑰示范园、成子湖花海岛、成子湖景观塔等景点建成并投入运营，泛溪问水项目核心景区，玫瑰之蕊景观、彩虹滑道、无动力乐园、儿童娱乐区等参与性、体验性项目已开园迎客。通过旅游项目的建设和运营，引导和鼓励300～500名低收入群众参与千亩玫瑰园盛花采摘工作，日均收入100元。探索土地股份合作社增收机制，带动周边500名村民利用集体土地和承包地入股，实现"保底＋分红"，年人均增收1万元以上。同时根据村庄规划，除闲房、腾空间，把农村资产盘活，通过房车营地和民宿建设，让部分群众在家门口实现就业，村民既有土地流转收入，又能增加民宿经营带来的收入，逐步形成以民宿＋文化、民宿＋休闲观光旅游为主体的休闲乡村旅游模式，引进一批社会主体投资合作，建成贵嘴米业、农丰果树等40余个高效农业项目，有力助推省道330林果产业带、滨湖玫瑰花海、花生稻米基地等特色高效农业发展。带动5 000人参与旅游产业发展，共享发展红利，把沉睡资源转化为发展资本。

搭建节庆营销载体，品牌影响力不断提升。以全域旅游示范区创建为统揽，以"旅游＋融合"为抓手，全面构建"一核，两带，三组团"的旅游发展格局，扩大"阳光下的似水年华"品牌影响力，努力将泗阳县打造成华东地区知名生态旅游目的地。围绕五一、端午、中秋、国庆等重大节日，举办梦幻风车节、龙舟表演赛、"朗朗中秋月，暖暖成子湖"迎中秋、庆国庆、"乘风破浪成子湖，梦想启航远四方"研学系列活动，营造了浓厚的节庆氛围。此外，成功举办第六届全国（泗阳）平原林海环成子湖公路自行车公开赛活动,成功举办第十一届中国月季展览会。丰富多彩的活动吸引了天南海北大批游客来此打卡,度假区的品牌影响力、知名度、美誉度不断攀升。

随着成子湖旅游扶贫工作的日渐火爆,深入推进,也暴露出一些深层次棘手的问题,表现在:

(1) 特色仍不突出,品牌效应不强。旅游扶贫是一个长线工程,投入资金量大,产出少,尤其是涉及贫困村基础设施建设,受经济条件、自然环境的约束,显得"看上去很美,做起来很难";周边农家乐旅游缺乏"农"的特色、"家"的感觉、"乐"的功能,接待档次不高。扩大成子湖旅游品牌影响力工作仍任重道远。

(2) 群众发展意识弱。大多数贫困人口文化素质低,思想保守,安于现状,发展动力不足;服务理念、专业素质还有待培训提升。

(3) 旅游产品数量少,形式单一。精美的旅游产品研发还有待加强。

三、成子湖旅游发展新路径探索

不断挖掘资源潜力,创新发展路径,培育旅游品牌,推动旅游事业呈井喷之势,是带动农民增收致富的重要引擎。

1. 依托成子湖文化资源,走出特色旅游工作新路子

要持续放大泗水汉文化、运河文化、妈祖文化、桃文化等地域文化品牌,走出特色旅游扶贫工作新路子。

深度挖掘成子湖、石花县、朱墩、龙眼滩、红色裴圩等地域文化资源,通过文化创新、创意设计,重点培育冰雪小镇、小街渔村、新庄嘴四季花海、曾嘴彩湿森林、曹嘴万亩荷花荡、万亩芦苇荡等特色景点,延伸乡村旅游产业链,促进旅游业跨界融合发展,实现一日游变多日游、季节游变全年游、观光游变深度游、景点游变全域游的"四个转变"目标,把单个的旅游景区、景点及其他旅游产品包装整合,打造农旅体验游、休闲度假游、泗水文化游、林海氧吧游、红色体验游、家事采摘游,以满足不同游客的个性化需求。

2. 顺应市场需求,延伸成子湖旅游价值链

开发旅游商品,带领群众致富。积极发挥旅游文化消费的促进作用,将泗阳名特优新土特产、工艺品、传统艺术、民俗表演等转化为旅游产品。在旅游集散中心区,通过政府搭台、市场引导、民间手工匠和艺人参与、旅行社合作等方式建设泗阳民俗手工艺品销售及技艺展示培训中心,以此推动泗阳手工技艺、传统艺术、民俗表演、非物质文化遗产的研发和传承,让低收入群众在学中干,干中学,提升旅游服务技能。

发展垂钓产业,带动群众致富。成子湖发展旅游的核心竞争力在水。要做足水文章,打好亲水牌,多开发一些让游客能够参与的水上运动休闲项目。中国垂钓文化博大而悠久,垂钓产业发展日新月异。垂钓产业关联性带动性强,垂钓棚、垂钓船、导钓服务、钓饵配料加工坊等垂钓服务需求旺盛,可为群众提供众多岗位;发展垂钓产业必将成为未来渔业经济新的增长点,更是旅游新路子。

延伸高效农业产业链,帮助群众致富。全县建有桃果标准园20个,桃树种植总面积6万亩,已初步形成"春赏桃花、夏采鲜桃、秋观桃雕、冬品桃酒"的生态格局;利用这一资源优势,深入挖掘,统一规划,抱团发展。积极开发以鲜果采摘、农事体验、桃花节庆、烧烤露营为内涵的多样式休闲旅游项目,增加桃果产业附加值,帮助群众在家门口致富。

3. 发展公众参与式旅游,拓展旅游新空间

创新旅游模式,对接游客需求,全域布局,促进公众深度参与。

突出核心景区带动,发展成果全民共享。以成子湖冰雪小镇及特色民宿、成子湖房车营地等核心景区为支撑,以吃、住、游要素配套为重点,辐射带动景区周边民宿群发展,通过公司+农户、合作社+农户的运作模式,统一规划、统一经营、统一标准、统一管理,使景区外群众共享发展成果。

突出"农"字特色,打造休闲养生旅游点。发挥成子湖是江苏的一盆清水、天然氧吧的特色,将农耕与休闲养生相结合,深入挖掘农耕文化内涵,开发丰富多彩的农耕休闲体验活动,形成融观赏、休闲、体验、养生、度假于一体的农耕风情区。

通过游农家乐、品农家菜、赏农家园、做农家活等,让游客亲身体验原汁原味的农村劳作、农家生活乐趣,充分享受淳朴的乡村生活和美丽的田园风光,让特色产业成为旅游乡村振光新亮点。

4. 加大宣传推介,擦亮成子湖旅游创新品牌

以节日为媒,倾力打造"阳光下似水年华"品牌,运用泗阳旅游大数据平台、旅游微信等现代网络传媒手段,放大品牌效应,提高泗阳的知名度和美誉度。将成子湖龙舟表演赛、全国(泗阳)平原林海环成子湖公路自行车公开赛、成子湖风车节等办成传统活动。积极与周边热点旅游城市开展营销合作,借船出海,抱团发展,推动成子湖旅游业可持续发展。

略论骆马湖移民的实践与意义

洪 声

"江苏发展史也是与水患作斗争的历史、变水患为水利的历史、不断创造水文化的历史。"省委书记娄勤俭的这段话,揭示了人民群众是水文化的创造者这一原理。62年前,宿迁市骆马湖5万百姓大移民的壮举就是一个有力的佐证。抚今追昔,重新揭开当年波澜壮阔的一页,探究它生生不息、熠熠闪光的时代意义,对于更加清晰地了解和更加深刻地认识江苏人民依水而生、因水而兴的自然历史进程,无疑是大有裨益的。

一、骆马湖移民,是人民政府兴利除害的重大决策

骆马湖历史悠久,《宋史·高宗本纪》载绍兴元年(1131)四月"金将挞懒渡淮,屯宿迁县乐马湖"。明代书画大家董其昌名作《浚路马湖记》(北京故宫博物院藏)又称其为"路马湖"。清代《宿迁府志》则载:"旧作'落马',受蒙沂诸上之水汇为巨浸。"在宿迁当地,骆是"乐"与"落"的同音字,又因清时在此"骆"姓家族众多,故得名"骆马湖"。该湖位于江苏省北部,跨宿迁和新沂二市,湖盆为郯庐断裂带局部凹陷洼地,黄河夺淮后,成为沂河和中运河季节性滞洪区。

(一)**灾害频繁之洼**。据《宿迁县志》载:清道光二年(1822),两江总督孙玉庭等初步丈量骆马湖地奏稿称:"宿迁境内骆马湖坐落运河北岸,周围百余里,上承山东沂蒙诸水,每岁秋冬潴蓄;次年由沿湖之王家沟、柳园头、驼车头、竹骆坝各门启放,入河济运,如遇盛涨将尾闾五坝

开放,由六塘河归海。乾隆三十年(1765)因存水较小涸出滩地稍多……查骆马湖形势如盘,夏秋之间山水涨发,则滩地悉被淹没,秋冬水涸居民播种二麦,尚属有收,是该湖水涨则地尽为湖水,涸则滩可成地。"又据史载:湖内屡被洪灾,动辄湖溢,不仅湖内居民庐舍漂没,人畜无数葬身洪水,即下游各地亦往往湖河不分,一片汪洋,遭受严重洪灾。这两段史料,足以说明自古以来骆马湖就是水患频发、贻害无穷的洼涝地域。

(二)贫瘠歉收之区。1949年新中国建立后,宿迁县人民政府将骆马湖内划为运河区,设区公所于陆圩,全区分为10个乡,其中沿湖堤居住的有龙岗、博爱、轮头、临运等4个乡,在湖内的有陆圩、新庆、永安、新利、南郊、直河等6个乡。湖内土地除新沂县6万余亩,晓店区82 623亩外,属运河区者,计有232 745余亩。但骆马湖区十年九荒,湖民年年麦不接秋,洪水季节限制灾民活动,副业少,代食品及烧草、饲草、饲料常感不足。1949年,湖内10个乡居民2.72万人,救济面达70%以上。1956年春季困难救济户仍达46%,年年由党和政府拨给大批赈灾款、赈灾物、代食品、饲料等,同时发动灾民以集体力量进行拐粉、编织、捕鱼、挖野菜,并大种瓜菜进行生产自救。在每年秋季水退后及时组织人力抢耕抢种,并贷给耕牛、农具、籽种,在夏收时政府动员与组织湖外人民进湖帮助抢收、抢运、抢打,因此湖内人民得以长期安度水灾,维持其生产、生活。

(三)广纳群流之冲。骆马湖地处沂河、沭水、泗水下游,承泄沭河口以下的沂水、泗流域5万多平方公里面积的来水,洪水来量又大于泄量,是名副其实的洪水走廊。南四湖的洪水、沂河的洪水和邳苍地区的区间来水,骆马湖首当其冲。由于它是山东沂蒙山区的一个蓄水囊,每年麦收刚刚结束,汹涌的山洪便倾泻而下,形成一片汪洋。湖里的村庄像大洋里的沙岛一样,随时都有被洪水吞噬的危险。据清代《宿迁县志》载:"每年夏秋之间,遇蒙、沂山水涨发,汇归湖内,则滩地悉被淹没。及秋冬水势渐消,滩地涸出,居民播种二麦。"而且每当上游沂蒙诸水在汛期沿小沂河及墨河下注,不仅湖内居民受害,运河、六塘河下游各地亦常受洪水威胁。

略论骆马湖移民的实践与意义

基于此,为从根本上解决洪害,在1949年开启导沂工程竣工之后,1950年起,中央和省政府确定骆马湖为临时水库,拨款筑堤。1957年,又下大决心确定骆马湖为永久水库,常年蓄水,这样不仅可以降服千百年来历朝历代都无法控制的洪水,而且可以使下游广大人民利用湖河水灌溉大面积农田,为水稻及其他农作物获得稳产高产创造极为有利的条件。为此,1957年秋,建常年水库的方案得到上级批准后,宿迁县委、县政府立即作出部署,决定在1958年麦收后,湖区内所有居民全部搬迁到运东来龙、曹集和运西黄墩等地,重新安家落户。

二、骆马湖移民,是湖区居民舍己为人的巨大奉献

骆马湖居民的搬迁,在宿迁历史上是空前的。5万多居民要离乡背井,离开他们长期居住的家园,放弃他们世代赖以生存、祖辈辛勤耕种过的土地,不能不顾虑得很多很多。俗话说:"搬家三年穷,万事起头难。"他们眼看原来几代人营建的房屋要拆毁,宅前屋后的菜园、树木要废弃,亲戚朋友要远离,青年担心刚谈好的对象会变卦,鳏寡老人则记挂老伴的坟墓要沉入湖底。他们也很担忧,迁出后生产、生活上将会遇到极大的困难。然而所有这些,都没有难到英雄的骆马湖人民,他们为了全县乃至整个淮阴地区人民的长远利益,为了子孙万代的幸福,5万多居民大迁移进展总体顺利,在短短的几个月时间里就完成了迁出任务。

(一)**动员准备充分**。1957年冬,当县委将省委批准骆马湖建为长年蓄水库的决定向骆马湖地区的党员、干部和群众下达后,湖区全体干群立即展开大学习、大讨论。通过学习讨论,他们认为县委提出的"一处搬家,两地幸福"的号召是正确的。他们结合"诉年年受洪水危害苦,忆解放后党的恩情甜"活动,大讲大宣"旱改水"可使宿迁变成江南鱼米之乡的美好前景,认识到困难和曲折只是暂时的,党团员一致表示要在搬迁中要起表率作用,带动广大群众听党话、跟党走。经过几个月由党内到党外,由干部到群众层层进行的思想发动和强有力的政治教育,从根本上解决了湖区干部群众的顾虑。大家认准一个道理:"党处处为人

民利益着想,坚决跟党走没有错。"1958年春,县委还组织移民代表到黄墩、来龙等地去认土地,安宅基,同时组织人力、筹备器材到各安置地点建房,为迎接搬迁作好准备。1958年夏季,骆马湖小麦大丰收,县委组织数千名机关干部和企业职工,深入湖区帮助群众抢收,县粮食局调来大批麻袋分到各户装小麦,充分做好搬迁准备。为减轻搬迁负担,动员群众除留足口粮、籽种、饲料外,余粮全部卖给国家。夏收一结束,湖区人民忙着整理衣物,备办干粮,像过春节一样忙碌:蒸馒头、炒炒面。乡社干部轮流逐户检查,一面督促作好准备,一面帮助解决实际问题。7月初连降暴雨,骆马湖一片汪洋,县委下达了正式搬迁的命令。

（二）**组织领导周密**。为了加强搬迁工作的组织领导,县专门成立骆马湖移民办事机构,县人民法院院长姚耿荣任总指挥,陆圩乡(撤区后的大乡,该乡占湖区2/3以上面积)乡长马玉良任该乡搬迁总指挥,副乡长杨凤早带领船队进湖搬家,乡党委副书记刘荣桂在杨河滩专管接待、转送移民。与此同时,县委还抽调大批县直机关干部,调遣200多只木帆船,协助乡社干部进湖搬家。每个庄台也同时组织一支30人左右的装船小队,副乡长杨凤早、文教助理张兴元、团委书记张明环等人坚守一线,亲自带领船队,顶风劈浪到一个个庄台帮助移民搬家。

（三）**带头作用彰显**。移民们恋土难移,本来思想工作是做通的,但到临搬时,看这样舍不得,看那样也放不下,迟迟不肯上船。搬东西上船还容易,动员人上船却难。年轻人好说话,那些老年人就是不动身,有些老年人甚至望着湖水下的老伴坟墓放声痛哭。在这个关键时刻,湖区的党团员、乡社干部挺身而出,发挥了先锋模范作用,带动了湖区人民顺利迁出。朱圩高级社主任、共产党员朱成然,高级社副主任、共产党员朱从福,带头把家中老人、小孩共十几口人都领上船。在他两人的带动下,全社400多户、2 000多口人,不到两天全部搬完;戴场共产党员李玉芝,原是小乡指导员,出身雇农,作风正派,在地方威信高,在他的说服动员和带动下,戴场、小罗场、吴庄、徐圩5个高级社的群众,在5天内全部迁出;吴场的季从刚全家十几口,家具、杂物较多,船装满了,他家的东西只装走1/3,为了不影响别人搬迁,他脚一跺,服从大局,舍了;姚耿荣、刘荣桂、井明扬等在县、乡机关工作的同志,都是湖区人,在搬迁中他们都积极带头,主动把家属迁到条件较差的地方去安家落户,在移民中树立了良好的榜样。

在这次搬迁中,湖区一共迁出居民10 106户,41 195人,拆迁房屋35 695间。为应付特大洪水,提高蓄洪水位,县委还决定宿迁大控制工程上游至皂河节制闸一段大运河两岸部分居民搬迁1 515户,6 796人,拆迁房屋4 125间。开挖邳洪河又搬迁居民1 776户6 736人,拆迁房屋2 748间。总计共搬迁移民13 397户,54 727人,拆迁房屋42 568间。

三、骆马湖移民,是宿迁干群改天换地的伟大序曲

中华人民共和国成立前,宿迁农业生产非常落后,种植的全都是旱作物。由于土地瘠薄,产量很低,且又常受自然灾害侵袭,广大农民生活十分贫困。中华人民共和国成立后,宿迁县委决心改变贫穷落后面貌,采取过很多措施都没有成功,挖深沟、搞台田,费工费时,一亩只能种七分,效益不理想;挖大塘蓄水,大旱时塘水干涸用不到,到雨季,田里积水要排,塘里水早满了,反而影响、降低了地下水位;打井灌溉,打了几千眼井,结果旱季一来,浅井不生水,少数深井无机械设备,水又提不上来;搞山芋挂帅,薄地更薄,寅吃卯粮,一遇秋涝,产量大降。

经过十年探索,宿迁县委、县政府一班人从"一遇荒年灾民就吃上国家调拨的救济大米"这一事实中得到启示,还是水稻高产稳产。要从根本上改变宿迁的贫困面貌,出路就在于进行耕作制度的改革,搞"旱改水",栽种水稻。而要实行大面积"旱改水",就必须有充足的水源作保证。骆马湖位于本县西北部,居高临下,恰似头顶一碗水,只要蓄了水,运东半个县都可以自流灌溉。再则,骆马湖常年蓄水,滞洪防洪能力大大提高,解除了洪水对下游几个县的严重威胁,同时又可以调节大运河的水位,保持运河的正常航运,真正实现变水害为水利,一举多得,一举多益。经过充分酝酿和讨论,宿迁县委于1957年,对将骆马湖改建为常年水库问题,拟订出具体方案,呈报地委、省委,经省委研究同意并报水利部。时任水利部副部长钱正英来宿视察,认为方案可行,遂由

省委批准实施。当时县委作出这个决定,确实需要有一定的胆略和气魄,因为这意味着不仅要放弃湖区 30 多万亩耕地,一年要少收几千万斤粮食,还要安排好迁出的 1 万多户居民,负担是很沉重的。所以,英雄的骆马湖人民是为顾全大局搬了家,为全县乃至全淮阴地区人民摆脱贫困搬了家。

今天的骆马湖无疑是"水韵宿迁"的一颗明珠。该湖湖水面积为 296 平方公里(相应水位 21.81 m),蓄水量达 2.7 亿 m^3。最大宽度 20 公里,湖底高程 18~21 m,最大水深 5.5 m,大小岛屿 60 多个,为江苏境内第四大淡水湖之一。该湖具有灌溉、调洪、航运和水产之利。湖区水生植物芦、藕、菱、蒲等二十多种,盛产鲫鱼、银鱼、鲢鱼、青虾、白虾、螃蟹、河蚌等十多种水产品。该湖还是调蓄沂、沭、泗洪水的大型防洪蓄水水库、京杭运河中运河的一段,被江苏省定为苏北水上湿地保护区,同时也是南水北调的重要中转站。

也正是由于骆马湖作为大运河中河的重要水源地,连通着奔涌千年的京杭大运河,含蕴了南北运河在此交汇所形成的独特文化。依湖而兴的皂河古镇,被列入世界文化遗产项目的中运河从这里开启,苏北琴书等传统曲艺从这里发源,乾隆贡酥、骆马湖鱼头饺子等传统美食从这里香飘四海。这里拥有大运河沿线唯一保存最完整、规模最大的皇帝南巡行宫遗址。乾隆和他的祖父康熙都多次驻跸此地,其中乾隆在此驻跸的次数就达 24 次之多,这还不包括在原宿迁属地新沂和现在属地泗阳驻跸的次数。因此宿迁成为大运河全线首屈一指的皇帝巡视河工必经驻跸之地。由此衍生的皇家巡游文化、祭祀水神文化、治水文化、航运文化已转化成目前正在兴建的皂河龙运城项目的核心。该项目总体布局为"一源三脉十渡"。"一源"即皂河之源(由乾隆行宫、安澜湖、复水殿组成),"三脉"即"大运传奇"、"十里通圣"和"百里河社"三个集群区,"十渡"即以"安澜渡""泗水渡""邗江渡"等极具航运文化符号命名的十大特色功能片区。作为宿迁文旅龙头项目,它将以生态为基础、文旅为引擎、生活为本质,形成沉浸体验、演艺路秀、文博互动、餐饮商业、观光旅游、酒店度假为一体的统合共生的皂河发展模式,打造产城融合的宿迁样本,文化生活先行体验区,大湖文化新型全景体验度假目的地。

依湖而建的湖滨新区更是异军突起,后来居上,现已成为宿迁中心城区重要组成部分,区域面积448平方公里,人口约20万。现辖4个乡镇、1个社区、1个林场、1个骆马湖省级旅游度假区、1个保险(智谷)小镇、1个膜材料产业园。该区生态环境优美,资源禀赋优越,突出旅游休闲、保险金融、智慧创新、健康养生等功能,建设成高品质、特色化的城市新中心。一个"生态优美的湖滨城市、充满活力的创业城市、人民满意的宜居城市"正跃然于一望无垠、风光旖旎、魅力无穷的骆马湖畔。

60多年的实践证明,当年宿迁县委根据中央、省委的指示精神,决定骆马湖移民动迁、常年蓄水,为全县实行大面积"旱改水"创造条件的决策是英明的,是有远见的。这样做不仅从根本上解除了千年水患,还使宿迁地区从此拔掉穷根,成为富庶的鱼米之乡。一位曾参与当年移民组织工作的离休老干部深有感触地说:"为了子孙万代的幸福生活,我们骆马湖人做出牺牲值得,要不是骆马湖做水库,实行'旱改水',不仅运东人食不饱肚,就是我们骆马湖人也还是照样穷困、饿肚皮。我们骆马湖的5万多移民,现在真是实现了'一处搬家、两地幸福'的伟大理想了。"

(作者单位:宿迁市历史文化研究会)